埃及
7000年

人类漫长而灿烂的文明

[埃及] 杰森·汤普森 著

刘梦迪 译

A HISTORY
OF *From* Earliest Times
to the Present
EGYPT

Jason Thompson

浙江人民出版社

图书在版编目（CIP）数据

埃及7000年：人类漫长而灿烂的文明 /（埃及）杰森·汤普森著；刘梦迪译. -- 杭州：浙江人民出版社，2024.1（2024.12重印）
书名原文: A History of Egypt: From Earliest Times to the Present, Third Edition
ISBN 978-7-213-11210-2

Ⅰ. ①埃… Ⅱ. ①杰… ②刘… Ⅲ. ①埃及—历史 Ⅳ. ①K411

中国国家版本馆CIP数据核字（2023）第187408号

浙江省版权局
著作权合同登记章
图字:11-2020-266号

埃及7000年：人类漫长而灿烂的文明
AIJI 7000 NIAN：RENLEI MANCHANG ER CANLAN DE WENMING

［埃及］杰森·汤普森　著　刘梦迪　译

出版发行：浙江人民出版社（杭州市环城北路 177 号　邮编　310006）
　　　　　市场部电话：（0571）85061682　85176516
责任编辑：方　程　魏　力
策划编辑：孙汉果　李　楠
特约编辑：涂继文
营销编辑：杨　悦
责任校对：姚建国
责任印务：幸天骄
封面设计：天津北极光设计工作室
电脑制版：北京阳光旭日文化传播有限公司
印　　刷：杭州丰源印刷有限公司
开　　本：710 毫米 ×1000 毫米　1/16　　　印　　张：25.75
字　　数：369 千字　　　　　　　　　　　　插　　页：4
版　　次：2024 年 1 月第 1 版　　　　　　　印　　次：2024 年 12 月第 3 次印刷
书　　号：ISBN 978-7-213-11210-2
定　　价：128.00 元

如发现印装质量问题，影响阅读，请与市场部联系调换。

纪念我的埃及母亲

——泽娜布·哈桑·穆尔甘

前　言

　　至今，几乎没有作者独自撰写过埃及通史。埃及是世界上拥有文字描述最多的土地之一，是作家们取之不尽、用之不竭的灵感源泉，也是读者的兴趣所在。关于埃及史的书籍繁多，但它们大多数都集中描述某一特定时期的历史，仿佛埃及过去的许多阶段各自独立，没有联系。然而，极少有国家像埃及这样有连续性的线索贯穿于整个历史之中。尽管埃及的变化巨大，但其文化的诸多方面都与以往保持一致，几千年来也有史料记载。遗产古迹不断提醒着人们，埃及拥有着恢宏悠久的历史，而且随时可供游览参阅。

　　有记录的埃及历史是英国和法国的两倍多，英、法两国的史书通常只有一卷的篇幅。而本书的篇幅大小也是一个困难，我可以通过选择内容、调整深浅来解决。埃及史丰富多彩，研究这一领域的学者已高度专业化且成果丰硕，因此本书以综合、全面的方式来呈现埃及史更为合适。

　　编史带来的挑战是我应允撰写此书的动力之一。本书涉及的某些问题并不肤浅，而是极其微妙的。与细节描述相比，综合概括实则更加困难。我的目标是给那些想要了解埃及历史上的主要时期，以及各时期间连续性和过渡性要素的读者做介绍，并为前往埃及的游客提供所去景点的历史背景。我相应地尝试用合理的篇幅和关注度来全面介绍埃及历史。因此，本书近一半的篇幅涉及穆斯林征服埃及之前的时期。我用了更多的篇幅介绍过去两个世纪，这并非是由于该阶段在本质上相较其他时期更为重要，而是因为这个时期连接当下，从而强调此刻与埃及过去的整体联系。

读者一旦领略浩渺的埃及历史，自然会被其方方面面所深深吸引。尽管本书阐述了一部分社会、文化、宗教、经济等方面的历史，但为了保持行文结构的合理性和叙述的连贯性，本书围绕政治主线展开。但政治史只是历史书写的一种方式，我们也鼓励读者探索钻研其他方式。书末"推荐阅读书目"部分只是简短的建议，是进入一个广阔、多样、永远迷人的文学天地的出发点。最重要的是，我鼓励读者们以积极的态度和批判的视角来质疑和检验书中的论述。埃及史的撰写是一个人人皆可参与的过程，也是人人皆能参与的游戏。埃及史就在埃及人身边，它们慷慨地分享给那些阅读埃及历史和访问埃及的人。我们这些来自国外的人应该铭记，埃及史归根结底是过去和现在埃及人民的财产，我们应以尊重和敬畏之心对待它。

年　表

约公元前 5300—前 2950 年	前王朝时期
约公元前 2950—前 2613 年	早期王朝时期
约公元前 2613—前 2160 年	古王国时期
约公元前 2160—前 2004 年	第一中间期
约公元前 2004—前 1640 年	中王国时期
约公元前 1640—前 1550 年	第二中间期
约公元前 1550—前 1069 年	新王国时期
约公元前 1069—前 715 年	第三中间期
约公元前 715—前 332 年	晚王朝时期
公元前 332 年	亚历山大大帝征服埃及
公元前 306 年	托勒密一世索塔尔称帝
公元前 283—前 246 年	托勒密二世菲拉德尔甫斯统治时期
公元前 246—前 221 年	托勒密三世尤厄吉蒂斯统治时期

公元前 217 年	埃及在拉菲亚战役中击败塞琉古帝国
公元前 168 年	罗马人强迫安条克四世埃皮法尼斯从埃及撤军
公元前 48—前 47 年	尤利乌斯·恺撒在埃及；与克利奥帕特拉七世的联系
公元前 31 年	马尔库斯·安东尼与克利奥帕特拉七世于阿克提姆战败
公元前 30 年	克利奥帕特拉七世去世；埃及成为罗马行省
公元 115—117 年	犹太人大起义；亚历山大城的犹太人口锐减
公元 130—131 年	哈德良巡游埃及
公元 270 年	帕尔米拉入侵埃及
公元 303—311 年	戴克里先迫害基督徒
公元 313 年	《米兰敕令》授予基督徒信仰自由
公元 356 年	圣安东尼去世
公元 391 年	狄奥多西立法反对异教仪式；塞拉匹姆神庙被毁
公元 451 年	卡尔西顿会议上不可调和的神学分歧催生了独立的科普特东正教教会
公元 535 年	查士丁尼皇帝下令关闭菲莱神庙
公元 617—629 年	波斯人占领埃及
公元 639—641 年	穆斯林征服埃及
公元 661 年	倭马亚王朝哈里发政权建立
公元 750 年	最后一位倭马亚王朝哈里发在埃及被杀；阿巴斯王朝哈里发政权建立

公元 868—905 年	图伦王朝统治埃及
公元 935—969 年	伊赫什德王朝统治埃及
公元 969 年	法蒂玛王朝征服埃及；开罗建城
公元 1074 年	巴德尔·扎马里出任维齐尔；在开罗周围始建新墙
公元 1099 年	十字军从法蒂玛王朝手中夺取耶路撒冷
公元 1169 年	萨拉·丁在埃及掌权；开启阿尤布王朝
公元 1187 年	萨拉·丁在哈丁战胜十字军并占领耶路撒冷
公元 1249—1257 年	沙加尔·杜尔统治埃及
公元 1250 年	十字军在曼苏拉战败；路易九世被俘
公元 1257 年	马穆鲁克王朝开始统治埃及
公元 1260 年	马穆鲁克人在艾因·贾鲁特击败蒙古人
公元 1271 年	马穆鲁克人占领叙利亚骑士堡
公元 1347 年	黑死病席卷埃及
公元 1517 年	奥斯曼土耳其人征服埃及
公元 1798—1801 年	法国入侵并占领埃及
公元 1805 年	穆罕默德·阿里出任埃及总督
公元 1811 年	马穆鲁克大屠杀
公元 1827 年	埃及舰队在纳瓦里诺战役中被歼灭
公元 1839 年	穆罕默德·阿里击败了奥斯曼人，但西方国家迫使他放弃战果

公元 1849 年	穆罕默德·阿里去世；阿巴斯·希尔米一世继位
公元 1854 年	穆罕默德·赛义德继位
公元 1863 年	伊斯梅尔继位
公元 1869 年	苏伊士运河开通
公元 1879 年	伊斯梅尔下台；陶菲克上台
公元 1882 年	英国入侵并攻占埃及
公元 1883 年	伊夫林·巴林爵士，即后来的克罗默勋爵，出任英国驻埃及总领事
公元 1885 年	喀土穆城陷落；戈登将军战死
公元 1892 年	阿巴斯·希尔米二世继位
公元 1898 年	乌姆杜尔曼之战；埃及重新占领苏丹
公元 1906 年	丁沙威事件
公元 1907 年	埃尔顿·戈斯特爵士接替克罗默
公元 1911 年	基钦纳接替戈斯特
公元 1914 年	第一次世界大战爆发；阿巴斯·希尔米二世被废黜，侯赛因·卡米勒取而代之；英国保护国宣布成立
公元 1917 年	艾哈迈德·福阿德继位
公元 1919 年	萨阿德·扎格鲁尔及华夫脱党出现；埃及人民普遍反对英国；扎格鲁尔获释
公元 1922 年	英国宣布埃及独立，并提出限制条款；艾哈迈德·福阿德成为埃及国王福阿德一世

公元 1924 年	扎格鲁尔出任总理；李·斯塔克爵士遭暗杀，英国反应激烈；扎格鲁尔辞职
公元 1936 年	英国同埃及缔结《英埃条约》；法鲁克继位
公元 1939 年	第二次世界大战爆发；埃及宣布实行戒严令
公元 1942 年	英国迫使法鲁克任命纳哈斯为总理；阿拉曼战役
公元 1945 年	第二次世界大战结束；埃及成为联合国特许成员
公元 1948 年	以色列建国；埃及军队在巴勒斯坦战败
公元 1952 年	"黑色星期六"暴乱；自由军官组织罢黜法鲁克；穆罕默德·纳吉布成为国家元首
公元 1954 年	阿卜杜勒·纳赛尔取代纳吉布成为总统
公元 1956 年	美国撤回对阿斯旺高坝的支持；纳赛尔将苏伊士运河公司收归国有；由于美国的反对，英国、法国、以色列三国入侵埃及的计划失败
公元 1958 年	成立阿拉伯联合共和国并与叙利亚组建联盟
公元 1961 年	"七月法令"开始了对埃及经济若干次重组中的第一次重组；叙利亚退出阿拉伯联合共和国
公元 1962 年	埃及对也门进行干涉
公元 1967 年	埃及在与以色列的战争中败北；以色列占领西奈半岛；苏伊士运河停运
公元 1970 年	纳赛尔接受"罗杰斯和平计划"，结束与以色列的消耗战；在苏联的支持下完成阿斯旺高坝的修建；纳赛尔去世；安瓦尔·萨达特成为埃及总统
公元 1972 年	萨达特将大多数苏联人逐出埃及
公元 1973 年	向以色列发动"十月战争"

公元 1974 年	以色列从西奈半岛有限撤军；埃及启动开放政策
公元 1975 年	苏伊士运河重新开放
公元 1977 年	萨达特访问耶路撒冷
公元 1978 年	萨达特、贝京和卡特参加戴维营会议
公元 1979 年	埃及与以色列签订和平条约；埃及与大多数阿拉伯国家的关系破裂
公元 1981 年	萨达特遭暗杀；胡斯尼·穆巴拉克成为总统
公元 1982 年	以色列从西奈半岛完全撤军
公元 1988 年	埃及被重新接纳为阿拉伯联盟成员
公元 1990—1991 年	埃及参与第一次海湾战争
公元 1992 年	埃及境内出现恐怖主义运动
公元 1995 年	穆巴拉克在埃塞俄比亚遭遇刺杀并幸存
公元 1997 年	启动托西卡工程；戴尔·巴哈里发生恐怖袭击；恐怖活动开始减少
公元 2005 年	穆巴拉克在第一次表面上有争议的总统选举中再次当选
公元 2011 年	反对穆巴拉克政权的示威活动爆发；穆巴拉克辞职；诸多前政府人员被逮捕并起诉；埃及政治系统广泛改组
公元 2012 年	穆罕默德·穆尔西当选埃及总统
公元 2013 年	穆尔西总统被废黜并被捕
公元 2014 年	阿卜杜勒·法塔赫·塞西当选埃及总统

目 录

我将详细讲述埃及，因为没有其他国家像它一样，也没有

其他国家拥有如此之多的奇迹。

——希罗多德

第一章
尼罗河的赠礼

如今的埃及在地图上很容易辨认，它由非洲东北部的一块楔子形状的土地和亚洲西南部的一大块土地组成，占地100多万平方千米。21世纪初，埃及人口约有7500万。埃及首都开罗拥有1600多万人口，它在世纪之交迅速发展，是非洲大陆最大的城市。

如果要从历史的角度理解埃及，了解其地理要素，首先应想到尼罗河，这是世界上最长的河流，也是流经世界上最大的沙漠——撒哈拉沙漠的河流。公元前5世纪，希腊旅行家希罗多德将埃及描述为"尼罗河的赠礼"，也许他只是在重述一个老掉牙的短语，但这个表述从古至今均属实。尼罗河河谷的降雨量较少，三角洲的降雨量也不丰沛，埃及几乎所有的水都来自尼罗河；在过去几十年中，即使地中海和红海沿岸有了惊人的发展，埃及95%的人口仍然生活在尼罗河两岸几千米范围内。埃及的耕地面积约为3.4万平方千米，几乎所有的耕地都位于河谷和三角洲地区。

埃及尼罗河有三大源头，其中最长的是白尼罗河，其源头直到19世纪中叶还是一大世界地理谜题。白尼罗河发源于非洲内陆湖区，其中位于乌干达和坦桑尼亚的维多利亚湖对其贡献最大。如今的白尼罗河长达6400多千米，在不断变化的地理环境中，流经10个国家，最终汇入地中海。白尼罗河在苏丹南部流入巨大的苏德沼泽，水速由此放缓，并因蒸发造成大量水分流失，不过苏德沼泽也调节了水流，使其经过更长的时间释放出来。正是由于苏德沼泽以及常年雨水充足的维多利亚湖积水区，埃及尼罗河从未断流。

埃及尼罗河的另两大水源为青尼罗河和阿特巴拉河。青尼罗河在苏丹的喀土穆与白尼罗河汇合，而阿特巴拉河则在苏丹更北处汇入尼罗河。它们造成尼罗河每年洪水泛滥，这是埃及历史上最主要的地理特征。它们的支流源于埃塞俄比亚高原，夏季季风倾泻出大量雨水，雨水迅速流淌，裹挟着大量从埃塞俄比亚火山上冲刷下来的泥沙和黏土。虽然人们倾向于将尼罗河的源头与白尼罗河和非洲中部的湖区联系起来，但到达埃及的尼罗河河水中有84%的水源自埃塞俄比亚。

尼罗河水位涨退与太阳年完全保持一致，在夏至时开始上涨，秋分时达到最高峰，从每年6月初每天不到5000万立方米涨到9月洪水泛滥高峰时的7亿多立方米。当河水上涨抵达埃及广阔的泛滥平原时，河水漫过河岸，浸透了肥沃的冲积土壤，冲走了有害的盐分，而这些盐分正是美索不达米亚等其他古代水利文明的长期祸根。洪水退去后，留下了水潭和一层坚硬的沉积物和矿物质。干涸的大地裂开，土壤与空气接触，以此完成了更新循环。20世纪60年代修建的阿斯旺高坝结束了埃及长期以来的洪水泛滥。

尼罗河水泛滥是埃及的脉动，一切皆依赖于它，然而泛滥必须处于合理的水平。如果水位过低抑或完全没有泛滥，那么土壤无法得到充分灌溉。尼罗河水位连续走低是灾难性的，不仅会造成饥荒，还会造成经济和政治上的极端混乱。但水位过高的泛滥更为糟糕，它会淹没和摧毁建在高于预期水位的土丘上的房屋，破坏或摧毁用于灌溉的水坝和水闸，滞留在土地上的水还会导致人们错过种植季节。

尼罗河三角洲的年度洪水（约翰·菲尼摄）

尼罗河特殊的节奏使埃及形

成了不同寻常的农业周期。大多数河流在春季涨到最高水位，然后随着天气变暖而下降，但尼罗河却在一年中最热的夏季上涨至最高水位。因此在埃及，庄稼在秋天播种，冬天成熟，早春丰收。随后，土地可休耕几周，直到尼罗河的洪水泛滥再次将其淹没。洪水在每年的6月底到来，水灾使庄稼免于暴露在炎热的环境中，也使人们免于辛苦劳作。古埃及人意识到了三个季节：泛滥季、播种季以及收获季。

尼罗河在位于阿斯旺的第一瀑布和三角洲之间的900千米长的河段内可以连续通航，这对埃及的统一和持续繁荣至关重要。尼罗河非常适合帆船航行。船只向北行驶时由稳定的水流推动而行；由于盛行风来自西北方向，船只通常可以沿河向南航行。如果风向不对，船员们可以沿岸边的小路牵引船只。在尼罗河上，雅致的三角帆随处可见，人们可以乘坐这样的小帆船获得鲜活的航行体验。埃及人非常依赖尼罗河，至今依然如此。它是进行远距离通信、商贸和交通运输的主要通道。尼罗河为人们远距离运送诸如建筑石料等大型重物提供了航道，每年的洪水可以将驳船直接送至建筑工地旁边。古埃及使用轮式车辆的时间相对较晚，原因之一是缺乏公路，而建造公路的空间必须从有限的肥沃耕地中腾出，所以古埃及的公路通常又短又窄。当有河流纵贯埃及，而且几乎每个人的生活和工作场所距离河道仅几千米时，谁还需要长长的公路呢？

在开罗以北不远处，尼罗河呈扇形散开，流入宽阔的三角洲。今天，尼罗河有两条贯穿三角洲的主河道，分别是罗塞塔河和达米埃塔河，然而古埃及有7条主河道。三角洲即为下埃及，上埃及是指三角洲和阿斯旺第一瀑布之间的区域。区分上下埃及是基于河水是从南向北流动的，而不是取决于地图上哪个地区高。之所以强调这一点，是因为人们通常会颠倒，错误地认为上埃及一定在北边，下埃及一定在南边。严格来讲，从开罗往南去往卢克索或阿斯旺，人们自称"'上'这些地方去"仍是正确的，但是人们现在很少这么说了。三角洲的可耕地面积是上埃及的两倍，该地区在埃及早期历史上非常重要，但它的许多物质记录因为河水泛滥而被掩盖或抹去了，这使该地区的考古工作非常艰难，从而导致现有的证据偏向于上埃及，因为那里史料保存和获取的条件要好得多。

尼罗河谷的多岩性决定了上埃及的地理特征。尼罗河在阿斯旺以北到杰贝勒–西尔西拉（Gebel el-Silsileh）之间的河谷较窄，以坚硬的努比亚砂岩为主，随后河流进入了一大段硬度较小的石灰岩区域，河水冲刷形成了一片广阔的泛滥平原，非常适合发展农业。在大基纳湾和开罗之间，尼罗河西岸的丘陵和山脉逐渐消退，使得西边肥沃的泛滥平原更加宽阔，而东边的山脉则逼近河道，限制了农业的发展，有时甚至完全排除了农业发展的可能。上埃及的这部分地区时而也被称为中埃及。

虽然现代埃及的国界位于更加往南的位置，但严格来讲，埃及的疆域止于阿斯旺城上方（南方）的第一瀑布。白尼罗河和青尼罗河在喀土穆交汇，在阿斯旺和喀土穆之间，一共有6个这样的瀑布。这些瀑布并不是字典中瀑布的含义，而是指急流，所以在阿拉伯语中这些瀑布被称为急流。第一瀑布是由一段升起的花岗岩基岩和巨石形成的，它将尼罗河水分割成众多湍急的小河，也使阿斯旺成为重要的花岗岩产地。在阿斯旺河道中耐磨的石头上，古代采石场的痕迹和铭文依然清晰可见。船只可以通过第一瀑布，但很困难，所以它是一个航行障碍，同时也是文化和政治屏障。20世纪初，第一瀑布被阿斯旺大坝淹没了一部分，第二瀑布则在20世纪中叶被纳赛尔湖水淹没。

努比亚位于第一瀑布以南。埃及努比亚，或称下努比亚（在埃及，下努比亚位于北方，上努比亚位于南方），是努比亚的北部地区，在第一瀑布和位于哈勒法干河谷的第二瀑布之间。20世纪60年代，由于修建阿斯旺高坝，纳赛尔湖水将其淹没。此前，下努比亚是一个特殊的文化和地理区域，其在政治上也很特殊。努比亚人的语言不同于古埃及语和后来的阿拉伯语。与埃及相比，努比亚人土地的命运在很大程度上受到地理因素的限制，埃及大部分地区的河谷有软质岩石石灰岩和其他地理条件，使河流得以在宽阔而肥沃的泛滥平原上蔓延，而努比亚则被坚硬的砂岩所覆盖，河流只能划出一条狭

位于库尔塔西的罗马亭，在修建阿斯旺高坝后，被重新安置在了较高的地方。背景是纳赛尔湖（作者摄）

窄的沟渠。山脉往往与水相连，形成陡峭的河岸，沿河只有细长的耕地，有时甚至没有耕地。这意味着努比亚永远无法养活与埃及相当的人口，也无法生产出作为埃及文明经济基础的大量农业剩余。从空中俯瞰，尼罗河谷的景色令人难忘：一条郁郁葱葱的绿茵带穿过荒凉的沙漠。地面上的反差也很明显，在这里，人们可以真正地做到一只脚踩在肥沃的草地上，另一只脚踩在贫瘠的沙地上。耕作带通常十分分明，古埃及人称之为黑土地（Kemet），是由千百年来每年泛滥的洪水沉积而形成的肥沃泥土；而红土地（Deret）即为沙漠，是洪水无法抵达的地方。

埃及东部沙漠位于尼罗河和红海之间。它最显著的特征是红海山脉，大部分的山脉为南北走向。东部沙漠上由于地面上升和侵蚀形成的峭壁山峰，构成了地球上最令人难忘的风景之一。山脉被众多的干河谷割裂开来，这些干涸的河床大多呈东西走向，通向红海或尼罗河。虽然东部沙漠很少下雨，但一旦下雨，干河谷就会变成汹涌的洪流。一些干河谷是由古代河流形成的，譬如巨大的基纳干河谷（Wadi Qena）。干河谷陡峭的河壁和冲积河床为人们提供了穿越险峻地形的天然通道。其中，最重要的是哈马马特干河谷（Wadi Hammamat），它是尼罗河上的吉夫特（Gift）和红海上的库赛尔（Quseir）之间的交通要道。东部沙漠是石料和某些贵重金属的主要产地，自古以来就有采石和采矿活动。贝都因人很早以前就居住在这里，但直到20世纪末，这片沿海地区才得到集中发展。

西部沙漠即利比亚沙漠，面积更大，覆盖从尼罗河到利比亚边境之间的整个区域，占埃及国土面积的三分之二，其地理环境更为多样。沙漠大部分由露出地面的岩石和以沙质或石质为主的荒地组成。西部是大沙海，西南部是大吉勒夫高原。西部沙漠有许多大洼地，包括巨大的盖塔拉洼地，最低点位于海平面以下133米。这片沙漠里还有几片肥沃的绿洲，如北部的锡瓦绿洲和中央绿洲：巴哈里亚绿洲、法拉弗拉绿洲、达赫拉绿洲以及哈尔盖绿洲。达赫拉绿洲自旧石器时代以来一直有人居住，是非常重要的考古遗址。

西部沙漠中的一个洼地是法尤姆（Fayyum）地区。虽然它经常被描述为绿洲，但它与尼罗河水系统紧密相连，所有的水都是通过哈瓦拉河道（Hawara Channel）直接从附近的河流中获得的，哈瓦拉河道是西部山谷悬崖上的一个小开口。法尤姆地区土地非常肥沃，复杂的灌溉系统提高了土地的生产力，使水从尼罗河流入这里，然后通过较小的渠道沿着洼地南面的平缓斜坡扩散开来，直到抵达巨大的加龙湖（Birket Qarun）。自古王国时期以来，随着国家对水流控制的加强，加龙湖的面积已经大大缩小，目前它的

西部沙漠达赫拉绿洲的卡斯尔城
（雅罗斯拉夫·多布罗夫斯基摄）

水面约在海平面以下45米。加龙湖的北面是贫瘠而陡峭的山坡。有时，埃及地图被比作一株莲花：尼罗河是莲花的长茎，三角洲是花苞，而法尤姆便是叶子。

西奈半岛南部由山地高原组成，东南面较为陡峭，落入亚喀巴湾，西南面则较为平缓，落入苏伊士湾。和东部沙漠一样，西奈半岛南部长期以来也是铜、绿松石等材料的产地。西奈半岛北部是宽阔的沿海平原，为埃及和西南亚之间的联系提供了走廊，不过由于其沙漠地况，这条走廊在某种程度上受限。

埃及的两个海岸分别位于北边的地中海和东边的红海。虽然地中海沿岸的降雨量略多于埃及其他地区，但它在历史上一直人口密度较低，不过最近大部分地区都得到了大规模的开发。它没有天然海港，直到亚历山大城建立之后才没有港口，三角洲的地理环境也不适合与海洋之间交通的发展。

直到1869年，红海才通过苏伊士运河与地中海相连。此前，通过陆路穿越苏伊士地峡十分艰辛，很少有人如此操作。红海向南通向阿拉伯海和印度洋。然而，红海在埃及大部分的历史时期中并没有成为一个可行而持久的与东方联系的纽带，相反，它实际上是一个障碍。主要的困难在于一年中大部分时间里，红海上都吹着强劲的北风。这就是为什么红海上的港口尽可能设在南边的米欧斯·霍莫斯（Myos Hormors）和贝勒尼基（Berenike），而不是北边地理优势更为明显的苏伊士。虽然古时曾讨论过修建一条连接红海和地中海的运河，但修建这样一条运河以与红海进行定期、大规模的航行直到蒸汽时代才得以实现。尽管埃及的地理位置具有战略意义，但长期以来，埃及地理上的许多因素都使这个国家与外界隔绝，而不是使其与世界其他地区连接起来。

人们对尼罗河谷早期人类居住阶段知之甚少，一部分原因是缺乏研究，一部分原因是尼罗河的水文条件掩盖或冲刷了大部分的考古证据。埃及东部和西部沙漠的考古发现，特别是后者的发现提供了相关背景和比较的参考框架，但它们与在尼罗河谷的发现并不一致。不过，如果可以接受人类起源于东非这一说法，那么尼罗河谷及其周边地区就曾是一些非洲人停留的地方，随后他们向非洲各地扩散并向北进入亚洲西南部及其他地区。

公元前30万年的粗制石器可以证明，埃及尼罗河谷一带早就存在人类活动，远早于旧石器时代，而且可能更早。但河谷并不一定是人类居住的最明显或最理想的地方，因为在旧石器时代的很长时间里，非洲东北部的情况与现在完全不同。今天的撒哈拉沙漠在过去拥有着林木茂盛的高地、郁郁葱葱的草原、奔流不息的小溪和波光潋滟的湖泊，这里有丰富的动植物可供人们享用。河谷虽然植被茂密，是猎物丰富的狩猎和渔猎地区，但人们也会面临困难，因为在某些时期，河谷汹涌的洪水水位比现在高得多，而在另一些时期，河谷几乎断流。

大约在公元前1万年，在最后一个冰河时代后，全新世时期开始，非洲东北部的降雨模式发生了变化，因而在接下来的几千年里，撒哈拉开始经历干燥的过程。这一过程并不稳定，其间穿插着几个"湿润阶段"，因此，撒哈拉地区在最终被沙漠取代前，其大部分地区被干燥的稀树草原所覆盖。从人们打制石器并以狩猎采集为生的旧石器时代，到公元前7000年末期，畜牧业、农作物种植以及永久性定居点得到发展的新石器时代之间，撒哈拉地区的气候变化与文化和技术的进步时间大致同步。随着尼罗河泛滥时间日益规律，河谷显然成了发展农业的地点。

然而，最近在埃及发现的迄今为止最早的新石器时代大型遗址并不在尼罗河谷，而是位于西部沙漠南部。遗址发现于纳巴塔·普拉亚（Nabta Playa），位于阿布·辛拜勒（Abu Simbel）以西约100千米的古湖岸边。纳巴塔·普拉亚遗址的历史可以追溯到公元前6000年或更早，它由几百个石器时代的营地、众多的墓冢、竖立的巨石（有些高达2.75米）和巨石建筑组成。该遗址的挖掘者有理由得出以下结论，"至少古埃及人的信仰、魔法和宗教的一些根源"存在于纳巴塔·普拉亚。证据如下：巨石阵可以解读为原始神庙；其他人形石碑说明这些是纪念逝者的纪念建筑；葬俗注重尸体的保存。从尼罗河谷进口货物的出现表明纳巴塔·普拉亚的居民与沿河的农民有

纳巴塔·普拉亚石阵史前遗址的立石（马西耶·约德茨卡摄）

了较多的互动。约于公元前3350年，因沙漠化日益严重，与纳巴塔·普拉亚巨石阵相关的文化随之崩溃。

全新世时期的湿润阶段不时穿插着极度干旱的时期，不断迫使人们和动物离开撒哈拉，转向南部或东部寻求更适合居住的地方，那里的尼罗河提供着丰富的水源和优质的土壤。人们曾天真地认为，人口集中在尼罗河谷，加上河谷巨大的农业潜力，形成了某种临界质量（即从量变到质变），从而爆发出文明，这种想法有一定的合理性。不过，这种简单化的观点已不再被接受，到公元前6000年末前王朝初期时，埃及的大部分人口已迁至尼罗河谷，开始表现出明显区别于周围民族的特征，并发展成古埃及文明。

从太空看埃及（美国国家航空航天局可视地球）

第二章

埃及文明的诞生：埃及前王朝和早期王朝

古埃及年表

在深入研究古埃及历史之前，必须先介绍它的年表结构，这一体系主要是在过去两个世纪中由现代学者设计而成的。尽管在很多方面还不尽如人意，但该体系已经非常成熟，如果对它的特征没有基本的了解，就无法更进一步了解古埃及史。该体系基于公元前3世纪历史学家曼涅托（Manetho）的研究（见第七章），他用一系列的国王和王朝的故事来描述埃及历史，埃及共计有31位国王，从第一王朝的开国君主美尼斯（Menes）到亚历山大大帝。遗憾的是，曼涅托的《埃及史》（*Ægyptiaka*）中借鉴的许多重要史料已不复存在，仅留存于后世作家编写的外传、摘要或提要中，例如作家弗拉维乌斯·约瑟夫斯（Flavius Josephus）在公元1世纪为了驳斥希腊古代史中的夸大其词而撰写了《驳阿比翁》（*Contra Apionem*）一书，他改编了《埃及史》中的部分内容。因此，年表往往是模棱两可且不完整的，有时还有明显的错误，但没有其他年表可供选择。

现代学者采用了曼涅托的朝代框架，将古埃及历史整理成下述各个时期：

前王朝时期，大约公元前5300—前2950年

早王朝时期，大约公元前2950—前2613年

第一王朝—第三王朝

古王国时期，大约公元前2613—前2160年

第四王朝—第八王朝

第一中间期，大约公元前2160—前2004年

第九王朝—第十一王朝

中王国时期，大约公元前2004—前1640年

第十一王朝—第十四王朝

第二中间期，大约公元前1640—前1550年

第十五王朝—第十七王朝

新王国时期，大约公元前1550—前1069年

第十八王朝—第二十王朝

第三中间期，大约公元前1069—前715年

第二十一王朝—第二十五王朝

晚王朝时期，大约公元前715—前332年

第二十五王朝—第三十一王朝

　　即使在古埃及年表的大框架下，朝代的归类也存在个人偏好的不同以及科学判断的空间。例如，第三王朝常常被归入古王国时期，第二十五王朝被归入第三中间期。更大的问题是，随着知识的增加，这些时期的准确性大多受到越来越多的质疑，但就像曼涅托的朝代框架一样，它们已经成为规范。古埃及人当然没有意识到这种时代划分，很可能也会认为以这种方式划分他们所处的时代太过草率。

　　关于古埃及年表的另一个重要的词是"约"。后王朝时期之前以及该时期所有的日期几乎都是不确切的，也没有绝对的依据来进一步确定，因此，埃及学文献中经常使用"约"这个词。另外，年代划分有不止一个体系，到

处都是所谓的年表。这些都是埃及学著作中的日期常常不同的原因，但彼此间的差异通常不超过几十年，相较于悠久的古埃及史，这几十年的差异就相对次要了。

埃及前王朝

前王朝时期大约从公元前5300年至前2950年，是整个古埃及史中最不为人知的时期，但它是最具创造性的时期。埃及人在北非物质文化环境中脱颖而出，发展出古埃及文明的许多显著特征——政治统一、王权、文字、纪念性建筑、农业、大规模灌溉、艺术表现方式和社会组织。

现代学者起初并不知道埃及前王朝的存在，直到19世纪末，埃及学家弗林德斯·皮特里（Flinders Petrie）爵士干劲十足的工作才揭示了前王朝的存在。前王朝时期的后期才出现了文字证据，但大部分都是简短的片段，其确切的含义通常都不明确。然而，通过对坟墓中的陶器进行巧妙的分类，皮特里设计了一套相应的年代和分类体系，至今仍为埃及前王朝年代划分的基础。由于这一时期的政治组织不详，学者按照"文化"来对民族和社会进行分类，这些文化则按照与之相匹配的重要的考古遗址来命名。

在前王朝的几个文化中，有两个文化对理解古埃及文明的发展至关重要。第一个是巴达里文化（Badarian），之所以如此命名是因为它是在位于中埃及的梭哈杰城（Sohag）附近的巴达里被发现的。它至少在公元前4400至前4000年就出现了，甚至可能更早。虽然人们已经发掘了一些巴达里聚落遗址，但与所有前王朝文化一样，关于巴达里文化最令人信服的信息来自墓地。这些墓地的墓葬品几乎没有差别，表明了当时的社会等级相当平等。巴达里聚落的定居点似乎是不固定的，但沿着尼罗河岸边天然堤坝的规模较大且较持久的居所遗迹可能已被淤积的泥沙覆盖或被河水冲刷掉了。在巴达里居民的住所中，可见其在家具制作工艺上取得了重大进步，也可知他们同时从事着农业和畜牧业。他们广泛地在尼罗河流域进行渔猎。此外，塑像艺术开始出现，其中最显著的是人类的小塑像。尽管没有使用制陶的转轮，但巴达里陶器的陶壁十分之薄，这是埃及之后的历史时期所无法比拟的。巴达里文化的范围尚不清楚，但它的范围可能从北部的艾斯尤特（Asyut）以北到南部的卡布（al-Kab），其贸易和文化接触的范围更广。

前王朝时期的另一个主要文化是涅伽达文化，该文化可分为三个阶段。第一阶段为涅伽达一期［Naqada Ⅰ，又称阿姆拉特时期（Amratian）］，大约在公元前4000年至前3500年间繁荣。涅伽达一期的遗址与巴达里遗址相似，但总体而言规模更大、更为繁荣。墓葬用品仍然简单，但更加多样化，这标志着社会组织开始日益复杂。其小型金属物品的工艺水平未超过巴达里人，但他们加工诸如花岗岩、斑岩和石灰岩等硬石的技艺则有明显的进步，而这一技艺在巴达里时期还很基础。从石制权杖头和板岩化妆盘的出现可以看出，该时期硬石加工工艺的进步，这些物品显然并非只是纯粹的化妆配件，而是具有了明显的仪式和地位象征意义。

涅伽达一期的陶器，虽然其材质不比巴达里陶器的材质好多少，但开始有了装饰，有时会描绘几何图案、植物、动物或人物形象。人物的描绘主要有两种主题：狩猎和胜利的战士，也许意味着猎人、战士群体在社会中占主导地位。在整个古埃及历史上，胜利的战士这一主题在描绘法老攻击敌人的画面中经常出现。

涅伽达一期文化似乎比巴达里文化更具定居性。它的经济基本上自给自足，人们主要种植以大麦和小麦为主的农作物以及圈养山羊、绵羊、牛和猪等动物为生，野味和鱼类仍然是其饮食的重要组成部分。与巴达里文化一样，涅伽达一期文化也是以沿尼罗河大基纳湾的上埃及为中心，其范围比巴达里文化更广。

下一个主要阶段为涅伽达二期（Naqada Ⅱ，约公元前3500—前3200年），被称为埃及前王朝时期发展的转折点。涅伽达二期又称格尔赛时期（Gerzean），这是一个变革的时代：简单而平等的社会演变为阶级社会，剥削精英群体与其他群体的差异日益显著。随着财富和权力的分化，首长制度开始出现，这一点从住宅与墓地的形状和大小的差异可以看出。从涅伽达一期起，墓地的建造开始趋向于少数人拥有更精致的坟墓和更丰富的陪葬品。大多数墓葬仍然简单，但丧葬仪式开始变得更加复杂。

涅伽达二期的物质文化也以冶金术的发展为标志，铜制器具越来越普遍；燧石加工技术得到进一步发展，该文化生产出的波纹薄片刀质量上乘、外观精美。石器加工技术也进一步提升，为法老时期的石质建筑成就奠定了基础。手工艺专业化程度的提高表明出现了原始工匠阶级，其成员至少可将相当一部分时间用于手工艺制作而不是粮食生产，这源于他们得到了农业剩余物再分配的支持。劳动分工加剧了社会分化，但以上两个因素可能促使埃及前王朝时期和早王朝时期涌现出重大创造与创新，从而产生了法老时代的精英文化。

涅伽达二期的视觉艺术取得了惊人的发展，其中包括圆雕工艺，该时期的圆雕栩栩如生、线条流畅，与法老时代的艺术风格迥异。涅伽达二期的调色板比涅伽达一期少，但装饰有复杂的浮雕，并记录有叙事性或纪念性的信息，这使得它们成为研究前王朝晚期的重要史料，不过人们对它们的解读具有高度推测性。权杖头也有装饰，成为首领和初代国王政治权力的重要象征。以船为主要装饰图案的新型陶器也出现了，这是贸易增加和接触扩大的证据。到涅伽达二期末期，下埃及本土的物质文化已被涅伽达工艺品所取代，这一文化统一拉开了政治统一的序幕。

在涅伽达二期，大多数人可能居住在尼罗河沿岸的小村庄里，但大型人口中心也得到了发展，主要集中在涅伽达、希拉康坡里斯（Hierakonpolis）和阿拜多斯（Abydos），它们分别是当时的政治、宗教和贸易中心。涅伽达的埃及名字叫"黄金城"，这代表它靠近东部沙漠的贵重金属矿区，而且它的位置靠近哈马马特干河谷的西端，这是从尼罗河谷经过山区到红海的必经之路，其经济作用可见一斑。涅伽达二期不断增长的农村和城镇人口依靠谷物农业支撑。上埃及泛滥平原上的谷物农业发展越来越成功，其小麦和大麦的产量特别高，提供了较大的农业盈余。从三角洲到阿斯旺的尼罗河沿岸都发现了涅伽达二期遗址。埃及此时的政治组织几乎无从知晓，但考古证据表明存在着多个独立且相互竞争的权力中心。

　　读者们可能已经留意到，上述内容几乎完全集中在上埃及。埃及文明的推动力似乎确实来自这一地区，因为上埃及的考古证据丰富、更占优势，如前文所述，三角洲地理环境的特殊性给考古工作带来了困难。尽管如此，通过对三角洲部分遗址的考察或重新考察，人们在此仍然发现了令人振奋的关于前王朝时期的史料，例如开罗以南的马阿迪（Maadi）、东三角洲的明沙特·阿布·奥马尔（Minshat Abu Omar）、西三角洲的梅里姆达（Merimda）以及三角洲中北部的泰勒·法拉因 [Tell al-Fara'in，古布陀（Buto）]。考察工作的继续开展将带来更多希望，在获得更具普遍代表性的信息后，埃及史前史有望得到进一步修正。

　　涅伽达三期（Naqada Ⅲ，约公元前3200—前3000年）是前王朝时期的最后一个阶段，其变革的步伐不断加快，在埃及国家统一和古埃及文明出现时达到了高潮。当19世纪和20世纪的学者最初试图解释法老埃及的出现时，一个主要的猜测是围绕它起源于内部还是外部。例如弗林德斯·皮特里爵士假设了当时有一个来自亚洲的"新种族"入侵埃及，征服了埃及并将其文明强加给埃及。其他入侵理论也曾经流行过，因为这些理论似乎可以显而易见地解释埃及在短时间内发生的重大变化。但随着考古证据的积累，埃及内部连续发展的脉络变得更加清晰，表明古埃及的成就是一种本土化的成就，尽管也有可能是源自外来的征服、互动和刺激，但人们对于外部因素造就古埃及文明的过程知之甚少。

　　事实上，有迹象表明，古埃及受到了来自位于现今伊拉克南部的美索不达米亚文明的刺激，该文明和相关艺术的发展都要稍早一些，可能在涅伽达晚期的关键时刻影响到了埃及。文化借鉴领域可能包括文字、船只设计、艺术习俗、冶金和使用泥砖建造纪念性建筑等。考古证据包括几件器皿和圆柱形印章，这些器物在美索不达米亚地区已被长期使用，可能是被直接引入埃及的。涅伽达晚期奢侈品上的一些艺术图案与美索不达米亚的图案惊人的相似。涅伽达墓具有壁龛式砖结构，其原型可能源自亚洲。尽管近期的发现进一步证实了埃及独立发展的论点，但人们普遍认为，埃及文字是由于与美索不达米亚文明的接触而产生的。涅伽达位于通往红海的哈马马特干河谷西端，很可能与美索不达米亚产生了联系，当时美索不达米亚正处于扩张阶段，并配备有适航船只。涅伽达的黄金和贸易机会对于美索不达米亚的金匠和商人来说极具吸引力。然而，如果说美索不达米亚对埃及有过一个阶段的刺激的话，那也是短暂的，前王朝时期的埃及人能够将任何传入埃及的思想都转变成他们自己独特的思想。

另一借鉴之处——互动或传播或许是更为合适的措辞——是在西南亚发展起来的自给自足的经济模式，其特点是人们在永久的农业定居点驯化某些动植物。在这里，三角洲是人们相互联系的通道。这种经济模式出现在相对较长的前王朝时期，在这一点上，就像在其他事情上一样，古埃及人根据自己的情况以创新的方式对它进行了调整。到了涅伽达三期，维系古埃及文明的水利灌溉基础设施已然发达，修建有运河和垂直堤坝。在洪水曾经滞留的天然水池处，人们开挖了大型盆地以蓄洪，并在需要时逐步放水。传统上，人们认为盆地灌溉是由第一王朝初期的美尼斯王发明的，但这在他统治之前可能早已存在，不过这可能只是神话。根据对前王朝蝎子王权杖头上的一个场景的解读，它显示在涅伽达三期晚期，国王手持锄头，准备开挖一条堤坝。

发展和维护如此庞大而复杂的灌溉系统，显然需要相应的庞大而复杂的行政组织，这就引起了一场"先有鸡还是先有蛋"的争论，究竟是行政组织促进了灌溉系统的发展还是灌溉系统促进了行政组织的完善。不过，一旦两者都建立起来，这两种发展就是相辅相成的，因为拥有发达灌溉系统的社会产生了更大、更可预测的农业盈余。这反过来又维持了一个不断成长的剥削精英阶层，为非农业技能的日益分化提供了条件，也支撑了地区首领的野心，他们试图在不断扩张的过程中控制住资源更为丰富的地区。

要写一部涅伽达三期的政治史是不可能的，但可以描绘出其部分轮廓。在埃及这样一个日益复杂的社会中，只有进一步加强社会组织才能满足首领日益增长的权力需求。随着地方社群规模的扩大，它们彼此之间开始发生冲突，导致政治单位越来越大。希拉康坡里斯是上埃及主要的宗教中心，意义重大。希拉康坡里斯早期的国王们可能将首都迁至今天的梭哈杰以南40千米处的阿拜多斯，这是另一个重要的宗教中心；或者希拉康坡里斯可能已经落入阿拜多斯国王的控制之下。不管曾经发生了什么，在涅伽达三期早期，上埃及大部分地区有可能统一由阿拜多斯国王统治。

物质文化的进步与社会和政治的快速发展相对应。埃及出现了一些习俗，这些习俗也成了古埃及艺术的组成部分，如登记簿中对场景的描绘，地平线的使用，雕像的相对大小，以及反复出现的图案。与涅伽达二期一样，这种物质文化在埃及各地传播。传播的方向显然是由南至北，但这一假设是基于不完整的考古记录以及有关前王朝时期国王的传统中推断而来的。

领土的巩固是通过军事征服来完成的，这一点在希拉康坡里斯发现的调色板和权杖头等证据中可以看出。残缺的利比亚调色板可能描绘了被围困的城镇，蝎子王权杖头描绘有战争的场景，不过埃及学者对这些场景的解释存在争议。其他的调色板描绘了被捆绑的俘虏上方插有神军旗，被杀害的敌人被踩在脚下，即将被秃鹫和野兽吃掉。当一个统治者获得沿河大部分土地的控制权时，军事征服过程就结束了。埃及的政治统一最晚发生在第一王朝那尔迈（Narmer）国王统治时期，大约在公元前2950年，那尔迈调色板是统一过程最著名的实证，但政治统一很可能在涅伽达三期晚期的国王统治期间已经完成了，至少完成了相当程度的统一。为此，学者们把听起来很奇怪的零王朝（即前王朝）放在了曼涅托编写的朝代划分表的开头。

我们所说的统一，决不能用传统的、简单的观点来解释，即上埃及和下埃及这两个相互竞争的政治实体之间发生了斗争，并以上埃及取得了最终胜利为结束。这种传统的观念主要是基于神话和古埃及人对二元制的喜爱，加之没有考古学证据支持，现在的学者们已经不再认可，不过确实是由上埃及主动发起国家统一的。然而，上下埃及两地的概念在古埃及是最重要的。国王戴着双冠，各代表一块土地，国王的王衔也采用了上埃及和下埃及结合的象征。

那尔迈调色板
（阿拉尔多·德·卢卡，白星出版社）

早王朝时期

统一后的埃及的前三个王朝被称为早王朝时期（约公元前2950—前2613年），有时或被称为古风时期。[1]这是一个持续发展、充满试验和创新的时

———————

[1] 一些划分方法将前两个王朝视为早王朝时期。

期，与前王朝晚期非常相似。古埃及文明所特有的政治、艺术和宗教标准仍在形成过程中，不过一旦形成之后，它们就被确立，并在几千年里保持着明显可识别的相似性，所以它们看起来几乎是静止不变的。相对于标准创造过程中的激烈，这种保守主义显得奇怪，但它表明古埃及人已经形成了他们极为满意的表达形式。另外，事情并不总是像表面上看起来那样一成不变。正如一位埃及学者敏锐的观察，"不断变化的意识形态总是以保守的形式呈现出来，从而掩盖了这种意识形态的变化"。[1]

虽然埃及在前王朝时期才得以统一，但埃及的经济发展中心和政治权力中心在第一王朝时期才从南方转移到北方。孟斐斯（Memphis）建立在三角洲的顶点，位于今日开罗西南的尼罗河西岸。它成为埃及的行政中心。孟斐斯的埃及名字是伊尼-希杰（Ineb-hedj），意为"白墙"；孟斐斯的纪念性建筑位于上埃及和下埃及的交界处，紧随其后的沙漠高原上建造起气势磅礴的纪念性建筑，这必定是一个强有力的政治声明。在接下来的2500年中，孟斐斯都维持了其行政意义上的重要性。

人们可能过于强调了孟斐斯的重要性，因为今天除了碎石和瓦砾堆之外，几乎看不到它的踪迹。它从来没有被正儿八经地挖掘过，但临近萨卡拉（Saqqara）的大片墓地讲述了这座城市的一些故事。随着孟斐斯的崛起，阿拜多斯失去了政治功能，但它长期以来仍然是主要的宗教中心。第一王朝时期所有国王的王陵都位于阿拜多斯，第二王朝时期部分国王的王陵也在阿拜多斯，不过他们的高官可能被埋葬在萨卡拉高原边上的大型神龛墓中。这至少是现在大多数埃及学者的看法。[2]

"历史"时期被认为是从第一王朝开始的，但梳理早王朝时期的历史是一项极具不确定性的任务。第一王朝国王们在阿拜多斯的陵墓是主要的资料来源。这些王陵虽在古代惨遭劫掠，而后在19世纪被不称职的考古挖掘者破坏，但后来的考古工作还是从中提取出了宝贵的信息。这些陵墓延续了前王朝晚期权贵的墓葬规模日益扩大、随葬品日益丰富的趋势。巨大的长方形上层建筑由晒干的泥砖砌成，下面是地下墓室和储藏室。在古王国和早王朝时期，此类陵墓被广泛用于精英墓葬，今天被称为马斯塔巴（Mastaba）。成对的石碑宣告了墓主人的身份。储藏室里的物品通常记录在古象形文字标签上。一些石碑和标签已经被发现。

　　考古学家震惊地发现，第一王朝的国王们实行人殉。当他们死后，他们带着整个家庭陪葬：卫兵、祭司、妇女、侏儒（早期的国王对侏儒有一种迷恋），甚至他们的狗，以便在来世为他们服务。国王哲尔（Djer）身边约有600名殉葬的侍从，他们排列成行，埋葬在陵墓外围。他们显然是被勒死的，这样才能保持身体的完整。人殉现象在第一王朝后就停止了。殉葬者由小型人形雕像夏勃悌（Shabti）所取代，这种小雕像被设计用来为死者提供永世服务。后来，在中王国末期出现了《亡灵书》（Book of the Dead），实则是通往永生之旅的指南，该书中描述有如何激活夏勃悌的魔法咒语。

　　第一王朝最著名的国王是登（Den），考虑到他在位时间较长，他一定是在年轻时就登基了。他的精英阶层的墓葬数量异常之多，证明了国家行政机构在当时的管理得到了加强，而他的土地普查表明，他对土地资源、人力资源和农业资源的开发更加系统化，这得益于文字艺术的迅速发展，而文字出现在前王朝后期。有证据表明，当时有抵抗来自亚洲和利比亚的敌人的军事行动。从登王统治时期的艺术作品中，可以看出当时拥有更高的工艺水平。在登王墓中发现的两卷无字莎草纸是最早的造纸证据。

　　通常，考古证据和知识会随着时间的推移而增加，然而在埃及却恰恰相反，第一王朝至少在统治者的序列上是相当清楚的，而第二王朝却模糊得多。众所周知，第一王朝的王陵位于阿拜多斯，但第二王朝许多王室墓葬的位置却无法确定。尽管该王朝最后两位国王伯里布森（Peribsen）和哈塞海姆威（Khasekhemy）的王陵位于阿拜多斯，并靠近第一王朝的坟墓，但是大多数国王很有可能（并非绝对）都被埋葬在萨卡拉。有一些迹象表明，第一王朝和第二王朝之间存在一个动荡的过渡期，还有一些有限但更有力的证据表明第二王朝经历了一定的混乱时期。这也许是因为地区主义的力量还没有完全被中央集权的国王所制服，他们重新确立了自己的地位，随后又在内战中被镇压。

第三王朝（约公元前2686—前2613年）的史料就更加模糊了。该时期的第二位统治者为尼特杰里赫特（Netjerykhet），也就是人们熟知的乔塞尔（Djoser），是所有早王朝时期国王中最著名的一位。即使与他统治有关的所谓事实，大多是埃及历史后期产生的传说。不过，关于乔塞尔王的一个事实是不容置疑的，那就是他在萨卡拉的阶梯金字塔，是世界上第一座伟大的石质建筑，从古至今都让人敬畏。这和其他许多迹象共同表明了，一统天下的埃及已经拥有了较高的技术水平、经济实力和中央控制的水平，使它能够建造在规模上没有任何古代文明可与之相比拟的纪念性建筑。

在其最初的概念中，阶梯金字塔只是另一个王室的马斯塔巴，尽管在尺寸和用料上都很特别，它是由石头而非泥砖制成的。然而，随着建筑工程

萨卡拉的阶梯金字塔，左边为乌瑟卡夫金字塔

（摘自弗里斯的《下埃及、底比斯和金字塔》）

的推进，不断的修改使原来的设计变成了与以前的马斯塔巴完全不同的建筑物，并对接下来的法老时代及后期都产生了深远的影响。它的规模得到进一步扩大，实际上是由一个马斯塔巴叠加在另一个马斯塔巴上，最终形成了一个由六个台阶组成的金字塔，高60米，底座长121米、宽109米。

阶梯金字塔的地上建筑只是金字塔的众多特征之一。第二王朝时期，王陵的地下通道已变得日益复杂，但仍不及阶梯金字塔地下的迷宫复杂。它有无数的走廊，最终通向一个巨大的中央竖井，里面有一个花岗岩墓室。阶梯金字塔的地下空间被一位埃及学者描述为"地下宫殿"，这是后来的金字塔所无法比拟的。

阶梯金字塔不仅赋予了乔塞尔不朽的名声，也赋予了其金字塔建筑师，即维齐尔（Vizier，相当于宰相官职）伊姆霍特普（Imhotep，又译印何阗）不朽的地位。因其智慧过人，饱受赞誉，在晚王朝时期，他逐渐被奉为学习、写作和医学之神。埃及人将他与托特神（Thoth）和普塔神（Ptah）联系在一起；希腊人则将他等同于阿斯克勒庇俄斯（Asclepius）。朝圣者来到伊姆霍特普的崇拜中心萨卡拉，留下普塔神的象征木乃伊朱鹭作为祭品，并在上面刻有"伊姆霍特普"的名字。伊姆霍特普一定被埋葬在萨卡拉，但他的墓地至今尚未被发现。

在第三王朝时期，乔塞尔之后的国王虽然也尝试过复制他在建筑上的成就，但没有一个能够成功。他的继任者塞汉赫特（Sekhemkhet）也开始建造一座阶梯金字塔，但它实际上从未出现在地面上，因为被称为"被掩埋的金字塔"。塞汉赫特原本打算将其打造成比乔塞尔金字塔更高的金字塔，然而他只完成了地下通道和地基的建造，这可能是因为他的统治时间很短。另一个也未能完工的阶梯金字塔是"层级金字塔"，它位于萨卡拉和吉萨之间的札威亚特·阿尔–阿里扬（Zawyet el-Aryan），可能属于国王哈巴（Khaba），同样也可能因为其统治时间的短暂而未完工。其他几座小规模、未完工的阶梯金字塔暂且归于第三王朝的最后一任国王胡尼（Huni）。这些阶梯金字塔分布在埃及各地，其中一个远在南方的阿斯旺。

乔塞尔的阶梯金字塔具有创新性，也是承前启后的。它的基本概念沿用了马斯塔巴的概念，并进行了进一步扩大和丰富。虽然它是世界上第一座石质建筑，但对石材的使用却和泥砖一样，没有考虑到石材的特殊性。显然，当时采石和移动大块石头的技术还没有完全成熟。真正的金字塔时代将在下一个朝代开始。

第三王朝末期和整个王朝一样模糊不清。现代学术界认为第三王朝共有五六位国王，合计在位时间约75年；而曼涅托则多列出了几位国王，合计有200年的在位时间。曼涅托的时间跨度太长，他关于从第三王朝到第四王朝的过渡引起了他人的疑问，因为第三王朝最后一任国王胡尼是第四王朝第一任国王斯奈夫鲁（Sneferu）的父亲，其间没有明显的改变。诚然，虽然曼涅托在年代上有误，但也有可能是他知道一些我们不知道的事情。随着第四王朝的开始，也可以看作是古王国时期的开始（约公元前2613—前2160年），古埃及文明似乎突然以其独特的可识别的形式鲜活起来，非常的稳定、持久、多样且拥有强大的适应力，其许多形式在3000年后仍然发挥着作用。

第三章
古王国

　　古王国时期的埃及自成一个世界，国家稳定，自给自足，可谓文化绿洲。其北面临海，尼罗河三角洲并非连接通道而是天然的屏障，因为海船难以驶入尼罗河支流。古埃及没有海港，东西两边横亘的茫茫沙漠也是屏障。只有从东北方向可以通过交通工具抵达陆地，但该方向并无强敌威胁。在南方，尼罗河第一瀑布进一步阻碍了航行并提供了保护。埃及自给自足的经济源于其极其丰饶的物产——谷物、水果、油料植物、亚麻、纸莎草、家养禽畜、野味和鱼类等丰富多产。建筑木材是唯一欠缺的基本物资，但通过与黎巴嫩的贸易也极易获得，且贸易完全按照埃及的条件谨慎地进行管制。古王国大部分时期的洪水相当稳定，保障了土地的生产力。第五王朝莎草纸上写着，"秩序井然，效力持久。自奥西里斯（Osiris）时代以来，秩序从未被打乱"。[3]

　　古埃及人一直认为努比亚属于埃及，但除了努比亚这一例外，古埃及并非是一个扩张主义的国家。埃雷风坦尼（Elephantine，即象岛）位于阿斯旺第一瀑布下方，在早王朝时期就筑有防御工事；在前王朝和第一王朝期间，埃及的控制范围延伸到下努比亚，据记载，军事行动一直扩展到第二瀑布处。目前，尚不清楚在早王朝时期是否建立了永久性的军事和贸易站点，但在古王国早期至少建立了一个站点。埃及未在努比亚建立省级行政体系，当地屡遭埃及入侵，人们深受其害。前王朝时期，埃及在亚洲的巴勒斯坦修建了防御建筑，并一直沿用到第一王朝时期，但此后逐渐被废弃。直到第六王朝时期，埃及为了对付"沙民"才在那里展开了大量的军事行动，以保护边疆安全。三角洲东北部也显然未被纳入古王国的省制划分范畴，因为此地不值得花费财力和精力去维护。

古埃及国家的权力体现在国王身上。国王也称为法老，法老一词原指王宫这座"大房子"，后来逐渐演变成对国王的尊称。国王以神的身份统治着统一后的上埃及和下埃及王国，他是被赋予一定超自然力量的神，人们将其当作神来崇拜和服从。这位神王的职能是在神和人类之间进行调停，尤其是在分配和约束"玛阿特"（Maat）方面。"玛阿特"是古埃及的一个极其重要的概念，其有多种释义，如"真理""秩序""行为得体""正义"等；总而言之，它统指埃及人做事的方式。国王即使在死后也会永世履行这一职能。因此，王陵十分重要，国王们对他们的墓葬十分狂热。

国王的权力极大。理论上以及在绝大多数的实践中，国王掌控着埃及的土地及其产品。埃及在早王朝时期便已实行了国家税收制度；在古王国时期，该制度得到严格执行。为了满足王室日益增长的物质需求，国家也采取了诸多措施以提高土地的生产力。税收以实物形式征收，即征收一部分农产品；埃及直到托勒密时期（Ptolemaic Period）才出现了钱币，远在法老时代结束之后。国王能够按照自己的意愿占有大量的农业剩余物，并对其进行再分配，这是他的权力基础。通过后来被称为劳役的制度（即强制劳动制度），国王可为自己的工程召集大量的劳工。一切经济和政治机构均受王室控制，中央政府是所有为国王及社会精英提供服务或产品者的雇主和委托人，这一模式是经济发展的驱动力。在古王国时期，我们可以称之为商业的行为较少，平民百姓能够生产自己消费的大部分物品；其他诸如盐、油以及衣服等生活必需品则由他们劳动所在的庄园提供，其活动也受庄园的管束。地方市场的规模较小，分配能力也有限。

随着国家管理规模的不断扩大，埃及需要一个由专业行政管理人员组成的高度组织化的官僚体系。第四王朝时期，皇亲国戚担任了其中绝大多数的要职，随后大量的平民也开始担任行政职务。其中，维齐尔是最高的职位。维齐尔直接对国王负责，其职责范围涵盖了除宗教事务以外所有的行政领域。同时，设有专门的部门负责接收和储存国王任命的征收员所收集的农业剩余物。主管国王恩赐品的大臣则负责监督农业剩余物的分发。另一个有权势的官职是皇家工程的监督员。国王及其高级官员的关系在吉萨金字塔上表现得淋漓尽致，金字塔的四周有序地排列着一排排生前为国王服务、死后也要为国王尽忠的高级官员的马斯塔巴。

上埃及和下埃及王国被划分为42个行省，其中上埃及有22个行省，下埃及有20个行省。这些行省又称诺姆（Nome），但该词直到托勒密时期才开始使用。各行省的省长则在各省的省会办公。第五王朝时期又设立了一个更高级别的地区职务——上埃及监督官。这种省份划分制历时长久，一直沿用到罗马时代。

王权制度和宫廷文化在古埃及文明中的重要性不言而喻，尤其在古王国时期。政府需要协调和供应大批劳工、记录税收、识别并分配农产品以及记录尼罗河洪水情况，因此文字的发展与之密不可分。

这促进了书吏制度的发展。能够读写的人口可能只占总人口的百分之一或百分之二，对这些极少数人来说，识字是晋升和获得权力的手段。因此，即使最高级别的政府官员也以出生于书香世家而自豪，并且会请人绘制画像，通常会手持书写用具，摆出传统的抄写姿势。

中王国时期的《贸易讽刺诗》（*Satire on the Trades*）赞美了人们对书吏官职的渴望：

> 瞧瞧，哪个职业没有老板，
> 除了书吏，他自己就是老板。
> 我给你安排的那些职业，一个比一个可怜，
> 如若你能书写，这对你更为有利。[4]

在古王国的一篇金字塔文中，国王担任着神圣的众神书吏。

与美索不达米亚的接触，可能最初刺激了古埃及文字的产生，但如果是他处的思想，古埃及人总会把它变成完全原创的、彻底的埃及思想。古埃及最著名的文字形式是象形文字，意思是"神的文字"，这是古希腊人对埃及运用于正式场合的装饰性文字的称呼，比如在立碑上的题词，或者记录在莎草纸上的特别重要的文字。莎草纸由生长在埃及沼泽地的植物茎制作而成。虽然古埃及象形文字看起来像是图形字符，但它们在本质上主要是表音文字，但也不完全是；换句话说，它们通常是结合发音来形成文字，不过单个象形文字也可以作为表意文字，表示它们类似的物体或与之密切相关的概念。到了第一王朝末期，象形文字已经失去了大部分的表形功能，人们能够用它来书写完整的句子。

随着时间的推移，用于书写古埃及文的另两种文字发展起来。僧侣体是一种高度简化的、有更多草书形式的象形文字，在早王朝末期就已开始使用。它可以用笔代替凿子或毛笔，在非纸莎草纸的材料上书写，特别是可写在任何定居地附近都有的大量的陶瓷碎片上。世俗体产生于晚王朝时期，甚至比僧侣体还要潦草。在没有经验的人看来，世俗体就像一排无法分辨的逗号，但它可用在纪念性建筑上和日常生活中。它是罗塞塔石碑（Rosetta Stone）上的文字之一，是19世纪初破译象形文字的关键。

尽管这些象形文字稍显笨拙，而且这一"字母表"具有许多缺点，但并不过时。即使在古代，这些文字也是神秘而令人敬畏的。它们既可用于装饰，也可以用于交流。此外，它们是托特神送给人类的礼物，所以这些文字得以保留也有宗教的原因。人们认为这些文字的魔法效力相比其他文字强大得多。象形文字的使用贯穿于整个法老时期，并一直沿用到罗马时代。

国王的名字是用象形文字写成的，并以独特的形式呈现，无论观看者是否识字，都能一眼认出这是王权的声明。在前三个王朝时期，国王的名字被放在塞拉赫（Serekh，"王宫门面"）内，上面站立着一只猎鹰，这是与国王密切相关的荷鲁斯神（Horus）的象征。在后来的王朝中，国王们的两个主要名字（国王共有五个名字）都被放在椭圆形的卡图什（Cartouche，"王名圈"）内。图特摩斯三世（Tuthmosis Ⅲ，约公元前1479—前1452年在位）甚至把他在国王谷的墓室做成了王名圈的形状。即使在法老时代之后，托勒密国王和罗马国王的名字也呈现在王名圈中，以强调他们也是埃及正统的神王。

　　古埃及的口语和书面语属于亚非语系或闪含语系。这一大语系的成员包括闪族语言，如希伯来语和阿拉伯语，北非的柏柏尔语和几种非洲语言。任何研究过阿拉伯语和古埃及语的人，都会发现两者拥有不少共同点。在古埃及的历史长河中，埃及语历经诸多嬗变，包括发音和词汇的变化以及外来语的引进，这一变化要比从乔叟式英语或莎士比亚式英语到现代英语的变化剧烈得多。即使在同一时期，表达内容的不同和说话人的不同也可能导致语言的差异。例如，宗教文本使用古语，而个人信件的语言则更接近于日常用语；还有证据表明，由于地理和社会环境的不同，各地区的方言也有区别。

　　宫廷文化也是古埃及艺术的推动力。在古王国初期，埃及文化的基本模式已经形成。在接下来的2000多年里，这些模式经过调整和变化后，仍然保持着明显的共性。因此，即使是一个不了解情况的观察者，在瞥见古王国或新王国时期的物品时，也会本能地辨认出这些是"古埃及"时期的物品。这种独特的外观在一定程度上源于埃及有着严格的艺术惯例，现代学者称之为"艺术法则"。例如，人物雕像以特定的方式表现。在描绘人物时，人物的双肩为正面，而臀部和腿部则像头一样是侧面，这种姿势是不自然的，事实上也是不可能做到的。同样，国王的站立像的变化也很少，通常人物的目光坚定地注视前方，紧握双拳，左脚向前迈出一步。起初人们几乎注意不到，在国王旁边的可能是他的妻子和女儿的小雕像，雕像的大小相应反映了他们各自在埃及社会中的重要性。

　　这种法则在古王国时期最为严格。虽然此后它的许多原则仍然有效，但在随后的几个世纪里，即使是在主流艺术习惯和风格的框架内，赞助人和艺术家们仍然表现出惊人的创新力。最引人注目的创新可以在新王国时期的艺术品中找到，特别是在该时期贵族赞助的作品和昙花一现的阿玛尔纳（Amarna）时期的艺术品中，这些作品具有强烈的自然主义元素。在晚王朝时期，当伟大的古埃及时代早已远去，人们又回到了远古时代的严格法则和程式，艺术家们以古王国时期的作品为蓝本，努力复兴过去的伟大。

　　由于需要装饰宫殿和神庙、奖励行政人员，最重要的是用于丧葬，古埃及对艺术作品的需求巨大。因此，国家是古埃及最大的艺术赞助方，艺术甚至可以被视为国家的一项职能。艺术需求的规模相当之大，因此需要高度完善的官僚组织和相当一部分的国家资源来监督和维持各类艺术品的生产，这些艺术品诸如陶瓷、珠宝、金饰、木工、绘画和雕像。仅以雕塑作品的生产为例，不仅要维护雕塑家及其作坊的生计，还要负责石材或其他材料的采掘和运输，以及相应物品的安装。因为艺术具有重要的功能，其标准必须予以理解和执行，因此有人认为官僚监督体系可能是造成古埃及艺术具有相对静态性质的原因。

　　在古埃及，艺术并不是为了艺术而艺术，当时的艺术家们也没有享受到像现代早期自文艺复兴时期以来的艺术家们获得的特殊地位。他们只是手艺人，像任何其他普通人一样，他们的墓葬中除了一些艺术品制作工具外，是非常普通的。在大多数情况下，他们都隐姓埋名工作，不过也有少数人成功地留下了他们个人的印记，比如雕塑家的监督者尼安

美杜姆马斯塔巴中第四王朝拉赫铁普王子（下）及其妻子诺伏列特（上）的等身雕像（作者摄）

赫普塔（Niankhptah），他曾在萨卡拉的普塔霍特普（Ptahhotpe）教堂的浮雕中描绘过自己。不过，个人的默默无闻并不妨碍技术的精湛，古王国时期存世的许多作品并不是区区工匠的作品，而是雕塑大师的作品。第四王朝早期的王子拉赫铁普（Rahotpe）及其妻子诺伏列特（Nofret）的等身雕像埋葬于美杜姆（Meidum）的马斯塔巴中，现存放于开罗埃及博物馆，这一对夫妻雕像跨越了4500多年的时间鸿沟，给人以强烈的即视感。

在古王国的各个领域中，国王在宗教领域起着最重要的作用；事实上，他是宗教的功能组成部分之一，宗教渗透到古埃及生活的各个方面。国王本身就是神，只有国王才能与神沟通。他是最高的宗教领袖。理论上，国王主持所有神庙的所有仪式，祭司以国王的名义行事。只是到了后来，随着"个人虔诚"[①]等宗教信仰的发展，接触神灵不再是国王的特权。

古埃及宗教包含的元素非常之多，有些是相互矛盾的，所有都随着时间的推移而变化，因此很难系统地描述古埃及宗教，抑或是建造对任何时期都具有意义的、全面的万神殿。古埃及宗教发展早期阶段最基本的特质之一是它的地方性，不同的地方有不同的守护神，在此列举两例：芭斯特（Bastet）是三角洲布巴斯提斯城（Bubastis）的守护神，托特是赫尔摩坡里斯·麦格纳（Hermopolis Magna）的守护神。有时，主要崇拜中心的守护神是由父亲、母亲和儿子组成的三人组合。阿蒙（Amun）、穆特（Mut）和孔苏（Khonsu）是底比斯（Thebes）的守护神；而孟斐斯的守护神则由普塔、塞赫美特（Sekhmet）和涅斐尔图姆（Nefertem）组成；其他中心也有自己的三人守护神。当城镇的政治重要性提高时，该地的地方神的影响力就会扩大，例如孟斐斯的普塔或底比斯的阿蒙。在最早期，诸神的形象为动物：芭斯特是一头母狮（后来是一只猫），托特是一只朱鹮，哈托尔（Hathor）是一头牛，索贝克（Sobek）是一只鳄鱼，等等。艺术传统有时将他们表现为人类和动物特征的组合，诸如荷鲁斯（Horus）会被描绘成鹰首人身的男

---

① 个人虔诚，即普通人可以和神直接沟通，体现了个人与神的紧密联系和个人对神的依靠。——译者注

人，而塞赫美特则被描绘成狮首人身的女人。诸神也会被完全拟人化地描绘成正常的男女，不过是高度理想化的人。随着时间的推移，两个或以上的神的特征融合为一个神的特征。一个极其重要的例子是阿蒙和拉（Ra）在新王国时期结合形成了超凡的阿蒙拉神（Amun-Ra）。

国家宗教与家庭宗教抑或民间宗教有着重要区分。前者主要涉及王权和国家行为；后者则侧重对个人和家庭的直接关怀，特别是通过家庭灾难（如分娩死亡）来避灾躲祸。与国家宗教相比，家庭宗教无疑更直接地触及绝大多数人的生活，但考古记录较少。贝斯（Bes）和陶雷特（Tauret）是重要的家庭保护神。

由于古埃及神和宗教的问题众多，古埃及人形成了丰富的神话传统。许多神话在宗教圣像中都有体现，但很少有足够的文字证据存世来全面解释它们，并使我们了解它们对于当时的人们来说究竟意味着什么。幸运的是，其中一个年代久远的神话得以保存至今。该神话由罗马作家普鲁塔克（Plutarch）记载下来，是一个发生在原始时代的神话，讲述了奥西里斯、伊西斯（Isis）以及荷鲁斯的故事，这对于古埃及王权制度的维护至关重要。

神话讲述的是，神圣的奥西里斯是埃及的第一任国王，他与他的妹妹伊西斯结婚。他把人们从野蛮中解放出来，并教给他们文明的艺术。然而，他的弟弟塞特（Seth）嫉妒他，觊觎他的王位，于是将他杀害、碎尸并将尸体抛在尼罗河中。悲痛欲绝的伊西斯将尸体重新组合起来，制作出第一具木乃伊，从而使奥西里斯复活。在这个过程中，她怀上了他们的儿子荷鲁斯。当荷鲁斯长大成人后，他与塞特进行了激烈而血腥的战斗，最终打败了塞特。随后，荷鲁斯成了活人的统治者，复活了的奥西里斯则成为死者之王。当荷鲁斯死后，他又成为奥西里斯，而他的儿子成为下一个荷鲁斯，这是一个循环反复的生、死、来世的过程。

同样，法老生前等同于荷鲁斯，死后等同于奥西里斯，他在生死两界中行使国王职能。后一种联系的重要性体现在频繁出现的国王木乃伊形象中，如在拉美西姆（Ramesseum）立柱上或阿布·辛拜勒神庙内部的拉美西斯二世（Ramesses Ⅱ）的木乃伊形象：他被包裹得严严实实，紧紧地将统治的象征物抵于胸前，戴着独特的奥西里斯王冠。在早期，这种荷鲁斯—奥西里斯的进阶是专属于国王的，但自古王国时期开始，埃及逐渐实行"来世民主化"，人人皆渴望能像奥西里斯一样复活。

古埃及的宗教信仰非常强调永恒的来世。为来世做准备是一件非常重要的事情，耗费了国家相当多的资源，以至于一位埃及学者将建造和装备丧葬纪念性建筑描述为古王国时期"最大且唯一的产业"。大多数人被安葬在沙漠边缘的简易坟墓中，但精英阶层的理想是修建一座好的坟墓。许多人显然把一生中的很大一部分时间用于准备死后的安息地。国王确保臣民忠诚的方式之一是向他们许诺好的墓穴。墓穴不仅仅是纪念性建筑，它还能有效地保存肉身，以此逝者的"卡"（ka）和"巴"（ba）——古埃及人关于人格、灵魂、精神的概念，非常复杂——相互交流形成"阿赫"（akh），并能够享受永恒的舒适和快乐。如果人们能够负担得起，他们就把墓穴交由祭司，让祭司及其后裔定期进献食物和饮品来维持"卡"，并举行既定仪式。这一习俗从法老时代甚至更早一直延续至今。如今，人们也经常到逝去亲人的墓前，一边饮食满篮子的食物和饮品，一边诵读《古兰经》。

永生不仅需要合适的精神栖息地，还需要保存尸体，因此，人们设计出木乃伊以防止尸体腐烂，并尽可能地使其保持可识别的状态。经过数周的准备，尸体用亚麻绷带包裹后放在一个棺材里，然后再放进一个外棺材里。这个过程由高度专业化的公会来完成，接受祭司监督，并伴有复杂的魔法仪式。不那么富裕的人也有更便宜的制作方法，但大多数人都没被做成木乃伊，而是直接埋在沙地里，自然风干往往能将他们的尸体保存得非常好，有时甚至比木乃伊保存得更好。

有一点虽然此前已经被提及很多次，但仍值得重申，古埃及人对死亡和来世的过度关注并不是病态的表现。恰恰相反，他们享受生命，希望获得永生，无需担心饥饿、疲劳、疾病、失落和衰老。尸体防腐仪式结束时，祭司会这样吟诵："你还活着，你永远活着。看，你已重返青春，并将青春永驻！"

　　在古王国时期，王室统治对埃及影响最大的领域是古埃及的典型象征——金字塔的建造。为了建造金字塔，必须组织和扩大国家经济，使之发挥最大效能。国王和剥削精英阶层可以通过征税和召集王室劳役以掌握埃及几乎所有可用的剩余资源，并将其用于金字塔的建造，这一事实不仅证明了中央政府的权力及其高度发达的官僚体系的效率，而且证明了主流意识形态普遍认同当时的社会性质和社会运作方式。

　　第四王朝第一位法老斯奈夫鲁（约公元前2613—前2589年在位）是最伟大的金字塔建造者之一。他的儿子胡夫在吉萨建造的金字塔是有史以来最大的金字塔，然而胡夫只建造了一座。斯奈夫鲁至少建造了两座，极有可能建造了三座，其总量远超其他法老的金字塔。他在金字塔的设计和规模上也很出色。第三王朝晚期的法老们试图建造像乔塞尔金字塔那样的阶梯金字塔，而斯奈夫鲁则向建造真正的金字塔过渡，他所建造的金字塔有方形底座和光滑侧面，四面在塔顶汇聚成点。

　　这一转变并非一蹴而就。斯奈夫鲁的第一座金字塔位于孟斐斯以南约60千米处的美杜姆，该金字塔在建造初期是一座与位于萨卡拉的乔塞尔金字塔一样的阶梯金字塔。当它建造完成后，或者说当它第一阶段的建造完成后，斯奈夫鲁北迁至离孟斐斯更近的达淑尔（Dahshur），并在那里建造了两座金字塔，一座为弯曲金字塔（Bent Pyramid），或称菱形金字塔（Rhomboidal Pyramid）；一座为北方金字塔，由于其石头在特定光影下呈现玫瑰色，所以也被称为红色金字塔。弯曲金字塔是最先建成的，当它达到预定高度的一半以上时，其外表面的角度明显地从55°减少到43°，从而呈现出奇怪的形状。角度改变的原因不得而知，有可能是出于建筑结构的考量。斯奈夫鲁完成了弯曲金字塔的建造后开始建造北方金字塔，其侧面的倾斜度异常之低，仅为43°，可能是借鉴了弯曲金字塔的建造经验。在其统治末期，斯奈夫鲁重返美杜姆，并再次建造第一座金字塔，从而将这座阶梯式金字塔转变为真正的金字塔。不知何时，金字塔外层坍塌了，所以现在美杜姆金字塔的外观看起来并不像金字塔，而像是坐落在山上的塔。埃及学家们对坍塌发生的确切时间争论不休，有些人断言它发生在建筑过程中（并影响了弯曲金字塔的建造），有人则认为坍塌发生于新王国时期甚至可能在中世纪才发生。

斯奈夫鲁的继任者胡夫（约公元前2589—前2566年在位），又称基奥普斯（Cheops），在吉萨的高原上选择了一个突出的位置建造他的金字塔，后来第四王朝的两位法老哈夫拉（Khafra，约公元前2558—前2532年在位）和孟卡拉（Menkaura，约公元前2532—前2503年在位）都纷纷效仿。他们的金字塔与胡夫金字塔松散地排列在一起，形成埃及最为著名的金字塔群。胡夫大金字塔最初有147米高（后来高度减少约3米），其底座边长230米。同古王国时期的金字塔一样，胡夫金字塔也只是一个更大的建筑群的一部分。因此，这一成就更加令人讶异。建筑群是第四王朝的另一个发明。除了大金字塔之外，建筑群还包括一座卫星金字塔、三座王后金字塔、至少七个放置太阳船的坑穴、一座与金字塔相邻的祭葬殿、一条通往河谷的长堤、一座河谷神庙以及位于金字塔东西两边的两座庞大的死者之城，法老的高级官员被埋葬在石制马斯塔巴中，像现代城市街道一样排列有序。

金字塔当然是作为王室陵墓设计的。如果质疑一个社会为何将如此多的资源用于这种目的，那么这是对古王国及其意识形态的误解。金字塔的建造

吉萨金字塔
（作者摄）

方法曾经是一个巨大的谜团，虽然仍有不确定的地方，但埃及学家们已基本梳理清楚。大部分的石头都是在附近开采的，而精加工用的石灰石则是从河对面的图拉（Tura）运来的。这些石块最有可能是沿着巨大的土坡被拖动到目的地的。大部分工作都在洪水期完成，当时河床比现在更靠近孟斐斯和吉萨，河水漫过河床，可以随时进入工地，工人们无需在田间工作。即便如此，这个过程还是令人匪夷所思。据估计，在胡夫统治时期，要完成大金字塔的建造，显然需要将每块石头移到合适的位置，而且需要惊人的精准度，大约每两三分钟就要调整一次位置。这些石头平均重达2.5吨，有些还要重得多。整个建造过程包括采石、运输、施工、组织劳工，以及为他们提供食物和住所，这一定使国家的经济消耗达到了极限。最近在金字塔附近的发现，为了解劳工的生活提供了新的视角。

金字塔建筑群不仅仅是一位死去国王的纪念性建筑。它是一个繁荣而持久的制度。尽管金字塔本身是建筑群的核心，但它只是众多组成部分中的一个，而且从功能的角度来看不一定是最重要的组成部分。所有的神庙建筑群都是为了维护王室崇拜而捐赠的，通常是通过赠予广阔的土地，其位置有时在金字塔附近，不过它们离金字塔可能还有一定的距离；或者是由国库持续捐款来支持，例如，斯奈夫鲁在达淑尔的两座金字塔祭仪，均在各自负责监督广泛经济活动的祭司的指导下进行独立运作。尽管激励神庙崇拜的意识形态是为离世的国王履行既定的仪式，并提供必要的物质供品以维持国王的"卡"，但这些祭仪已然成为该地区整体经济组织中最重要的机构。

我们无法准确说出神庙祭司集团到底控制了多少土地，但他们控制的土地面积很大，而且随着每座新金字塔的建立和当地宗教中心获得新的捐赠而不断扩大。当地神庙的捐赠以及神庙宗教中心是开发和重新分配埃及资源的主要力量。当然，供奉已逝国王的祭品并非被他本人享用，其中部分由神庙的工作人员保留，还有一些则重新分发给神庙的众多香客。神庙中的官职变得非常抢手，因为神庙官职的薪水要么是神庙土地的收益份额，要么是耕种这些土地的权利。其余大部分土地的控制权则分为另外两类：由中央官僚机构直接管理的王室农庄，以及可称之为私人财产的土地，大多数是由国王赏赐、个人管控的大庄园。

在这些土地上生活、劳作的人们占埃及绝大部分的人口，然而他们的生活却鲜有记载。他们简陋的坟墓中信息甚少，他们的房屋很少被发掘，文学记录中也鲜有他们的痕迹。通过精英们的眼睛，人们得以管窥他们的生活，因为农业生活场景是精英们私人坟墓教堂中最受欢迎的主题，这些场景通常配有古时人们劳作时可能说的话语。比如，一个赶牛人警告道："你们是没长眼睛吗？"监工宣布："你给我听好了，大麦已经成熟了，谁收割得好谁就能得到它。"一个善良的牧民对躺在他身边的牛说道："嘿！亲爱的，吃块面包吧。"[5]

目前，尚无充足的证据来确定农民的合法地位，他们实际上被视为土地的一部分。他们不得离开土地，不是可以脱离土地进行买卖的财产。从现在的角度来看，他们的情况属于农奴制而非奴隶制，单纯将其看成农民与土地的联系可能更为合理。他们的生活往往很艰苦，即便在盛世，他们也仅能维持生计而已。但他们生活在一个充满"玛阿特"的社会中，这里所有的成员都有一种地域感和归属感，他们感到能从中获得一些利益，无论这些利益多么微小。在人们的印象中，金字塔是由一群遭受鞭打的奴隶建造的，不过这种说法是错误的。为了建成金字塔，强制劳动当然是必要的，国王象征性地拿着鞭子和牧羊人的曲柄杖，但埃及人民的参与也是必要的，否则这些项目就不可能完成，古王国也不可能维持这么多世纪的稳定。在古埃及，奴隶制是一个相对不重要的因素。在成功的军事远征之后，偶尔会有成群的俘虏劳工被带进国内，以解决长期以来的劳动力短缺问题；随着时间的推移，这些人逐渐融入整个社会中，而非形成一个独特的阶层。

从社会的顶点俯瞰第四王朝这一庞大的建筑，人们发现了一段历史空白。人们对金字塔拥有者的国王知之甚少，人们的了解更多是基于传说和假设，而非确凿的事实。据说，斯奈夫鲁是一位仁慈并受人爱戴的国王；胡夫和哈夫拉则因残忍而闻名于世；孟卡拉则因太过仁慈而冒犯了众神，于是众

第四王朝国王孟卡拉与女神哈托尔、女神巴特的雕像（作者摄）

神对他的王国进行了惩罚。孟卡拉在吉萨的金字塔相对较小，其规模约为胡夫大金字塔的十分之一，这自然引起了人们对当时王朝衰落的猜测。而他的继任者舍普赛斯卡夫（Shepseskaf）的墓室建筑更小，于是又强化了这种猜测，但也有其他可能的解释。也许纯粹的规模已经不再是首要考虑的因素，资源可能被用于其他地方。即使金字塔的规模有所减小，与之相关的神庙却越来越精致，其获得的捐赠也越来越多。另外，孟卡拉在他的金字塔中大量使用了大理石，这是一种更昂贵的建筑材料。孟卡拉也是迄今为止第四王朝国王中雕像保存得最为完好的国王。

孟卡拉还未完成他的金字塔就去世了，他把这项工程留给了他的儿子舍普赛斯卡夫（约公元前2503—前2498年在位）。舍普赛斯卡夫的确完成了孟卡拉的金字塔的建造，但很草率。国王们都知道人命由天，所以他们都急于完成自己的金字塔，而不是把时间和资源花在别人未完成的事业上。然而，与古王国时期的做法大相径庭的是，舍普赛斯卡夫并未选择建造金字塔，而是在萨卡拉建造了一个非常大的马斯塔巴。这一举动的原因目前完全基于猜测，但其中一个相对合理的猜测是，这代表了国家在当时遇到了危机，也许与下一个王朝的宗教发展息息相关。在舍普赛斯卡夫之后，另一位国王统治了埃及两年，他的名字已经无法得知。这个短暂而模糊的无名统治时期，隐藏着第四王朝转变到第五王朝的原因。

根据留存至今的中王国时期的《韦斯特卡尔纸莎草》（*Papyrus Westcar*）中的一个传说，第五王朝（约公元前2494—前2345年）的国王是太阳神"拉"和他的一个祭司的妻子拉杰德（Radjedet）所生之子。无论这个故事的真实性如何，该王朝的宗教政策体现了将太阳神的地位上升至国家之神。该王朝从第一任国王乌瑟卡夫（Userkaf，约公元前2494—前2487年在位）开始，大多数国王都为拉建造太阳神庙，表明了该神的重要性。这些神庙在平面上与皇家金字塔建筑群相似，并位于金字塔附近，强调了国王与最高神拉之间的关系。拉是最伟大的造物主，也是自然界的动力。尽管该王朝的第一位国王乌瑟卡夫和最后一位国王乌那斯（Unas，约公元前2375—前2345年在位）均在萨卡拉建造了他们的金字塔，但与第五王朝关系最密切的遗址位于萨卡拉和吉萨之间的阿布西尔（Abusir）。

第五王朝的政治史模糊不清，但其总体趋势相当清楚。其一是王室从国家最高权力机构中退出。王子们在第四王朝时期常任维齐尔及其他重要官职，他们的陵墓往往毗邻国王金字塔。值得注意的是，到了第五王朝时期，王子们普遍不参与行政管理，并且他们的陵墓也不显眼。事实上，要确定男性王室亲属的身份越来越难，这一趋势一直持续到中王国时期及其后续王朝时期。这可能是因为需要防止出现众多王子争夺王权的局面，同时防止形成小型王朝。但奇怪的是，王子们在葬礼记录中的地位日益降低，公主们却反而承担了比以前更为重要的角色。这也许是因为行政管理越来越复杂，不能再通过家庭关系的力量来维持。无论如何，在第五王朝期间，平民得以担任要职，其中包括维齐尔这一职位。

与此同时，祭司和政府官员对国王的依赖也日益减少。神庙崇拜制度可能在短期内加强了王室权威，但随着时间的推移，祭司集团逐渐发展了自己的影响力。同时，他们的财富和权力也因更多的王室捐款而稳步壮大，神职人员还可以免除税收和徭役。在每个统治期结束时，新国王必须建立一个新的王室崇拜，因此太阳神庙的建造需要更多的捐赠。在第五王朝期间至少建立了七座主要的太阳神庙。国王也通过赠予王室土地来支付重要官员的薪水。

该体制依靠自身运转。国王的权力最终取决于他对土地资源的控制。

随着这种权力转移到神庙和地方领主手中，两者之间的区别逐渐减小，国王的权力被逐步削弱。更糟糕的是，许多新获得权力的人利用他们个人的权力基础，在政府中获得了更高的职位，因此进一步削弱了国王的权力。在这种情形下，国王对他们的依赖实则强于他们对国王的依赖。在第五王朝和第六王朝时期，由国王授予的有期限的抑或是终身制的诺姆长职位变成了世袭职位，这也削弱了国王对行省的控制，从而形成了省级贵族阶层。他们的利益是地方性的，他们的地位由出生决定而非由国王决定，这一点从省级贵族陵墓规模的加大和随葬品的丰富中可以看出。建造陵墓作为古埃及人真正生死攸关的要事，在这一时期，更多的祭司和高级官员能够自己建造陵墓，而不是依赖国王的恩赐。

然而，即使权力基础受到侵蚀，第五王朝的国王们仍然是强大的统治者。他们的金字塔比前一个王朝的金字塔要小得多，其中一部分原因是在第四王朝后期已经明显出现的规模缩小的趋势。第五王朝最后一位统治者乌那斯的整个金字塔群虽然规模不大，却是工艺精湛的杰作，尤其是其中的走廊和神庙。乌纳斯的金字塔还因首次出现金字塔文（Pyramid Texts）而引人注目，这是一套复杂的宗教言论或咒语组合，旨在确保国王的永生和福祉。这一创新，可能是出于国王希望减少对祭司永久服务的依赖，因为随着时间的推移，祭司的可靠性越来越低。

乌那斯可能没有继承人，导致了王朝的不稳定；混乱的局面随着第六王朝第一位国王特惕（Trti，约公元前2345—前2323年在位）登基而得到解决。特提选择了"平定两地的人"作为他的王室名字之一。但是，一切都不可能是顺利的。曼涅托称，特惕被其护卫杀害，在特惕的儿子珀辟一世（Pepy Ⅰ，又译佩皮一世，约公元前2321—前2287年在位）登基之前，有一个篡位者乌瑟卡拉（Userkara，约公元前2323—前2321年在位）在位。然后，珀辟一世不得不面对其王后的篡位阴谋。虽然挫败了这一阴谋，但珀辟一世觉得有必要通过与阿拜多斯一位有权势的官员的两个女儿联姻来加强自己的地位。与此同时，宫廷外和外省的贵族权力继续加强，使第五王朝本就显著的地方分权问题变得更加复杂。

第六王朝取得了一些成功。国王们大兴土木，至少在王朝初期是这样的。他们在第一瀑布处开凿了一条河道，以便与努比亚交流。军事远征队被派往三角洲东北部和巴勒斯坦南部，以应对贝都因人的入侵。努比亚复兴问题也得到了解决。珀辟二世（Pepy Ⅱ，约公元前2278—前2184年在位）的军事指挥官之一珀辟纳赫特·罕奎贝（Pepynakht Heqaib）记录道："陛下派我去讨伐瓦瓦特（Wawat）和伊特杰特（Irtjet）这两个国家。我遵照陛下的旨意予以执行。我在那里杀了很多人，包括酋长的孩子和精锐部队的指挥官。我从那里带回了大量的俘虏，而我则作为英雄领导着一支庞大而精锐的军队。"[6]显然，这些都是积极且有必要的举措，这表明边境地区之前被忽视了，但这些措施并没有为努比亚或三角洲地区带来永久的安全。

在其兄长麦然拉（Merenre）短暂的统治之后，珀辟二世于6岁登基，开始了古埃及历史上最长的统治，长达94年。他的统治既包括困难的幼王摄政时期，也包括糟糕的老年昏聩统治时期，这两个时期都对国家造成了恶劣的影响。许多诺姆长趁其在当地的资产相对安全，进一步扩大了他们的影响力。在中埃及和上埃及出现的数量空前的岩窟墓表明，当地的管理者逐渐成为当地的统治者。由于埃及特有的地理环境，一旦事情开始分崩离析，这一瓦解的过程就会加速。埃及人口集中在尼罗河流域，所以国家沿尼罗河呈长条状；尼罗河作为交通干线之于国家权力，既能促进权力下放，又能促进中央集权，任何一点的中断都会破坏整体的运作。

王室财政基本因对神庙和个人的拨款而耗尽，土地资源被气候变化而导致的数次低水位所摧毁。有证据表明，当时出现了饥荒甚至吃人的现象。王室税收的数额根据洪水的高度来评估，在珀辟二世统治的后期，几乎无税可收。由于资源被剥夺了，国王无法再履行其应有的职能。在萨卡拉南部珀辟二世金字塔的周围挤满了各大官员的陵墓，这些泥砖砌成的墓穴可以说其主人已是穷困潦倒了。王国的状况可见一斑。

在珀辟二世的儿子麦然拉二世（Merenre Ⅱ）非常短暂的统治之后，古埃及史上最不寻常的事情出现了：女王执政（可能是麦然拉二世的妻子）。根据曼涅托的说法，尼托克丽斯女王（Nitocris，约公元前2184—前2181年在位）"比她所处时代的所有男人都勇敢，也是所有女人中最漂亮的"。但是，无论她有多么勇敢或多么美丽都无法挽回王国衰败之势。随着珀辟二世的死亡，我们称之为古王国的时期也随之结束。

第四章
第一中间期和中王国

　　古王国覆灭不是由外部因素造成的，而是源自内部，与地方分权息息相关，这至少是部分原因。埃及各地区掌权者无视中央权威的国情，与前王朝末期政治统一前的情况差不多。这一情况持续了约一个半世纪，被称为第一中间期（约公元前2160—前2004年）。

　　古王国时期的第七王朝和第八王朝（约公元前2181—前2160年）的国王们曾在孟斐斯维持过一段时间的法老权威，但他们都是无为的统治者，而且在位时间短暂。根据曼涅托的记载，第七王朝先后有70位国王，他们共计在位70天，这可能反映了史料来源比较混乱和当时王朝的动荡。第八王朝的规模稍大，其中有一位国王哈卡拉–伊比（Hakara-Ibi）享有资源并长期统治（或许统治了两年），并且能够建造一座金字塔；但与古王国时期的大金字塔群相比，这座金字塔的规模小多了。这些国王都不能在孟斐斯边界之外行使王权。第八王朝大约维持了几十年就灭亡了。

　　北方真正的权力中心转移到了靠近法尤姆入口的赫拉克利奥坡里斯（Herakleopolis）。其统治者是曼涅托笔下的第九王朝和第十王朝的国王。但他们的势力只延伸到中埃及，而且他们无法阻止亚洲人对三角洲东部的广泛渗透。即使在自己所控制的地区，身在赫拉克利奥坡里斯的国王还是要依靠当地权贵的忠诚，未能发展出类似于后来在南方出现的有效的中央集权制度。

卢克索的尼罗河，古代底比斯遗址
（尼尔·休伊森摄）

上埃及由自治的诺姆和由地方统治的划分不太明确的地区组成，其中一些地方统治者表面上效忠于在孟斐斯的中央政权，但这仅是为他们宣布独立打掩护。他们相互之间竞争激烈，各自调集资源并召集外国雇佣兵，这些雇佣兵可能来自努比亚。卡布的诺姆长安赫悌菲（Ankhtifi）的坟墓记载了他是如何"率领强大而可靠的军队顺流而下"，与底比斯诺姆交战的。与以往的做法明显不同的是，此处记载只字未提国王；相反，安赫悌菲宣称："我是人类的开始和结束，因为我的存在是前无古人、后无来者……我是无与伦比的英雄。"

南方权力中心比北方权力中心发展得晚。南方权力中心以底比斯为基地。底比斯迄今为止仍是一个不起眼的省级城市。该地区的统治者是第十一王朝的国王。与此同时存在的还有第九王朝和第十王朝，这进一步导致了王朝年代表的混乱。随着权力北移，南方的统治者不可避免地与北方的统治者发生长期冲突，最终以南方的胜利结束，古埃及由此在第一中间期末完成了统一。

早期的埃及学家普遍认为，第一中间期是一个混乱、处于无政府状态以及哀鸿遍野的时期，与井然有序的古王国时期和复兴的中王国时期形成了鲜明对比。有大量的古埃及文学资料证明了这种悲惨的景象，这些资料本身几乎形成了一种流派，内容多为哀叹国家发生的各大灾难。智者伊普味（Ipuwer）写道："土地像陶工手里的陶轮一样旋转。"尼弗洛呼（Nefrrohu）抱怨道："这片土地混乱无章，没有人能知道结果。"各类混乱抑或不法现象接踵而至：偏僻小道不再安全，任何地方都可能发生打斗，谋杀案每天都在发生，一个人甚至可能在家中被害，仆人粗鲁无礼，社会秩序混乱，原本的富人沦为了穷人，而穷人则变身为富人，剥削成性的地主们征收苛捐杂税，抢劫事件司空见惯，等等，这些都使生活变得难以忍受。"但愿这是人类的终结，没有孕育，没有出生！"[7]这一时期的主旋律是"玛阿特"灾难性的失败。国王没有履行他应有的职能。

毫无疑问，第一中间期的国情异常艰难。由于没有有效的中央权力机构来调解地方争端并阻止地方政体之间的武装竞争，土地资源被浪费，人们被迫遭受不必要的痛苦，财产也被破坏。"确实，南方人的船已然逐渐飘远"，伊普味哀叹道："城镇被毁，上埃及沦为了一片空旷的废墟。"这一时期可以被视为一场旷日持久的内战，导致了埃及国内秩序和安全的破坏。人们自然会时常怀念遥远而理想的过去。

但是，有一些长期以来关于第一中间期的观念已经受到了质疑。学者们最近注意到，许多对该时期最悲观的描述并非在第一中间期完成，而是在随后中王国时期完成的。当时盛行的意识形态强调国王恢复"玛阿特"，因此鼓励对中央权力薄弱或缺失的时期进行糟糕的描述。此外，这一时期的政治分裂也不能被视为崩溃，而是一种延续，因为它是始于第五王朝和第六王朝时期的趋势的延伸，当时的诺姆长们变得愈加自负。历史学家总倾向于认为，统一在本质上是好的，而不统一就是坏的。

观察第一中间期实际产生的证据，许多问题和特殊性显而易见。北方的赫拉克利奥坡里王朝最引人注目的地方在于证据缺失。我们知道，国王的频繁更换表明了某种政治上的不稳定；该王朝几乎没有留下丧葬建筑物，这个事实或许是重要的，在此基础上不可能建立健全的历史谱系。尽管对三角洲部分地区的控制有所宽松，但是这一时期没有来自西南亚的大规模入侵，赫拉克利奥坡里人得以与南方的对手抗衡，同时在表面上抑或是实质性地在他们控制的领土上维持着古代孟斐斯君主制。在古王国时期的最后几十年里，埃及长期遭受泛滥洪灾，洪灾的结束为政府提供了更多可开发的资源，这或许减轻了普通民众的部分苦难。

在南方，考古证据的状况正好相反：证据的数量比以前多得多，形式也更加多样，但这并不一定使解读工作更加容易。证据的丰富性源于以下几个因素，譬如由于地理条件，上埃及的证据通常保存得更完好，也更容易获得。尽管中埃及北部和三角洲地区的考古方法有所改进，为三角洲定居点提供了新的线索，相比而言，上埃及的证据仍然更加丰富。更重要的一个原因是，上埃及有诸多像安赫悌菲这样的地方权贵，他们有能力精心准备墓葬，并记录他们的事迹和能力。另外，一旦底比斯的统治者确立了他们的地域王权并进一步扩大了权威，他们享有更长久、更稳定的统治，因此留下了更丰富的纪念性建筑和文字记录。

当因提夫二世（Intef Ⅱ，约公元前2112—公元前2063年在位）登上南方的王位时，底比斯君主国统治了上埃及的大部分地区，诺姆长们被镇压，国王对该地区领土拥有强大的控制权，无须依赖当地权贵。这种稳固的权力基础使得因提夫二世能够向北进攻。他夺取了阿拜多斯，进一步北征攻下了效忠赫拉克里奥坡里的艾斯尤特。由此，南北王国之间开始了断断续续几十年的敌对时期。

战争的细节不多。赫拉克利奥坡里王朝的反攻可能一度夺回了阿拜多斯，但此类北方获得胜利的局面充其量只是昙花一现，因为主动权重新回到了底比斯人手中。决定性的攻势出现在孟图霍特普二世[1]（Mentuhotep Ⅱ，约公元前2055—前2004年在位）统治时期。在戴尔·巴哈里（Deir el-Bahari）的勇士墓中有60名战死的士兵，这可能是这场冲突最后阶段的结果。北方王国战败，它的丧葬建筑物被砸毁，它的首都或许被洗劫一空。埃及重新取得统一，不过在秩序完全恢复之前，暴力冲突仍持续了一段时间。随着埃及的统一，中王国时期开始了。

在中王国时期的第一阶段，出现了一大批精力充沛且能干的统治者。由于中王国年表存在特有的问题，他们在位的确切时间颇有争议，但大多数人

---

[1] 有些作者将孟图霍特普二世写作孟图霍特普一世，因此孟图霍特普三世以及四世的称谓也相应调整为孟图霍特普二世以及三世。

的在位时长足以让他们实施雄心勃勃的计划。中王国时期和古王国时朝的王权有着明显的区别，这一点体现在王室画像上存在明显的不同。首先，中王国时期的国王雕像更加栩栩如生，而古王国时期的国王雕像则是理想化的形象，可能与国王实际上的形象几乎没有相似之处。当看到中王国时期约森沃斯雷特三世［Senwosret Ⅲ，即辛努塞特三世（Senusret Ⅲ）］或阿蒙尼姆赫特三世（Amenemhet Ⅲ）等人的雕像时，人们很难不相信这不是对国王本人的准确描绘。

中王国时期的肖像画是现实主义风格，这种现实主义实则是一种刻意制造的效果，旨在传达国王密切参与王国事务、日理万机的形象。在平静的古王国时期，法老是幸福而脱离日常世界的，而中王国时期的国王则身强力壮，时而有点憔悴，似乎是因为在认真履行职责的过程中感到疲惫不堪。当时的文学作品中有这样一种说法，国王是一个"好的牧羊人"。在中王国时

阿蒙尼姆赫特三世身着牧师衣服
（阿拉尔多·德·卢卡，白星出版社）

期，国王得以传达个人的声音。他不再像古王国时期的国王那般高深莫测，而是开始发表关于他在王国管理中获得成就的声明，据说这些声明由国王自己撰写。

孟图霍特普二世的统治期长达50年，即使按照中王国时期的标准也是很长的执政期。他在各个领域都表现活跃，他扩大了官僚机构的规模，并在中央政府设立了新的部门。他认识到诺姆长带来的危险，因此减少了他们的数量，并通过频繁视察以确保并加强他们的个人忠诚度。通过征收实物税和强制劳役，国家收入得到保障。劳役制度为他的许多公共工程项目提供了劳动力。尼罗河谷、东部沙漠和西奈半岛恢复了采矿和采石活动。许多军事行动保证了边疆的安全。然而，孟图霍特普二世对亚洲的兴趣主要在于商业。此时的埃及与叙利亚重新建立起贸易联系，黎巴嫩贸易城市毕布罗斯的统治者被称为"埃及的仆人"。同样，孟图霍特普二世也在努比亚开展活动，但他对那里的兴趣也仅仅是贸易而不是征服。他在南方的阿斯旺建立军事驻军。孟图霍特普二世留给继承人的是一个强大、和平而繁荣的国家。他是埃及的复兴者，这一名号广为人知，即便到了几百年后的新王国末期，人们还在纪念他。

继其父亲的长期统治之后，孟图霍特普三世（Mentuhotep Ⅲ，约公元前2004—前1992年在位）登基时已相对年长，但他很好地利用了12年的统治期，继续执行其父亲的积极政策，建立并维持强大的边境防御。他尤为积极地促进与南方的贸易联系。然而，孟图霍特普四世（Mentuhotep Ⅳ，约公元前1992—前1985年在位）却是一个历史之谜。古代国王名单上找不到他的名字，他的统治记录有7年的空白。现存史料不足以还原历史的真相，但显示了他的维齐尔阿蒙尼姆赫特以某种方式夺取王位，开辟了第十二王朝。

阿蒙尼姆赫特一世（约公元前1985—前1956年在位）在巩固王位之初便把首都从底比斯迁至全新的堡垒城市伊特托威（Itjtawy）。该市位于孟斐斯和法尤姆之间，它的遗址尚未被发现，但可能在利希特（al-Lisht）附近。此次迁都有诸多好处：与过去彻底决裂，将王室与上埃及的地方力量分离开来，靠近资源丰富的法尤姆，更容易进入亚洲边境。最重要的是，这里可以同时控制上下埃及。伊特托威这个名字的含义正是"两地的统领者"。在接下来的300年里，伊特托威一直是埃及的首都。

阿蒙尼姆赫特一世的另一特殊之处在于他在利希特建造了一座金字塔。第十一王朝的国王们都被埋葬在底比斯的陵墓中，其中最著名的是位于戴尔·巴哈里的孟图霍特普二世的陵墓。阿蒙尼姆赫特一世引入了王室金字塔建筑群，他的继任者也效仿他的做法。但是，自建造金字塔以来，时间已经过去了近两个世纪；建造技术已经失传，时代也已改变，所以中王国时期的金字塔有许多不同于古王国时期金字塔的特点。

两者间主要的区别在于，中王国时期的金字塔并非全部用石块铺就。阿蒙尼姆赫特一世的金字塔内部是由未烘烤的泥砖、碎石和沙子建造的，外侧由精心修整的图拉石灰岩铺成，从而形成了金字塔光滑的外表。由于金字塔出现了下沉问题，中王国时期后期的金字塔开始在内部用石头墙进行加固，但结构的核心是泥砖。金字塔外部的石头总是被抢走，一旦被抢走，内部的核心结构就会松散，因此现存的中王国时期的金字塔通常呈现出坍塌、破败的外观，但它们在当时是令人叹为观止的纪念性建筑。阿蒙尼姆赫特一世在利希特的金字塔如同其继任者森沃斯雷特一世［Senwosret Ⅰ，即辛努塞特一世（Senusret Ⅰ）］的金字塔一样，现在看来只是低矮、难以辨认的土丘。路过的旅行者常常注意不到它。但它最初的时候有45米高，而且拥有一条堤道和祭葬庙。中王国时期的金字塔建筑群是权力的有力证明。

阿蒙尼姆赫特一世采取了更积极的军事姿态。他用军队对付三角洲的亚洲定居者，并建立了被称为"统治者之墙"的大型防御系统，以保护埃及的东北部通道。他在埃及的其他地方也建立了防御工事。在努比亚，他通过征服和定居两种方式推翻了中王国的早期政策，即主要通过向该地区派遣贸易和采石探险队。这些战役进行得非常残暴。在他去世时，他已向西部派遣了一支大型远征军对抗利比亚人。

在阿蒙尼姆赫特一世统治的第二十年，他令其子森沃斯雷特和他一起共治，建立了共同执政制度，这一创举也被他的继任者所遵循，这使得古埃及的年代学更加复杂，因为古代文献的日期不是用绝对的体系来记录的，而是依据统治的时间。此举或许是为了保障继承权，阿蒙尼姆赫特一世对此可能感到不安，同时也是因为他年事渐高，他在夺取王位时已步入中年，他想在统治上获得帮助。作为共同的统治者，森沃斯雷特一世积极发挥了军事领袖的职能，他在埃及所有的边境地区开展了军事活动。阿蒙尼姆赫特一世的王位预防措施日后被证明是明智的，因为他在统治的第三十年被谋杀，而当时森沃斯雷特一世正在与西部的利比亚作战。显然，这次继承受到争议，但森沃斯雷特一世回来后成功地守住了王位。

在森沃斯雷特一世（约公元前1956—前1911年在位）独自统治的35年间，埃及展现出中王国时期特有的延续性、适应性和创新性。在努比亚，他通过扩张和设防继续执行其父亲的军事政策。在其统治期间，下努比亚成为组织完善的埃及省份。但他针对亚洲的政策强调建立商业和外交联系，而不是领土扩张。广泛的采矿和采石为埃及整体的纪念性建筑建造工程提供了财富和原材料。这些建筑现在大多已不复存在，但他在卡尔纳克（Karnak）重建的小巧精致的雪花石膏神庙是一个很好的例证。阿蒙尼姆赫特二世（约公元前1911—前1877年在位）完成了另一个漫长的统治时期，进一步巩固了先辈们的成就。

按照中王国早期的标准来看，森沃斯雷特二世［Senwosret Ⅱ，即辛努塞特二世（Senusret Ⅱ），约公元前1877—前1870年在位］的统治是短暂的，但这一时期埃及国内和平昌盛，其特点是扩大了与西南亚和努比亚的贸易，这也使他能够推进一项意义重大的公共工程——法尤姆灌溉系统。他建造了巨大的堤坝和运河系统，使得法尤姆和尤塞夫河（Bahr Yussuf）连接起来。尤塞夫河与尼罗河平行，贯穿中埃及的大部分地区。这些措施控制了进入肥沃洼地的水量，降低了湖底的水位，从而腾出更多的耕地，由改进后的运河系统进行浇灌。法尤姆的生产力以及中王国国王的权力因此得到极大提高。森沃斯雷特二世将他的金字塔建筑群建在拉宏（al-Lahun），俯瞰着从

位于达淑尔的阿蒙尼姆赫特三世的金字塔（作者摄）

尼罗河谷进入法尤姆盆地的通道，这表明法尤姆的重要性得到了加强。阿蒙尼姆赫特三世是中王国时期最伟大的建筑家，后来效仿森沃斯雷特二世在西边不远处的哈瓦拉建造了金字塔建筑群。

随着森沃斯雷特三世（公元前1870—前1831年在位）登基，古埃及恢复了长期统治。他在行政管理和军事管理方面都充分利用了自己在位时的权力。中埃及和上埃及诺姆长的权力曾经极度削弱了古王国时期的中央集权，但诺姆制并未被完全瓦解，反在这一时期重新崛起。这一点在贝尼哈桑（Beni Hasan）俯瞰尼罗河的巨大岩窟墓中体现得最为明显，这些墓隶属于第十一王朝末期和第十二王朝初期的"羚羊（第六）诺姆的伟大领主们"。这些非凡的纪念建筑上描绘了围攻、亚洲商人、葬礼仪式和著名的摔跤手场景，展现出墓主人的财富和地位。森沃斯雷特三世究竟采取了何种手段已不可得知，但从后来省级墓葬数量的减少可以看出，他确实削弱了强大的地方官员们的影响力。为了加强王室对王国的控制，他将王国分为三个行政单位：一个负责北部，另一个负责南部，第三个负责阿斯旺和努比亚地区。每个行政单位都由一名维齐尔领导，负责监督管理范围内的所有区域，并直接向国王负责。

　　作为战争领袖，森沃斯雷特三世对叙利亚至少进行了一次远征，但他的军事活动主要集中在南部，因为努比亚已从古王国时期遭受的破坏中恢复过来，并且不断向北殖民扩张。他在努比亚地区军事活动的特点是异常残暴，正如他在一块纪念碑上吹嘘的那样："我屠杀了他们的女人，屠杀了他们的臣民，填平了他们的水井，打死了他们的公牛。我收割了他们的粮食，并付之一炬。"森沃斯雷特三世拓宽了埃及南部的疆域，将边界设立在了位于塞姆纳（Semna）的第二瀑布之外，并通过诸多坚固的堡垒和警戒的卫戍部队来确保边境安全。为了促进与南方的交流，他拓宽了位于阿斯旺附近的第一瀑布处的古王国水道。森沃斯雷特三世对努比亚的影响极大，在新王国时期人们甚至将他当作神来崇拜。

　　中王国时期的政治和军事成就与文学、艺术和建筑成就旗鼓相当，而且前者常常在文学、艺术和建筑中有所记录。这一点并不容易理解，部分原因是人们倾向于将中王国时期视为庄严的古王国时期和辉煌的新王国时期之间的一段插曲；另一部分原因是自古代起，中王国时期的许多纪念物记录就被抹去了。在此引用前文中的一个例子，森沃斯雷特一世在卡尔纳克的雪花石膏神庙被毁，并被用于填充

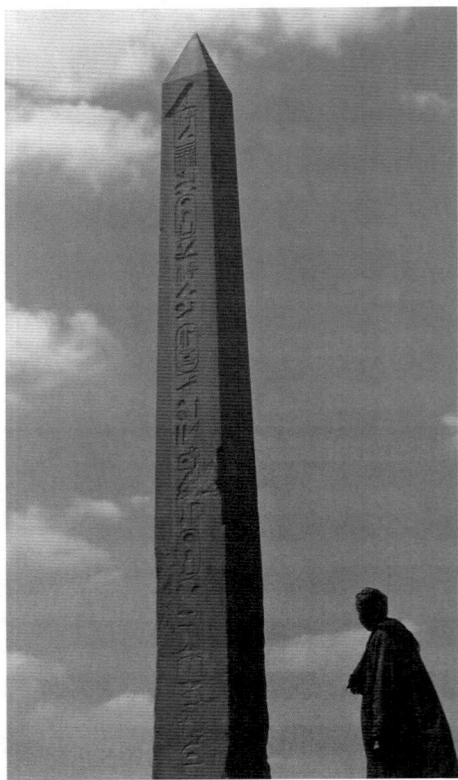

位于赫利奥坡里斯的中王国时期国王
森沃斯雷特一世的方尖碑（作者摄）

第十八王朝的塔门。幸运的是，有足够的石块被保留下来，该神庙得以重建[①]。中王国时期的文化绝不平庸，它达到了相当高的水平，并对之后的古埃及历史产生了深远影响。

中王国时期纪念性建筑的特点是优雅、简洁以及对称。中王国时期的建筑师们不仅关注到了古王国时期的建筑模型，还表现出惊人的创新精神。位于戴尔·巴哈里的新王国时期的哈特谢普苏特（Hatshepsut）神庙备受赞誉，这所神庙显然受到了邻近的中王国国王孟图霍特普二世神庙的启发，该神庙拥有引人注目的大道和楔形坡道，被整个底比斯西部最惊险的绝壁所环抱。历经几千年，中王国时期的金字塔未能保持原有的形态，这并不代表其建造工艺不佳，而是表明资源得到了明智的利用。在沦为废墟之前，中王国金字塔在建成初期及之后的很长一段时间里都为他们的建筑者服务。此外，与后期的古王国一样，中王国时期的国王们更加关注金字塔群中的神庙建筑，其中最著名的例子是位于哈瓦拉的阿蒙尼姆赫特三世的葬祭庙，不过它与许多中王国建筑一样，已经湮没了。与古王国时期相比，中王国时期在各省建造了更多的神庙，例如森沃斯雷特三世在底比斯北部纳格·梅达姆德（Nag al-Medamoud）为战神孟图（Montu）建造了神庙，这是用森沃斯雷特在努比亚战役中获得的财富建成的。同样，它也被摧毁了。

就绘画和雕塑而言，中王国时期的成就无法与古王国相比，因为第一中间期分权主义的结果之一是削弱了中央政府对艺术生产的控制权。这意味着艺术培训缺乏连续性，获得高质量材料的机会较少，缺乏以确保标准得以执行的监督，这些原因导致了在中王国早期有时出现了相对拙劣的作品。但这也带来了艺术表现手法以及材料使用方式的创新。具有识别性的区域风格出现了，呈现出更多的原创性和更广泛的主题。在埃及艺术中也体现出外部世界的影响。随着时间的推移，伊提托威建立的宫廷文化标准逐渐普及整个王

---

① 后期建筑对中王国时期纪念性建筑进行的摧毁有一个例外，即位于赫利奥坡里斯（Heliopolis）的森沃斯雷特一世的方尖碑，在这一处伟大的宗教遗址上，其他的无论是早期还是后期的纪念性建筑都已不复存在，唯独这块方尖碑孤零零地矗立在那里。

国，同时引进了新的技巧，例如一律使用网格图案来描绘人像。森沃斯雷特一世时期以及往后的浮雕作品品质极佳。人们已经注意到中王国王室雕塑在传达个性和权力方面的独特展现力。

中王国时期最精湛的工艺之一是珠宝工艺。达淑尔和拉宏两地的女性王室成员墓中出土的精美珠宝是古埃及史上最好的珠宝。位于达淑尔的第十二王朝公主克内姆特（Khnemet）的墓葬中，有一个著名的"公牛马赛克"吊坠，它受到克里特设计风格的影响。技术、设计和图案以优雅的方式相结合，制造出令人惊叹的美学效果。中王国时期的珠宝最显著的一个特征是艺术上的克制——珍贵的材料并非单纯追求重量，而是追求精致的工艺。

像古王国时期的先辈们一样，中王国时期的艺术家们更多地被视为"技工"和"工匠"，而非我们今天所理解的"艺术家"。他们几乎都是按部就班地工作，运用既定的形式和技术，他们知道在进入下一世后，可能很少有人记得他们是这些作品的创造者，但这并不妨碍他们对自己精湛的技艺感到自豪。中王国时期的雕塑家伊尔提森（Irtisen）在他位于阿拜多斯的石碑上宣称：

> 我是一个艺术家。我在艺术中取得了成就，由于我对艺术的理解，我的地位很高。我熟知浮雕的规则，无论是阴雕还是阳雕，我的雕刻作品都恰到好处。我知道如何表现男人的动作、女人的走姿、被捕鸟儿的姿态抑或是弯着腰还在向同伴眨眼的俘虏形象；我知道如何表现敌人脸上的恐惧、抬起胳膊将矛刺向河马的人的动作以及跑步的姿态。我知道如何制作水洗不掉的镶嵌画。[8]

对于像伊尔提森这样的人来说，如若得知自己的部分作品得以流传至今并备受推崇，这将是一种巨大的满足，因为他们坚信这些作品具有永恒的价值。

中王国文化最辉煌之处是文学上取得的成就，这与古埃及任何其他王朝都不同。在这一点上，中央政府的影响是重要的驱动力，培训书吏是为了支持全国范围内重建官僚传统。许多当时的培训文本留存至今，其中一个反复出现的主题是对国王的忠诚。文学体裁变得日益复杂和多样，小说出现了，更加广泛的文学传统得以建立。《能言善辩的农民》（*Tale of the Eloquent Peasant*）的文章结构堪比《天方夜谭》（*Arabian Nights*）中的故事结构。一位背景显赫的名叫德胡提·奈赫特的官员抢走了一位名叫胡纳努普的农民的货物，于是这位农民向其总管梅瑞腾斯请愿。因为他能言善辩，言辞不凡，于是梅瑞腾斯让他上诉了9次，这样梅瑞腾斯和他的同事乃至国王都可以享受他丰富的比喻和引人入胜的诗歌意境。记录这则故事的莎草纸有所破损，但好在人们了解到它有一个圆满的结局：胡纳努普不仅夺回了自己的财产，还得到了邪恶的德胡提·奈赫特的财产。《水手遇难记》（*The Shipwrecked Sailor*）讲述的是一个被遗弃在偏远孤岛上的人遇到了一条会说话的巨蛇的故事，这让人联想到《辛巴达航海记》（*Sindibad the Sailor*）。《辛努海的故事》（*Tale of Sinuhe*）可以归类为历史小说，其中提到了第十二王朝的宫廷生活、统治者之墙以及辛努海在叙利亚的冒险故事。与当时和如今的文学作品一样，该书包含了许多标准的且一直流行的戏剧性手法，包括辛努海和一个强大的叙利亚对手之间激动人心的战斗场面。

中王国时期另一代表性强的文学体裁是智慧文学，其中最突出的例子是《阿蒙尼姆赫特一世的指示》（*Instruction of Amenemhet I*）。在这部作品中，国王告诉他的儿子森沃斯雷特一世，他是如何被谋杀的，并给出了关于王权艺术的实用建议。让已故的国王从坟墓中说话，这显然是森沃斯雷特的一个聪明的宣传方法，但这种叙述手段的确有效。中王国时期的语言和文学极具影响力，所以它自始至终都是法老统治时期的文学标准。1000多年后，学生们仍在抄写中王国时期的文本来学习阅读和写作。

虽然古埃及艺术家相对而言是默默无闻的工匠，但是他们的文学同行们往往得到了显著且长久的个人声誉。有一段古文如此形容道：

那些博学的书吏们，

在生命终结后，

他们的名字千古流芳，

其家人却皆被遗忘。

人死后身体腐烂，化为尘埃，

他们的家人也归于尘土。

但通过朗诵者之口，

书籍使人们记住了书吏的姓名。

好书胜好房，

胜过西边的墓葬礼拜堂，

胜过牢固的宅第，

胜过神庙的石碑！[9]

与古埃及历史上的所有时期一样，中王国时期的艺术、文学和纪念建筑都极为偏向精英阶层，这一时期的考古发现也是如此，但它们还是从整体上揭示了古埃及社会的状况，并且较早时期的发现揭示的层面更多。这一时期的档案文献尽管简略，但揭示的信息更加丰富。从第十二王朝时期一位名叫赫卡纳克特（Hekanakhte）的农民的家书中可以窥见当时的农村生活和家庭事务。他常年不在家，不得不通过写信以明确地表达他对田产和家族管理的关注，否则人们可能关注不到这个人的存在。墓葬壁画一如既往地包含了对社会场景的生动描绘，但中王朝时期在坟墓中放置模型的做法为人们提供了栩栩如生的日常生活画面。这些模型有房屋、商店和船只，并配有居民、工人和船员。底比斯的梅克特拉（Meketra）墓中的牛群普查模型由几十个人物组成，其中有坐在廊柱下的书吏、赶着牛的牧民以及行走的长有斑点和角的牛群以待统计。艾斯尤特的梅塞蒂（Mesehti）墓中出土了第十二王朝时期普通士兵武装后的行军队伍木雕模型。

我们虽然可以根据这些证据对古埃及社会做出一些有意义的定性推断，但无法对其进行定量分析。古埃及的历史人口统计仅仅是在最广泛的参数范

中王国时期王子墓中出土的埃及士兵队伍模型（阿拉尔多·德·卢卡，白星出版社）

中王国时期出土的牛只检查模型（阿拉尔多·德·卢卡，白星出版社）

围内进行的估测。前王朝晚期埃及的人口非常少，低至一二十万。在早王朝时期，随着农业的发展，人口肯定要多得多，可能达200万，甚至更多。对于特别繁荣的时期，譬如新王国繁盛的时期，对古埃及人口合理的估测为300万至450万之间。与埃及历史上的大多数时期一样，绝大多数人都生活在农村，在地里劳作。现存证据中的主要人群是精英群体以及与他们密切相关的人，他们只占整个人口很小的一部分。

中王国时期的文化顶峰出现在阿蒙尼姆赫特三世（Amenemhet Ⅲ，约公元前1831—前1786年在位）统治时期。至少在他统治的45年中，埃及和平而繁荣。他完成了森沃斯雷特二世在法尤姆的灌溉系统的建造，同时建造了几座神庙和两座巨大的坐像，这两座坐像曾经高达近20米。像许多中王国时期的古迹一样，这些巨像被完全摧毁了，仅有底座留存至今，现代的旅行者最初误以为其是小金字塔。阿蒙尼姆赫特三世沿袭了他的前辈阿蒙尼姆赫特二世和森沃斯雷特三世的做法，将他的金字塔选址在达淑尔金字塔群的东部边缘。然而，随着工程的推进，金字塔的地基和内部空间出现了严重的问题。

认识到达淑尔金字塔的问题后，阿蒙尼姆赫特三世转向法尤姆并在哈瓦拉开始建造另一座金字塔，金字塔位于其祖父在拉宏的金字塔西北部不远处。这座金字塔避免了前一座金字塔所遇到的问题，并且其金字塔的结构也比达淑尔金字塔更加雄伟；即使沦为废墟，褪去了石灰岩外衣，它也是一座令人印象深刻的建筑，它高出周围平原30多米，约为其原来高度的一半。它旁边的葬祭庙，即拉比林斯迷宫（Labyrinth），是古代世界的奇迹之一。在它建成1300多年后，希腊旅行家希罗多德写道："我见过这座建筑，我无法用语言来描述它；它所花费的劳力和金钱一定比希腊人所有的城墙和公共工程加起来还要多……金字塔的结构也令人惊叹，每一座都相当于希腊最雄伟的建筑；但拉比林斯迷宫比金字塔更加壮观。"[10]那座无与伦比的建筑如今只剩下部分碎片在砂砾中，因为几个世纪以来，人们无情地采掘建筑中的石头，并从中提取石灰。

在阿蒙尼姆赫特三世政权结束之前，中王国这座恢宏建筑已然出现裂痕。他的建筑工程范围甚广，导致人们猜测这些活动造成经济过度紧张。另外有迹象表明，在他统治的最后几年里尼罗河出现了低位泛滥。由于他的统治时间特别长，他的儿子（也可能是他的孙子）和继承人的统治时间很短。阿蒙尼姆赫特四世在位9年（约公元前1786—前1777年在位），其间除了一些神庙的建设，包括在法尤姆北侧卡斯尔·萨迦（Qasr al-Sagha）建立的不寻常的神庙外，人们对其知之甚少。他可能与他的妹妹索贝克涅弗鲁（Sobekneferu）结婚了，后者在他死后掌权了4年。索贝克涅弗鲁可能有足够的统治能力，她承担了一些建筑工程，并通过使用男性和女性的头衔来宣示自己的权威。但在古埃及历史上，女性统治几乎总是王朝遭遇麻烦的标志，随着她短暂统治的结束，第十二王朝也就此结束。

　　第十三王朝虽然持续了不到一个半世纪，却有约70位国王（如果算上第十四王朝的国王就更多了，两个王朝可能至少有一段时期是并存的），这表明王权在该时期的衰落。该王朝的王室墓葬表明其当时是一个贫穷的君主国。第十四王朝的几位国王都建造了金字塔，但这些金字塔规模都不大，有些甚至不能归属于某位君主。国王阿维布拉·赫尔（Awibra Hor，约公元前1720年在位）仅被埋葬在达淑尔的一个竖穴墓中。在一个强大的、有能力的家族担任维齐尔之后，中王国的伟大统治者发展了行政管理系统，保持了中央政府和一定程度的内部稳定，从而为王朝提供了一些连续性，但中王国末期总体而言是衰退的。

　　索贝克霍特普三世（Sobekhotep Ⅲ，约公元前1744年在位）和他的两个继任者在位期间，王室财富出现了短暂复兴，但无法得到维持。在东部三角洲地区，王国再也无法保障严密的边境安全，导致西南亚殖民者不断涌入。这些人是在第二中间时期形成喜克索斯（Hyksos）统治运动的先驱；显然，"统治者之墙"系统并没有得到维护。努比亚的情况也是如此，曾经警觉的堡垒驻军被放任自流，他们实际上变得独立起来，在对抗当地人的叛乱时毫无作用。在边疆之外，一个强大的国家已经发展起来，那就是库什王国（Kush），其首都位于第三瀑布附近的科尔玛（Kerma）。科尔玛位于物资丰富的南部和拥有巨大市场的北部之间，其统治者利用这一战略位置而变得富有，并抓住机会将其控制范围向北延伸至第一瀑布。气候再一次介入其中，这一次的泛滥水位太高，毁坏了一切。

　　埃及中央政府最终的崩溃可能与放弃伊提托威而选择迁都底比斯有关，第十三王朝的最后一位国王正是在底比斯进行的统治。该王朝约于公元前1640年结束，也标志着中王国时期的终结。

第五章
第二中间期和新王国

在中王国末期，埃及在政治上再次分崩离析，开启了第二中间期（约公元前1640—前1550年）。这可能看起来与第一中间期的分权相似，但这次有外部力量参与其中。约瑟夫斯的摘录中提及曼涅托曾作出如下描述：

> 我不知道为什么，但神对我们很生气，所以在没有任何警告的情况下，出身低微的人从东方而来，大胆地入侵我国并不战而胜。他们击败我们的领袖之后，野蛮地烧毁了我们的城市，夷平了众神的庙宇，非常残忍地对待民众，杀死了一些人，并将他们的妻儿掳去当作奴隶……他们想将埃及人民赶尽杀绝。他们一般被称为喜克索斯人（Hyksos），或者牧羊王，因为在象形文字的神圣语言中，"Hyk"的意思是国王，而在普通语言中，"sos"指的是牧羊人。[11]

我们必须谨慎对待曼涅托的记载，而且这还是经过约瑟夫斯加工过后的文本。这里甚至连词源也是错误的，因为"Hyksos"并非"牧羊王"之意，它是两个埃及词的组合，意为"外国的统治者"。不过，曼涅托总体上是正确的，因为来自西亚的移民利用中央权力的缺失和东北边境的放松在下埃及定居，他们中的一些领导人在三角洲周边的小区域内自立为王。经过几代人的努力，这些喜克索斯领导人逐渐强大并控制了整个三角洲、法尤姆以及中埃及的不少地区。喜克索斯国王，无论大小，在曼涅托的笔下即为第十五王朝和第十六王朝的法老，这两个王朝是同时期的。

喜克索斯人的主要基地位于三角洲东部的阿瓦利斯（Avaris）。根据约瑟夫斯的摘录，曼涅托称该基地由近25万卫戍军镇守。这个数字是无稽之谈，但不可否认的是，喜克索斯人是强大的战士。埃及人无法抵御他们精良的武器和令人眼花缭乱的战术。喜克索斯人作战的特点是用马和战车进行迅速攻击，这是埃及人以前没有遇到过的。即使埃及人在少数情况下取得了胜利，喜克索斯人也能做到迅速撤退，并在他们设防的营地中躲避，埃及人起初不知该如何应对这一创新。

就在第一中间期末期，一个本土的埃及王朝出现在底比斯地区，地方领导者巩固了统治地位，并将其权力延伸至喜克索斯人声称拥有霸权的北方以及南方的库什王国。在开局阶段，喜克索斯人可能占了上风，因为他们的国王轻蔑地写信给底比斯国王，抱怨河马在底比斯的水池中发出的噪音，并要求停止这种噪音。喜克索斯国王所说的"河马"暗指底比斯国王和他的宫廷。

然而不久之后，喜克索斯人不得不更加认真地对待底比斯国王，因为底比斯国王向喜克索斯人发动了一场艰苦卓绝的进攻并取得了最终的胜利，这一战役在底比斯国王以及与他们并肩作战的贵族的纪念建筑中都有记录。这场攻势始于第十七王朝的国王塞肯内拉·塔奥二世（Seqenenre Tao II），从他那具残缺不全的木乃伊来看，他像是战死的。从塞肯内拉的儿子卡莫斯（Kamose）不太正式的墓葬可以看出，他也是意外死亡。这一战争的胜利由一位经验丰富的军事指挥官完成，他叫雅赫摩斯（Ahmose，约公元前1550—前1525年在位），是第十八王朝的创始人。雅赫摩斯占领了孟斐斯，然后又占领了喜克索斯的首都阿瓦利斯，他把这些外国侵略者赶回了巴勒斯坦和叙利亚。随着埃及的重新统一，新王国时期（约公元前1550—前1069

年）开始了。

虽然埃及人对喜克索斯人充满厌恶，但喜克索斯人的统治在很多方面都使埃及获益，其中包括技术的革新，埃及在技术上已落后于部分西亚国家。喜克索斯人带来了更好的金属加工技术，改进了陶轮和织布机，带来了优良的动植物品种，同时带来了新的武器，如马拉战车、弯刀、复合弓和盔甲，后来埃及人学会了用这些武器来对付入侵者。

喜克索斯人在埃及的统治也改变了埃及对外部世界的态度，导致新王国早期采用的扩张主义政策明显比中王国时期的政策更有野心。南部的库什王国不仅成了一个重要的地区强国，而且还建立了对下努比亚的控制权，该地区以前是埃及的一个省。库什人和喜克索斯人甚至很有可能采取统一行动，迫使底比斯人在两条战线上同时作战。现在，新王国的法老们在努比亚重新确立了埃及的霸权，在第二瀑布重建了堡垒，并在上游建立了埃及的殖民地，横扫库什人的全部领地。埃及人在努比亚战役中十分残暴，但是图特摩斯一世却乐在其中并吹嘘道："努比亚的弓箭手倒在剑下，然后被扔在他们自己的土地上；尸体的恶臭充斥着整个山谷……从他们身上割下的肉太多了，鸟儿都难以把这些食物带到其他地方。"

在努比亚的军事行动以恢复埃及的领地为前提；同样，当埃及人返回亚洲时，他们以赶走喜克索斯人为借口，但实际上是在建立一个埃及帝国，或者至少在一些地区建立政治或者军事统治，在这些地区，各种独立和半独立的城邦成为埃及这样的中央集权国家易于征服的对象。在图特摩斯一世（Tuthmosis Ⅰ，约公元前1504—前1492年在位）统治时期，埃及的控制权远及幼发拉底河，他在那里建立了一个纪念碑。第十八王朝早期的国王以及第十九王朝早期的国王都是真正的战争领袖，他们指挥并经常亲自参与军事行动。

埃及人通过每年的突袭和小规模的驻军来维持对其亚洲领地的控制，但他们主要还是依靠各个城邦的统治者。这些城邦统治者经常把他们的儿子送到埃及接受教育，从而成为埃及的人质，这些人在父亲死后被送回故乡进行统治。这种方法在早期很有效，但该地区的权力平衡政治最终将叙利亚变成了外交战场，偶尔也成了军事战场，因为效忠对象的不断变化和联盟的不断变化造成了持续的混乱。

然而，新王国早期的当务之急是内部改革。一个强大的、具有等级结构的中央政府得以重建，政府设有两个维齐尔，一个负责上埃及的管理，一个负责下埃及的管理。维齐尔直接对国王负责，监督其辖区内所有部门和行政工作。另一位享有"库什国王之子"称号的大臣负责管理努比亚，包括该地重要的金矿，他也直接对国王负责。他们下面是一个分为三大部门的官僚机构，分别掌管军事、宗教和民事。这三个部门并非完全独立，因为官员们随着事业的发展经常在部门之间流动。此时的埃及在历史上第一次具有军事影响力，军队的财富、权力和声望都在增长。在中王国时期，学生书吏在学校学习阅读和写作的课文是关于如何过上美好生活和对国王忠诚的，而新王国时期的课文则包含士兵生活艰辛的警告，这表明军职吸引了太多有前途的年轻人离开了平民工作。

新王国的国王们忠于王国的起源，起初在底比斯进行生活和统治，但经过几代之后，国王们通常住在北方，因为在那里可以更好地控制上、下埃及，同时管理王国在亚洲的军事行动。因此，孟斐斯继续发挥着埃及行政中心的作用。自法老时代开始，孟斐斯一直是埃及的行政中心，并一直持续到法老时代结束。出于对亚洲的担忧，埃及在第十九王朝期间建立起第三个首都，即位于东三角洲的培尔–拉美西斯（Pi-Ramesses），毗邻喜克索斯人的老基地阿瓦利斯。迁都的场面一定十分恢宏，国王可以借此机会公开展示他的权威，他可以通过亲自视察和当面接触获得一手信息，而非通过其他高官之口。底比斯成为埃及的宗教首都，其他城市都没能像底比斯一样拥有如此多的神庙。

早期的底比斯国王把他们的成功归功于阿蒙神，阿蒙神后与孟斐斯地区的主神"拉"合并成为埃及万神殿的最高神，即"众神之王"或者"存在于万物之中"的神。他们利用从成功的军事行动中获得的贡品和战利品，在国内建造和重建了阿蒙-拉神庙，并向其捐赠了大量的金钱和物资。到目前为止，这些神庙中最壮观的是位于底比斯东岸的卡尔纳克神庙。它是埃及乃至世界上最大的神庙，实际上它是一个占地100多公顷的神庙群，其中包括供奉其他神的小教堂和区域，这些神主要是穆特、孟图和孔苏。新王国几乎所有国王都试图给神庙增加一些显著特征以提高他（或者她，例如哈特谢普苏特）的荣耀。一条由狮身人面像组成的游行通道通向东岸另一座宏伟的神庙——卢克索神庙（Luxor Temple）。在每年举行的盛大的欧佩特节（Opet Festival）期间，人们都会抬着阿蒙神的神像以及卡尔纳克神庙其他的神像沿着这条路去拜访居住在卢克索神庙的神，以庆祝国王作为阿蒙神在人间的化身。

卢克索神庙的第一座塔楼（作者摄）

作为宗教首都，底比斯也是新王国时期国王的葬身之地。然而，与古王国和中王国的先辈们不同，他们并非被埋在金字塔中，而是被埋在西部大山谷的岩窟墓里，这里成了众所周知的帝王谷（Valley of the Kings）。王室墓穴沿着长廊缓缓下沉到远处的山坡，通向大厅和墓室，这些奢华的大厅和墓室往往装饰有明亮的绘画，描绘着来世以及神圣的国王与众神的关系。墓室中摆满了丰盛的墓葬品。帝王谷的安保依靠定期的巡逻和在河谷和悬崖上的警卫站来维持。虽然大部分的国王陵墓不为公众所见，但国王的葬祭庙却占据了西岸耕地边缘的显眼位置。由于获得了大量的捐赠，这些宏伟的神庙成为当地重要的世俗权力中心。

底比斯也是新王国时期最高官员最喜欢的葬身之地。首选地点是谢赫·阿布德·库尔纳山（Sheikn Abd al-Qurna），从这座壮观巍峨的山上可以俯瞰宽广的底比斯平原。帝王谷的王室绘画一般都严格遵守传统的艺术规范，而库尔纳贵族墓中的绘画则出现了非常不同的变化，形成了古埃及艺术中最令人兴奋的发展。人们在这里发现了非同寻常的艺术创新，艺术作品中展现出更加流畅的线条、透视法、感性以及最为重要的自然主义。艺术作品中描绘的日常生活场景更多了，展现出劳工们在田间或作坊里劳作的情景，提供了大量有关古代社会的信息。狩猎场景是最受欢迎的主题，宴会也极受欢迎。宴会上有音乐和舞蹈，还供有大量的美食和酒水（也许酒水太多，一些绘画中描绘有正在呕吐的女人或是喝得酩酊大醉、不省人事的男人）。而画中的墓主和他的妻子则幸福地看着眼前的一切，结伴而行，心满意足，永远年轻。

在帝王谷和谢赫·阿布德·库尔纳建造和装饰陵墓的人是一群特殊的文学家和工匠。他们及其家人住在戴尔·麦迪那（Deir al-Medina）的工人村，这个遗址保存完好，史料记载丰富，在很多情况下，我们能知晓哪位艺术家住在哪所房子。他们在附近山坡上的坟墓提供了许多关于他们当时生活和工作的信息，还有大量刻有笔记和草图的欧世康（Ostraka）石板。这些人都是技艺高超的专业工匠，他们以自己的职业为荣，并努力将其技艺传承给自己的儿子。

由于新王国时期辉煌的艺术和纪念建筑存有大量遗迹（尽管有些遗迹已经消失或者逐渐消失），而且在时间上相对接近现代，我们对古埃及的描述在很大程度上受制于新王国时期的考古发现。但这一时期的历史记录中如果有空白的话，其意义甚至比遗迹的意义更加重大。这就是为什么历史学家们的阐释常常存在很大分歧，无论是针对一般趋势的描述，还是对最基本事实的陈述。因此，要写出一部完整的新王国叙事史抑或古埃及历史上任何时期的叙事史都是不可能的。

将喜克索斯人赶出埃及后，雅赫摩斯没有中断他的军事活动，他在巴勒斯坦和努比亚发动了众多战争，他在那里追击喜克索斯人并摧毁了他们的亚洲基地。他的儿子阿蒙霍特普一世（Amenhotep Ⅰ，约公元前1525—前1504年在位）进一步完成了他在努比亚的军事行动，也继续完成了父亲雄心勃勃的建设工程，以确保王国重建后国家及君主的权力和财富。从大量装饰精美的墓葬中可以看出忠诚的朝臣们得到了嘉奖。

阿蒙霍特普一世没有子嗣，但其王位顺利传给了图特摩斯一世。图特摩斯一世的生父不详，他与阿蒙霍特普一世只是姻亲关系，这不禁让人疑惑曼涅托的王朝年谱为何未在此处中断。图特摩斯一世在雅赫摩斯和阿蒙霍特普一世取得的成就的基础上开展了大量的军事行动。在亚洲，他将边境拓展至幼发拉底河；在努比亚，他将边境延伸至第四瀑布，或许还要更远的地方。这种扩张需要一支规模空前的常备军。埃及成为近东最强大的国家，只有叙利亚北部的米坦尼（Mitanni）王国可以与之抗衡。与阿蒙霍特普一世不同，图特摩斯一世有几个子嗣，包括他与王后所生的女儿哈特谢普苏特，以及他与王妃所生的儿子同时也是继承人，他的名字也叫图特摩斯。

从图特摩斯二世（Tuthmosis Ⅱ，约公元前1492—前1479年在位）木乃伊的状况来看，他可能是一个病态的人。在其13年的统治期间，他几乎没有留下任何纪念建筑，他唯一已知的军事远征是在努比亚进行的，他在那里犯下了常见的暴行。他与同父异母的妹妹哈特谢普苏特结婚，他可能是想以此加强王权，因为哈特谢普苏特的血统要高贵许多。在她父亲的统治期间，她已经受到了明显的关注，而在她丈夫的统治期间，她同时享有"伟大的国王妻子"和"阿蒙神之妻"的崇高地位。图特摩斯二世和哈特谢普苏特育有一女，名叫涅弗鲁拉。他与后宫中的一个女人育有一子，并立他为王位继承人，这便是图特摩斯三世。

图特摩斯三世登上王位时还只是个孩子，所以他杰出的姑妈、继母哈特谢普苏特（约公元前1473—前1458年在位）自然要摄政。用前一个统治时期高级官员艾纳尼的话来说，哈特谢普苏特"按照朝臣建议处理两地事务。整个埃及低头为她劳作"。但在图特摩斯三世统治的第七年，她放弃了摄政王的角色，转而成为执政的王后，换言之，她成了埃及女王。

这是一个革新且危险的尝试。在哈特谢普苏特之前，也有过执政的女王，一位出现在第六王朝末期，另一位在第十二王朝末期，但这两个都是例外，而且她们的统治都预示着灾难的发生，不仅标志着王朝的终结，也标志着第一中间期和第二中间期的开始。但作为国王之女和国王之妻，哈特谢普苏特十分清楚她的所作所为，也明白所面临的风险。她登上王位是一场精心策划的政变，她在贵族中拥有一批支持者，后来她也嘉奖了这些拥趸者以精美的墓穴。其中最著名的支持者是一位名叫森那穆特（Senenmut）的平民，他显然是她执政期间的一位重要人物。尽管证据不充分，但是人们猜测他是王权背后的操纵者，甚至可能是她的情人。

哈特谢普苏特上位的动机如何，也只是猜测，而非事实。她是否自认有获得王位的资格？新王国的王室女性往往是政权中的权贵，所以她可能认为自己成为法老合情合理。也有人猜想她可能打算建立一个母权继承制度，她授予她的女儿涅弗鲁拉（Neferure）的头衔可以解释这一说法。或者她可能打算将涅弗鲁拉嫁给图特摩斯三世，但如果是这样的话，她在统治期间没有这样做就很奇怪了（还有一种猜测认为，涅弗鲁拉确实嫁给了图特摩斯三世，但问题是，为什么在图特摩斯三世刚开始独自统治时哈特谢普苏特就离奇失踪了）。一个合理的假设是，哈特谢普苏特夺取王位是王朝的自卫措施。重要的是，她没有谋杀图特摩斯三世，也没有将他挤出政治舞台；相反，虽然她是两者中资历更深的，而图特摩斯三世是共治王，但随着他年龄的增长，哈特谢普苏特把越来越多的责任交予他，其中包括军事和民事重任。如果他受到了不公平对待，他似乎很可能会用他的权力来对付她。

哈特谢普苏特的统治的确是新王国时期杰出的统治之一。当时的埃及政权稳定，管理良好，国家繁荣；也有着强大的军事力量，因为有证据表明在她统治期间，埃及至少进行了4次征服行动。埃及在叙利亚的地位可能有所下降，但这可能更多的是由于米坦尼实力的增长而非埃及的疏忽。然而，她最著名的海外冒险是一次和平的冒险，即向非洲东部的篷特国（Punt）派遣贸易使团。

在修建建筑方面，哈特谢普苏特超越了她所有的新王国时期的先辈们。她的纪念性建筑在全国各地随处可见，包括中埃及地区，那里有一座名叫斯比欧斯·阿尔特米迪斯（Speos Artemidos）的小神庙记录了她对该地区破败庙宇的修复事迹。她最令人难忘的建设工程位于底比斯，其中包括卡尔纳克神庙的几项重要工程，例如第八塔门和四座方尖碑，其中一座是埃及现存最高的方尖碑。她在位期间的建筑杰作是她在戴尔·巴哈里建造的视觉效果极佳的葬祭庙。她是第一位在帝王谷建造陵墓的国王。

哈特谢普苏特的故事最令人沮丧的一点是结局不明。她在统治了21年之后发生了什么？她被图特摩斯三世推翻了吗？被谋杀了吗？还是带着强大的权力和荣誉而死？人们毫无证据。甚至连她的纪念建筑被抹去都是神秘的。在她统治之后，她刻在王名圈上的名字被抹去了。一般来说，尽管有一些奇怪的刻字会出现遗漏，但王名圈上的名字会被其他国王的刻字所取代或根据其他国王的刻字进行调整。抹去名字的事情发生在图特摩斯三世的统治尾声，这使人对他的动机产生了更多的疑问。他是否怨恨他强大的继母/姑妈？如果是这样，他为什么要等这么久才开始破坏她的纪念物？或者，在执政的最后几年里，他一直在筹划消除王室里任何可能危及其子阿蒙霍特普继承权的竞争对手？也许在经过仔细考虑后，他认为哈特谢普苏特的统治违反了"玛阿特"，必须从记录中删除，因为它已经完成了作为权宜之计的使命。这样那样的猜测都被提了出来，但都无法得到证实。不管是什么原因，哈特谢普苏特的统治在很大程度上被遗忘，直到19世纪才被人们重新发现。

在公元前1458年左右，图特摩斯三世进入独自统治时期，此时距离其统治结束还有33年。他几乎立即在巴勒斯坦和叙利亚发动了一系列战役，确立

了他在古埃及历史上最伟大的
征服者的地位。很可能他觉得
需要证明自己才发动战争，但
也可能是这些地区的城邦遭遇
了危险——沦为近东对手国米坦
尼的领地。这些战役获得了极
为丰盛的战利品，他的纪念建
筑以及他的军事指挥官的坟墓
都详细地记录了这一点。这些
墓葬本身也表明常备军的存在
感越来越强。从长远来看，米
坦尼王国虽能抵御图特摩斯三
世的进攻，但是无法抵御其势
力范围的深入渗透。在图特摩
斯三世去世时，这场冲突仍未
得到解决。他留给世人最为难忘

位于戴尔·巴哈里的哈托尔式礼拜堂中的象
形文字，包括图特摩斯三世的名字及象形文
字涂鸦（阿拉尔多·德·卢卡，白星出版社）

的建筑是卡尔纳克神庙中庭后面的庆典神庙（Festival Temple）。

可想而知，下一任国王会继承其父的军事足迹。阿蒙霍特普二世
（Amenhotep Ⅱ，约公元前1425—前1400年在位）是一个健壮的年轻人，因
其善于在战车上射箭而闻名。他在执政之初确实进行了两次叙利亚战役，满
载战利品而归，但他看到了和平的利益可能超过战争的利益。一旦北方的局
势得到稳定，他就与米坦尼王国达成了持久和平的协定，因此他能够在接下
来的统治中致力于内部事务。通过保留他父亲统治时期久经考验的人员，同
时任用自己挑选的优秀新人，他加强了行政管理。以前战争艺术备受推崇，
现在文化也开始受到重视。中王国时期的文本，已被奉为埃及文学经典而被
抄写和阅读；另外，艺术的标准也得到提高，个人表达明显变得更加突出。
阿蒙霍特普二世留给图特摩斯四世（Thtumosis Ⅳ，约公元前1400—前1390

年在位）的是一个和平、富裕的国家，图特摩斯四世通过与米坦尼公主联姻加强了两国间的联盟。

阿蒙霍特普三世（Amenhotep Ⅲ，约公元前1390—前1352年在位）的统治甚至更加耀眼。此时的埃及统治着一个辽阔的帝国，它的实力在近东的大国中遥遥领先，国家和平且空前繁盛。这一切对当时的大多数埃及人来说意味着什么，我们永远无法得知，但对阿蒙霍特普三世来说，它提供了一种无与伦比的宫廷文化，并且使他有机会实施屈指可数的几位国王能够比拟的浩大的建筑工程。他在底比斯的主要工程包括卡尔纳克神庙的第三塔门和卢克索神庙的巨大柱廊。他在尼罗河西岸建造了一座宫殿，并在泛滥平原上开凿了一个大型人工湖。

然而，阿蒙霍特普三世最雄伟的建筑大多已消失。游客们在底比斯西岸的门农巨像（Colossi of Memnon）处可以看到两座巨大的坐像，它们比周围的平原高出20多米。这两座巨大的纪念建筑并非《荷马史诗》中的英雄门农的雕像，而是阿蒙霍特普三世的雕像。它们分别矗立在仪庙的主入口两侧，该建筑比附近的拉美西斯神庙以及麦迪那特·哈布城（Medinet Habu）都要

法语著作《埃及记述》中描述的位于底比斯的门农巨像（实际上是阿蒙霍特普三世）

雄伟许多，它比古埃及所有的王室仪庙都要大得多。根据阿蒙霍特普三世的记录，它由"白色砂岩建造，通体用黄金锻打，其地板铺满银子，其门用金银合金打造"。与底比斯的其他王室神庙不同，这座神庙建在低洼地带，洪水冲过了它的庭院和柱廊，也冲到了众多雕像的底座上，因而这些雕像只剩下残垣。

阿蒙霍特普三世非常重视外交，许多现存的档案文本都证明了这一点。他与米坦尼国王的关系尤其密切，他不仅与两位米坦尼公主联姻，还与其他诸如巴比伦、迈锡尼和克里特等权力中心保持联系。当阿蒙霍特普三世去世时，米坦尼国王写信给阿蒙霍特普三世的王后泰伊（Tiye），请她提醒其子，埃及和米坦尼之间的关系是多么密切。闪亮的地平线之外可能潜伏着众多问题，但阿蒙霍特普三世的统治可以被视为新王国时期的正午，这是几代人通过艰苦而富有建设性的努力才达到的顶峰。

然后，该王朝统治的延续性以一种最出乎意料甚至诡谲的方式被打破。阿蒙霍特普四世（Amenhotep Ⅳ，约公元前1352—前1336年在位）最初并非王储。在他父亲统治期间，他没有出现在纪念建筑上，但有可能被放在了背景中。他几乎没有接受过王权方面的训练，只因兄长去世才使他有机会继承王位。他外貌奇特：长长的脸，面容憔悴，嘴唇异常丰满，大腹便便，臀部宽大，双腿细弱。他心里可能充满着怨恨，他也有一些新的想法。他的统治十分反常，埃及因他而衰弱。但由于这段统治时期备受世人关注，并且对新王国接下来的历史产生了不可忽视的影响，所以值得对它的一些方面进行深入的研究。

阿蒙霍特普四世执政的前四年，基本还算是以正统的方式进行的；到了第五年，他彻底变革了国家的宗教政策，使得古埃及政府和社会的根基受到了震动。他摒弃了埃及的传统神灵，尤其是强大的阿蒙-拉神，转而用阿吞神（Aten）来替代。阿吞神与其说是神灵，不如说是一种宇宙力量，即日轮本身。与其他神不同的是，阿吞神不以人的形式出现，也不以动物的形式出现。他只是以太阳的形式出现，太阳光自上而下射出。唯一神人同形之处在于太阳光线末端有一双手，向埃赫那吞（Akhenaten）及其家人伸出象征生命（Ankhs）的环形十字架。阿吞神是"中心的、唯一的、不可分割的、独一无二的……无人能够摆脱他的力量、要求或者责任"。阿吞神的名字被刻在了王名圈上，仿佛他是一位国王，以此强调其至高无上的地位。

阿蒙霍特普四世将他的名字从阿蒙霍特普（意为"满足的阿蒙"）改为埃赫那吞（意为"为阿吞神效命的人"），高调地宣布与过去决裂。在埃及，偏爱一个神或一组神并非新鲜事。在之前的统治中，宗教中对太阳神的崇拜日益增多。但是，埃赫那吞宗教政策的不同之处在于其排他性，任何传统的神灵在他的宗教政策中都没有地位。他宣称阿蒙神十分可憎，并派遣成批的工匠将其名字从纪念物上抹去。从阿蒙神庙获得的收入被转用于新的阿吞神庙。

埃赫那吞无意留在底比斯，那里是他的敌人阿蒙神的崇拜中心；他也不愿迁至孟斐斯，因为此处也与旧时宗教及其神灵密切相关。相反，他选择了位于底比斯和孟斐斯中间的一个地方，那里有宽阔但贫瘠的平原，通向中埃及东岸靠近河边的山脉。他在那里建立了一座全新的城市作为首都，并将其命名为埃赫塔吞（Akhetaten，意为"阿吞的地平线"）。我们知道，这座城市如今叫作阿玛尔纳。埃赫那吞把它献给了阿吞神，并用一系列石碑标出了它的边界，其中有几块石碑保存至今。

阿玛尔纳城快速建成，很快就有了约3万居民。这既是中央规划的结果，也是无序发展的结果。该城主要的特征是北部的宫殿建筑群和中部的阿吞神庙。与大多数古埃及黑暗神秘的神庙不同的是，阿吞神庙没有屋顶，是露天的。同时建有行政大楼、办公室、作坊、马厩和其他支持性建筑。在埃赫那吞和他的妻子奈斐尔提提（Nefertiti）乘坐战车的皇家大道的中轴线上出现了几个私人住宅群。由于阿玛尔纳建在洪水泛滥范围之外的贫瘠土地上，并且在埃赫那吞死后不久就被遗弃，它是古埃及城镇中保存最完好的，并且产出了许多重大发现。在记录大厅里发现了阿玛尔纳文书（Amarna Letters），这是几百块刻有楔形文字的烤砖片，记录了埃及与古代新东方其他国家的关系。雕塑家图特摩斯的房子和院子里散落着一些未完成的作品和模型，其中包括著名的奈斐尔提提的石灰岩彩绘半身像，现存放于柏林的埃及博物馆（这让一些埃及人非常恼火，他们对埃及出口这件艺术品以及许多其他古物的行为感到不满）。

当然，古埃及城镇必须同时供奉死者和生者。高级官员的坟墓被开凿在北部和南部的山丘上，可以俯瞰整座城市。墓室的墙壁上装饰有王室和阿吞神赐予他光芒的场景。这里还发现了唯一留存的《阿吞颂歌》（*Hymn to the Aten*）文本。埃赫那吞并没有选择帝王谷作为安葬之地，而是选择了城东的干河谷。埃赫那吞有几个王陵计划，但只有一个接近完成状态。"如果几年后我死在北方、南方、西方或东方的任何城镇，"埃赫那吞命令道，"务必将我带回这里，我要埋葬在埃赫塔吞。"然而，此处唯一有据可查的墓葬属于他的二女儿梅珂塔吞（Meketaten），她的墓室壁画中记录了她的家人们悲痛欲绝的场景，这是所有古埃及艺术中唯一如此描绘王室的作品。奇怪的是，在阿玛尔纳没有任何一个平民的坟墓，这让人猜测他们可能是通过河道被运回了家乡的传统墓地中。

埃赫那吞的正妻奈斐尔提提在政权中地位强大。她不仅仅是一位妻子，她在埃赫那吞统治的后期成为王朝的共治者。独特的王冠显示了她非同寻常的地位，她甚至被描绘成传统上国王击打敌人的姿势。在阿玛尔纳艺术作品中，埃赫那吞、奈斐尔提提以及他们的6个女儿经常作为一个亲密的、非正式的家庭群体被突出地展示出来。奈斐尔提提可能在一段时间内被一个名叫珂娅（Kiya）的妃子所取代，这个妃子获得了"国王深爱的妻子"的特殊名号。埃赫那吞可能与珂娅生有一子，当时的史料将其描述为"国王的亲生儿子，他所深爱的图坦哈吞（Tutankhaten）"。这个图坦哈吞就是未来的国王图坦卡蒙（Tutankhamun）。但几年后，珂娅从记录中消失了，她的名字也从纪念物中抹去了，而奈斐尔提提则再次超然出现。

阿玛尔纳艺术上的创新与宗教上的创新一样令人吃惊。自然主义在新王国艺术中已经发展了一段时间，但它从未被应用于王室。现在，宫廷艺术家们技艺高超，他们将埃赫那吞、奈斐尔提提和他们的女儿们描绘成了最迷人的自然的姿势。在一个场景中，埃赫那吞搂着并亲吻他的长女，而另外两个人则爬到了奈斐尔提提身上，其中一个人指着她的父亲，对她的母亲说了一些没听过的关于她父亲的话，这个家庭的瞬间成为永恒。另一个场景描绘的是奈斐尔提提坐在埃赫那吞的腿上。埃赫那吞的形象不是理想化的，而是以他的真实身份被描绘出来，有时他身体的奇怪形状被夸大和风格化，甚至被应用于其他人的肖像上。艺术家们被剥夺了许多传统的绘画内容，例如国王与众神相伴，他们如今更加关注人的形态，并尝试使用新的技术，包括在传达深刻印象方面的实验。埃赫那吞也是一个雄心勃勃的建筑家，尤其体现在建造阿吞神庙上。他可能在建筑上比较草率，因为他的工匠们使用了被称为标准石块（Talatat）的小型石块，这样可以快速安装到位。不幸的是，这也意味着它们可以更容易地被拆除，在埃赫那吞死后，这些石块被回收并用于其他建筑。

自然主义在文学和艺术中找到了新的表达方式。阿玛尔纳出现的最著名的作品是《阿吞颂歌》，这是献给神的一系列诗歌，一些学者认为这些诗歌由埃赫那吞自己撰写。

> 你从地平线上美丽地升起，
> 哦！阿吞，生命的创造者。
> 当你从东方升起，
> 你使大地充满美丽。
> 你多么的美丽、强大，
> 你的光芒高高地照耀大地。

新王国早期的作品是用中王国时期形成的正式、略微古老的古典语言创作而成的，而阿玛尔纳文学不同，它用新埃及语写成，语言更接近于当时的日常用语。

尽管埃赫那吞身处偏远的阿玛尔纳，但他绝没有不顾国家事务。北部宫殿附近设有尼罗河港口，他可以通过该港口与国家的其他行政中心和各诺姆的省会保持联系。外国使节也前来献上他们的赞美和礼物，在阿玛尔纳文书中，亚述国王抱怨他的使团在太阳下站得太久了。埃赫那吞也不是人们有时所认为的和平主义者，在他统治的第十二年，他坚定地镇压了努比亚的一场叛乱。但当不断扩张的赫梯王国击败埃及的盟友米坦尼王国，并削弱了埃及对北方附属国的控制时，埃赫那吞并没有对这一北方新势力发动远征。阿玛尔纳文书中包含了歇斯底里的求援，如毕布罗斯（Byblos）王子请求道，只要300名埃及士兵。埃及在耶路撒冷的代表警告称，局势正在迅速恶化，但埃赫那吞的回应十分谨慎，仅仅在叙利亚北部保持常规的军队，以防止有人改变立场。有证据表明，他未对赫梯人采取更有力的行动，可能在军队内部引起了不安，而军队迄今为止是埃及强大的支持基础，但考虑到随后的叙利亚事件，埃赫那吞的克制可能是对当时不断变化的现实情况所作的明智的调整。

埃赫那吞创新性的改革试验对整个埃及的影响有多深，我们无从知晓。对于处于社会底层的广大人民群众，它可能没有什么不同。即使在阿玛尔纳工匠村落的遗迹中，也有很多迹象表明人们在私下里仍在进行着传统的宗教崇拜。对于普通人来说，这个新的宗教不可能令人满意，它既没有像欧佩特那样盛大的节日，也没有神话、形象以及关于来世的描述。至于既定的神职人员，他们对新宗教的接受充其量只是勉勉强强。有一件事值得肯定，埃赫那吞能够实行宗教改革证明了当时的君主制强而有力，它的根基十分强大。然而，他行使权力的方式侵蚀了这些基础，也未能建立起新的实质性的基础。在他统治末期，有一些暗示和证据表明他碰到了麻烦，并采取了措施与旧宗教组织和解。

阿玛尔纳试验在古埃及历史上的另一个耐人寻味之处在于，其结局不明。埃赫那吞约于公元前1336年去世，按照他的意愿，他应该被埋葬在阿玛尔纳的墓穴中。不幸的是，该墓在被发现后被粗心地清理掉了，因此遗失了剩下的证据；关于他究竟是被埋在阿玛尔纳还是底比斯也存在很多争论。没有证据可以告诉我们奈斐尔提提的情况。她有可能比她的丈夫早亡几年，并被埋葬在他的坟墓里。埃赫那吞的女儿梅丽塔吞（Meritaten）嫁给了一位神秘而短命的国王，名叫斯门卡拉（Smenkhkare，约公元前1338—前1336年在位）。人们对斯门卡拉是否曾进行过独立的统治，甚至他抑或她是谁，都存在争议，因为斯门卡拉很可能是奈斐尔提提。因为在现存的图像中，奈斐尔提提把她的女儿梅丽塔吞描绘成了自己的妻子。另一个女儿安凯塞帕吞（Ankhesenpaaten）嫁给了图坦哈吞，后者可能是她同父异母的兄弟，是埃赫那吞与珂娅的儿子。最近对他墓中衣物的分析，进一步证明了这种家族联系，因为他的衣物体现了与埃赫那吞同样扭曲的体形。

由于图坦哈吞（约公元前1336—前1327年在位）登基时还是个孩子，因此由埃赫那吞政府的高级官员阿伊（Ay）和军队总司令赫伦希布（Horemheb）共同摄政。在阿玛尔纳的试验戛然而止，图坦哈吞离开了阿玛尔纳，那里不再是埃及的政治和宗教首都，并很快沦为一座"鬼城"。行政部门重返孟斐斯，底比斯再次成为宗教中心。埃赫那吞的宗教创新不仅被遗弃，而且被积极地清除，最终埃赫那吞成功地从人们的记忆中消失，直到19世纪学术界重新发现了他的存在，才使他从遗忘中归来。旧神的神庙得以恢复，阿蒙的统治地位被重新确立，而且带有报复性意味：埃赫那吞的宫殿和庙宇被拆毁，他的王名圈被毁坏。当官方文件不得不提到他时，他被称为"敌人"。图坦哈吞的名字随后改为图坦卡蒙［而安凯塞帕吞的名字则改为安凯塞帕蒙（Ankhesenpaamun）］。埃赫那吞在叙利亚北部的克制政策也被推翻了，但此举也许不太明智，因为赫梯人在阿姆卡（Amqa）击败了埃及人，使得北部边境的情况回到从前。

图坦卡蒙在他统治的第十年意外死去，时年17岁。关于他的死亡有许多假设，包括自然原因、谋杀、战车事故和在战斗中受到致命伤。他没有被埋葬在最初为他准备的墓穴中，而是被埋在一个较小的、随时可以入殓的墓穴中。霍华德·卡特（Howard Carter，1874—1939年）于1922年重新发现了他的坟墓，这是埃及学史上的一个重大事件，对大众的想象力产生了巨大影响。卡特第一次进入墓室时，看到的是 "黄金——到处都是闪闪发光的黄金"。然而，我们应该记住，这位少年国王是一位无足轻重的君主，他的葬礼是匆匆忙忙临时安排的，这一点可以从小墓中满是贵重随葬品的混乱情况看出。一些伟大国王陵墓的随葬品或许要华丽得多，他们的陵墓也更大、更精致。

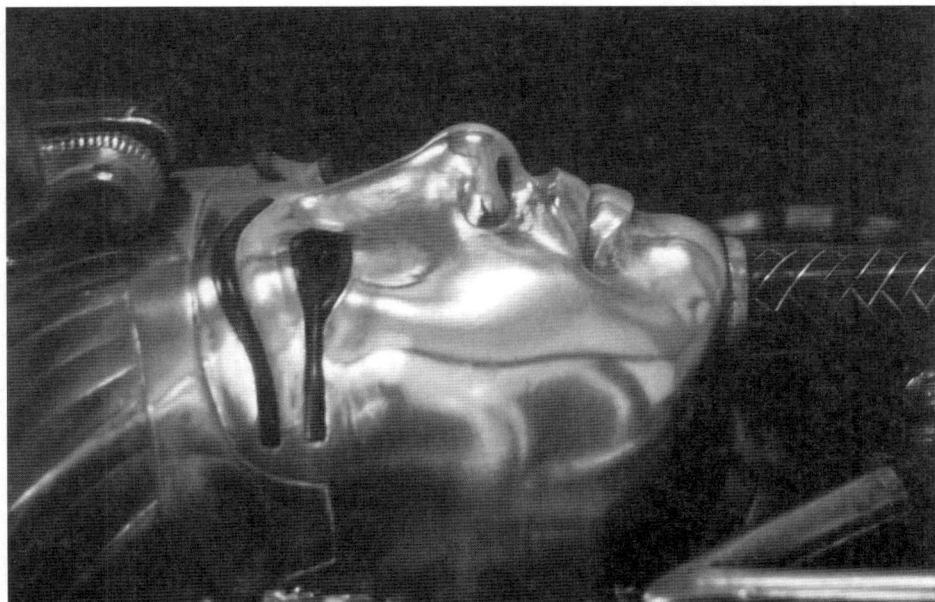

幼王图坦卡蒙棺椁中的黄金面具（作者摄）

图坦卡蒙的继任者是阿伊（约公元前1327—前1323年在位），在他短暂的统治期间，发生了一件奇怪的事，这件事记录在阿玛尔纳文书中。图坦卡蒙年轻的遗孀安凯塞帕蒙写信给赫梯国王苏皮鲁流马（Shupiluliuma），要求他派一位王子来娶她，成为埃及国王。"我的丈夫已经去世，我没有儿子，但据说你有很多儿子。如果你送我一个儿子，他可以成为我的丈夫。我决不选择我的臣民作为我的丈夫。我非常害怕。"起初，苏皮鲁流马疑虑重重，但最终还是派他的儿子詹南扎（Zanzanza）到埃及，但这位王子在路上被杀害，很可能是赫伦希布下的命令。赫伦希布继承了年迈的阿伊的王位。

在赫伦希布（约公元前1323—前1295年在位）统治期间，反对埃赫那吞异端邪说的遗迹和记忆的运动达到顶峰。他在执政期间建造的卡尔纳克神庙的大柱厅体现了他对阿蒙的崇拜，但他未能恢复埃及在叙利亚北部的优势地位。在詹南扎被谋杀后，埃及与赫梯的冲突重新开始。根据曼涅托的王朝年表，赫伦希布的死亡标志着第十八王朝的结束，不过第十九王朝的国王们将他视为该王朝的创始人。

拉美西斯一世（Ramesses Ⅰ，约公元前1295—前1294年在位）曾是赫伦希布的维齐尔，他在为赫伦希布效命的几年内屡屡升迁。在他短暂的统治之后，拉美西斯的儿子塞提一世（Seti Ⅰ，约公元前1294—前1279年在位）成为国王。塞提一世是一位精力充沛的统治者，他重新开辟了西奈和东沙漠的矿场和采石场，并向努比亚派出突击队，给埃及带来了新的财富。在北方，他摆平了巴勒斯坦附属城邦的叛乱，击退了赫梯人在叙利亚北部的势力。不过赫梯人能够收复大部分的失地，并且仍然是埃及在近东的主要对手。在西部，他击退了入侵的利比亚人，他们在新王国接下来的时间里一直使埃及困扰不堪。

塞提一世也是一位著名的建设者。他继续消除关于埃赫那吞的纪念物，

塞提一世和女神哈
托尔（作者摄）

不过他的方式更加积极，他命令成群的凿工去修复被异端国王修改过的阿蒙和前阿玛尔纳法老的铭文。他自己在底比斯和阿拜多斯的神庙都显示出异常高雅的品位和精湛的工艺，延续了阿蒙霍特普三世统治时期的高标准，同时吸收了阿玛尔纳试验中的一些艺术创新。他继续修缮卡尔纳克的大柱厅，并将他的功勋刻在了外墙上。塞提一世在完成成功的统治之后被埋葬在帝王谷最重要的王陵中。

拉美西斯二世（约公元前1279—前1213年在位）这位古埃及国王在他自己的时代是一个传奇，而且这个传奇由他自己创造。他统治时期的一切规模都是巨大的，或者说，呈现出来的规模似乎是巨大的。他进行了非凡的66年的统治，在此期间，他和7位妻子以及后宫佳丽至少生了45个女儿和40个儿子。他送走了其中的12个儿子，他在帝王谷除了准备自己的坟墓以外，还为这些儿子们准备了巨大的坟墓。

拉美西斯二世的建筑工程规模惊人。他最著名的神庙是位于底比斯的拉美西斯神庙，它在珀西·比希·雪莱（Percy Bysshe Shelley）的《奥西曼提

位于孟斐斯的拉美西斯二世的躺卧巨像（作者摄）

斯》（*Ozymandias*）一诗中得到了永生；还有位于努比亚的阿布·辛拜勒神庙，它有四座巨大的坐像；还有许多神庙分散在埃及和努比亚各地，其中有几座是从以前的统治者手中夺取的，主要从阿蒙诺菲斯三世（Amenophis Ⅲ）手中夺取。其中一些建筑是建筑学上的杰作，诸如位于拉美西姆的建筑，但其他建筑不尽如人意，因为它们强调数量而忽略了质量。也许是对阿玛尔纳创新试验的持续反应，此时的埃及在建筑方面出现了古典主义的回归，这一趋势体现在伟大的古典文学作品的复兴上；但当代文学仍然是用现代语创作的，就像阿玛尔纳的作品一样。拉美西斯二世的雕像随处可见，尽管许多雕像是由较早期国王的雕像修改而成，但这些工程一定让雕塑家们忙得团团转。在古埃及，王室纪念建筑的循环利用是一种约定俗成的做法。

作为军事领袖，拉美西斯二世在努比亚统治初期表现出色，他经常需要处理那里的事务。他在贝特·瓦利（Beit al-Wali）修建的神庙新址选在阿斯旺高坝上方，这也证明了这一点。但迄今为止，他最轰动的战绩是在叙利亚取得的，那里的赫梯帝国一直对埃及的财产和盟国构成威胁。拉美西斯二世亲自率军上阵与其对手赫梯国王穆瓦塔里（Muwatalli）在卡迭石（Qadesh）交战。由于埃及人的侦察不周，赫梯人围困了行军中的埃及军队，并迅速摧毁了部分军队，使拉美西斯二世陷入孤立无援的境地。根据拉美西姆神庙、卢克索神庙和多地塔门上有关拉美西斯二世大胆宣扬的记述，拉美西斯二世单枪匹马向敌人发起了6次冲锋，共击溃了3500辆战车，"使卡迭石平原尸横遍野"，而穆瓦塔里则"站在一旁，背着脸，颤颤巍巍，害怕极了"。正如人们所怀疑的那样，实际情况稍有出入。拉美西斯二世可能确实进行了激烈的战斗，他别无选择，但他的护卫和其他军队及时出现拯救了他。这场战斗本身并不是一场决定性的交锋，双方都没有表现得特别好。北方局势的最终稳定不是通过战争而是通过外交手段取得的。双方缔结了条约，条约文本同时有埃及象形文字和赫梯楔形文字版本，双方通过联姻巩固了彼此间的联盟。

与拉美西斯二世统治时期的辉煌相比，第十九王朝的末期并不显眼，还频频遭遇麻烦。拉美西斯的儿子和继承人麦伦普塔（Merneptah，约公元前1213—前1203年在位）登基时可能已入花甲之年（拉美西斯二世去世时已90多岁高龄），在位时长不到10年。他执政期间的重大事件发生在三角洲地区，该地区长期以来遭受利比亚人的入侵，在这一时期升级为全面入侵。麦伦普塔有效应战，在现代城市比勒拜斯（Bilbays）附近与敌人相遇，并将他们一举歼灭。根据一个令人毛骨悚然的细节描述，麦伦普塔吹嘘称他们杀死了6200名敌人并割下他们的阴茎作为战利品带走。幸存者被安置在军事殖民地，主要安置在三角洲地区，这些幸存者即将成为埃及政治生活中的重要元素。

麦伦普塔执政时表现良好，但塞提二世（Seti Ⅱ，约公元前1200—前1194年在位）在其统治的大部分时间中面临的情况比较复杂，因为他一直在与一个名叫阿蒙美西斯（Amenmesses）的篡位者进行斗争，这个人可能是麦伦普塔王妃的儿子。塞提二世最终非常艰难地战胜了阿蒙美西斯。塞提二世的独子西普塔（Siptah，约公元前1194—前1188年在位，他是一个跛足的男孩）随后继承了王位，这位年轻国王的继母塔沃斯塔（Twosret）担任摄政王，他也得到了一位名叫贝伊（Bay）的高官的支持。贝伊被描述为"整个国家的宰相"，其地位十分之高，他甚至被授予了位于帝王谷的一座坟墓。西普塔死后，塔沃斯塔（约公元前1188—前1186年在位）像第十八王朝的哈特谢普苏特那样作为法老公开统治埃及。

随着塔沃斯塔的死亡，第十九王朝的统治结束。我们无法得知第二十王朝是如何开启的，但在该王朝第一位国王塞特那克特（Sethnakht，约公元前1186—前1184年在位）的某个宣传中提到了无政府状态和一段由叙利亚新贵（可能是宰相贝伊）进行非法统治的时期，塞特那克特果断开展行动解决了这一问题。他随后将帝王谷中塔沃斯塔的坟墓占为己有，体现出了他对前政权的敌意。

在塞特那克特短暂的统治之后，他的儿子拉美西斯三世（Ramesses Ⅲ，约公元前1184—前1153年在位）继承王位。这位国王遇到了多方面的问题，包括在宫廷中发生的谋权篡位事件，史称"后宫阴谋"。行政管理上的困难直接导致了历史上第一次有记录的罢工，当时戴尔·麦迪那工匠村的工匠们坐在神庙前，抗议他们没有得到报酬。拉美西斯三世不得不两次出征三角洲地区，以应对利比亚的频频侵扰。尽管他的每次镇压都取得了胜利——再次残忍地以敌人某一身体部位作为战利品——但小规模利比亚军队的袭击一直延伸到底比斯以南，迫使生活在戴尔·麦迪那的御用工匠放弃城镇，逃至附近麦迪那特·哈布城的神庙墙后避难，这表明王国没有能力维持国内安全。但拉美西斯三世却成功应对并克服了统治期内最大的危机，即海民的入侵。

海民并非一个民族，而是由许多绝望而流离失所的人组成的大规模的移民群体。他们力量强大，醉心于掠夺、破坏以及定居，他们在整个地中海东部和近东地区造成了巨大的破坏。他们的海陆实力都很强大，不仅击溃了强大的赫梯帝国，占领了安纳托利亚、塞浦路斯和叙利亚北部，还把叙利亚古城乌加里特夷为平地。埃及史料中提到海民时充满敬畏："他们的足迹遍布世界，他们自信满满：'我们的计划定将成功！'"[12]在拉美西斯三世统治的第八年，海民将全部注意力转向埃及，这是埃及有史以来面临的最严重的危险之一，因为海民的入侵和占领无疑将是一场比喜克索斯人入侵更加糟糕的灾难。

所幸埃及人尚有时间备战。他们加固了进入三角洲的东部通道，并遣兵驻扎在巴勒斯坦南部。当海民军队经由陆路出现在边境时，埃及军队彻底击败了他们。但敌人也从水路进攻，他们开着可怕的带有独特弯曲撞击装置的战舰长驱直入三角洲地区。说古埃及人不是伟大的水手确实低估了他们的海军实力，拉美西斯三世创新性地采用了陆海结合的战术，击退了海民的进攻。他在麦迪那特·哈布城神庙的第一座塔门上的图片中大肆宣扬这些胜利。鉴于取得了这些胜利，拉美西斯三世有时被称为埃及最后一位伟大的法老，所以他被埋葬在帝王谷的一座宏伟的坟墓中也许是合适的。

第二十王朝接下来是一连串名叫拉美西斯的国王，因此该王朝也被称为拉美西斯时代。关于每位国王的历史细节很少，但埃及总体上进入了一个不断衰落的时代。埃及曾幸免于海民的入侵，然而海民的袭击使埃及失去了叙利亚以及巴勒斯坦两地，也破坏了在当地的王国事务和外交安排。拉美西斯三世之后的新王国时期，在埃及境内再也没有建造任何大型神庙。戴尔·麦迪那工匠的经历再次证明了埃及行政管理的进一步衰退。工匠工资问题变得非常糟糕，他们的工匠头和书吏最终发现必须通过自行收集政府税收来支持社区的运转。底比斯西岸盗墓猖獗，这也是当时秩序溃散的表现。盗墓在古埃及并不是什么新鲜事，但这次盗墓规模十分之大，从普通工匠到高官都牵涉其中，如果政府足够强大，即使不能消除这种现象，至少也应该加以遏制。

国王在政治和宗教方面的权威持续削弱。理论上，国王是政府各部门的最终负责人，国家的财富就是他的财富。确实，他拥有这些土地。然而在实践中，旧有的财产和地位世袭的趋势如旧，因此，土地和政府官职由父亲传给儿子，形成了牢固的族系，其财富和权力在很大程度上都独立于国王，国王因而对他们没有影响，也不能直接对他们进行管控。

同样，神庙也在逐步积累财富，到拉美西斯三世统治末期，神庙估计掌控着埃及三分之一的可耕地和五分之一的人口。这种神圣的宗教权力集中在卡尔纳克的阿蒙大祭司身上，他是上埃及的实际统治者。与其他要职一样，神职也是世袭的，因此在很大程度上独立于国王，并最终形成了与国王相匹敌的制度性权力。重新恢复阿蒙-拉神地位的势头太猛，因此权力从国王手中转移到阿蒙祭司的手中。

对阿蒙-拉神的恢复也以更隐蔽的方式削弱了王权，比如通过发展所谓的个人虔诚。在此之前，只有国王能够在神和人之间进行调解：国王是诸神在人间的代表，因此人们应该服从于国王，因为他在执行诸神的愿望，只有通过他才能获得诸神的青睐。然而，在阿玛尔纳时期之后，阿蒙-拉不仅是一位极其强大的神，而且是无所不在的神："人们看见他时，他远在天边，人们听见他时，他近在眼前。"人们可以直接向阿蒙-拉神祈祷，神也会听到人们的祷告。在众多关于阿蒙-拉神的描述中，第十九王朝有一位名叫麦（Mai）的人的石碑，碑上刻有他跪着向阿蒙-拉神祈祷的姿势，以及"聆听祈祷者的神"的字样。为了清楚地传达这一点，石碑上描绘有三只巨大的聆听的耳朵。随着国王宗教职能的削弱，其政治权威也随之衰弱。

与人们的预期相反，军队并非埃及衰落的主要原因；直到拉美西斯时代结束后，埃及才出现了类似军队赤裸裸地夺取权力的情况。由于驻军过于分散，埃及无法协调统一的军事行动。此外，殖民者和其他民兵力量都没有武装起来。当有作战需要时，他们会从王室主要城市的军火库中获得武器，正如一篇文章所说，他们"在法老面前"获得武器。

拉美西斯十一世（Ramesses XI）是第二十王朝也是新王国时期的最后一位国王。以拉美西斯王朝的标准来看，他的统治期异常漫长，长达28年。与之前那些鲜为人知的国王相比，关于他的统治史料丰富，但这些记录却没有什么美言。拉美西斯十一世派遣温阿蒙出使毕布罗斯获取制作阿蒙-拉神舟的建材雪松，但是温阿蒙却遭遇不幸，这是对埃及没落最有力的证明。此前这样的出使任务都有充足的资金，且备受礼遇。然而，温阿蒙此行只带了少量金银，而且不得不预订外国商船的船票。他在路上被抢劫了，所以当他抵达毕布罗斯时，他既没有钱也没有信任状。曾被称为"埃及仆人"的毕布罗斯王子轻蔑地接待了这位可怜的使者，并指出埃及在以往派有多达六艘满载贵重金属的船只来购买他的雪松。王子宣布，他不再臣服于埃及国王，并拒绝在没有付款的情况下给温阿蒙任何东西。

在拉美西斯时代早期，埃及就已失去了它的亚洲领地；在拉美西斯十一世时期，埃及失去了努比亚和上埃及。历经几年的混乱，拉美西斯十一世试图进行干预，但效果不佳。一位名叫皮安赫（Piankh）的将军在底比斯发动军事政变，夺取了南部维齐尔、库什国王之子以及阿蒙大祭司的职位，有效地确立了自己的独立统治地位。皮安赫的统治由他的女婿荷里霍尔（Herihor）继承，并在拉美西斯十一世死后继承了王室头衔。

拉美西斯十一世是最后一位在帝王谷修建陵墓的国王，但这座纪念建筑也是悲剧的见证。它没有完工，拉美西斯十一世被埋葬在了他处。在第二十一王朝时期，当皮努杰姆一世（Pinudjem Ⅰ）担任阿蒙大祭司时，这里成了屠宰场，王室木乃伊身上和其他邻近陵墓中的贵重物品都被掠夺了。对这位光荣的新王国君主来说，结局惨淡。

第六章
第三中间期与晚王朝

第三中间期（约公元前1069—前715年）的概念与古埃及历史的既定周期格式不相适应。首先，一个"中间"期长达近360年，与其名称不相称，这一中间期历时比之前两个中间期的总和还要长，而且几乎和古埃及晚期一样持久。另外，持久稳定的主题线索贯穿了整个第三中间期，它比随后的晚期更具连贯性。

古王国、中王国以及新王国时期的主要特征是强大的中央权威和行政统一，当然并非一直如此，而第三中间期绝无这两大特点。因为此时的埃及被分为两个政治中心，一个在三角洲，另一个在上埃及，而中埃及的领地随着两个政权的盛衰摇摆不定。然而，这一时期绝不是回到了早期混乱时期的无法无纪和地区主义。事实上，在这一时期的大部分时间里，埃及实现了暂时的妥协，使国家能够在一个相当稳定的基础上运行，尽管它在近东权力平衡中的分量比新王国时期大大减少。

在北方，第二十一王朝的第一任国王斯门德斯（Smendes）将首都从港口淤塞的培尔–拉美西斯迁至三角洲北部约20千米处的塔尼斯（Tanis）。塔尼斯的遗迹有一种明显的拼凑感，各种雕像、柱子和建筑砌块，有些物件的年代可以追溯到古王国时期，它们从各地被搬运而来，组合的方式并非总是有序合理的。不过塔尼斯是一座大城市，它被10米高、15米厚的城墙所围绕。第二十一王朝和第二十二王朝的王陵位于城市中央，毗邻阿蒙−拉神大神庙。有些棺椁由银制成，在法老时代，银可比黄金还要珍贵。1939年，这些从未被破坏的王陵被人们发现，其重要性可与图坦卡蒙的墓葬相媲美，但一切都因第二次世界大战的爆发而变得黯然失色。北方国王逐步控制了三角洲地区并将政权延伸至中埃及地区距离法尤姆88.5千米以外的希巴（Hiba）镇。

再往南则是阿蒙大祭司们的领地，他们在名义上不是国王，但实际上像国王那样进行统治，偶尔也是名义上的国王。因为大祭司的命令就是神的命令，他们进行的是神权政治。必要时，这些命令可以通过神谕得到确认。帝王谷在第二十一王朝末期的盗墓浪潮中基本得以幸存，然而在第三中间期早期，祭司政权的收入来源之一就是开采帝王谷中的财富。幸运的是，图坦卡蒙的坟墓因为位于帝王谷的底部，早已被瓦砾覆盖而被遗忘，所以没有人注意到它的存在。当王陵中有价值的物品惨遭洗劫时，国王的木乃伊被藏匿到他处。直到1871年，当地的古董商在戴尔·巴哈里一个被重复使用的第十一王朝竖穴墓中发现了这样的藏匿处，4年后被埃及学家挖掘出来。其中有40具王室木乃伊，包括雅赫摩斯一世、图特摩斯一世、图特摩斯二世、图特摩斯三世、塞提一世以及拉美西斯二世的木乃伊。后来人们又发现了第二个木乃伊藏匿处，而且很可能还存在第三处。以前位于戴尔·麦迪那以及后来位于麦迪那特·哈布城的工匠社区已经解散，因为不再需要那里的居民服务了。

阿蒙大祭司在底比斯的王国最南端并没有超过第一瀑布。在新王国时期结束时，努比亚人利用埃及的弱点，重新确立了对下努比亚的控制。人们对这一过程知之甚少，这可能是一个渐进的过程，但它对库什王国的复兴十分有利。库什王国此时的首都在更南处，位于第四瀑布附近的杰贝勒·博尔戈尔（Gebel Barkal）。随着时间的推移，库什王国填补了埃及在该地区权威崩溃后留下的权力空缺。尽管"库什国王之子"这样的头衔在政府用语中持续了一段时间，但埃及人除了在公元前9世纪中期短暂地侵入第二瀑布所在地区，在军事上对南部地区不管不问，并与库什人建立了贸易和外交关系。

底比斯象征性地承认了北方的统治地位，但埃及的政治分裂是彻底的。然而，与之前埃及被分割成相互竞争的北方中心和南方中心不同，现在两个王国之间的关系总体上是可容忍的，并通过外交交流得以巩固。大祭司皮努杰姆一世娶了拉美西斯十一世的女儿，他们所生的一个儿子成为第二十一王朝第三位国王普苏森尼斯一世（Psusennes Ⅰ，约公元前1039—前991年在位）。普苏森尼斯一世又将女儿嫁给了底比斯大祭司蒙赫普里（Menkheperre），他们的儿子最终成为大祭司皮努杰姆二世（Pinudjem Ⅱ）。这一时期仍然内战不断，尤其是南方，叛乱频发。后来，在三角洲地区发展起来的相互竞争的领地之间，为了抢夺对一个贫弱国家日益减少的资源的控制权而斗争不断。

另一个因素是利比亚人，他们的人口因移民数的稳定增长而扩大。他们曾经是被鄙视的入侵者，但自从拉美西斯三世开始，他们被安置在军事殖民地，后来成为埃及军队体系的一部分。他们在军队中的人数不断增加，到了新王国末期，埃及军队可能几乎由利比亚人组成。许多人晋升为行政高官。例如，舍顺克一世（Shoshenq Ⅰ）在登上王位时，已然是当权人物。然而，他们保持着强烈的民族认同感，他们的定居地为地方王朝家族提供了权力基地。

第二十二王朝的开国君主舍顺克一世（约公元前945—前924年在位）来自三角洲布巴斯提斯城的一个利比亚家庭。他利用自己军队指挥官的地位以及与普苏森尼斯二世的姻亲关系，在较少反对的情况下登上王位，并证明了自己是第三中间期的杰出国王。第二十一王朝接受了埃及分裂的状态，而舍顺克一世则力图恢复国家领土的完整。他任命已是军队指挥官的儿子尤普特（Iuput）担任阿蒙大祭司，并与各地有影响力的家族建立了忠诚的联盟。

公元前930年，所罗门（Solomon）去世，短暂的以色列联合王国随之分裂为犹大王国和以色列王国。舍顺克一世利用这一机会，重新在利凡特（Levant）实行进攻政策，埃及在过去的一个多世纪里在该地并不活跃。他率领一支拥有1200辆战车的强大军队，击败了这两个国家，并围攻了耶路撒冷。该城的守卫者为了使它不被占领而付出了沉重的代价。《圣经》中的《列王纪》第一卷中写到，舍顺克"拿走了耶和华和王室的宝物；他还拿走了所罗门做的金盾牌，他什么都拿走了"。然而，埃及人在巴勒斯坦恢复统治仅为昙花一现，在舍顺克一世死后就迅速结束了。舍顺克一世回到埃及后进行了几个著名的建筑项目，包括在卡尔纳克神庙第二塔门修建的一个新庭院。

舍顺克一世的儿子及继承人奥索尔孔二世①（Osorkon Ⅱ，约公元前924—前889年在位）继续完成他父亲的建设计划，其中最引人注目的是在布巴斯提斯建造的家族基地。他通过任命其子为阿蒙大祭司及其在埃及北部的共治者来维持其对埃及南部的控制。其子随后继任王位成为舍顺克二世（Shoshenq Ⅱ，约公元前889年在位），但几个月后他就去世了，重新统一上下埃及的推动力也随之消失。在他同父异母的兄弟塔克罗特一世（Takelot Ⅰ，约公元前889—前874年在位）的统治下，尽管其在位15年，埃及政治分裂的趋势再次出现。此外，塔克罗特一世没有留下任何重要的纪念建筑，这表明他的统治软弱无力。在接下来的几十年里，阿蒙大祭司的职位再次成为世袭职位，其他高级职位也是如此，以削弱王权为代价，省的独立性得到加强。

北方拟重新恢复统治权，这一企图遭到了底比斯的强烈抵抗，大祭司哈瑞斯（Hariese）在底比斯称王。许多地方统治者，特别是三角洲地区的地方统治者，取得了很大的自主权，他们中的一些人也自立为王。其中一些人可能是曼涅托笔下第二十三王朝的成员，但不能完全确定。根据一位现代历史学家的统计，到公元前730年，"在三角洲［在布巴斯提斯和利安托坡里斯（Leontopolis）］有两个国王，其中一位在赫尔摩坡里斯，一位在上埃及的赫拉克利奥坡里斯；除了那些在三角洲的国王，还有一位'摄政王'，四位

---

① 据某些编排法，他被列为奥索尔孔四世。

伟大的玛（Ma）的首领，以及一位在舍易斯（Sais）的西方王子，他们几乎是独立的。最后一位是泰夫那克特（Tefnakht），他已经接管了三角洲西部和孟斐斯的所有领土，并正在向上埃及的北部地区扩张"。[13]

如此政治混乱之状为库什国王提供了黄金机会，他们巩固了对下努比亚的控制，也使自己成为埃及政治舞台上的主角。埃及第二十五王朝由努比亚国王组建，当该王朝第一位努比亚国王卡什塔（Kashta，约公元前770—前747年在位）向北进军时，他可能没有遇到底比斯的抵抗。阿斯旺的一块石碑宣称他是"上、下埃及的国王"，但他的权力不可能延伸到底比斯以北。卡什塔很快就回到了位于南部、靠近第四瀑布的首都纳帕塔（Napata），他的儿子皮耶（Piye，约公元前747—前716年在位）在那里继位。

库什人通过"阿蒙的高级女祭司"这一神职机构来实现对底比斯的控制。这个神圣庄严的机构可以追溯到哈特谢普苏特统治时期，被第二十三王朝的奥索尔孔五世①（Osorkon V，约公元前730—前715年在位）赋予了新的目的，他希望防止阿蒙的世袭高级神职及其相关问题的再次出现。他任命女儿舍培努皮特一世（Shepenwepet I）为阿蒙的高级女祭司，这是底比斯最高的宗教职位。此后，女祭司不能结婚；她的神职将通过收养来传承下去，王室可以选择下一任女祭司，从而控制底比斯。皮耶就选择了强迫舍培努皮特收养他的妹妹阿蒙尼尔迪斯一世（Amenirdis I）继承高级女祭司神职。

因为地方权力中心相互竞争，所以下埃及的政治局势仍然不稳定。位于三角洲西部尼罗河主要支流上的城镇舍易斯逐渐成为最强大的地方权力中心。当舍易斯的泰夫那克特开始将其权力扩展到尼罗河谷并侵犯了底比斯的领地时，皮耶做出了有力回应。皮耶一直攻打至孟斐斯，当孟斐斯被攻破后，皮耶迫使泰夫那克特和与他结盟的当地统治者臣服，但是他们的统治地位得以保留。为了显示出他是多么的埃及化，他的成就被记录在杰贝勒·博

---

① 时而被列为奥索尔孔四世。

尔戈尔的一块引人注目的石碑上。皮耶被呈现为玷污纯正埃及文明的、不配统治埃及的典范。而他在埃及的行为，至少根据现存的记录，比之前多次蹂躏努比亚的法老们要人道得多。

苏丹北部的努比亚金字塔群（摘自莱普西乌斯的《埃及和埃塞俄比亚的纪念碑》）

在向诸神表达了应有的敬意并庆祝了他的加冕之后，皮耶回到了纳帕塔，但他在北方的所见所闻显然给他留下了深刻的印象，因为他在杰贝勒·博尔戈尔附近为自己建造了一座金字塔，由此成为埃及800年来第一个被埋葬在金字塔中的国王。在接下来的1000年里，其他国王纷纷效仿他的做法，结果造成努比亚建造的金字塔的数量是埃及的两倍。努比亚金字塔没有埃及金字塔高，角度也明显陡峭，但它们都是用上好的石头建造而成，所以许多金字塔遭受的损坏或破坏大多是由人类活动而非自然原因造成的。如此，古埃及的伟大思想之一被移植到尼罗河上游，并在此深深扎根。

舍易斯虽被镇压，但它的势力并未被粉碎。在泰夫那克特的继任者博克霍里斯（Bocchoris，约公元前720—前715年在位，曼涅托将其归入短暂的第二十四王朝）的统治下，北方的舍易斯人又开始争夺权力；在皮耶的弟弟夏巴卡（Shabaka，约公元前716—前702年在位）继承王位时，冲突又重新开始。［这里需要指出的是，库什人的继承模式与今日的有些国家类似，优先考虑传位给已故国王的兄弟而不是他的儿子，然后再传给下一代。因此，夏巴卡的王位又被他的侄子、皮耶的儿子谢比克图（Shebiktu）和塔哈尔卡（Taharqa）所继承。］博克霍里斯再次从努比亚出征向北进军。博克霍里斯为他的野心付出了代价，他在战斗中被杀；根据一种说法，他是被活活烧死的，但塞特公国没有被摧毁。

现代年代学组织认为这个时间是晚期的开端（有些人认为更早一些，有些人认为稍晚一些）。晚期一直持续到埃及被并入亚历山大大帝的帝国。在古埃及所有外来统治的历史时期中，该时期最不连贯，它以努比亚人的统治作为开端，而后接连历经亚述人的统治、埃及本土王朝的建立、波斯人的征服、本土统治的重建，最后重新确立波斯人的控制。该时期的埃及饱受贬低，有如一根"折断的芦苇"，不可信赖。正如一位杰出的埃及学家在20世纪中叶所说，"内动力已然泯灭"。然而，埃及仍然表现出非凡的创造力和适应性，同时保留了许多最具价值的部分。而且，无论谁掌控这块土地，埃及几乎都是统一的。

在夏巴卡战胜舍易斯之后，第二十五王朝的国王们对埃及的关注更为密切。夏巴卡和他的努比亚继任者们并未像其前任那样迅速折返纳帕塔，而是在底比斯和孟斐斯进行统治。他们尤其关注孟斐斯，刻意使他们在此处的统治合法化，并利用古都的战略优势。他们刻意诉诸过去，表示希望人们接受他们为正统的埃及法老，这种做法几乎影响了晚期宫廷文化的方方面面。利比亚人统治时期已出现复古倾向，在这一时期，人们效仿古王国和中王国时期的典范，在宗教、文学、艺术和建筑方面的复古倾向加速发展。在一个积极的建设项目中，旧庙宇得以修复，新庙宇得以建造。埃及比先前的几个世纪都更为团结、有活力。第二十五王朝远非一段停滞不前的外国统治时期，而是一段繁荣复兴的时期。

长期以来，埃及的相对孤立性使其免受近东兴衰变迁的影响，不幸的是，埃及不再享有这种孤立性。亚述帝国正处于优势地位。公元前701年，埃及与这个残忍的国家第一次发生冲突，当时埃及与犹大王国一起共同对抗亚述国王辛那赫里布（Sennacherib）。战果不具有决定性，但亚述人因此被激怒，他们转攻埃及只是时间和机会的问题。公元前674年，亚述国王阿萨尔哈东（Esarhaddon）第一次进攻埃及。他在边境被击退，但在3年后，他又发起了第二次进攻，这一次他占领了孟斐斯，迫使塔哈尔卡（约公元前690—前664年在位）逃往努比亚。根据惯例，亚述人将政府委托给地方当局，即包括舍易斯在内的三角洲公国的统治者们，同时离开进一步威吓帝国中其他难以驾驭的地区，这使塔哈尔卡能够返回埃及并恢复对埃及的控制。阿萨尔哈东还没来得及发动另一次埃及远征就去世了，但他的继任者亚述巴尼拔（Assurbanipal）在舍易斯的配合下，在两次毁灭性的战役中击败了第二十五王朝的新国王坦塔马尼（Tantamani，约公元前664—前656年在位）。战争一直延伸到底比斯以南，迫使坦塔马尼彻底离开埃及，他再也未能返回。然而事实证明，舍易斯并非可靠的亚述属国，因为当亚述巴尼拔不得不返回美索不达米亚处理叛乱时，舍易斯统治者普萨美提克一世（Psammetichus Ⅰ，公元前664—前610年在位）宣布独立，建立了第二十六王朝。从此时开始，时间不再是近似值而是确切的数值了。

普萨美提克一世消灭了下埃及其他所有地方统治者，并任命他的女儿为底比斯"阿蒙的高级女祭司"，比库什人更加彻底地统一了埃及。繁荣很快重回这片土地，这表明亚述人没有造成持久的破坏，而库什人为埃及复兴奠定了良好的基础。埃及也因更充分地融入东地中海的整体经济中而受益。正如人们所期望的复兴盛世，普萨美提克一世在国内特别是在舍易斯大兴土木。现在地面上没有留下任何东西，但19世纪的欧洲旅行者发现了巨型的舍易斯砖砌围墙，并为之惊叹。在舍易斯时期，随着人们继续模仿远古时期的典范，艺术和建筑的复古之风达到极致。有时这种模仿十分逼真，以至于常常需要专家来甄别某个特定物品是在古王国时期还是在晚期制造的；但这并非无脑复制，因为舍易斯艺术显示出巨大的创造力和创新性。

　　在外交事务中，普萨美提克一世不得不玩一个小心谨慎、变化多端的游戏。由于担心亚述人的再次入侵，他一开始就支持亚述的敌人。但随着亚述势力的衰落，很明显，其他危险的参与者也加入了这场游戏，如米底人（Medes）和以巴比伦为首都的迦勒底人。公元前629—前627年，他不得不在埃及边境击退迦勒底人的进攻。当意识到近东地区的力量平衡正在发生倾斜，他便积极代表处境艰难的亚述人进行干预，甚至派兵到美索不达米亚帮助他们对抗迦勒底人，但埃及的援助不足以阻止亚述帝国在公元前612年崩溃，使得埃及不得不与迦勒底人交锋以及面对利凡特地区持续的外交动荡。

　　尼科二世（Necho Ⅱ，公元前610—前595年在位）别无选择，只能继续执行普萨美提克一世在北方的政策。他像他的父亲那样征用了希腊雇佣兵以加强自己的军事力量，同时也招募了希腊水手在地中海地区部署了一支三层划桨战船舰队，这是埃及这个长期背离海洋的国家第一次拥有这样的海军。尼科二世在尼罗河东支流和红海之间开辟了一条运河，可能是为了让他在需要时能够在地中海和红海之间转换战舰，同时也可促进贸易的发展。

　　尼科二世的海外冒险一开始进行得很顺利。他占领了巴勒斯坦，在途中击败并杀死了犹大国王约西亚（Josiah），并在幼发拉底河畔建立了埃及的统治，然而他却于公元前605年在卡尔凯美什（Carchemish）惨败于迦勒底人。他抵御住了尼布甲尼撒二世（Nebuchadnezzar Ⅱ）随后于公元前601年在埃及边境发起的进攻，其中部分领土被普萨美提克二世（Psammetichus Ⅱ，公元前595—前589年在位）收复。普萨美提克二世对巴勒斯坦进行了一次小规模的远征，并在利凡特煽动了一场针对迦勒底人的麻烦的叛乱。然而，这却激怒尼布甲尼撒二世作出更为有力的回应。他围攻了耶路撒冷，于公元前587年占领该城并带走城中成千上万的人，这就是著名的"巴比伦之囚（Babylonian Captivity）"。城中许多人被带到了埃及，形成大量犹太人的基础，这在希腊–罗马时代成为埃及重要的组成部分。对埃及来说幸运的是，尼布甲尼撒二世显然只满足于对埃及进行有限的惩罚性征伐。

　　下一任国王阿普里斯（Apries，公元前589—前570年在位）继续在巴勒斯坦和黎巴嫩开展军事行动，结果喜忧参半，但他的垮台来自公元前570年在西部的一次行动。当时他派出一支军队协助利比亚的昔兰尼加（Cyrenaica）统治者与正在控制该地区的希腊殖民者进行斗争。他的军队被打败后叛变。阿普里斯随后派他的将军阿玛西斯（Amasis）去整顿纪律，而阿玛西斯加入叛变并自封为王，推翻了阿普里斯的统治。几年后，阿普里斯试图借助尼布甲尼撒二世的支持夺回王位，但这次尝试以失败告终，他也被杀害。迦勒底人很快就忙于处理内部问题，再也没有机会威胁埃及。

阿玛西斯（公元前570—前526年在位）与希腊世界建立了更密切的外交关系，使得在埃及的希腊人越来越多。他赋予希腊商站和瑙克拉提斯（Naukratis）港口更多的公民特权。该港口建于一个世纪前，坐落于他的家乡舍易斯附近的西部三角洲地区，为希腊商人提供了其他优惠政策。希腊雇佣军驻扎在孟斐斯和三角洲周围。尽管阿玛西斯谨慎地限制希腊人和埃及人之间的接触以防止种族冲突，然而在亚历山大大帝到来的前两个世纪，埃及的希腊化已然在顺利进行。

阿玛西斯的继任者普萨美提克三世（Psammetichus Ⅲ，公元前526—前525年在位）的统治被东方另一个新势力打断，该势力最终打破了舍易斯所有制衡权力的外交局面。居鲁士大帝（Cyrus）兼具军事技能、行政天赋和精明的外交手段，缔造出世界上有史以来最强大的帝国。帝国版图东起印度，经伊朗和美索不达米亚，西至小亚细亚和叙利亚。埃及害怕居鲁士日益强大，因而向他的对手提供支持，却徒劳无功。居鲁士在深入中亚的一次战役中死亡，这才阻止他将注意力转向埃及。

公元前525年，居鲁士的儿子冈比西斯（Cambyses，公元前525—前522年在位）入侵埃及，在培琉喜阿姆（Pelusium）击败了普萨美提克三世。根据一份古代记载，冈比西斯通过在军队前方放置狗和猫取得了战争的胜利，因为埃及人唯恐伤害他们视为神灵的动物而退缩，但波斯人不需要采取这种策略。冈比西斯在占领孟斐斯以及逐步控制全国其他地区时，几乎未遇到有效的抵抗，从而开启了第一波斯时期，即第二十七王朝。但对埃及这位新统治者来说，事情并非一帆风顺。他将一支缺乏装备和向导的军队派往西部沙漠进行远征，结果全军覆没，史称"消失了的军队"。这支军队在一场沙尘暴中消失得无影无踪，但在传说中留下了浓墨重彩的一笔，许多人都梦想着能在西部沙丘中找到这支军队留下的白骨、武器、盔甲和财宝。在埃及的组织管理规划方面，波斯人似乎确实缺乏长谋远略。公元前373年，他们试图于7月在三角洲地区开展一次重大军事行动，而当时，一年一度的洪水泛滥将整个地区变成一个大沼泽。这一次行动也彻底失败。

冈比西斯以其极度的残忍和破坏力而闻名于世。据说他摧毁了诸多神庙且亵渎神灵，起先，他对普萨美提克三世手下留情，后来又将其杀害。他的继任者大流士一世（Darius Ⅰ，公元前521—前486年在位）则采取了更为温和的方式，他极为尊重当地宗教，并鼓励修复和兴建神庙，其中最值得一提的是位于哈尔加绿洲的希比斯神庙（Hibis Temple）。他努力刺激经济繁荣并获得了成功；他进行了重大的公共工程，如完成尼科二世的运河工程。即便如此，在大流士统治的最后一年，埃及还是发生了一次严重的叛乱，叛乱被他的继任者薛西斯一世（Xerxes Ⅰ，公元前486—前466年在位）残酷镇压，以至于在薛西斯死后引发了另一次叛乱。第二次叛乱由舍易斯的阿米尔塔伊俄斯（Amyr-taios）和赫利奥坡里斯的伊那罗斯（Inaros，普萨美提克三世之

位于哈尔加绿洲的希比斯神庙的大柱厅，
建于波斯时期（作者摄）

子）领导。在希腊人的帮助下，这场冲突一直持续到公元前454年才最终平息。

在随后相对太平的时期，希腊历史学家和旅行者希罗多德走访埃及。人们曾一度将"历史学之父"希罗多德斥为"谎言之父"，但这种误解是源于人们没有理解希罗多德实则准确地记录了他的所见所闻，而且他通常注意这两者间的区分。他的描述后来大多被考古发现所证实，至今仍是古埃及重要的史料。他的文笔幽默，可见于以下他对埃及人的描述：

> 埃及气候独特，有一条脾性独特的河流，而埃及人也建立了许多几乎与他国完全相反的习惯和习俗。例如，在埃及，女人外出去市场购物、看守店铺，而男人则留在家中织布；同时，其他国家的人织布时把纬线往上推，而埃及人却把它往下拉；男人把重物放在头上运送，而女人把重物搁在肩上；女人站着小便，男人蹲着小便；他们在家中解手，却在外面街上吃饭。这背后的逻辑是，在生活必须要进行的活动中，人们必须秘密地做不体面的事情，光明正大地做体面的事情。不管是男神还是女神，都没有女祭司，只有男祭司可为众神服务。如果儿子不愿意，他们无需照顾父母，但女儿必须承担起赡养职责，不管她们是否喜欢。在其他地方，神的祭司都留着长发，但在埃及，祭司会剃光头。在其他国家，悲痛欲绝的人会剃头削发，而埃及人则以留长发和胡须的方式来纪念死者，而在其他时间里，却把头发全部剃光。其他民族的人与圈养的动物分开生活，但埃及人却生活在动物中间。其他国家的人以小麦和大麦为生，而埃及人认为用这些谷物做食物是最不光彩的事情——相反，他们用一种名为zeia的谷物做面包，这种谷物通常是马饲料。他们用脚揉面，而用手捡泥巴和粪便。其他国家的人（除了那些学习埃及人的人）会让生殖器处于自然状态，而埃及人则实行割礼。每个埃及男人都有两件衣服，但每个女人只有一件。其他国家的人

把环形锚栓和绳索系在船外，但埃及人把它们系在船内。希腊人写字和打算盘的方向是从左到右，埃及人则是从右到左。埃及人认为从右到左的写法是向前写，而希腊人则称之为向后写。[14]

诸如此类。希罗多德的《历史》（*History*）第二卷讲的就是埃及。此书被视为西方旅行者在埃及所写的一系列游记中的第一部。

综上所述，尽管波斯人在埃及的统治常常是无能的，但并不是特别严酷。波斯帝国期望埃及以多种方式对帝国作出贡献，例如通过贡献人力、税收和材料。例如，于公元前480年发生的萨拉米斯（Salamis）战役中的波斯舰队拥有200艘埃及三桅帆船。但这些征敛并不重，波斯人总体上没有实行铁腕统治。事实上，波斯人对省级政府的做法是允许当地的习俗、法律和机构在波斯总督或省长的全面监督下尽可能地发挥作用。许多埃及人发现帝国政权兼容并蓄，但其他人却从未与之和解，这表明埃及人和波斯人之间一直存在着抵触，这种反感在埃及地方统治者野心的刺激下发展成了深仇大恨，这些地方统治者从未被完全压制，他们渴望在自己的土地上自立为王。

正是因为这些家族不愿和解，在大流士二世（Darius Ⅱ，公元前424—前404年在位）统治初期，叛乱重起。舍易斯和以往一样，是一个特殊的抵抗中心，因为它靠近难以接近的沼泽地，而且可以轻易获得瑙克拉提斯供应的希腊雇佣兵。波斯帝国王室内争削弱了波斯人的反应能力，所以舍易斯的阿米尔塔伊俄斯（公元前404—前399年在位），即先前的阿米尔塔伊俄斯的孙子，将波斯人赶出了三角洲，使整个国家摆脱了波斯人的统治。这位阿米尔塔伊俄斯是曼涅托笔下第二十八王朝的唯一成员，但他被篡位者尼菲利提斯一世（Nepherites Ⅰ，公元前399—前393年在位）推翻，由此开启了第二十九王朝。不幸的是，篡位和废黜在这个短暂的王朝反复出现。当尼菲利提斯二世（Nepherites Ⅱ）在军事政变中被第三十王朝的第一个国王内克塔内布一世（Nectanebo Ⅰ，公元前380—前362年在位）废黜后，这个王朝就结束了。在第三十王朝三位国王的统治下，国家繁荣昌盛，这一点在建筑和艺术上显而易见。该王朝试图干预近东地区事务，以恢复埃及先前的地位，确保国家免受波斯人的再次攻击。

　　但埃及在世界事务中的活动超出了自身能力的范围。埃及多管闲事的外交一直刺激着波斯，因此波斯决心恢复对这个前省的控制。只是波斯的内部问题、埃及的好运和波斯的无能——例如，公元前373年仲夏入侵的失败阻止了波斯的成功。历经几次失败，阿塔薛西斯三世（Artaxerxes Ⅲ，奥库斯）于公元前343年重新征服了埃及，开始了第二波斯时期，即第三十一王朝。第三十王朝的最后一位国王内克塔内布二世（Nectanebo Ⅱ，公元前360—前343年在位）南逃，显然实现了以西结书的预言："埃及大地不再有王子"，因为埃及的统治权在时隔2000多年后才再次回到埃及人手中。

　　波斯人短暂恢复统治的时期并不是一个快乐的时期。波斯人怒火更盛，采取了极端的压迫手段，例如掠夺寺庙、拆毁城墙。埃及人奋起反抗，发动叛乱。其中一场叛乱由卡巴巴什（Khababash）领导，他随后成功统治了下埃及几年的时间，成为民间英雄。人们十分憎恨波斯人的压迫统治，以至于当亚历山大大帝到达埃及时，人们将他视作救世主而夹道欢迎。

描绘了亚历山大大帝与埃及神
阿蒙的属性的硬币
（摘自贝文的《埃及史》）

第七章
托勒密王朝

　　亚历山大大帝在征服了小亚细亚和叙利亚的其他波斯属地后，于公元前332年末进入埃及，埃及未作抵抗。亚历山大在孟斐斯站稳脚跟后，他和一支小型护卫队向西长途跋涉，穿过沙漠来到锡瓦绿洲。那里传有神谕承认他是阿蒙之子（因此他是埃及的合法法老），注定要统治世界。他还北上到达地中海沿岸。在那里，他下令在罗哈克提斯镇（Rhakotis）的一个村庄里建造一座新的城市，即亚历山大城，并亲自规划了该城的基本特征。这些规划具有远见卓识，事实上，建城的灵感来源于亚历山大的一个梦，但这也基于实际的经验。他刚刚占领了东方的一些主要商业城市，现在又来到瑙克拉提斯，那里与其说是商业中心，不如说是贸易站，而且离海太远，他显然是渴望夺取位于地中海的希腊港口。在停留了短短几个月后，亚历山大离开了埃及，去征服庞大的波斯帝国及其他地区，但埃及的历史进程在今后几个世纪里深受影响。

　　公元前323年，亚历山大在巴比伦去世，随后他的将军们试图控制新帝国抑或掌控其中的部分地区。在这场斗争中，埃及落入托勒密（Ptolemy）之手，托勒密是亚历山大少年时期的朋友，他们共同参与了许多令人难忘的冒险。像他的许多后代一样，托勒密颇具文学修养。他根据自己的经历和亚历山大的日记，写下了据说是最好的亚历山大传记，现在已经失传。他曾陪同亚历山大短暂访问过埃及，亲眼看见了这片土地的富饶，知晓它可以成为一个非常强大的基地。起初，他以总督的身份统治埃及，但其实从一开始他就打算建立一个独立国家，开辟新的王朝。当维持亚历山大帝国完好无损的托词逐渐变得无力时，他于公元前306年令士兵称他为埃及国王。两年后，他作为埃及法老庆祝了自己的加冕仪式。他以托勒密一世索塔尔（Ptolemy Ⅰ Soter）的名义进行统治。事实证明，索塔尔（意为"救世主"）这个华而不实的称谓是托勒密的典型风格[①]。

托勒密一世索塔尔雕像（作者摄）

　　埃及是庞大的托勒密帝国的基础。在成为国王之前，托勒密一世就利用昔兰尼加的内部权力斗争建立了托勒密驻军。今日班加西市（Benghazi）附近土地肥沃的沿海地区虽然被沙漠包围，但通过沿海交通可以随时到达亚历山大港，沿途船只过夜停留的海湾和港湾中大量的陶瓷碎片足以证明这一点。作为几个世纪以来希腊殖民化的重点，昔兰尼加已经彻底希腊化；到公元前320年，它已成为托勒密帝国的主要组成部分。托勒密一世还迅速控制了腓尼基和叙利亚南部，该地区被称为科勒叙利亚（Coele Syria），其农产品丰富，是通往阿拉伯的利润丰厚的商队路线的终点站。科勒叙利亚成为托勒密王朝和塞琉古王朝（Seleucids）之间持续争论的焦点。塞琉古王朝由亚历山大的一位将军建

---

　　① 文学作品中经常用称号或其他方式指代托勒密国王。因此，托勒密二世菲拉德尔甫斯（Ptolemy Ⅱ Philadelphus）可能被简单地称为菲拉德尔甫斯。托勒密八世尤厄吉蒂斯二世（Ptolemy Ⅷ Euergetes Ⅱ）可能只作为尤厄吉蒂斯二世出现。这里使用的是王朝名称和数字的最简单形式。

立，他在亚历山大帝国被分割时占领了叙利亚北部。公元前295/294年，托勒密一世将塞浦路斯岛纳入帝国中，并将其控制权扩展到安纳托利亚南部。托勒密的影响和直接统治最终深入到爱琴海地区，甚至到达希腊大陆的各个地区。在阿斯旺以南，努比亚北部的控制权在托勒密帝国和偏远的麦罗埃王国（Meroë）之间流动。麦罗埃王国的首都位于第五瀑布之外，库什国王的继任者们仍在那里建造金字塔，并且持续了几个世纪。通过其位于东南部的米欧斯·霍莫斯（就在现代库塞尔镇的北面）和贝勒尼基的红海港口，以及从三角洲到红海的运河，托勒密埃及王国与东非、阿拉伯和其他地区保持着贸易联系。托勒密王朝利用埃及丰富的资源及其他财产维持着强大的常备军和海军。当遭受损失时（他们也有损失），他们可以迅速恢复。托勒密埃及王国在东地中海地区无论是在陆地还是在海上都是不可忽视的力量。塞琉古叙利亚和马其顿是希腊化世界的第三个权力中心，它们多次被迫联合起来对抗托勒密埃及王国，以维持权力平衡。这种平衡通常不易达成。

托勒密一世掌权后的一个世纪是托勒密王朝的鼎盛时期。该王朝的前三位国王都是能干、精力充沛的人，每个人都享有很长的统治期。托勒密一世于公元前283年去世，他的儿子托勒密二世菲拉德尔甫斯继位，后者延续了前任的功绩与成就。托勒密二世扩大了埃及在爱琴海的领地。他与塞琉古王朝进行了两次战争（托勒密时期共进行了6次叙利亚战争）。他在第一次战争中取得了胜利，在第二次战争中保持了自身优势。他与马其顿的安提戈努斯·戈纳图斯（Antigonus Gonatus）进行了长达6年的较量，虽未成功，但损失不大，甚至可以说是小有收获。他在东非和阿拉伯南部建立沿海驻军，促进了这些地区的贸易，保证了非洲战象的获取，这些战象尽管无法与塞琉古王朝所用的印度大象相比，却是托勒密军队的重要组成部分。亚历山大城的大规模建设计划和制度基础将托勒密一世的许多设想变为现实。托勒密三世尤厄吉蒂斯（Ptolemy Ⅲ Euergetes，"恩主"）也证明了自己的价值。他扭转了情况不妙的昔兰尼加的局势，并进行了第三次叙利亚战争，在叙利亚和小亚细亚攻取了更多城镇，他获取的最大的成就是在他统治的大部分时间里实现了长期和平。托勒密三世在位25年，当他于公元前221年去世时，托勒密王朝的埃及已达到其最大版图。

军事胜利和领土扩张并非托勒密王朝在希腊化世界中展示其权力的唯一方式，他们还试图在财富、庆典、文化和物质成就方面超越马其顿和叙利亚。亚历山大城成为东地中海最大的城市。它的博物馆旨在保护知识和促进文化发展，而且要比其他博物馆更大、更好，成为无可争议的希腊文化中心。节日和游行花费巨大，举行盛大的泛希腊运动会是为了给外国游客和当地居民留下深刻印象。即使是王室的挥霍无度，这也是为了展示托勒密王朝神一样的生活方式。当罗得岛（Rhodes）被地震摧毁，其神奇的巨像倒塌时，埃及提供了大规模的救援，这种姿态与其说是出于慷慨，不如说是为了超越马其顿和叙利亚的援助力度。至少在公元前3世纪，托勒密王朝因其财力雄厚，很容易就超越了它的竞争对手。

托勒密国王注重王室关系，这可见于他们对自己的称号，例如菲洛帕特尔（Philopater）意为"爱父亲的人"，菲洛马特尔（Philomater）意为"爱母亲的人"，菲拉德尔甫斯意为"爱兄弟姐妹的人"。托勒密二世的另一个称谓是"爱姐姐的人"，因为他娶了他的姐姐阿尔西诺伊二世（Arsinoe Ⅱ），他的几位继任者也纷纷效仿。这其中的原因尚不清楚。这绝非他们的马其顿祖先的习俗；事实上，这种近亲结婚在马其顿是禁忌，托勒密二世的婚姻在当时引发了嘲讽，有一位表达了这种观点的诗人为他的冒失付出了生命。有人猜测，托勒密王朝试图效仿他们的法老前辈，但如果是这样的话，他们误解了，因为埃及的法老们并未与亲姐妹结婚。一个更为合理的假设是，与兄弟的婚姻使这些公主不至于在外交和政治领域权力过大，但这种结合往往使王室内部的权力关系变得不和谐，加之托勒密王朝的国王们妃嫔众多，有一夫多妻的嗜好，这种权力关系就更加不和谐了。不管是出于何种原因，在托勒密王朝中，亲兄弟姐妹的婚姻成为一种正常的做法。

亚历山大港灯塔当时可能呈现的样子
（摘自贝文的《埃及史》）

公元前311年，托勒密一世将宫殿从孟斐斯迁至亚历山大城。之后，该城成为世界上最伟大的城市之一，并为埃及带来了方向上的彻底改变。海波塔斯塔堤翁（Heptastadion）堤道连接了大陆和法罗斯岛（Pharos Island）。经过几个世纪，它逐渐形成了今天的古姆鲁克（al-Gumruk）地区所覆盖的巨大半岛。从岛的两端到大陆的防波堤形成了两个优良海港。曾经没有地中海港口的土地上如今有了一个最好的港口，将埃及与希腊化的世界紧密相连。法罗斯，人们也称之为灯塔，由白色石头建成，高135米，是古代的奇迹之一。在塔顶有一组巧妙的镜子既能反射又能放大夜间燃烧的火焰，航海者即使在很远的海上也能看到它。法洛斯一直矗立到14世纪，其坚固的结构最终被两次地震摧毁。它的位置现在是凯特贝城堡（Fort Qaitbay），城堡的一些石头可能来自法罗斯的废墟。

在商业和政府的刺激下，以及在托勒密王朝有意超越所有其他希腊城市的政策下，亚历山大城迅速发展。因为每个国王都在寻求增加亚历山大城的辉煌，他们很快就实现了这一目标。东港东南角附近是宫殿区，随着历代国王为自己建造新的宫殿，并争相将各自宫殿打造得比前辈的宫殿更加富丽堂皇，这个区域变得愈加壮观。在西边不远处，博物馆和大图书馆依海而建。以两条宽度超过30米的宽阔大道为轴心，一些窄小但也重要的街道与之形成了规则的交通网络。在两条大道的交会处是亚历山大大帝的玻璃墓，亚历山大大帝希望埋葬在马其顿的陵墓，然而托勒密一世在运送其尸体的过程中将之劫持。城中遍布高大的公共建筑，如体育馆、赛马场和剧院，还有浮华的私人住宅、宽阔的柱廊、酒馆和众多神庙。其中，最大的神庙是塞拉匹姆（Serapeum）神庙，它实际上是一个巨大的建筑群，矗立在高处。在托勒密时期结束时，罗马历史学家狄奥多罗斯·西库路斯（Diodorus Siculus）准确地将亚历山大城描述为"文明世界的第一座城市，在优雅、规模、财富和奢华方面绝对遥遥领先于其他城市"。

近期在亚历山大城发掘出的罗马剧院（作者摄）

凭借国际联系，亚历山大城成为国际大都市，吸引了来自地中海和其他地区的游客和永久居民。该城在规模最大时可能有50万居民。其中，希腊人是最主要的群体，他们享有其他人没有的特殊公民权利，也有大量的埃及本地人，他们集中在古老的罗哈克提斯渔村周围，该村已被纳入亚历山大城。大量的犹太人也在此定居，他们主要分布在城市的两个区。尽管没有资格成为亚历山大城公民，但犹太人也有许多自己的特权，他们由自己的族长统治和管理。据一位托勒密时期的历史学家说，族长权力"就如同一个独立国家的总督"。虽然亚历山大城的犹太人在相当大的程度上被希腊化了，但他们仍然保留着自己独特的文化。他们与希腊人之间相互敌视，这破坏了二者的关系。

亚历山大城在人口、辉煌、财富和权力方面都很突出，成为希腊世界的主要文化中心。博物馆的字面意思是"缪斯女神的圣地"，这是托勒密一世提出的概念，而托勒密二世将其变为现实。博物馆的建设得到国家的慷慨支持，它以柏拉图和亚里士多德的大学校为蓝本，装修豪华，配备了当时几乎所有智力领域最伟大的学者。托勒密王朝竭尽所能寻找各地最杰出的人才，这些名人的名单读起来几乎就像古代知识分子界的《名人录》（*Who's Who*）。著名的数学家欧几里得在博物馆任教，他曾说过一句非常著名的话，当时国王要求提供一个简单的教学课程时，他告诉托勒密一世，在几何学方面没有王室通道。阿基米德也在那里待过一段时间，他可能是在埃及时发明了阿基米德螺旋泵，这是一种巧妙的提水装置。博物馆还有一位来自昔兰尼（Cyrene）的名为埃拉托色尼（Eratosthenes）的博学多才的科学家，他非常精确地计算出地球的周长，宣传了他的日心说，认为地球并非宇宙的中心。亚历山大城的医学很强大，当时的医生有例如科斯（Cos）的普拉克萨哥拉斯（Praxagoras），伟大的盖伦（Galen）认为他是古代最伟大的医生之一，其次是他来自卡尔西顿（Chalcedon）的学生希罗菲勒斯（Herophilus），他将解剖作为一种常规做法。来自罗德岛的诗人西奥克里特（Theocritus）和阿波罗尼乌斯（Apollonius）是亚历山大文学的杰出代表。博物馆中还有一些历史学家，其中一些人写了关于埃及的文章，包括来自阿布德拉（Abdera）的赫卡泰戊斯（Hecataeus），他认为埃及是文明之源。然而，最吸引人的历史学家是曼涅托，他可能活跃于托勒密二世统治早期，他的独特之处在于他是埃及本地的大祭司。他用希腊语写了三卷书，讲述了从神话时代到公元前323年的埃及历史，这些书留存于世的只有一些不充分但又不可或缺的摘要。该著作是基于仔细的档案梳理工作以及个人的观察和经验撰写而成。此处仅仅列举了亚历山大城知识界顶层的几位超级明星，还有许多其他值得敬仰的学者，他们都为古典世界最伟大的知识机构作出了自己的贡献。

博物馆附近是亚历山大图书馆。古代没有任何一家图书馆在规模和组织上能与之相比。关于该图书馆的藏书量众说纷纭，但据说馆内藏有50万到70万卷书，而且每卷往往包含不止一部作品。托勒密一世派人到希腊世界的各个地方购买书籍以充实书架，托勒密三世写信给"世界上所有的君主"，请求借阅书籍并进行复制。他甚至让人在港口搜查那些被扣押的可用于复制的书籍，然后将副本而非原件归还给原主。图书馆不仅获取图书，还投入了大量的精力在图书编目、整理、编排、编辑、解释、评论等工作上，涉及学术研究的方方面面。图书馆的各项工作由精力充沛的馆长推动，其中一些馆长本身即为饶有成就的文本学者，如萨莫色雷斯（Samothrace）的阿里斯塔克斯（Aristarchus）。古代备受推崇的昔兰尼诗人卡里马科斯（Callimachus）曾在图书馆工作，并将馆藏所有书目编成120卷。犹太人对与图书馆有关的亚历山大学术研究的一个主要贡献是将《旧约圣经》翻译成希腊文。这个版本被称为"七十士译本"，据说它是由70位学者共同完成的作品，后来被视为讲希腊语的基督徒的《旧约圣经》。托勒密二世在塞拉匹姆建立了第二座图书馆，两个图书馆相互补充。

亚历山大最初将政府和财政系统交给了当地的埃及人管理（不过税收被用作马其顿的战争专款），这必然比从可恨的波斯人的统治向希腊人的统治的过渡更为容易。但是，托勒密王朝一有机会就在国内建立了复杂的希腊官僚体制，并在托勒密二世的领导下进行了完善，体制中的官员层级上至国王下达村庄。这个体制的本质以及主要目标之一便是实现政府收入的最大化。要实现这个目标，必须坚持严格的行政监督。许多商业活动领域都由政府垄断经营，例如玻璃器皿、纺织品、各类奢侈品以及莎草纸的出口，而私人手中的企业则受到严格的监管和征税。亚历山大城建有一个铸币厂，王朝实施着严格的货币主义政策。只有托勒密王朝的硬币才允许在帝国内流通，外国货币在国有或国家监督的市场上按照国家规定的汇率进行兑换。一个自古以来几乎完全依赖易货贸易的国家迅速发展成为地中海地区货币化程度最高的国家，改变了埃及的经济，促进了埃及与更广泛世界的互动，而且通常以对埃及有利的条件为基础。

迄今为止，埃及最大的财富来源自然是土地产出，土地归王室所有，以不同的条件授予个人使用。托勒密王朝仔细调查埃及，评估了它的生产力，并设计出一种地方管理方式以获取最大收入。人们常说，托勒密制度十分缜密，因此罗马人在控制埃及时基本沿用了这一制度。这种说法经不起推敲，但表明了托勒密王朝的剥削制度行之有效。

托勒密王朝还试图提高埃及的农业生产力。其中部分是通过创新实现的，托勒密王朝向埃及引入了萨奇亚（Saqiya），即水车。自新王国早期以来，人们将水从河流或运河提升到高处的主要装置是沙杜夫（Shaduf），这是一种平衡起重杠杆，操作者一次可提一桶水。而萨奇亚由带轭的牛驱动，可以灌溉大约5公顷的土地，是沙杜夫的3倍多，而且可以将水提升到沙杜夫可提高度的4倍。新的地区被开发成可耕地，特别是在法尤姆，托勒密王朝在拉宏建造了一座大坝，使法尤姆的加龙湖的水位得以下降至比中世纪的水利系统更低的位置，大大扩展了可耕地面积，从而大大提高了生产力。托勒密王朝在法尤姆南部建造了一个人工湖，以为边缘土地提供集中灌溉。王朝引入了新的农作物，增加了农作物的品种和数量。大部分农产品由政府以实物形式进行收集，并根据政策在国内重新分配，但几乎总有大量的产品可以出口换取外汇。托勒密一世在亚历山大大帝死后的战利品分配中选择了埃及，这是一个很精明的选择。埃及提供的年收入足以令任何古代国王称羡。

有了这样的生产力，埃及可以养活大量人口。据估计，埃及人口高达750万，其中不包括住在亚历山大城的50万左右的人；也有较保守的估计在450万或500万之间，这似乎更加合理。而狄奥多罗斯·西库路斯在公元前1世纪的埃及经历了长期的艰难困苦后断言，该国的人口至少有300万，但"在古代"约有700万。这可能是根据真实的信息而写的。无论采用哪种说法，毫无疑问，埃及人口在托勒密王朝时期急剧增加，并在罗马时代一直保持着高水平。

托勒密王朝的人口以大量的埃及本地人为主，同时包括人口相对较少的享有特权的希腊人。埃及人中的大多数人生活在温饱线附近，但他们辛勤的劳动支撑着托勒密王朝的社会和政府运转。希腊化时期通常被描述为一个文化混合、交流和融合的时代，但对于埃及来说，这一概念必须谨慎对待，因为尽管希腊人和埃及人之间有许多接触点，但这些接触点往往是障碍，而非门户；事实上，托勒密王朝时期的一个显著特点是两种文化在某种程度上的分离。托勒密王朝的统治者自始至终都是纯粹的马其顿人，最后一位统治者克利奥帕特拉七世（Cleopatra Ⅶ）可能是个例外，她的母亲可能是埃及人。她也是该王朝中唯一会说埃及语的成员，而埃及语只是她会说的几种语言之一。传记作者普鲁塔克写道："她就像一个多弦乐器，可以随意切换任何她想说的方言。"希腊语是政府专用语言，直到托勒密王朝后期，政府的高级职位才向埃及人开放。亚历山大城的正式名称也体现了分离的问题，该城被称为"埃及旁边的亚历山大"，而不是"埃及的亚历山大"。一个希腊人从亚历山大城出发前往三角洲或上埃及时会说是"去埃及"。

除了在晚期已经迁居埃及的大量希腊人外，希腊世界各地的移民在托勒密王朝时期涌入埃及。希腊政府官员和商人渗透到王国的各个角落。被称为驻屯军（Cleruchs）的希腊老兵因服兵役而获得了土地奖励，形成了希腊农民阶层。托勒密王朝在埃及建立了许多新的希腊城镇。有一些文化互动的证据表明，一些希腊人不可避免地在生活方式上变得更像埃及人，而许多埃及人也采用希腊人的生活方式，但强烈的分离因素仍然存在。希腊公民的权利和特权得到了严格的维护，很少给予外来者。某个城镇明令禁止希腊人和埃及人之间通婚。这种法律和文化上的分歧一直持续到罗马时期。希腊人在埃及始终是少数，但他们是一个极具影响力的群体。

在希腊化的外表下，埃及文化和社会仍然保持着活力。古老的埃及贵族从未被摧毁，虽然他们在王朝初期被排除在中央管理层之外，但许多人继续在地方担任军事和民事要职。有文献证据表明，当时有大量履行神职并担任秘书的埃及书吏，后来还担任公务员。他们如果会希腊语，便可成为希腊精英和埃及人之间的桥梁，因为在托勒密王朝时期，埃及世俗体仍被广泛使用。埃及法律与希腊法律并存，但法院系统几乎无一例外地偏倚希腊人。埃及人通常无法加入正规军队，尽管当地民兵可充当警察和辅助军，但其特权少于希腊人的驻屯军。也有很多埃及人是工匠、手工艺人和小商人，但大多数埃及人是农民，正如他们自古以来一样。

托勒密王朝初期的统治很容易地被埃及人接受了，这或许是因为令他们厌恶的波斯人统治得到了改变，但随着时间推移，它也变得非常令他们反感。特别是在公元前3世纪和前2世纪，国内发生了许多叛乱。大多数叛乱可能是由于经济上的绝望或王朝内争造成的中央管控不严，但也有一些叛乱中出现了法老式的装束，这表达出人们对埃及人统治埃及人的光荣历史的渴望。独特的“民族主义”文学出现了，如公元前3世纪中叶的伪史《世俗体编年史》（*Demotic Chronicle*）和公元前2世纪末预言世界末日的《陶工神谕》（*Oracle of the Potter*），后者写道：“佩戴腰带者（即希腊人）将自我毁灭……当所有的罪恶都结束时，当在埃及的异邦人像秋天的落叶一样消失时，这些事情就会变成现实。因为佩戴腰带者所犯的不敬，他们的城市（亚历山大城）将被遗弃……被运往亚历山大的埃及雕像将重回埃及，海滨城市将变成渔民的晒场……这样，路人就会说：‘这曾是养育一切的城市，曾经所有种族的人都居住在这里。’”[15]

我们可以合理地认为，至少在王朝的第一个世纪，托勒密统治并未大大增加埃及人民身上本已沉重的负担，但从托勒密四世（Ptolemy Ⅳ）统治时期开始，亚历山大城外的政治局势不断恶化，由此产生的混乱和派系斗争影响到了人民的生活。政府官员压榨农民，经常致使他们无法维持生活。在托勒密王朝后期，饥荒、通货膨胀、匪患和逃亡等现象比比皆是，不过因为政府中的要职终于向埃及人开放，个别埃及人能够利用混乱的局势改善个人的命运。

托勒密王朝尽管一直在关注如何增加国家收入，但埃及神职人员的财产、捐赠和收入并未受此影响，甚至还得到了加强。这从公元前238年的《卡诺普斯法令》（Canopus Decree）中可以看出，它宣称："由于托勒密国王（托勒密和阿尔西诺伊之子，兄弟姐妹神）和贝勒尼基王后（他的妹妹兼妻子，恩惠神）不断向全国各地的神庙授予巨大恩惠，而且不断地增加神的荣誉……全国的祭司们决定增加托勒密国王和贝勒尼基王后在神庙中已有的荣誉。"[16]在危机时期，王室会增加对祭司的恩宠，这在几份重要文献中得到了证明，其中包括托勒密五世（Ptolemy Ⅴ）统治时期著名的罗塞塔石碑。石碑刻文用象形文字、世俗体和希腊文写成，其中写道"永生者、普塔神眷顾者、清明神及慈悲神托勒密国王"，他"给神庙和住在里面的人以及王国所有臣民带来了许多利益，他是由男神和女神所生之神……"托勒密君主制中本土宗教的功能可以部分解释和有力支撑埃及祭司集团存在的意义：国王是法老，他们是神圣而合法的埃及统治者，如他们的先辈一样几千年来都是如此。但托勒密王朝必然也有实际的政治考量，祭司集团及相关机构能帮助他们控制埃及人民。

托勒密王朝宗教政策的一个方面是支持埃及传统宗教机构的发展。托勒密一世一开始就封亚历山大为神，而他自己也被公认为神。托勒密二世为自己和妻子/姐姐阿尔西诺伊二世建立了一个崇拜中心，他们作为活袢仙被人们供奉。阿尔西诺伊二世死后被追封为个体神，她的崇拜雕像被放置在埃及所有神庙中与当地神灵相邻的位置。其他王室女性，特别是贝勒尼基二世，也受到崇拜。随着时间的推移，王朝集体崇拜发展起来，以至于亚历山大的祭司——这位本已是这片土地上地位最高的人成了"亚历山大和兄弟姐妹神的祭司"。即使以托勒密的标准来看，托勒密亚节（Ptolemaia）也是一个奢华的节日，它庆祝王朝的神性，并将之昭告天下。希腊人将狄俄尼索斯（Dionysus）与奥西里斯联系在一起，奥西里斯和伊西斯均在托勒密万神殿中占有特殊地位。伊西斯以前与奥西里斯和荷鲁斯一起被崇拜，现在设有专门的庙宇和教堂，希腊人认为伊西斯是埃及的阿芙洛狄忒（Aphrodite）。男性统治者被认为等同于狄俄尼索斯，女性统治者则等同于伊西斯。

古希腊和古罗马的塞拉匹斯神（作者摄）

托勒密王朝的宗教创新最新颖之处在于引入了一位新的神。此神名为塞拉匹斯（Serapis），他的名字代表了神圣的阿匹斯（Apis）公牛和奥西里斯神的结合，但他也融入了宙斯、哈迪斯、狄奥尼索斯和阿斯克勒庇俄斯等希腊神的元素。他的妻子是伊西斯。在亚历山大著名的塞拉匹姆神庙里有一尊雄伟的此神神像。尽管塞拉匹斯貌似埃及和希腊元素比较和谐的混合体，但对他的阐释最好置于希腊背景中，对他的崇拜是被设计出来的，目的是吸引更广泛的希腊世界的关注。

塞拉匹斯雕像和肖像与古典希腊万神殿中诸神之王奥林匹亚宙斯的描述有着明显的相似之处。塞拉匹斯崇拜得到广泛传播。到了罗马时代，在英国北部约克等偏远地区都能找到他的神庙。

托勒密王朝的宗教政策在艺术和建筑中得到了充分的体现。古老的宗教中心得以恢复。吉萨的狮身人面像得到翻新并被涂成红色。卢克索神庙和卡尔纳克神庙等现存建筑群得到了大量扩建，同时许多新的神庙也建立起来。我们对古埃及神庙的印象大多来自托勒密王朝，因为现存的最完整的古神庙都于该王朝时期建造，例如丹德拉（Dendera）神庙、埃德夫（Edfu）神庙、康翁波（Kom Ombo）神庙，以及最重要的美丽的菲莱（Philae）神庙。埃斯纳神庙是另一座保存完好的古迹，也是在托勒密王朝时期建造而成，但如今人们在那里能够看到的大部分的建筑都源自罗马时期。

在前三位国王的统治下，托勒密王朝享受了一个多世纪的稳定、发展和巩固，它的先进性愈发凸显，成为地中海东部地区的一大强国。但随着托勒密四世菲洛帕特尔于公元前221年登基，托勒密王朝进入衰退期。在他死后，国家爆发了一系列危机，使埃及脱离了世界主要大国行列，而此时新挑战恰好出现，尤其是罗马帝国的日益强大给埃及带来了巨大危机。

然而，当托勒密四世登上王位时，埃及几乎还未遭受罗马帝国的威胁。他约于20岁登基，随后效仿其祖父也娶了自己的妹妹阿尔西诺伊三世（Arsinoe Ⅲ），她是一个聪明能干的女人。托勒密四世也颇有才华，他大力赞助艺术创作，自己也写一些文字；在第四次叙利亚战争的危机中，他在战场上的表现相当不错。不过总体而言他是个懒散的人，喜欢过节，沉迷于托勒密王朝赋予其统治者的奢华，他把政府的大部分事务交托给一个名叫索西比乌斯（Sosibus）的强大朝臣。索西比乌斯善于操纵权术，杀害了王室的主要成员，如国王的叔叔、弟弟，甚至母亲。

当塞琉古国王安条克三世（Antiochus Ⅲ）发动第四次叙利亚战争时，索西比乌斯对最初的不利局势作出良好反应，他干练地通过微妙的外交手段争取时间，同时积累了强大的军事力量。在公元前217年决定性的拉菲亚（Raphia）战役中，托勒密大军在国王的率领下，迫使安条克三世撤退，实现了对埃及有利的和平局面。然而，这是托勒密王朝的国王最后一次从叙利亚的战争中凯旋。在后来的危机中，托勒密四世的应对并不有效。例如，当小亚细亚的一个盟国国王受到安条克三世的攻击时，他在向盟友提供援助时太迟缓了。

埃及国内也出现了新的问题。在拉菲亚战役获胜的部队中，有一大批埃及本地士兵。这一获胜经历，加剧了他们对自己国家从属地位的不满。根据罗马历史学家波利比乌斯（Polybius）的说法，"他们为拉菲亚战争取得胜利感到高兴，拒绝再接受国王的命令，他们希望寻找一个能够代表他们的领袖，前提是他们能够完全保持独立。不久之后，他们就成功地做到了这一点"。[17]其结果是发生了一系列的本土起义。在上埃及，出现了一个事实上的国家，该国维持了几十年，有两任本土国王相继统治。这些问题可能从未引起托勒密四世的充分注意，他在大部分时间里都在享受奢华的乐趣。由于托勒密国王被认定为神，还被认定为与酒和狂欢密切相关的狄俄尼索斯神，所以举行精彩的酒宴是托勒密国王神圣的王权之一，也是重要的宗教义务，托勒密四世对此非常重视。阿尔西诺伊三世是位谨小慎微的女人，她惊愕地看着她的哥哥/丈夫变得越来越奢靡，她还受到了国王情妇的排挤。这位情妇是另一位有权势的大臣同时是索西比乌斯的盟友阿加索克利斯（Agathocles）的妹妹，阿加索克利斯把她作为控制国王的工具。

公元前204年，托勒密四世去世，年仅40岁不到，他的继承人是他6岁的儿子托勒密五世埃皮法尼斯（Ptolemy V Epiphanes，"神显者"）。通常情况下，阿尔西诺伊三世会担任幼君的摄政王，但索西比乌斯行动迅速，残忍无情。他隐瞒了国王的死讯，并谋杀了阿尔西诺伊三世。那些可能保护国王利益（同时也为了自己的利益）或自己意图夺取王位的王室成员都早已死去。王朝孤立无援。在阿加索克利斯和一些同僚的支持下，索西比乌斯迅速将权力的缰绳攥紧在自己手中。

尽管索西比乌斯为人险恶，但他是一位熟练的外交家、高效的军事领袖以及宫廷阴谋大师。他可能引导托勒密王朝度过了起初的困境，但他很快就死了。几乎所有人都十分憎恨阿加索克利斯，在阿尔西诺伊三世被谋杀后，人们更加憎恨他，因为这位王后深受人民的爱戴。公元前203年末，阿加索克利斯及其家族因亚历山大城的暴民运动而变得支离破碎。暴民成为亚历山大政治中一个反复出现的致命因素。接下来发生了一系列不稳定的摄政统治和护卫统治，国家也历经一系列的国内外灾难，本已风雨飘摇的国家加速了衰落的进程。

安条克三世已从拉菲亚战败中恢复，在他的领导下，塞琉古王国对托勒密王朝施加的压力越来越大，罗马在外交上对托勒密王朝的干涉越来越多，上埃及的问题持续存在。在公元前200年的第五次叙利亚战争中，托勒密王朝丢失了科勒叙利亚及其在小亚细亚的属地，帝国只剩下了昔兰尼加、几个爱琴海岛屿和塞浦路斯。如果不是因为恶劣天气，塞琉古人可能连这最后几个岛屿也会抢走。托勒密五世在成年后开始主动出击。公元前187—前186年，他重新征服了上埃及，镇压了三角洲地区危险的本土起义。他曾谈及要收复科勒叙利亚。人们不禁疑问，他将成为什么样的军事领袖？据说他非常健壮，是一名优秀的骑手和剑客，尽管他的性格并不坏，但他缺乏财政手段来发起昂贵的军事行动。有迹象表明，他可能没收了朋友们的财产，导致他的将军们将他毒害。公元前180年，托勒密五世去世并留下了一位幼君，即其6岁的儿子托勒密六世菲洛墨托尔（Ptolemy VI Philometor）。

随着托勒密六世登基，托勒密王朝进入了尤其混乱且卑鄙的阶段。帝国当时缺乏资源实现国家复兴，任何有利的趋势都被王朝内斗所消耗殆尽。即便如此，因为托勒密六世的母亲克利奥帕特拉一世（Cleopatra I）成为监护人和摄政王，新统治的开端还是比前一个统治顺利。也许因为自己是塞琉古公主，克利奥帕特拉一世坚决阻止了另一场与叙利亚战争的计划。她可能意识到，帝国在尝试此类军事行动前需要时间先恢复元气。然而，当她在公元前176年去世时，两个卑微的朝臣夺取了控制权，其中一个是前叙利亚奴隶勒那伊俄斯（Lenaios），另一个是太监尤拉奥斯（Eulaios）。公元前175年，他们令小国王与他的妹妹克利奥帕特拉二世（Cleopatra II）结婚；5年后，他们宣布帝国由托勒密六世、克利奥帕特拉二世和他们的弟弟托勒密八世[1]三人联合统治，此举后来被证明是灾难性的，正如他们采取的帝国政策一样。勒那伊俄斯和尤拉奥斯决心收复科勒叙利亚，但他们的准备工作不充分，引起了塞琉古国王安条克四世埃皮法尼斯（Antiochus IV Epiphanes）的警觉，他认为埃及政府糟糕透顶，君主有名无实（他们是安条克四世的外甥和外甥女），拿下埃及的时机已然成熟。

公元前170—前169年，安条克在敌对行动开始时采取攻势，在三角洲地区一举击败了埃及军队。托勒密六世前往他舅舅的营地，二者达成了和平

---

[1] 托勒密八世出生在托勒密七世之前，托勒密七世是托勒密六世和克利奥帕特拉二世的儿子。托勒密七世于公元前145年被宣布为其父亲的共治者，但在次年被托勒密八世下令杀害。

条款，但亚历山大城的市民为此感到愤怒，否定了这些条款并宣布克利奥帕特拉二世和托勒密八世为联合国王，不过托勒密六世后来回到了该城，三人联合统治又恢复了。安条克四世进而率军向亚历山大城挺进，但尼罗河每年的泛滥和坚决的防御迫使他撤回叙利亚，安条克四世因此受挫。公元前168年，他再次发起进攻，此次进攻占领了塞浦路斯和埃及北部。当他准备再次进攻亚历山大城时，他有充分的理由期待此次行动取得成功。然而，这次阻止他的并非托勒密王朝的实力，而是罗马的干涉与威胁。

公元前273年，罗马在皮洛士远征（Pyrrhic War）中取得胜利。此战巩固了罗马对意大利半岛的控制，并使罗马成为地中海的主要大国；随后，托勒密王朝与罗马建立了联系。埃及和罗马开始互派使节，这不禁让人猜想那些质朴的罗马代表在看到国际大都市亚历山大城时想法如何。在整个公元前3世纪，双方尽管相距较远，但双边关系平等而友好。埃及同罗马的对手迦太基的关系更为密切，与迦太基有许多商业往来，不过埃及在罗马与迦太基的第一次布匿战争（公元前264—前241年）中保持严格的中立。罗马在第二次布匿战争（公元前218—前201年）中成为地中海地区的主导力量，并迅速展示了其实力，因为马其顿为迦太基人提供了援助，罗马便击败马其顿以示惩戒。几年后，罗马与叙利亚发生冲突并决定性地击败了叙利亚，迫使叙利亚于公元前188年签订了限制性和平条约。

罗马起初对卷入叙利亚和埃及之间的冲突持谨慎态度，因为它正忙于与马其顿作战，但它无法容忍塞琉古王朝统治下的统一的叙利亚–埃及王国的出现，尤其是在塞琉古动用了海军和战象的情况下，这违反了该国与罗马签订的条约。公元前168年6月，马其顿人在皮德纳战役（Battle of Pydna）中被决定性地击败后，由前执政官盖乌斯·珀皮琉斯·拉努斯（Gaius Popillius Laenus）领导的罗马使团立即前往埃及。珀皮琉斯在亚历山大郊区的埃琉西斯（Eleusis）与安条克四世对峙，要求安条克四世立即停止战争并迅速从埃及全面撤军。安条克四世要求给予时间考虑。波利比乌斯的作品是关于这一时期非常优秀的史料，他描述了如下的场景：

珀皮琉斯做了一件极其霸道和无礼的事情。他手里拿着一根藤条，用它在安条克周围画了一个圈，并命令他在走出这个圈之前对信作出答复。国王被这种傲慢的做法吓了一跳。在短暂的尴尬的沉默之后，他回答说他会做罗马人要求的任何事情。[18]

罗马人还迫使安条克将塞浦路斯归还给埃及。因此，埃及在第六次叙利亚战争中幸存下来。但谁才是地中海世界无论是东部还是西部的真正强国？这一点毫无疑问。

珀皮琉斯在离开之前劝说三位君主和谐地进行统治，但不久，两兄弟就开始相互争斗，恰逢王国内部混乱不堪。托勒密八世将托勒密六世赶出亚历山大城，并获得了"尤厄吉蒂斯"的称号，但他很快疏远了人民，民众因而要求托勒密六世回国。虽然托勒密六世占了上风，但他还是慷慨地瓜分了帝国，并让他的弟弟成为昔兰尼加国王。他的弟弟在昔兰尼加以托勒密八世–尤厄吉蒂斯二世的身份进行统治，不过人们称他为"费思康"（Physcon），意思是"啤酒肚"。托勒密六世在埃及并非独自统治，而是与他的妻子兼妹妹共治，当时的文献将他们称为"托勒密法老和他的妹妹克利奥帕特拉"。

托勒密六世心地善良，认真勤勉，是王朝中最受人们喜爱的成员之一。据说，他从未对任何人动用过死刑，除了他为自己和帝国好而处决的他那杀人不眨眼的弟弟。他认真对待自己的王室职责，亲民且接受人们的请愿。他制止了弟弟持续不断的捣乱行为，致力于纠正困扰托勒密王朝的许多问题。他镇压了内部叛乱，并重新控制了努比亚。托勒密六世利用塞琉古王国统治区内的混乱局面迅速占领了叙利亚，他本可以向更远处进军，但他不希望引起罗马的反对，因为此时的罗马空前强大、极具威胁性。然而在公元前145年，托勒密六世在获胜时从马背上摔下来，不幸身亡。托勒密大军重回埃及，而叙利亚仍然被塞琉古王国所控制。

托勒密六世的意外身亡为托勒密八世重回埃及扫清了障碍，他与妹妹克利奥帕特拉二世重返王位，两人在到达亚历山大城后不久就结婚了。他不改其残暴行径，在庆祝婚宴时屠杀了政敌，还将托勒密六世和克利奥帕特拉二世的儿子杀死在母亲怀里。这对新婚的王室夫妇在第二年生了一个儿子，人称孟斐斯（Memphites，托勒密八世后来也把他杀了）。在孟斐斯出生后不久，托勒密八世将托勒密血亲关系政策推向了新的高度或深度，他虽然仍与克利奥帕特拉二世结婚，但开始与克利奥帕特拉二世的女儿克利奥帕特拉三世（Cleopatra Ⅲ）发生关系，从而成为一对母女共同的丈夫，而这对母女也分别是他的妹妹和侄女。克利奥帕特拉二世和三世被托勒密八世分别称为"妹妹"和"妻子"以示区分，以致她们后来成了死敌，这给埃及带来了灾难性的后果。托勒密八世与克利奥帕特拉三世的儿子最终成为托勒密九世索塔尔二世（Ptolemy Ⅸ Soter Ⅱ）。

随着托勒密王朝的政治日益粗鄙和复杂，王朝出现了以下几个主要特征：一是妇女权力越来越大，并在克利奥帕特拉七世的统治下达到顶峰。一些妇女比她们的男性亲属更有能力，她们成了主要政治人物，这就意味着王朝出现了更多的权力中心，因此王朝的不稳定性随之增加。二是越来越多的埃及本地人在政府和宫廷中身居高位。和希腊官员一样，比起埃及的福祉，这些新晋高官更关心个人的发展。同时，政府的忽视和王朝内斗导致民间秩序崩溃，广大人民群众的生活日益艰难，他们频遭抢劫勒索，还惨遭贪婪的征税人的欺压，而征税官员也是受到了中央政府急于获得收入的驱使。国内起义仍在继续，部分地区甚至相互开战。到了公元前2世纪末，随着个人甚至整个村庄逃离自己的家园，土地荒废现象变得十分普遍。

最重要的因素是罗马权力的日益扩张，后来托勒密王朝晚期可以说既是罗马历史的一部分，也是埃及历史的一部分。在整个公元前2世纪，罗马通过外交手段广泛干涉埃及事务；在公元前1世纪，罗马采用了直接且令人不安的方式表现出对埃及的兴趣，正如托勒密王朝最古老的国外领地昔兰尼加的命运。公元前96年，昔兰尼加最后的统治者托勒密·阿比翁（Ptolemy Apion）去世，他将昔兰尼加国遗赠予罗马，使罗马这一古代世界扩张主义超级大国直接毗邻埃及。然后，在公元前1世纪80年代，托勒密十世亚历山大一世（Ptolemy X Alexander Ⅰ）将埃及抵押给罗马，以换取争夺王位时亟须的财政支持。罗马没有充分利用这一机会，但它将埃及的命运完全交托给罗马元老院的手中，此后，元老院经常就这个问题进行辩论。没有罗马的允许，任何人都不要妄想统治埃及。

显然，获得有影响力的罗马政治家的支持必不可少，但在罗马共和国后期动荡的政治背景下，往往很难理清楚应该结交哪些政治家，因为结交一个强大的朋友就有可能树立一个更强大的敌人。苏拉（Sulla）的情况尤其如此，他在罗马击败了对手，而后率领一支强大的军队来到东部，以对付罗马在小亚细亚的敌人密特里达提（Mithridates）。但当他不在时，他的敌人又重新控制了罗马，引发了一场致命的权力争斗。谁会获胜，不甚了了。一位托勒密王子，即未来的托勒密十一世亚历山大二世（Ptolemy Ⅺ Alexander Ⅱ），正确地选择了依附于苏拉，成为藩王，这一行为具有深刻的外交、政治以及个人意图。当苏拉再次成为最高统治者时，他看到了让忠诚的埃及藩王托勒密十一世与刚刚登基的贝勒尼基三世（Berenike Ⅲ）一起统治的巨大政治优势。虽然苏拉因脾气暴躁而臭名昭著，但他也无法理解托勒密十一世的残忍。公元前81年，托勒密十一世在抵达亚历山大城的几天内谋杀了贝勒尼基三世，于是一群崇拜她的亚历山大城市民把托勒密十一世从宫殿里拖出来，并在体育馆中将其杀害。

亚历山大城市民必须迅速推立新统治者，否则罗马可能会替他们选，或者罗马根据托勒密十世的承诺将埃及据为己有。于是，他们在托勒密九世的两个儿子中作出了选择。其中一位成为埃及国王托勒密十二世（Ptolemy Ⅻ），另一位被任命为塞浦路斯国王，这是塞浦路斯第一次被承认为独立王国。埃及这位新统治者的正式称号是尼奥斯·狄俄尼索斯（Neos Dionysus），即"新狄俄尼索斯"；因为他经常在宫中参加音乐表演，他也被称为奥勒提斯（Auletes），即"吹笛者"。这两个称谓，都不能体现当下埃及急需的、能使国家独立的、充满活力的领导人特征。托勒密十二世能做的可能不多，这正中罗马下怀。他主要关心的，是罗马对其国王地位的认可，为了确保国王身份，他向罗马政客大肆行贿。他对格涅乌斯·庞培（Gnaeus Pompey）特别慷慨，庞培忙于在东部组织包括叙利亚在内的新的罗马省份。叙利亚曾是托勒密王朝强大的敌国，罗马清除叙利亚统治残余对埃及来说是一个令人不寒而栗的提醒，埃及的下场可能也是如此。除了现金贿赂外，托勒密十二世还给庞培送去了一顶金冠，并补贴其罗马军事行动的高昂费用。为了支付这些费用，托勒密十二世不得不从基本的政府开支中挪用资金以及提高税收。征税的方式冷酷无情甚至惨无人道，使得本已贫困的老百姓的生活更加拮据。当这些资源用完后，他转向罗马放高利贷的人寻求资金支持，高额的利息使他深陷债务泥潭，而他统治的地方本应是世界上最富有的王国之一。公元前60年，由庞培、尤利乌斯·恺撒（Julius Caesar）和马尔库斯·李锡尼·克拉苏（Marcus Licinius Crassus）组成的前三巨头联盟在罗马成立，当时托勒密十二世向恺撒和庞培承诺将供奉6000塔兰特银两，这笔钱相当于埃及整个国家一年的收入。然而，这实际上是一个骗局。第二年，恺撒令元老院批准托勒密十二世为国王。

托勒密十二世如果认为可以在斥巨资购买的王位上高枕无忧，那么这个想法很快就幻灭了。公元前58年，恺撒的密友之一保民官克洛狄乌斯·普尔喀（Clodius Pulcher）在罗马公民大会上通过了一项法律，使塞浦路斯王国成为罗马的一个省，罗马使用的托词是该岛已成为海盗的天堂。托勒密十二世当然应该予以反对，他也许可以通过外交手段来做一些事情，但他因为害怕与罗马发生冲突，就什么也没有做。他的弟弟宁可服毒也不肯屈服，随后塞浦路斯被罗马吞并，成为隶属于安纳托利亚南岸的西里西亚省。亚历山大城市民长期以来一直对托勒密十二世从埃及拿走巨额资金转而交给罗马人的行为感到不满，现在王室也对国王感到厌恶。他们合力将托勒密十二世赶出埃及，并试图在其长女贝勒尼基四世（Berenike Ⅳ）和长女之母克利奥帕特拉六世（Cleopatra Ⅵ）统治的基础上建立一个新的君主制。

托勒密十二世前往罗马寻求帮助。罗马寡头政治中的一个强大派别赞成直接吞并埃及，但另一个派别担心这会给野心勃勃的省长提供过于强大的权力。元老院就这一问题进行了长时间的辩论。与此同时，罗马人亲眼看见了托勒密王朝政治的凶残。当时，亚历山大城政府派出了一个由100名杰出公民组成的代表团来为此事申辩。托勒密十二世则派遣了一队刺客，在代表团到达罗马奥斯提亚（Ostia）港后不久就杀死了其中一半的人，剩余许多人在到达罗马时也被杀害。幸存者或遭威胁或收贿赂而闭口不提此事。元老院决心调查这一暴行，但托勒密十二世的罗马债主无法承受真相大白于天下，因此这些颇具影响力的债主掩盖了这件事。最后，通过托勒密十二世的贿赂和庞培的支持，代表团赢得了这场辩论。托勒密十二世凭借罗马军队恢复了权力。马尔库斯·安东尼（Marcus Antonius）负责统领埃及骑兵。

托勒密十二世回到埃及后的第一个行动是杀死他的女儿贝勒尼基四世及其拥趸，但他最关心的是如何满足罗马债主。其中一个主要债主随军来到埃及，并被任命为王国的首席财务官。毫无疑问，这个人全然不顾王国福祉，通过无情的征税收回了他的投资，甚至收回了更多的财富。埃及人民为托勒密王朝晚期的不稳定付出了沉重代价。公元前51年，托勒密十二世去世，此时的埃及可以说是自治的而非独立的国家。

根据托勒密十二世的遗嘱，他的两个孩子托勒密十三世（Ptolemy XIII）和克利奥帕特拉七世（Cleopatra VII）成为共治者。克利奥帕特拉七世迅速将她的哥哥排除在权力之外，她在独自统治了几个月之后又被她的哥哥赶下王位。当埃及被卷入罗马权力政治的浪潮中时，她试图用武力重夺王位。公元前53年，克拉苏在帕提亚战争（Parthian War）中战败被杀，前三巨头联盟变得不稳定，庞培和恺撒之间很快爆发了内斗。公元前48年，庞培在法萨卢斯（Pharsalus）惨败后逃往埃及，期望受到托勒密十三世的欢迎，毕竟他的父亲曾欠他很多人情。世事难料，他被背信弃义的托勒密十三世杀害了。两天后，当恺撒大帝穷追不舍赶到埃及时，托勒密十三世向他呈上了庞培的项上首级。

恺撒在亚历山大城安顿下来，一边享受美景，一边参与博物馆的哲学讨论。他宣布将亲自仲裁克利奥帕特拉七世和她哥哥之间的王权争端。一天晚上，克利奥帕特拉七世来找恺撒陈述个人情况，这位富有冒险精神的罗马政治家（有人称他为"每个男人的女人和每个女人的男人"）立即被这位21岁的埃及女王征服了。他重新确立了她与托勒密十三世共同统治的地位。

克利奥帕特拉七世与恺撒和马尔库斯·安东尼的关系后来成为文学和传说的主题。恺撒确实对这位年轻女子情有独钟，但他也认为她和埃及可以为他的目的服务，安东尼虽然毫无疑问地更爱克利奥帕特拉七世，但至少最初是出于相当合理的政治和外交考虑而行事。至于克利奥帕特拉七世，美人计这张牌是她唯一可以打的，而且她打得很好。她的目标是维护埃及的独立。她很清楚这是个危险的游戏，最终她失败了，但她的美人计相比于她父亲的贿赂成本更低，成就更大。

除了情感因素，恺撒在埃及逗留的主要原因是为自己在罗马世界持续的权力斗争中建立一个安全基地。当他不打算尽快离开埃及的意图表现得愈加明显时，他不得不面对充满敌意的亚历山大城居民和庞大的埃及军队，因为托勒密十三世享有广泛的支持，而克利奥帕特拉七世几乎没有什么支持。恺撒只能依靠一个罗马军团，而且援军需要一定时间才能抵达。有一次，他的船被亚历山大城的一群暴徒弄沉了，他的人都逃走了，他不得不跳入港口冰冷的水中游泳求生。为了防止埃及用船只对付他，他命人把所有船只烧毁。这场冲突蔓延到了码头和附近的大图书馆，图书馆被烧成了废墟。约40万册图书被毁，只剩下塞拉匹姆神庙的少量藏书，神庙随后成为亚历山大城的主要研究图书馆。马尔库斯·安东尼后来将帕加马（Pergamun）的图书馆转移到亚历山大，弥补了部分损失，但许多著作在公元前48年的那个夜晚永远消失了。

援军终于到达，恺撒开始发动进攻。公元前47年，托勒密十三世在一场决定性的战斗中被杀。恺撒让克利奥帕特拉七世成为女王，不过他还是尊重继承权，让她还未成年的弟弟托勒密十四世（Ptolemy XIV）以名义上的国王身份与她共治。他还将塞浦路斯归还给埃及，这使克利奥帕特拉七世产生恢复托勒密帝国的野心迈出了一大步。然而，她仍然是如此不受欢迎，以至于恺撒在埃及长期派驻3个军团。公元前47年春，恺撒离开埃及进行新的征服并最终取得内战的胜利，此时的克利奥帕特拉七世已经怀孕。她于次年6月诞下一子，即托勒密十五世恺撒（Ptolemy XV Caesar），俗称恺撒里昂（Caesarion），或"恺撒之子"。

公元前45年，恺撒战胜最后一个敌人后返回罗马，此时的他无可争议地成为罗马世界的主宰，并且史无前例地成为终身独裁者。在庆祝俘获克利奥帕特拉七世的妹妹阿尔西诺伊四世（Arsinoe IV，后来被安东尼按克利奥帕特拉七世的要求谋杀）之后，他开始按照自己的意愿统治罗马。虽然当安东尼向他呈上王冠时，他拒绝了国王的头衔，但他的东方经历，特别是在埃及的经历，可能使他改变了主意。他接受了东方君主制的一些元素，例如紫袍加身，建造体现他仁慈的神庙，神庙中安排有牧师（安东尼），他还把自己的形象铸在钱币上，他是第一位在世时获得如此殊荣的罗马人。人们普遍反感这些行为，但就像克利奥帕特拉七世的存在一样，人们尽管厌憎却无能为力。克利奥帕特拉七世与托勒密十四世一起来到罗马并住在恺撒的别墅中。他们被授予了"罗马人民的盟友和朋友"的地位。

在这一时期，恺撒的一项立法至今仍具有直接影响力，这无疑是基于埃及人的影响。这就是他对罗马历法的改革，该历法以月球周期为基础，与季节越来越不同步，但以前的罗马政治家都无法替换它。恺撒借鉴了亚历山大天文学家索西琴尼（Sosigenes）的工作与发现，《卡诺普斯法令》中提到索西琴尼计算年度周期的方式是正确的，于是制定了365又1/4天的太阳历。于是就有了罗马儒略历。

恺撒打算返回东部向帕提亚人发动战争，为克拉苏的战败复仇，但他在公元前44年3月15日被刺客阻止。克利奥帕特拉七世回到了亚历山大城，她杀死了托勒密十四世，并让恺撒里昂成为她的共治者。埃及内部状况比以往任何时候都要糟糕。在公元前1世纪40年代的10年间，埃及出现了多次洪水泛滥，饥荒和瘟疫随之广泛蔓延。克利奥帕特拉七世通过向亚历山大城的人们分发王室粮仓的粮食来使他们闭嘴，但她没有向城外的任何人分发，任由三角洲和上埃及的百姓自生自灭。她的注意力主要集中在国际舞台上。

当恺撒派和恺撒的刺客之间爆发内战时，克利奥帕特拉七世自然站在前者这边。恺撒派由马尔库斯·安东尼、马尔库斯·埃米利乌斯·李必达（M. Aemilius Lepidus）和盖乌斯·屋大维（Gaius Octavian）组成的三巨头领导。盖乌斯·屋大维的权力最初来源于他被指定为恺撒的继承人，但他随后通过政治上的精明和耐心逐渐建立起自己的地位，而生性鲁莽的安东尼并不总能表现出这些品质。克利奥帕特拉七世为战争贡献的军事力量很快就投敌了，她亲自出海试图进行干预，但也受阻于风暴和疾病，不过安东尼于公元前42年在腓立比（Philippi）击溃了刺客们。当他召唤克利奥帕特拉七世到塔尔苏西（Tarsus）相见时，她心甘情愿地去了，而且就像之前面对恺撒一样，她只用了一个晚上就征服了安东尼。

当三巨头划分罗马世界时，安东尼负责东方领地，他充满干劲地承担起这一责任，重组了罗马各省并建立了附属国。恺撒已将塞浦路斯归还给埃及，安东尼给埃及的版图增加了小亚细亚海岸上的罗马西里西亚省以及叙利亚的大片领土，从而恢复了托勒密王朝的科勒叙利亚，他还将昔兰尼加归还给埃及。一时间，托勒密帝国的领土达到了其辉煌时期的规模，尽管这建立在罗马共和国晚期政治摇摆不定的基础之上。安东尼的敌人将这些赠予描绘成痴情汉的行为，他将本应属于罗马的东西拱手相让，但他们也明白安东尼意识到了振兴的埃及能够给他提供极大的支持。

安东尼和屋大维之间破裂的关系在安东尼与屋大维的妹妹屋大维娅（Octavia）结婚后得到了修复，三足鼎立的局面在公元前37年得以延续，不过安东尼把屋大维娅留在了西部，恢复了与克利奥帕特拉七世的关系，并与她生了两个孩子。他接下来一年的主要目标是征服帕提亚，但这次战役以被他的盟友亚美尼亚国王抛弃后的一场自然灾难告终——在一次可怕的冬季撤退中，安东尼损失了相当于5个军团的步兵和1个军团的骑兵。屋大维趁安东尼征战帕提亚无暇他顾时，在公元前36年消灭了三巨头之一的李必达。这使得安东尼和屋大维之间呈现出一对一的局面，没有第三方来维护权力的平衡，情况因而更加糟糕。

安东尼回绝了屋大维娅并与之离婚，当时他已与克利奥帕特拉七世结婚，两个对手之间的最后一个缓冲区被移除。他更多地扮演着东方君主的角色。在完成对亚美尼亚国王的报复后，安东尼在亚历山大举行了一次奢华的凯旋庆典。在庆典上，他装扮成狄俄尼索斯神，克利奥帕特拉七世扮演成伊西斯神并在黄金宝座上迎接他。他们把神的形象扮演得淋漓尽致。所有这些都成为屋大维日益活跃的宣传素材，他无情地将安东尼描绘成一个放荡不羁的酒鬼，用诗人贺拉斯（Horace）的话说，他已被"毁灭的妖怪"所控制。罗马人开始相信是克利奥帕特拉七世迷惑了安东尼，如果他战胜了屋大维，他就会把首都从罗马迁至亚历山大。当公众舆论被煽动时，屋大维向克利奥帕特拉七世宣战，这一狡猾之举迫使安东尼对他和罗马开战。

公元前 32 年铸有克利奥帕特拉和
马克·安东尼头像的银币
（大英博物馆）

许多因素最初有利于安东尼。他作为一名经验丰富的将军指挥着大量的陆军，同时他的众多附属国和盟友也会补充一定的军事力量。他还拥有埃及舰队，并在西方拥有支持者。他最佳的行动方案可能是迅速打击屋大维的西部权力基础，但相反，他也许是受到克利奥帕特拉七世的影响而采取了守势，因此遭受了屋大维军队几次破坏性的攻击。安东尼的大军被封锁在亚得里亚海（Adriatic）沿岸的阿克提姆（Actium），这迫使他尝试从海上突围。由此引发的公元前31年的战斗对安东尼来说是一场灾难——克利奥帕特拉七世的大部分船只得以逃脱，安东尼的军队被迫投降。安东尼的地位在整个东部地区迅速崩溃。当他准备在亚历山大城外与屋大维进行最后一搏时，安东尼收到了克利奥帕特拉七世死亡的假消息，因此身上受到了致命的伤。当他得知她还活着时，他被抬到她身边，并死在了她的怀里。克利奥帕特拉七世无法左右屋大维，下定决心不去他在罗马举行的胜利庆典，并于公元前30年8月10日自杀，也许是被眼镜蛇咬死的。[①]17岁的恺撒里昂被送至南方安全地带，后来屋大维下令逮捕并杀害了他。不过，克利奥帕特拉七世与安东尼的孩子被带到了罗马由屋大维娅抚养。统治了埃及3个世纪的托勒密王朝由此终结。

---

① 当然不像人们说的那样，克利奥帕特拉七世是被角蝰咬死的，因为古典术语"Aspis"指的是一种能把脖子鼓成盾牌的蛇。

第八章
罗马帝国统治下的埃及

公元前27年后，屋大维被称作奥古斯都（Augustus）皇帝。他在政治遗嘱中说道："我把埃及加入了罗马人民的帝国中。"埃及在罗马帝国中占据着独特的位置。奥古斯都在战胜安东尼和克利奥帕特拉七世之后成为罗马世界的唯一统治者。之后，罗马各行省被分为两类：元老院行省和帝国行省。前者由元老院直接统治，而皇帝则通过授予使节地方总督的权力来控制后者。元老院会定期更新使节的权力。在大多数情况下，帝国行省是那些具有较大战略意义的省份，有常规军驻守；而元老院行省是比较安静的地方，驻军相对较少。在这两种情况下，省长通常都是元老。这种安排掩盖了罗马帝国本质上的君主制特征，并在两个多世纪中为罗马帝国提供了相当不错的治理。然而，埃及并不适用这一制度，因为即使在理论上，埃及管理中也不存在元老院这样的机构。埃及地方总督是由国王任命的省长，只对国王负责，这一职位不是元老级的，而是级别更低的骑士；事实上，没有国王的明确许可，元老不可以访问埃及。埃及在罗马帝国中的地位如此独特，以至于人们称它为国王的私人财产。这种说法比较夸张，但足以说明问题。

国王以神王的身份统治埃及。人们将他当作法老来称呼和描绘，他的名字被用象形文字刻在王名圈里，就像托勒密王朝的国王那样。矣及的省长与托勒密王朝的大批朝臣一起生活和管理。省长下面设有四个大总督

（Epistrategoi），即地区总督，再往下设有约30个总督（Strategoi），他们负责管理各个诺姆。这些诺姆与托勒密王朝时期相比变化不大。在这个行政金字塔的内部和周边是一个庞大的帝国官僚机构，根据亚历山大哲学家斐洛（Philo）的说法，其职责"复杂多样，即使是从小就以研究这些为己任的人也难以掌握"。最底层的是城镇和村庄的管理者，他们负有地方责任：负责公共工程，将收获的粮食运送到国仓，征收货币税以及征集劳役人力。直到公元3世纪初，罗马埃及还没有城镇元老院或城镇议会，但国家会任命、选举或指派地方官员和较低级别的官员来履行相应职责。这些人，无论是埃及人还是希腊人，都有足够的闲暇和财力来服务，而且他们可以填补国家要求的任何缺口。罗马埃及并不涉及重大的自治问题。

罗马在埃及的驻军最初由三个军团组成。一个军团驻扎在亚历山大城。第二个军团的总部设在巴比伦（Babylon）[①]，在今天的开罗仍然可以看到残存的城墙，这成为科普特博物馆入口的一部分。第三个军团驻扎在底比斯。后来，埃及的驻军减少到两个军团，这两个军团迁至亚历山大城并被安置在尼科波利斯（Nicopolis）。他们根据需要从此处向埃及各地派出分队。罗马地理学家斯特拉波（Strabo）称，除了常规的戍卫军团之外，这里曾经还有过几支步兵和骑兵队，而且可能还有各种辅助军队。

罗马埃及行省的边界很早就已确定，此后几乎没有变化。恺撒和安东尼曾为克利奥帕特拉七世的托勒密帝国恢复的部分领土又被再次分开；昔兰尼加与克里特岛合并，形成一个元老院行省。塞浦路斯也成为元老院行省，不过其重要性较低。埃及在叙利亚的财产归属于叙利亚帝国行省或各个附属国国王。东部沙漠和红海仍然很重要，而且后来可以看到两地的重要性确实愈加显著，而帝国在西部沙漠的活动可见于一些精巧的神庙，特别是位于达赫拉绿洲的神庙。埃及的南部边境由埃及最早的两位行省长科尔奈利乌斯·加鲁斯（Cornelius Gallus）和佩特罗尼乌斯（Petronius）负责保护。他们的作

---

① 对这个名字有几种解释，包括斯特拉波关于巴比伦人定居点的解释，但埃及的巴比伦不能与美索不达米亚的巴比伦相混淆。

战范围一直延伸到梅罗伊王国（Meroitic Kingdom）以南，并在卡斯尔·伊布里姆（Qasr Ibrim）临时驻扎了一支戍卫队，但他们很快在第一瀑布以南约80千米处的希拉·斯卡米诺斯（Hiera Sikaminos）建立起边境。罗马皇帝尼禄曾向尼罗河上游派遣了一支探险队，但它证实了先前的观点，即该地区不值得罗马进行进一步的扩张。

努比亚尼罗河上的卡斯尔·伊布里姆，由19世纪的摄影师弗朗西斯·弗里斯拍摄（摘自弗里斯的《下埃及、底比斯和金字塔》）

亚历山大城依旧是埃及的行政中心，它和以前一样富丽堂皇，仍然是地中海东部的首要城市，直到公元4世纪才被君士坦丁堡取代。在托勒密宫殿群中的行省长总部、尼科波利斯军团驻地（实际上是城市的郊区）以及驻扎在港口的帝国舰队中都可见罗马人，城中还有成群结队的罗马官员、商人和旅行者。奥古斯都从赫利奥坡里斯带来了两座方尖碑，矗立在东港旁边的恺撒大帝的神庙前，这座神庙被称为恺撒神庙，这也是罗马存在的象征，不过其中一座方尖碑来自古埃及。在亚历山大城消失后的很长一段时间里，它们仍然留在那里，并被称为"埃及艳后之针"。19世纪末，它们漂洋过海到了更远的地方，一座到了伦敦的维多利亚堤坝，另一座到了纽约的中央公园。

宏伟的托勒密和罗马城市亚历山大几乎消失不见。在中世纪，该城几乎被废弃，沦为一片废墟，人们在这里抢夺建筑材料或任何有价值的东西。随后在19世纪末和20世纪，古城中几乎所有的东西都被复苏的现代城市所湮没。有价值的文化碎片被保存在亚历山大的希腊-罗马博物馆中。最引人注目的现存立碑是一根孤柱，人们通常称之庞贝柱（Pompey's Pillar），但这种说法其实是不正确的。另外，人们只能在地下寻找地下墓穴或地下奇迹（即古代蓄水池），其中许多仍然完好无损，有些非常宽敞辉煌，人们只有亲眼看见才能相信。

罗马人一直对埃及执行严格的政治控制政策，在罗马统治的前两个世纪里，亚历山大城没有设立市政当局。由于有军团驻扎，亚历山大市的暴民不再是一个危险因素，但是危险的帮派暴力仍然存在。尽管如此，亚历山大城的人们仍然享受着充满活力的公民生活。人们仍能继续参加令人愉快的游行和节庆活动，尽管如今的活动不再如托勒密王朝先辈们那时梦幻和辉煌。人们频频光顾各类公共场所。战车竞技场上挤满了一个或另一个战车手的粉丝，他们身着独特的蓝绿两色服饰，他们的竞争往往超出了比赛的范围。剧院也很受欢迎，它是古城为数不多仍留存至今的建筑之一，被保存在后来升起的考姆·迪克（Kom al-Dik）土丘下。最近的考古发现，剧院以及紧邻的一些公共建筑，如浴场和演讲厅都保存得非常完好，十分令人惊叹。建筑墙壁上还留有过去亚历山大城市民的涂鸦。

与托勒密王朝时期一样，希腊人继续在社会和公民生活中主宰着亚历山大城。他们享有特殊的权利和公民特权，其中包括较低的税率和较高程度的法庭保护。早期的皇帝们希望保持亚历山大城的稳定，以确保粮食能够顺利运往罗马，尽管内心充满嫉妒但还对这种特权进行了保护。然而，帝国的青睐不能被视为理所当然。当皇帝卡拉卡拉（Caracalla）于公元215年来到亚历山大城时，他被指控与他的兄弟格塔（Geta）之死有牵连，也许这些指控是真实的，所以他恼羞成怒并下令无差别地屠杀该城所有的年轻人。

庞大的犹太人口也继续在亚历山大的经济、社会和知识生活中发挥着重要作用。尼禄皇帝和维斯帕先（Vespasian）皇帝时期的埃及行省长是提比略·尤利乌斯·亚历山大（Tiberius Julius Alexander），他来自一个富有的亚历山大犹太家庭，也是哲学家菲洛的侄子，后来他放弃了犹太教。亚历山大犹太人的特权虽然没有希腊人的那么广泛，但也得到了奥古斯都的确认，并在克劳狄乌斯（Claudius）统治时期得到延续。不过，克劳狄乌斯命令他们不要要求更多，也不要不适当地滥用已有特权。

然而，亚历山大城中的希腊人和犹太人之间的对立比以往任何时候都要激烈。这似乎部分是由于犹太人数量不断增加，以及他们试图更多地使用剧院和赛马场等市政设施而引起了希腊人的不满；也可能是纯粹出于种族不容忍，正如一位希腊亚历山大城市民向克劳狄乌斯皇帝抱怨该城的犹太人"与亚历山大城市民的性质不同，而是按照埃及人的方式生活"。在帝国早期发生了许多暴力冲突，犹太人的房屋被烧毁，犹太人被杀害。即便如此，亚历山大的犹太人并没有作为一个团体支持公元66年的朱迪亚（Judea）起义，尽管犹太人发起的零星骚乱需要军团驻军进行镇压。图拉真（Trajan）皇帝在公元98年登基后不久，赞扬了犹太人的忠诚，并向他们保证：将为他们提供"不受干扰的安宁、食物供应，以及社区和个人权利"。但在公元115—117年的犹太人大起义中，情况就不一样了。这场起义实际上始于埃及，在一位犹太弥赛亚在邻近的昔兰尼加宣布就职后，又蔓延到塞浦路斯。埃及的战斗很激烈，游击战延伸到农村，造成了大量的生命和财产损失。当起义被镇压时，亚历山大城的犹太社区已被摧毁，再也没能恢复它曾经的规模和重要性。

在罗马帝国时期，在"罗马治下的和平"框架下，亚历山大港口得以开放，亚历山大城的商业重要性比以往任何时候都要凸显。它通过一条运河与尼罗河相连，因而得以进入三角洲和上埃及的富饶地区，它还通过尼罗河与红海港口的陆路连接。红海港口与阿拉伯和印度的贸易在罗马统治时期达到了顶峰。正如普鲁萨（Prusa）的狄奥（Dio）在公元1世纪的所见所闻：

"亚历山大城就像整个世界的十字路口，甚至是最遥远的国家的十字路口，仿佛是一个为城市服务的市场，把所有人都集中到一个地方，让他们互相展示，使他们同化成一个种族。"[19]

在罗马帝国时期，亚历山大城也一直处于地中海地区知识界的最前沿。尽管图书馆从未从公元前48年的那场大火中完全恢复，但它仍是迄今为止罗马世界中最好的图书馆。克劳狄乌斯皇帝将其扩建，它继续成为许多著名学者的家和培训场所，那里还有更多未被记住名字的学者，他们过着精神生活，也是亚历山大知识事业的重要组成部分。公元2世纪的克罗狄斯·托勒密（Claudius Ptolemaeus）的作品《天文学大成》是一部阐述、观察和分析天文学的杰作，该作以其拉丁化的阿拉伯语名称 "*Almagest*" 而闻名。尽管他的地心论貌似是埃拉托色尼日心论的倒退，但托勒密的作品因其数据丰富和解释模型优秀而大获成功。它主导天文学理论长达1000多年之久，直到16世纪才被尼古拉·哥白尼（Nicolaus Copernicus）的理论所取代。托勒密的占星学汇编《占星四书》（*Tetrabiblos*）同样极具影响力，他在书中试图为伪科学提供科学基础。托勒密同时也是一位能力优秀和影响力巨大的地理学家，他的《地理学》（*Geographia*）和《天文学大成》一样，在接下来的1000多年里一直是地理学标准参考书。尽管他的观测基础太有限，不适用于欧洲以外的地方，而且他对地球周长的估算也不如埃拉托色尼的准确。

哲学在亚历山大城蓬勃发展，主要的流派是柏拉图主义。罗马时代早期亚历山大城杰出的哲学家斐洛也成为亚历山大犹太社区的领袖，他的著作对后来新柏拉图主义和基督教神学的发展都很重要。新柏拉图主义是集柏拉图哲学、亚里士多德哲学、毕达哥拉斯哲学和斯多葛哲学元素的综合体，将柏拉图的思想带入神秘主义领域。亚历山大城在新柏拉图主义的发展中非常重要，以至于它经常被称为"亚历山大学派"。公元3世纪的教师阿摩尼阿斯·萨卡斯（Ammonius Saccas）最有效地推动了这一学派的发展。他颇具影响力，而且像苏格拉底一样是一名著名的教师，不过他从不写作，有时被人们称为新柏拉图主义的苏格拉底。阿摩尼阿斯·萨卡斯指导过的学生有很多，如伟大的新柏拉图主义哲学家普罗提诺（Plotinus）、异教徒哲学家奥利金（Origen）、基督徒哲学家奥利金和朗吉努斯（Longinus）。然而，亚里士多德派从未被消灭，无论是柏拉图学派还是亚里士多德学派，后古时代大多数著名的哲学家都曾在亚历山大城进修。

亚历山大城在医学方面一直独领风骚。古罗马最伟大的医生，即来自帕加马的盖伦，曾经在亚历山大城学习过。他对后来医学思想的影响一直持续到现代，可与亚里士多德的影响相媲美。他的一些观点，特别是关于疾病传播的观点，一直沿用到19世纪中叶。即使在4世纪末，在博物馆经历了许多变故，其他研究领域也日渐衰微之后，亚历山大城的医学仍然很强大。正如罗马历史学家阿米亚努斯·马塞林努斯（Ammianus Marcellinus）的所见所闻：“一个医生若想在行业中确立自己的地位，他只需要说他曾在亚历山大城受训。”

在罗马亚历山大城，一个更加神秘而极具影响力的知识和文学发展流派是赫尔墨斯主义。公元2世纪和3世纪，在埃及的希腊人以赫尔墨斯·特利斯墨吉斯忒斯（Hermes Trismegistus）的名义创作了《赫尔墨斯秘籍》（*Corpus Hermeticum*）。他们将希腊的赫尔墨斯神等同于埃及的托特神，将其视为宇宙的根本智慧。虽然他们声称《赫尔墨斯秘籍》的文本是最古老的，但它实际上融合了柏拉图主义、斯多葛主义和流行哲学，可能还含有一些犹太和近东的元素，其主题从宗教和哲学到魔法和炼金术。学者们对是否有真正的古埃及元素出现在该书中仍存在争议。然而，教父们有力地给该著作盖上了真实性印章，他们认为赫尔墨斯·特利斯墨吉斯忒斯是一个真实存在的人，他大约生活在摩西（Moses）时代。拉克坦提乌斯（Lactantius）认为，赫尔墨斯是预见基督教到来的最重要的外邦作家之一。圣奥古斯丁（St. Augustine）同样对赫尔墨斯印象深刻，他在《上帝之城》（*City of God*）中写道："这个赫尔墨斯说了很多关于上帝的真实的事情。"

在意大利文艺复兴时期，赫尔墨斯主义被重新发现并且引起了轰动。1460年，马尔西利奥·费奇诺（Marsilio Ficino）将《赫尔墨斯秘籍》从希腊语翻译成拉丁语。它随后被译成许多不同语言的版本，产生了深远的影响。1614年，伊萨克·卡索邦（Isaac Casaubon）最终证明它并非写于最遥远的古代，而是写于早期基督教时代。即便如此，学者们仍然将它视为最古老的文本。耶稣会学者阿塔纳斯·珂雪（Athanasius Kircher）是当时最博学的人之一，他在1652年写道：

> 埃及人赫尔墨斯·特利斯墨吉斯忒斯是最早创立象形文字的人，因此是所有埃及神学和哲学之父，他是埃及人中最古老的人，也是最早正确地思考神圣事物的人，他还将他的观点永远地刻在耐磨的石头和巨大的岩石上。从此，俄耳浦斯、缪塞俄斯、莱纳斯、毕达哥拉斯、柏拉图、尤得塞斯、巴门尼德、麦里梭、荷马、欧里庇得斯和其他人才正确地了解了上帝和神圣事物。[20]

直到19世纪，《赫尔墨斯秘籍》仍然很有影响力，而且偶尔也会成为推测和修订的依据，比如马丁·贝尔纳（Martin Bernal）那本充满争议的著作《黑色雅典娜》（*Black Athena*）就是基于《赫尔墨斯秘籍》写成的。

罗马统治下的埃及的宗教生活继续显示出托勒密王朝时期的活力、多样性和创造力。传统的宗教——考虑其复杂性，或许可以用复数来表示宗教一词（Religions）——至少在动荡的3世纪之前一直平稳发展。不过神庙的影响力不如以前，而且皇帝们用更为严格的官僚体制管控着神庙的运转。以往政权精心设计的王室崇拜已然停止，但罗马皇帝仍然被描绘成法老式的神，并获得应有的尊敬，不过随着时间推移，这种尊敬有所减少。康茂德皇帝（公元180—192年在位）是最后一个在埃及被广泛描绘成法老的人，而德西乌斯（公元249—251年在位）是最后一个用象形文字刻写名字的人。

早期的罗马皇帝都以建造神庙闻名于世，他们在周边地区、亚历山大城以及尼罗河流域都建有神庙。努比亚的卡拉布萨（Kalabsha）神庙是供奉库什人太阳神曼杜利斯（Mandulis）的神庙，主要建于奥古斯都统治时期。它后来迁至阿斯旺高坝上方的一个地方。在达赫拉绿洲，人们可以参观令人印象深刻的阿蒙、孔苏和托特神庙，该神庙始建于尼禄统治时期。神庙所在的地区有着丰富的考古资源，这座神庙只是各个时期的几十座神庙之一。皇帝们还对现有神庙进行了扩建，例如在菲莱新建了优雅的图拉真亭。人们对塞拉匹斯和伊西斯神的崇拜日渐兴旺起来，此时还有很多其他神灵，有些是本土神灵，有些是国外神灵，还有一些是复合神灵，为埃及的香客提供了广泛的选择。有丰富的史料记载了俄克喜林库斯城（Oxyrhynchus）的情况，该城位于今天的贝尼萨城（Behnesa）附近，当时可能有4万居民，城中建有一座宙斯-阿蒙神庙、一座赫拉-伊西斯神庙、一座阿拉格里斯-贝特尼丝（Arargaris-Bethynnis）神庙、一座大型的塞拉匹姆神庙、两座伊西斯神庙、

19世纪苏格兰画家大卫·罗伯茨笔下的位于菲莱的托勒密时期的伊西斯神庙
（摘自罗伯茨的《埃及与努比亚》）

一座奥西里斯神庙、四座托埃瑞斯（Thoeris）神庙，以及其他为德墨忒尔（Demeter）、科莱（Kore）、狄奥斯库罗伊（Dioscuroi）、狄俄尼索斯、赫尔墨斯、阿波罗（Apollo）、阿格忒斯（Agathos）、戴蒙（Daimon）、奈奥特拉（Neotera）、堤喀（Tyche）、朱庇特·卡皮托利努斯（Jupiter Capitolinus）和马尔斯等神建立的神庙和崇拜中心。亚历山大城的宗教之广令人难以置信，城市居住着50万来自世界各地的居民，城中建有2000多座庙宇。埃及为宗教的发展提供了肥沃的土壤。旧的宗教消逝不见，新的宗教在此扎根。希罗多德在描绘公元前5世纪的埃及人时写道："他们的宗教信仰非常丰富，超过了世界上任何其他民族。"如果他能到访历史上各个时期的埃及，他也不会改变这一观点。

尽管在埃及的希腊人和罗马人带来了自己的宗教以及关于生死的观念，但随着时间的推移，这些观念不可避免地披上了埃及的外衣。这一点可见于延续下来的木乃伊制作方法，这一方法被希腊人采用，并在罗马统治下的埃及得以保留。从某些方面来看，该时期的制作方法与法老时代的高标准相比已经退化，基本的准备工作没有那么细致；内脏仍留在人体内，却假装用专门盛放脏器的卡诺皮克（Canopic）罐来装它们。木乃伊身体的一些部位可能缺失，有些用别的部位填充；还有的木乃伊可能完全没有身体，但外部的绷带却按照独特的几何方法进行包扎，即使非专业人士也能一眼识别出希腊–罗马式的木乃伊。所有的东西都被封在木乃伊箱子里，箱子表面上看起来很得体，所以死者的家人也很满意。

早期罗马木乃伊的另一个特征，同时也是最显著的特征，是木乃伊肖像画。在公元1世纪的某个时期，人们不再使用独具风格的传统三维葬礼面具，取而代之的是嵌入死者平面彩绘肖像画，并且这成了一种普遍做法。由于在法尤姆入口处的哈瓦拉发现了许多这样的肖像画，因此这些画像也被称为法尤姆肖像画，不过有些肖像画也出土于埃及的其他地方。通过描绘逼真的古希腊肖像画（法尤姆提供了大多数的现存实例），顶级画家的绘画技术炉火纯青，其技艺的许多方面在文艺复兴时期之前都是无与伦比的。他们通常使用蜡画法，将颜料与蜂蜡混合在一起，使用调色板混合原色来调制出各种微妙的色调；另外还使用高光来画出诸如眼睛中的光亮和珠宝上的反射等，传达出强烈的写实效果。欣赏法尤姆肖像画是为了体验一种与遥远的过去直接接触的不可思议的感觉，因为画中人似乎在回望，与我们共同分享着这一刻。法尤姆木乃伊并不代表这种希腊-罗马式的埋葬在埃及是唯一的模式，后来在亚历山大城发现的公元2世纪的地下墓穴就证实了这一点，因为在那里也发现了希腊、罗马与埃及元素的混合。

一幅公元二世纪中叶的埃及
法尤姆肖像（作者摄）

虽然古代历史中关于普通人的记载比例失衡，通常只占一小部分，但是我们对埃及日常生活的了解要比对罗马帝国任何其他省份的了解都要多。这些信息有多个来源渠道，但主要来自莎草纸碎片，这些莎草纸因埃及干燥的气候和沙子得以保存数千年。19世纪末，在俄克喜林库斯城的考古工作取得了重大发现。尽管古城只剩下了一些被毁坏的、不成形的土丘，但古城垃圾堆中却堆积了大量的主要为罗马和拜占庭时期的莎草纸。这些莎草纸上的内容包括私人信件、遗嘱、家庭账目和房产账目、合同、色情作品、法律诉讼文件、税收收据，以及伟大的和普通的古典作家遗失作品的片段等，揭示了埃及古代生活的新层面。

与托勒密王朝时期一样，希腊人在埃及常常享有特权地位，埃及本地人不允许进入政府行政部门工作。在罗马统治时期早期，埃及的罗马军队只招募希腊人。罗马统治下的埃及政府官方语言与罗马帝国东部大多数行省一样是希腊语。希腊人口主要集中在以下4个城镇：瑙克拉提斯、托勒麦斯

（Ptolemais）、安提诺波利斯（Antinoopolis），当然还有亚历山大。这些城镇一直到公元3世纪还保留着特殊的权利和豁免权，此时这种区别开始逐渐消失。此外，大量的希腊人出现在诺姆中心城市。虽然希腊文化在埃及境内继续发挥着强大的影响力，但西方拉丁文化和社会的影响力却比较浅，这或许是因为意大利和罗马帝国西部高度罗马化的省份来此地定居的人数较少。重要的是，在拜占庭时代，埃及人可能会吹嘘自己有希腊或马其顿血统，但从不会吹嘘自己有罗马血统。

在罗马统治时期，托勒密王朝曾执行的国家土地所有权政策逐渐放松，土地私有权有所增加，但大部分土地仍然是帝国的公共财产，国家从各种商业活动中获取农产品、租金和收益。据说，奥古斯都皇帝最喜欢的葡萄酒来自他在法尤姆的葡萄园。在托勒密王朝统治时期，神庙的财产几乎是神圣不可侵犯的，然而罗马政府不可能放着这些资源不闻不问。因此神职人员的财富和权力都被大大削弱。

大多数埃及本地人继续像他们的祖先一样在土地上劳作，这几乎成了一个不争的事实，无论是法老时代、托勒密时代还是罗马时代，他们很少受到政权变化的影响，但也不能一概而论。农民总是与土地紧密相连，他们的生活受到季节的制约：在洪水泛滥时，农民被迫停耕，过着闲散的生活，他们希望并祈祷有一个不高不低的好水位；在农耕时节，他们必须辛勤地播种和耕作；在收获时节，他们在收税人、神庙领主或任何剥削机构收取了税收后，还要勉强维持生存。但与法老时期不同的是，在希腊-罗马时代很少有农民家庭是孤立的经济实体，要做的就是种植或者生产所需的一切物品；相反，他们是复杂的市场交易系统的一部分，该系统给人们提供了平台来交易剩余物品以补充另一种物品的不足。这种交易部分是以物易物，但也涉及货币交易，因为在罗马和托勒密王朝统治下的埃及有大量的货币流通，其中一些货币流入大众手中用于市场交易。比较大的庄园是复杂的农业活动中心，设有葡萄园、果园以及酿造葡萄酒、啤酒，榨橄榄油，饲养牲畜和许多加工生产的车间，甚至一些小型村庄也能提供品种丰富的商品和服务。

罗马统治下的普通埃及农民的整体生活质量是有所改善的，因为罗马帝国在埃及建立的政权提供了相应的秩序和安全保障，至少与托勒密王朝后期农村经常出现的混乱状况相比有了些许改善。在罗马统治早期，埃及内部叛乱没有那么频繁，不过公元115—117年的犹太人大起义是一个例外。国内的安全程度整体很高，在3世纪中叶之前没有发生过重大的外国入侵事件。然而，同样的情况，公元3世纪帝国范围内发生的危机却给埃及带来了巨大灾难。现在人们了解到，即使在公元2世纪，罗马帝国内部也存在系统性的问题，这些问题在埃及表现得异常尖锐。早在该世纪中叶之前，埃及就反复出现了令人绝望的弃耕现象，成群结队的小官员逃离岗位，人们因为无法履行对国家的义务而放弃了土地，任其充公。令人惊讶的是，随着大片土地被废弃，那些留下来的人就肩负了更加沉重的税收负担。到公元154年，弃耕现象已经非常严重，以至于帝国颁布了一项反对弃耕的法令。政府何以将人们逼到如此绝境？

答案在于罗马对埃及的态度。罗马将埃及视为粮仓，是剥削的对象而非发展的对象。"面包和马戏"不仅仅是罗马的口号，它是维持皇权体制的一个基本特征。罗马人民不再参与常规的民主进程，但他们的要求却必须被满足。皇帝们担心如果罗马的粮食补贴分配失败会造成的不良后果，所以毫不犹豫地选择牺牲埃及的长期利益，以确保他们在罗马的政权。在埃及，剥削并不是什么新鲜事：托勒密王朝曾将剥削提高到一门精确科学的程度。虽然这是一个外来王朝，但至少他们以埃及君主的身份进行统治并且以埃及为王国的中心。他们取之于埃及也用之于埃及，大致上形成了一个平衡的局面，至少在国家繁荣时期可以做到基本的平衡。现在，尼罗河看似取之不尽用之不竭的资源被输送到国外，而得到的回报相对较少。最沉重但绝非唯一的负担是一种名为阿诺那（Anona）的实物税，这一税收主要用来向罗马运送大量谷物。据估计，在奥古斯都统治时期，每年有超过100万吨的埃及粮食被运往罗马，这一数量可能占埃及全部收成的10%或者更多。

　　粮食是由专门设计的大船船队运送的。当遭遇恶劣天气，其中一艘船停在雅典避难时，人群会聚集在一起观看这艘船头带有伊西斯女神图案的大船。"这艘船多大呀！"一位目击者说道，"船上的木匠告诉我，这艘船长达55米，横梁超过船身长度的四分之一，从甲板到船底最深的地方有13米……船员们有一支军队那么多。他们告诉我，这艘船装载的粮食多得能让雅典人足足吃上一年。"根据古代的观测，每年能够航海的季节很短，只从4月持续到10月，像这样的大船最多只能进行两次往返旅行。从亚历山大到罗马的旅程最为艰难：由于航行方向与盛行风向相反，行程很可能需要两个月，有时甚至需要三个月；但回程会顺着西北风，航行的速度要快得多。当希律·阿格里帕（Herod Agrippa）准备从罗马启程前往东方时，卡里古拉（Caligula）皇帝告诉他："可直接向亚历山大城航行。你所乘船只装备精良，船长也最有经验，他们开起船来就像赛马一样笔直地前进。"[21] 卡里古拉可能是疯了，但他很清楚粮食运输的重要性，知道这些船是如何工作的。克劳狄乌斯皇帝在奥斯提亚建造了新港口，其最主要目的就是安全地接收从埃及运来的粮食。图拉真皇帝随后对该港口进行了改进。运输来的粮食只是从埃及获取的税收的一部分，另外还有额外的税收，有些是金钱，有些是产品和服务，累加起来可能提供了比阿诺那实物税更多的收入。

　　尽管到目前为止，农业仍然是埃及最重要的经济支柱，同时也是其绝大多数人主要关注的，但在罗马帝国的统治下，埃及进入了一个前所未有的商业活动时代。出口货物中不仅有大量的农产品，还有各种各样的手工制品，其中许多是由高度组织化的手工业者行会制造的。埃及玻璃就是这样一种产品。现存于大英博物馆的精致的波特兰花瓶（Portland Vase），可能就是在埃及的一个作坊里制作完成的。在公元1世纪亚历山大商人的航海书《环红海航行》（Voyage around the Red Sea）中有记载，埃及与阿拉伯、印度和锡兰的贸易主要是通过东南海岸的港口进行的，贸易量在罗马帝国时期大大增加。图拉真皇帝重新开放了尼罗河和红海之间的运河。埃及富饶的矿产被开采和出口，矿物主要包括金、银和绿松石。尽管埃及的贸易网络具有全球性，但它在许多方面仍然与众不同，其中就包括独立的货币体系，这套体系由托勒密王朝制定出来，并由罗马人沿用到公元296年。

自前王朝以来，采石一直是埃及的主要活动，它在罗马统治时期也得以保留。人们在阿斯旺继续开采红色花岗岩，在杰贝勒·西尔西拉继续开采砂岩。但罗马人在埃及的主要采石场是位于东部沙漠的珀尔斐莱特斯山［Porphyrites，或称杰贝勒·多克汗（Gebel Dokhan）］和克劳迪亚努斯山。这两个采石场都是在罗马统治早期开发的，在帝国根基动摇后遭废弃。珀尔斐莱特斯山盛产帝国斑岩，而且是唯一出土这种斑岩的地方。紫色长期以来是贵族的颜色，随后与罗马皇室相关联，因此紫色矿石特别受到重视，它们被用来制作柱子、镶嵌物、镶板和精雕细

戴克里先大帝（图左）拥抱他的同僚马克西米亚努斯，位于威尼斯的圣马可大教堂（迈克尔·琼斯摄）

琢的雕像。其中最著名的例子是皇帝戴克里先（Diocletian）和他的臣僚的雕像，现存于威尼斯的圣马可大教堂。珀尔斐莱特斯山的南部是克劳迪亚努斯山，罗马一些最伟大的纪念建筑包括万神殿和图拉真广场的建筑材料闪长岩和片麻岩均来源于此（意大利的石匠称其为"granito del foro"，意为"广场花岗岩"）。这些工程的规模和复杂性让所有参观者叹为观止，特别是克劳迪亚努斯山，那里的城堡或定居点保存得非常完好，以至于给19世纪和20世纪初的旅行者留下了仿佛罗马人刚刚离开不久的印象。现在这种印象已

东部沙漠的珀尔斐莱特斯山
（迈克尔·琼斯摄）

东部沙漠克劳迪亚努斯山罗马采石场的
废弃圆柱
（小罗伯特·文森特，美国埃及考古
项目研究中心）

经淡化，因为这些地方已经有更多的四轮驱动车辆可以进入。人们一直无法充分解释珀尔斐莱特斯山和克劳迪亚努斯山的斑岩和花岗岩的开采和加工方法。从克劳迪亚努斯山开采的最大石柱重达200吨，长近20米。如此庞然大物必须从陆路运输100多千米到尼罗河，在那里它们被装上驳船运往亚历山大城，随后被转移到专门的船上运往意大利或地中海的其他地方。

早期罗马皇帝的想法和行动中经常有关于埃及的内容。埃及为罗马提供粮食，因为这关乎帝国的政治生存之本；罗马的国家预算经常捉襟见肘，而来自埃及这一帝国地产的收入是对预算的可喜补充；恢宏的建筑是皇权的重要体现，而埃及的石头装饰了许多重要的建筑物。此外，公元1世纪的皇帝中至少有3位是马尔库斯·安东尼的直系后裔（尽管是屋大维娅的后人而非克利奥帕特拉七世的后人），例如卡里古拉、克劳狄乌斯和尼禄，他们都以此为荣，所以很容易联想到他们伟大的埃及祖先。在尼禄下台后，另一位公元1世纪的统治者韦帕芗（Vespasian）由埃及的行省长提比略·尤利乌斯·亚历山大首次宣布为皇帝。加上罗马在埃及派驻军队以及控制粮食的供应，行省长的这种支持使其他东部省份动摇并纷纷效仿。公元69年，被誉为阿蒙之子和塞拉匹斯的化身的韦帕芗来到亚历山大城等待解决罗马西部事件，他在战车竞技场受到了民众的欢迎。奥古斯都曾打算将埃及排除在罗马帝国的政治生活之外，但这样一个重要的省份不可能与对更广泛的罗马世界的关切无关。

罗马最特殊的省份也在罗马文化上留下了深刻的烙印。一个表现是罗马人喜欢到埃及旅游，他们被尼罗河沿岸的景点所吸引，例如吉萨金字塔群、哈瓦拉迷宫和底比斯神庙等。两座门农巨像是人们的最爱。这些阿蒙霍特普三世神庙的巨型雕像在古典的想象中被认为是荷马史诗中的半神门农，即黎明女神伊欧斯（Eos）之子。在有些早晨，北边的雕像会发出一种类似竖琴断弦的声音，仿佛门农在向他的母亲问好。人们对这一现象有多种解释，其中包括祭司的诡计，但最合理的解释是，当这块石头被太阳晒热时自然会产生这种雄浑的声音。古时的游客们早早前来聆听这一声音，他们在巨像的下方写满了铭文和字画以纪念他们的经历。一个典型的铭文是这样写的："我是卡图鲁斯（Catulus），底拜伊德（Thebaïd）的首长。我晚上来到此地聆听神圣的门农声音，我听到了。"但是，当塞普提米·塞维鲁（Septimius Severus）皇帝在公元3世纪初来到这里聆听雕像的声音时，它却沉默了。为了使巨像再次发声，塞维鲁对它进行了修缮，但这个过程在某种程度上破坏了它的声学机制，因此门农再也没有在黎明时对他的母亲"说话"。

埃及在许多其他方面影响着罗马帝国，其中就包括宗教。如上所述，对塞拉匹斯神的崇拜遍及整个帝国，伊西斯成为地中海世界最受崇拜的女神之一，她的形象是理想化和希腊化的，但也包含有埃及化的元素。元老院认为她是对罗马传统美德的亵渎（公元前19年曾发生过与伊西斯崇拜相关的大丑闻），多次下令摧毁伊西斯神庙，但它们总是又被重建起来。罗马的战神广场上曾经矗立着一座巨大的伊西斯神庙，如今在庞贝古城遗址还可以看到一座保存非常完好的伊西斯神庙。

从奥古斯都开始，罗马人一直迷恋埃及方尖碑。罗马皇帝卡里古拉命人建造了一艘专门的船来运输一块重达500吨的方尖碑，现今这座碑就矗立在圣彼得广场上。300多年后，皇帝君士坦提乌斯（Constantius）将另一座方尖碑运至罗马，并将其竖立在马克西姆竞技场（Circus Maximus）中。

后来，它被移到了现址，即位于拉特拉诺（Laterano）的圣乔万尼（San Giovanni）教堂。其他几座方尖碑也从尼罗河畔迁至皇城罗马，有些则在意大利订制完成，因此罗马的埃及方尖碑数量比埃及本土的还要多。在古埃及文明相关的知识从欧洲大陆消失很久以后，这些庄严而神秘的纪念建筑为人们指明了回到这片古老土地的道路，在人们的想象中保持着神秘感。罗马装饰艺术中流行埃及元素，这些元素可以在蒂沃利（Tivoli）小镇的哈德良别墅（Hadrian's Villa）、普雷尼斯特城（Praeneste）的福尔图娜女神庙（the Temple of Fortuna Primigenia，该神庙与伊西斯密切相关）中的帕莱斯特里纳（Palestrina）马赛克、庞贝城的房屋壁画或者像塞斯提伍斯（Caius Cestius）金字塔这样的私人纪念建筑中看到。

罗马文学中很容易就能发现埃及对其的影响。普鲁塔克（公元1世纪末至2世纪初）在他的《论伊西斯和奥西里斯》（*On Isis and Osiris*）一书中对埃及宗教做了最全面、最详细的描述。该书是埃及学特别重要的著作，因为它保留了奥西里斯、塞特、伊西斯以及荷鲁斯的故事，这是理解法老神圣王权的基本神话背景。在公元2世纪，阿普列尤斯（Apuleius）写了一部令人愉快的小说《金驴记》（*The Golden Ass*），书中的主人公卢修斯（Lucius）鲁莽地涉足黑魔法后变成了一头驴，但他在伊西斯的神秘教诲下恢复了健康。在这两部作品中，伊西斯女神的受欢迎程度是显而易见的。

帝国皇帝到访埃及最轰动的一次是哈德良巡游。这位有教养的皇帝对帝国的每一个行省至少巡访了一次，所以他特别关注埃及也不足为奇。公元130—131年，他在埃及待了8到10个月的时间。像往常一样，哈德良认真履行职责，检阅士兵，审查管理，评估和制定标准。他是一个十足的罗马旅游者。作为小有成就的业余哲学家，他像恺撒大帝一样在博物馆里与博学之士争论；他深入沙漠中猎狮；当然，他还在尼罗河上航行。他像许多先人一样，在黎明前起床，站立在底比斯平原上倾听门农的音乐之声。当雕像沉默不语时，他在第二天又耐心地来到雕像前，这一次雕像发出了三次而不是一次声音，似是弥补前一天对他的冷落。哈德良和他的随从出色地展示了帝国的实力和风采，但俄克喜林库斯的一片莎草纸却证明了如此游行的财政支出巨大。俄克喜林库斯城必须供应大量物资，其中包括200吨大麦、3000阿塔巴（Artaba）干草、372头乳猪和200只羊。埃及的其他地区也必须作出差不多的贡献。在沙伊赫·伊巴达镇（al-Sheikh Ibada）附近发生了一场悲剧，当时皇帝最喜欢的一个名叫安提诺斯的英俊年轻人在尼罗河中溺水身亡。悲痛欲绝的皇帝将安提诺斯封为神，并在他死的地方建立了安提诺波利斯城和供奉他的神庙。其遗迹直到19世纪初仍清晰可见。哈德良还指挥修建了一条长长的罗马大道，名为哈德良大道。大道始于安提诺波利斯城，弯弯曲曲地穿过东部沙漠，最后到达红海的贝勒尼基港。人们制作了许多安提诺斯的雕像，雕像通常身着较为暴露的法老式服装。尽管埃及给哈德良留下了悲伤的联想，但也给他留下了深刻的印象，他在蒂沃利的别墅里再现了许多埃及场景。

哈德良（公元117—138年在位）统治时期是罗马帝国历史上相对有序的时期，他的继任者安东尼·皮乌斯（Antoninus Pius，公元138—161年在位）的统治也是如此，埃及的碑文很好地证明了这一点，因为他的统治恰逢索提克周期（Sothic Cycle，即天狼星周期）结束，这是古埃及日历中每1460年才发生一次的重大事件。但早在公元2世纪末，帝国就遭受了瘟疫、野蛮人入侵和财政混乱。到了3世纪，帝国开始进入长期的危机时期。经过一场血腥的王权争夺战，塞普提米·塞维鲁于公元193年成为皇帝，他放弃了掩盖帝国君主制本质的宪法形式，毫不掩饰地偏倚军事力量。他的方法是让士兵们先富裕起来，他鄙视世界上除

哈德良大帝，众多到埃及旅游的罗马人中最著名的一位（尼尔·休伊森摄）

军人以外的所有人。他建议儿子们效仿这一做法，但该政策让帝国以及埃及付出了沉重的代价。在巡视埃及期间（当时他无意中使底比斯的发声雕像再也发不出声），塞维鲁为埃及各个城镇建立了地方议会，其实埃及市政当局几个世纪以来一直要求建立地方议会。塞维鲁此举并非出于仁慈，而是为了保证政府收入，因为当时的地方行政长官和农民为了逃税避税都丢弃了官职或者土地。城镇议会的人员构成容易识别，成员可能需要亲自负责收税，而且还必须为地方政府的许多职能付费。同样，塞维鲁之子及继任者卡拉卡拉（公元211—217年在位）将曾经非常珍贵的罗马公民权授予帝国所有的公民，其目的是增加公民遗产税的收入。

亚历山大城 2 世纪的泰格兰墓（作者摄）

塞维鲁王朝充斥着谋杀、狂怒、阴谋和起义，塞维鲁的 4 个继承者都死于非命，王朝于公元 235 年亚历山大·塞维鲁（Alexander Severus）被杀而结束。塞维鲁王室的任何一丝合法继承权都丧失殆尽，军队将领为了王位开始相互争斗。一个人刚刚建立起政权，另一个人就开始反对他，常常有好几个人同时争夺王位。由于王位争夺者将所有可用的资源转移到权力斗争中，边境和内部安全都被忽视了。在整个3世纪，埃及人除了需要缴纳正常的税收，还需要满足军队越来越多的金钱和货物需求。

尼罗河谷在罗马和平时期（Pax Romana）一直保持着安全，现在开始受到来自西部沙漠游牧部落的反复攻击。其南部边境被布雷米斯人（Blemmyes）占领了。如果史料无误，戴修斯皇帝（Decius，公元249—251年在位）采用了非正统的战术来对抗这些入侵者。根据一位作家的说法，戴修斯"从干燥的利比亚带来了毒蛇和可怕的阴阳人，并把他们放在了矣及的边境"。然而，布雷米斯人能够抵御戴修斯的毒蛇和阴阳人，并继续制造巨大的麻烦。他们在皇帝普罗布斯（Probus，公元276—282年在位）统治时期发动的一次入侵甚至抵达了最北端的托勒密城，即如今的梭哈杰省附近。

亚历山大城也不再安全。随着东部边境陷入混乱，富裕的缓冲国帕尔米拉（Palmyra）以其在叙利亚东部的绿洲贸易中心为根据地，入侵并占领了埃及北部，并于公元270年占领了亚历山大城。随后，奥勒良皇帝（Aurelian，公元270—275年在位）夺回该城，重新控制了埃及，并击败和俘虏了帕尔米拉女王泽诺比娅（Zenobia），但亚历山大城在被占期间遭受严重毁坏。作为埃及行政中心的宫殿群被摧毁，博物馆可能也受到了大面积的破坏。亚历山大城尚未恢复，该城就出现了一位篡位者卢修斯·多米提乌斯·多米提阿努斯（Lucius Domitius Domitianus）。他于公元297年称帝，促使皇帝戴克里先（公元284—305年在位）将该城围困整整8个月。据称，戴克里先在围攻中深感沮丧，他发誓要屠城，直到城里人流的血达到他的马膝盖的高度，但当他最终胜利地进入该城时，他的马绊倒了，跪倒在地，他的誓言无从实现。为了纪念戴克里先，亚历山大城为他制作了一个骑在马背上的雕像，这个雕像可能曾经就放置在庞贝之柱上。庞贝之柱实则是误称，这个柱子实际上是为了纪念戴克里先而建立的。有个重要的佐证信息，该柱子的阿拉伯语名称是 al-'Amud al-Sawari，意为"骑士之柱"。

位于亚历山大古塞拉匹姆遗址的石柱，俗称庞贝之柱（作者摄）

与此同时，埃及的其他地区继续遭受蹂躏。公元293—294年，上埃及爆发叛乱，戴克里先的帝国共治者伽列里乌斯（Galerius）亲自指挥摧毁了科普托斯城（Coptos）。埃及被摧毁了。尼罗河沿岸城镇生活的经济和政治基础一向脆弱，现在受到了严重破坏。乡下的情况可能更糟。即使在和平的2世纪，正如人们曾经所见，困苦不堪的生活迫使大量的人背井离乡，其中包括农民和相对有地位的人。在3世纪，人们面临入侵、突袭、盗窃、收税人的压迫、穷困潦倒和纯粹的绝望，逃亡的速度迅速加快；有的村庄整个被抛弃，人们在沙漠、山区、干河谷和大量古墓中避难，世界上最肥沃的土地现已无人耕种。不管是在城市还是在农村，不管人们是逃离还是留下，他们的世界观都被打破了。帝国制度及其在当地的表现曾经能够为人们提供某种程度的安全感，现在却让人失望。帝国制度在人们最需要的时候消失了，只是断断续续地予以执行，而且更多的时候是增加人们的苦难，而不是提供救济。在这种情况下，许多人转而寻求其他解决方案也就不足为奇了，解决方案有精神方面的也有物质方面的。

公元3世纪末，罗马帝国看似恢复了稳定。戴克里先皇帝在征服了所有对手之后，试图通过广泛重组来巩固摇摇欲坠的帝国结构。他自上而下地对行政单位进行了划分和细分，以对各个行政层面进行更严密的监督。埃及最终被划分为6个独立的行省。其中一些从前王朝时期就存在的诺姆最终失去了重要性。为了保证边境安全，戴克里先将罗马军队的规模扩大了一倍，并建立了新的防御系统，例如沿着红海海岸的防御系统。卢克索神庙变成了一个设防的驻军营地和行政中心。在镇压了亚历山大城的叛乱之后，戴克里先在埃及巡视了一圈，他把菲莱岛建成最南端的边防哨所，并撤销了在努比亚希拉·斯卡米诺斯的边防哨所。

这些改革给埃及人民带来了沉重的经济代价，埃及人也遭受了其他经济变化的不利影响。直到3世纪，埃及大片的土地还归国有，但现在很多土地都被卖给了私人，其中有些人获得了大量田产。小土地的所有者尽管占据了人口的很大比例，但越来越受到压迫。许多人沦为特权阶层庄园中的农奴和奴隶。这些特权阶级掌控着先前属于国家的田产而获得权力，因此他们对农民的控制力更强。

在君士坦丁（Constantine，公元306—337年在位）的领导下，罗马帝国的政治重心从西部转移到东部，公元330年，他在欧亚交界处的希腊古城拜占庭的遗址上建立了新的首都。这座城市最初被称为新罗马，很快就被改名为君士坦丁堡。它发展迅速，超过了亚历山大城，成为地中海东部最伟大的城市。从埃及运往罗马的大部分粮食被转移到君士坦丁堡，分发给新城市的居民。

随着君士坦丁堡的建立，罗马历史上的拜占庭时期开始了。拜占庭帝国崇尚希腊文化，以君士坦丁堡为首都。在公元5世纪末罗马帝国权力在拉丁世界西部瓦解后，帝国又持续了1000年。埃及最初是该帝国的一部分，然而是一个不稳定的部分，这种不稳定性主要源于基督教的存在。本应提供约束力量的新宗教却成了不可调和的分歧的根源。

　　基督徒们几乎总是低估或忽视埃及对基督教发展的重要性。埃及是最早有基督教徒皈依、建立基督教机构，同时也是最富有成果的地区之一。基督教的大部分正统思想都是在埃及亚历山大城第一批教理学校中敲定的，也是在激烈的神学争论中制定的。例如，圣亚大纳修（St. Athanasius）和阿里乌斯（Arius）之间关于基督本质之争，以及西里尔一世（Cyril Ⅰ）和聂斯脱利（Nestorius）之间关于圣母玛利亚本质之争；尼西亚信经（Nicene Creed，"我信独一的上帝，全能的父，可见和不可见万物的创造者，并信独一的主耶稣基督，上帝的话语……"）由埃及教会人士制定而成；《新约》的范式最初也是在埃及编纂的。埃及的基督教远不是异国的、孤立的分支，它孕育了基督教的诞生，然后成为早期基督教会的支柱。虽然埃及后来成为以穆斯林为主的国家，但至今仍有一个强大的信奉基督教的少数民族存在，并且是埃及生活不可或缺的一部分。科普特人的经历是埃及民族意识的基础之一。"科普特"和"埃及"二词均通过希腊语Aigyptos 从古埃及语Hikaptah（意为"普塔精神之家"）演变而来。在伊斯兰教早期的几个世纪中，阿拉伯人将埃及称为Dar al-Qibt，即科普特人的居所。

　　埃及基督徒非常珍视的一段历史是，基督教在尼禄皇帝统治时期由圣马克（St. Mark）引入埃及，后来圣马克于亚历山大城殉教。不过，历史学家对此持怀疑态度。事实上，人们对基督教前三个世纪在埃及的发展知之甚少，但基督教的种子显然落在了尼罗河流域肥沃的土壤上。基督教可能首先通过城市的犹太社区建立了自己的地位，然后才扩散到乡村。当基督教在3世纪末出现在历史舞台上时，其在埃及是一股充满活力、不断发展的力量。这再次证明了，希罗多德多次关于埃及人是所有民族中最有信仰的人的说法。

罗马统治后期的埃及已经具备了像基督教这样的新宗教进行传播的条件：3世纪的动荡对于珍视秩序的埃及人来说极其痛苦；正如政府未能满足人们的物质需求一样，许多现有的宗教体系也不能满足人们的精神需求。在一个既无法解释也不可忍受的世界里，人们该求助于什么呢？

在古代晚期，神秘教激增，如伊西斯神秘教、密特拉（Mithra）神秘教以及其他在埃及和罗马能找到的宗教，精英们从中寻求慰藉。神秘教的魅力在于其声称揭示了无常生活表象下隐藏的意义。受过教育的人还可以信奉新柏拉图主义。新柏拉图主义在亚历山大城蓬勃发展，融合了哲学、神秘主义以及魔法。它提供了一种与神灵联系的感觉。对此，哲学家普罗提诺神秘地描述道："我没有去诸神身边，而是诸神来到了我的身边。"

还出现了另一种新的宗教现象，即诺斯替主义（Gnosticism）。该主义主张通过诺斯（Gnosis，即关于自我拯救的灵知）与上帝直接接触。根据诺斯替教派的说法，人的自我是精神世界的火花困在了物质的肉体中，灵魂是可以超越肉体的。1945年，人们在纳格·哈马迪（Nag Hammadi）发现了一个4世纪的诺斯替主义图书馆，这是一个与巴勒斯坦著名的《死海古卷》（Dead Sea Scrolls）类似的发现；它不仅为诺斯替主义，而且为早期基督教提供了新的洞见。摩尼教源自波斯帝国，它在3世纪末到达埃及，并在此找到了许多追随者，信徒主要集中在中埃及和上埃及。摩尼教认为有一种潜在的善恶二元性，对立的善恶力量之间存在着不断的博弈，这种宇宙观在罗马帝国后期的混乱时期具有意义。赫尔墨斯主义则以揭示远古的永恒真理给人以慰藉。占星术以前在埃及很少见，但在基督教时代早期的几个世纪中变得很流行，因为焦虑的人们想要窥视不确定的未来。

这些宗教力量都在埃及留下了印记，但几个世纪中，只有基督教在这片土地上扎根并遍布全国各地。它为身处危机中的人们提供了安慰。对遭受苦难的人们来说，基督教保证了上帝之爱，承诺了永生中最终的正义和回报，而埃及人一向看重永生。然而，基督教带来的好处既有精神上的，也有实际的，例如在具有强烈认同感的团体中收获友谊，在困境中获得支持，以及在死亡最终到来时有可以信赖的伙伴为自己举行得体的葬礼。随着税收、公民义务和征兵的要求变得越来越具有压迫性，越来越多的埃及人逃离了家园和村庄，到河谷上方悬崖上无数的坟墓和洞穴中寻求庇护。在看到这个世界的变迁时，人们就很容易开始思考另一个世界。这就是修隐运动的起源，是埃及对基督教发展作出的众多贡献之一。

埃及之所以能接受基督教的另一个原因是：基督教的许多元素与几千年来主导尼罗河谷居民想象力的古代宗教产生了共鸣。古埃及最基本的神话，即关于奥西里斯、伊西斯和荷鲁斯的神话，可视为基督教中神圣家族的寓言。伊西斯等同于玛利亚，伊西斯照顾婴儿荷鲁斯类似于基督教中的母子主题。早期基督教艺术家描绘的圣母玛利亚哺育婴儿耶稣的形象直接抄袭了异教对伊西斯和荷鲁斯的描绘。法老是神之子的化身，预示着基督将扮演同样的角色；同样，基督教关于最后的审判以及上天堂或下地狱的设想对埃及人来说也不是什么新概念。甚至对许多非基督教文化来说的陌生的圣三位一体教义的概念，对埃及人来说也是可以理解的，因为他们自古就有把三位神灵组成一体的做法。还有许多其他的相似之处，例如基督教的十字架和古埃及的安可（Ankh）惊人的相似，这也促进了埃及人对基督教的接受。古埃及宗教为埃及人接受基督教提供了背景，并通过融合其他宗教元素，甚至是取而代之的宗教元素，巧妙地将埃及的特质赋予了基督教。

基督教在古埃及的历史记录中留下的痕迹虽然不多，但到了3世纪末，在埃及发现的基督教史料变得很丰富。埃及各地都设有教堂，包括西部绿洲在内也建有教堂，还建立了宗教等级制度，大多数诺姆都有主教，均从属于亚历山大主教。这个阶段的埃及基督徒人数不可知，可以肯定还是占少数，但应该是一个特别有活力的群体。在埃及，信奉基督教是一种严肃的承诺。

埃及基督教也在形成自己的语言、文字和礼拜仪式，这一发展最终使埃及基督教会成为全国的教会。罗马统治下的埃及广泛使用三种语言，分别是埃及语、希腊语和拉丁语。其中，拉丁语的影响最大，主要用于专门的行政管理事务。埃及会讲拉丁语的人向来不多。相比之下，希腊语更加深入地渗透到埃及社会中，部分原因是几个世纪以来托勒密王朝的统治，还有部分原因是希腊语是罗马帝国东部地区的行政、文化和商业用语。当然，大多数埃及本地人仍然讲埃及语。如前文所述，埃及语的书写文字历经了几个发展阶段，首先是象形文字，然后是僧侣体文字，最后是世俗体文字。尽管在罗马时代早期仍有少数石匠能够在纪念碑上刻下象形文字，且当时几乎所有的埃及文字都是用世俗体书写的，但由于识字的人很少，这些文字阅读起来非常困难，再加上很多正式文件和商务文件都必须用希腊语来写，世俗体也急剧衰退。除了在埃及南部边境的菲莱发现的一些涂鸦外，3世纪中叶以后就没有日期明确的世俗体文字了。因此，在罗马统治早期，埃及语继续作为口头语言，但不再是书面语言，这种情况持续了两个世纪。随着科普特语的发展，人们找到了解决方案，或者更准确的说法是，人们在发明科普特文字的过程中找到了解决方案。

大多数埃及人从未学习过希腊语，但希腊语几乎影响了他们生活的方方面面，所以他们在没有自己的语言文字的情况下，很自然地尝试用希腊字母来书写埃及语单词。懂希腊语的埃及人自发制定了一套系统的方法，他们用希腊字母来表示埃及语的语音，同时增加了7个新字母来表示那些希腊字母中没有的发音。使用这种文字书写并含有大量希腊词汇的埃及语就是后来的科普特语。尽管埃及语在几千年来不断变化，但科普特语从法老时期延续至今。当听科普特语礼拜时，人们听到的是古埃及语言的回声。另外，如今在埃及说科普特语的家庭中仍然流行的许多人名都源自古代。很快，

《圣经》被翻译成科普特语，许多新的宗教作品以此为基础创作而成。教会仪式也是用科普特语进行的。基督教福音可以用埃及人自己的语言讲给埃及人听。

教会在埃及和整个罗马帝国的迅速传播引起了政府的注意。尽管罗马人对宗教是出了名的宽容，而且通常比较欢迎新的宗教进入公民的生活，但基督教有着一些令人不安的特点：首先，它在很大程度上是一个秘密组织，这总是让罗马人感到政治上的紧张；其次，更令人担忧的是，基督徒拒绝承认国教，而遵从国教等同于忠于皇帝和国家。同时，关于基督徒的流言四起，有人说他们沉溺于性狂欢，有人传言他们吃人，诸如此类。罗马人的反应是对基督徒加以迫害。这种迫害是零散而局部的，夹杂着长期的忽视，但一旦实施迫害就是破坏性的。被迫害的基督徒有机会进行自我拯救，他们有两个选择，要么否认自己的宗教信仰，要么公开向神明献祭。那些拒绝自我拯救的人被折磨并被处死，成为殉道者或者信仰的证人。

在戴修斯皇帝短暂的统治期间，埃及受到了席卷整个帝国的基督教迫害浪潮的影响。许多人因此殉教，很多人遭受酷刑后被释放，例如亚历山大教理学校的校长奥利金。公元251年，戴修斯在多瑙河边境与哥特人作战时被杀，他的继任者瓦勒里安（Valerian）继续实行对基督教徒的迫害，但下一任皇帝加里恩努斯（Gallienus）发布了一道赦令，终止了迫害。更糟糕的是戴克里先皇帝实施的大迫害，这一事件对埃及基督教具有极其重要的意义，以至于科普特日历中的"殉道者时代"不是从基督诞生开始的，而是从戴克里先统治的第一年即公元284年开始的。

戴克里先曾在埃及开展过军事行动，他于303年在全国范围内发动了迫害。埃及的行省长梭斯亚努斯·西罗克勒斯（Sossianus Hierocles）就是一个特别积极的迫害者。基督徒死亡人数迅速增加。影响深远的《教会史》（*History of the Church*）的作者尤西比乌斯（Eusebius）就是一名目击者。

我们在那里见证了许多处决，有些人被斩首，有些人被烧死，被执行死刑的人太多了，以至于行刑的斧头都变钝、磨损、变成碎片。刽子手们十分劳累，不得不轮流工作。然而，我们总是在那些信奉上帝的基督徒身上看到一种最奇妙的热情、一种真正神圣的力量和热切的渴望。第一批人刚被处决，就有其他人冲向法庭宣称自己是基督徒，无惧恐怖和种种酷刑，大胆而镇定地谈论他们的宗教和宇宙上帝。他们满怀喜悦地接受了死刑判决，唱着感谢宇宙上帝的赞歌，直到咽下最后一口气。[22]

埃及殉道士人数众多，其中许多人成为圣人，他们的故事被仔细保存在科普特人的传记中。科普特基督徒中最受尊敬的人之一是圣迪米亚娜（St. Dimiana）。她和她的同伴们被令放弃信仰，她们坚定地拒绝了，因此全部惨遭杀害。在扎法兰（Zafaran）村，纪念圣迪米亚娜和40位处女的殉教活动每年仍在举行，她的遗物被保存在开罗的各个教堂。她是妇女健康和生育能力的守护神。圣凯瑟琳（St. Catherine）是一位博学的年轻女性，她渊博的知识给迫害者留下了深刻印象，以至于后者派出50位智者前来劝说她放弃信仰，最后圣凯瑟琳却将他们一一说服并使他们皈依了基督教，于是戴克里先将她斩首。她的不腐之身被秘密地运送到西奈山，在9世纪时被僧侣们发现，她的著名的修道院也在那里建立起来。在亚历山大，一座现代教堂就建立在圣凯瑟琳的殉道地。在大迫害期间，在埃及土地上到底有多少基督徒遭到折磨、残害和处决，我们不得而知。科普特人人数估计可达到数十万，这无疑有所夸大，但毫无疑问的是，埃及基督徒们遭受的痛苦和付出的生命损失是巨大的。然而，戴克里先远没有根除埃及的基督教，相反，他将基督教永远烙印在了埃及人的生活之中。

戴克里先发起的大迫害是迄今为止基督徒遭受的最大的一次迫害，但也是最后一次，因为基督教在罗马帝国的命运突然好转。戴克里先的继任者加利乌斯（Galerius）在311年临终前终止了大迫害。几年后，君士坦丁皇帝在争夺帝国统治权期间，于在一场决定性战役的前夕看到了基督教的圣光，随后在313年颁布了《米兰敕令》（*Edict of Milan*），给予基督徒礼拜自由，恢复教会财产，并允许基督徒担任公职。此后，帝国的支持更加明显。除了朱利安皇帝（Julian，361—363年在位）在其短暂的统治期间试图恢复传统的多神教外，后来所有的皇帝都是基督徒。此时，基督教在帝国内发展的道路已经十分明晰，它在埃及的发展尤为兴盛。据估计，到4世纪末，埃及基督徒的人数高达总人口的90%，但更可信的猜测是约占总人口的一半。无论采用哪个数据，埃及基督徒人数的增长都是迅速而巨大的，使得基督教成为埃及的主要宗教。

埃及对基督教最重要的贡献之一是建立修道制度。历史上将圣安东尼（St. Antony，251—356年）作为埃及修道制度的创始人是不准确的，因为在他之前还有先驱者，但圣安东尼还是成为典范，这主要源于他的朋友圣亚大纳修撰写了颇具文学影响力的圣安东尼传记，这是一部十足的理想化的传记作品。《教父箴言录》（*Sayings of Fathers*）中对安东尼有着更为人性化的描述。作为一个富裕的年轻人，安东尼响应了《马太福音》（*Gospel of Matthew*）的号召："你若愿意追求完美，就去变卖你所拥有的一切并分给穷人，你将在天堂获得财富：跟我来吧。"安东尼放弃了他的财产，选择在偏远的地方苦行。当他住在沙漠里的一座古墓中时，他经历了巨大的诱惑。魔鬼用无聊和懒惰来折磨他，以性感、美丽的女人的幻影来使他备受煎熬，但安东尼通过祈祷的力量继续坚守。以上方法都失败了，魔鬼就派出恶魔大军来虐待他，使他放弃所选之路，但是都无功而返。

安东尼从磨难中走了出来，他的身心恢复了活力，并成为禁欲主义的名人。人们蜂拥而来聆听他的教诲。根据《教父箴言录》，安东尼告诫人们：

> 对你眼前的上帝常怀敬畏。记住他是主宰死亡和生命的主。憎这个世界和此中的一切，恨一切来自肉体的宁静。你要放弃这一生，才能在上帝面前获得永生。记住你曾对上帝许下的诺言，因为在审判的日子你必须要予以兑现。忍受饥饿、干渴、赤身裸体，保

圣安东尼，被认为是埃及修道院的创始人（布洛斯·艾萨克摄）

持警醒和悲悯；在心里哭泣和呻吟；考验自己，看自己是否配得上
上帝的垂爱；轻视肉体，以便保全自己的灵魂。[23]

随着安东尼的名声传开，他的追随者越来越多，古墓里变得太过繁忙而
不再适合他生活，于是他退居到更远的地方，最终在东部沙漠的一个石窟里
定居，后来人们在那里建立了著名的以他的名字命名的修道院。在这个遥远
的隐居地，他的影响力只增不减，许多人效仿他的做法，形成了在危难时刻
隐居沙漠的悠久传统。这并不一定意味着中断与家人、朋友或支持者的所有
联系，因为荒野与尼罗河谷的距离从未超过几千米，通常只有几步之遥。许
多古墓都有宗教隐士居住的痕迹。但隐士们不必非退隐不可。许多人仍然留
在城镇和村庄中，他们采取严格的禁欲主义生活方式，继续在社区里生活和
劳作。

安东尼的理想是在靠近中心崇拜地的某个洞穴中隐居，这种模式后来被
称为隐居式修道制度。同时，埃及另一种形式的修道制度成为规范，这种团
修式修道制度对西方基督教产生了最大的影响。而这一制度所谓的创始人圣
帕乔米乌斯（St. Pachomius，290—346年）的历史影响也被夸大了，因为其
他人也在推动这一修道制度的发展；但就像圣安东尼，圣帕乔米乌斯后来的
名声也使其形成深远的历史影响。帕乔米乌斯式的修士们不再寻求孤独，而
是回到有组织的修道院中，共享生活设施。在共同规则的约束下，修士们耕
田种地、制作手工，尽可能做到自给自足。他们还向周围社区提供服务，如
接济穷人、照顾孤儿寡母、探望和照顾病人以及参与葬礼仪式。随着修道院
数量的增加和资源的积累，修道院在埃及成为一股强大的力量。

帕乔米乌斯约于公元320年在塔贝尼斯（Tabennesi）建立了自己的第一
所修道院，随后陆续建立了9所。纳特伦干河谷也建立了几所修道院，其中
第一所是由玛伽里乌斯（Macarius）于330年建立的。在4世纪末，圣舍努特
（St. Shenute）开始接管梭哈杰附近的白修道院（White Monastery），这是
埃及修道制度又一次发展的主要推动力。许多不同的修道制度分支开始发展

起来。女性社区也建立起来。修道院的数量及院内修士的确切人数无法得知，但有一份史料称，在4世纪末，俄克喜林库斯居住着一万名修道士；另一份资料提及，白修道院有2200名修士和1800名修女。即使数据中有夸张的成分，但此类数据在埃及其他地方也很常见，表明修道士人数众多。在几十年内，在埃及几乎有人居住的地方和附近都能找到修道院。有些修道院建在了偏远地区，例如圣安东尼修道院和圣保罗修道院。现存修道院证明了许多的修道院成为建筑群。当伟大的古代神庙被废弃后，它们成了理想的修道院选址，院内有围墙、生活区、仓库和宽敞的礼拜空间。这一点在卢克索的两个主要纪念建筑的名称中得到了印证，拉美西斯三世的葬庙被称为戴尔·麦迪那，它也被称为城镇修道院；而哈特谢普苏特的优雅神庙被称为戴尔·巴哈里，也被称为北修道院。古代神庙与修道院的联系如此密切，以至于戴尔（Deir）一词被应用于一些从未用于修道目的的庙宇。

位于底比斯戴尔·巴哈里的哈特谢普苏特的葬祭庙（作者摄）

埃及还为《新约》的形成提供了神学背景。《新约》是在耶稣死后两个世纪左右的时间中发展起来的。最早期的基督徒在礼拜中依靠圣歌和《旧约》中的内容，但除此之外，在1世纪末还流传着各种各样的基督教文本，例如福音书、耶稣和使徒的话语集、信件等。其中一些被收录在《新约》中，但还有许多其他的文本并没有被收录其中。这其中的一些文本内容惊人，显示出早期基督教的多样性，在纳格·哈马迪的发现就证明了这一点。基督教对一致性的要求日益增长，这就需要有一套被认可的文本。埃及基督教会负责决定应收录哪些内容［有争议的《圣约翰启示录》（Revelation of St. John）被收录］，排除哪些内容，甚至压制哪些内容［如《多马福音》（Gospel of Thomas）］。《新约》的第一批书籍就源自埃及。

基督教的许多教义形成于埃及。博物馆的哲学传统，特别是斐洛的教义对早期基督教思想的影响是显而易见的。在2世纪下半叶，基督徒在亚历山大城建立了一所教理学校。亚历山大城的克莱门特（Clement，约150—216年）是该校早期的负责人之一，也是最伟大的学者之一。克莱门特是基督徒，同时他精通希腊文学。虽然他的著作更多地强调基督教哲学而非希腊文学，但他强大的古典背景使他认识到需要与过去保持连续性。然而，人们后来认为克莱门特的古典主义色彩过于浓厚。他的继任者是奥利金。奥利金是教会之父，也是一位多产的神学家。他是第一个澄清上帝和基督的本质、灵魂和救赎等教条和原则的人。在教理学校中形成的观点传遍了整个罗马帝国和其他地区。

随着教会人数的增长和组织的发展，教会逐渐形成一直坚持的正统，也就是字面上的"正确信仰"。它指的是，坚信只有一个真正的信仰，其原则可以被确立，而且在教会之外没有基于这种信仰的救赎。这些原则是普遍适用的。任何挑战既定正统观念的人都是离经叛道，会被逐出教会。人们对教条的争论可能会产生巨大的影响，特别是在已然动荡的时局下又加入了帝国的干预。当民族性和民族主义意识加入争辩中时，就可能出现爆炸性的结果。

动摇基督教会的第一个主要异端完全来源于埃及。在某种程度上，它是两个亚历山大教士之间的个人恩怨，其中一个是圣马克教堂的长老，名叫阿里乌斯；另一个是他的野心勃勃的对手亚大那修，后者最终成为亚历山大的主教和圣人。阿里乌斯认为，由于耶稣是上帝所生，他的本性与上帝相似但不相同，他与上帝是不平等的关系。而亚大那修认为，上帝和耶稣两者不可分割。正如阿里乌斯异教的名字一样，它在埃及造成了分裂，因为希腊基督教社区倾向于支持阿里乌斯，而埃及本地的基督徒则支持亚大那修。两者之间的冲突蔓延到整个罗马帝国，阿里乌斯一度占了上风。因为双方都不愿让步或容忍对方，激烈的争论、打斗、骚乱和流血事件接踵而至。为了解决这场争端，君士坦丁皇帝于325年在尼西亚召开了第一次基督教大公会议。阿里乌斯被判刑并被流放，但亚大那修的异教却势头更盛并继续制造问题，直到380年狄奥多西（Theodosius）皇帝坚定地站在尼西亚正统派这一边，他们才停止制造麻烦。

早期，埃及与基督教中的神圣家族（Holy Family）建立了密切的联系。这是基于《马太福音》中的一段话，上帝的天使在约瑟夫的梦中显现，命令他"带着孩子和孩子的母亲逃到埃及去，在那里等我给你消息，因为希律王正寻找这个孩子并要杀害他"。虽然《圣经》中对神圣家族在埃及的逗留记载不多，但这段经历在埃及却形成了丰富的传统，许多地方都有他们的痕迹，并成为朝圣的圣地。其中，现在仍然可以看到的是位于赫利奥坡里斯的圣母树和位于开罗穆斯图尔德街区的圣母教堂，在上埃及的杰贝勒·代尔（Gebel al-Teir）还建有圣母教堂，在库西亚（al-Qusiya）建有圣母修道院。

朝圣者也被吸引到埃及的许多其他地方，特别是像圣安东尼修道院这样的大修道院，以及像位于亚历山大城西南部阿布·梅纳（Abu Mena）镇的圣梅纳斯（St. Menas）这样的地方圣祠。根据某个故事，圣梅纳斯是戴克里先大迫害时期的殉道者，其尸体在被运送到骆驼身上时，骆驼不愿再前进。虽然骆驼的这种行为比较常见，但在埃及，如果无法将尸体运送到更远的地方，传统上人们认为这是圣人希望被埋葬在此的标志。于是人们就将圣梅纳斯埋葬在此处，随后该地涌现了泉水，奇迹开始发生了。阿布·梅纳成了埃及的首要朝圣地。这些圣地不仅吸引了来自埃及国内的朝圣者，而且还吸引

圣梅纳斯，其形象通常出现在两头骆驼之间，在戴克里先大帝统治下的大迫害中殉教（作者摄）

了来自世界各地的朝圣者。一位来自高卢的名叫埃瑟拉（Etheria）的修女曾在379至388年间的某个时间访问埃及。有人告诉她底比斯的巨像是摩西和亚伦（Aaron）。她像之后许多朝圣者一样寻找着与《圣经》有关的遗址。她的手稿于19世纪末被人们发现，这可能是由欧洲女性撰写的第一本有关埃及的游记。

科普特人的历史深刻地影响了埃及的艺术和建筑。教堂和修道院虽然借鉴了许多已有的设计，但必须满足新的功能需求。与基督教世界的其他地方一样，埃及基督教堂和修道院的墙壁上也装饰着壁画。有些壁画于近期得到了修复，其中包括圣安东尼修道院和圣保罗修道院的壁画，游客由此得以一览接近原始状态的壁画。参观者可以分辨出鲜明的埃及主题和艺术手

在俄克喜林库斯发现的科普特诗集中的科普特文字（布洛斯·艾萨克摄）

法。在追溯法尤姆肖像画的晚期历史时，我们可以发现异教徒的肖像画转变成了基督教的肖像画。人们可以在开罗老城的科普特博物馆看到科普特人的手稿、手工艺品和珍贵物品。

埃及的基督教会变得富有、强大和有影响力。埃及掀起了一股建造教堂的浪潮，这一浪潮持续了两个世纪。在5世纪初，埃及的基督教徒可能只有总人口的一半，而到该世纪末，基督徒的人数已占大多数，使得非基督徒成为少数。教会和修道院在埃及各地建立起来，形成了明确的宗教等级制度，上有作为埃及大主教的亚历山大主教，下有乡村牧师。大主教的权力延伸到了昔兰尼加，他和埃及其他的高级传教士在整个罗马帝国的教会会议中发挥了巨大的影响力。传教士们前赴后继。他们在早期取得了一个成就，即使埃塞俄比亚皈依基督教。埃塞俄比亚基督教会直到1948年仍是科普特东正教会的一个分支。教会因为获得了国家的捐赠取得了巨大的财富增长，例如康斯坦丁皇帝在350年将亚历山大城的恺撒院捐赠给教会，许多个人也向教会和修道院捐赠了财产。

埃及的基督教机构正在蓬勃发展时，异教则在不断衰落。早在2世纪，神庙就已陷入困境，当时帝国的铭文愈加稀少，表明了政府的支持在减少。罗马人在埃及的组织剥夺了埃及异教徒获得的捐赠，他们在3世纪的不稳定时期以及随后痛苦的重新调整时期十分脆弱。随着基督徒人数的增加，异教徒的人数锐减。有证据显示，异教的祭祀活动逐渐减少，部分异教节日也逐渐消失了。公元341年，康斯坦丁皇帝颁布法令禁止迷信，下令举国上下停止祭祀活动。朱利安皇帝试图恢复对旧神的崇拜，但此举在埃及并未形成持久的影响。

4世纪末，在帝国政府的支持下，埃及开始了一段基督教对异教的迫害时期。在亚历山大城，基督徒和异教徒之间经常发生暴力冲突。异教徒人数很少，而基督徒可以随时随地获得附近众多修道院有组织的支持，这些修道院可以在短时间内派出大群好战的修士。狄奥多西皇帝发起了一项强烈反对异教的政策，这项政策特别关注埃及的异教：政策取缔了异教传统的崇拜形式，勒令关闭神庙，寻找异教著作并将其销毁；禁止少数牧师使用世俗体；

将不适用的异教节日变为工作日。公元391年，狄奥多西皇帝颁布法令，
"任何人不得进入圣殿，不得穿越神庙，也不得仰视由人民劳动创造的雕
像"。亚历山大的主教西奥菲勒斯（Theophilus）以此为依据，获得了法律
授权没收了被废弃的神庙，并将其改为教堂。在这些新教堂里，他以挪揄的
方式展示神像，对异教徒故意发起挑衅，而异教徒们则发动暴乱作为回应。

这正中西奥菲勒斯的下怀，这为他召集修士和暴民提供了借口。异教徒
们意识到他们的处境不再安全，于是撤退到亚历山大城的塞拉匹姆神庙建筑
群中，并在那里进行最后的抵抗。攻击很快来临。在皇帝的鼓励下，基督徒
暴民冲破了异教徒的路障。他们摧毁了巨大的塞拉匹斯雕像，烧毁了整个神
庙建筑群。亚历山大图书馆的大部分遗迹也在这场破坏中消失了。随后，基
督徒们对埃及剩下的其他异教中心进行了类似的攻击。赫尔墨斯·特利斯墨
吉斯忒斯曾经的一个预言至今仍有一些基督徒和异教徒在阅读，该预言称：

> 诸神离开大地，返回天堂。他们将放弃埃及。那神圣的大地、
> 圣殿和神庙，将完全被棺材和尸体所覆盖。哦！埃及，埃及！你的
> 宗教将不复存在，只剩寥寥数篇寓言，以后你们的孩子甚至不会相
> 信这些寓言！被抛弃的人们将全部死亡，然后埃及的土地上不再有
> 神与人，它将沦为一片荒漠。[24]

基督教对埃及异教的攻击持续了数十年。公元412年，西里尔一世成为
大主教，他曾在修道院里待了好几年，这足以使他能够获得修道院的支持。
415年，他指挥修士并煽动暴民反对亚历山大城的犹太人，命人摧毁他们的
财产并将他们驱逐出城。罗马行省长试图阻止这一暴行，西里尔一世便命
暴民将他杀死。然后，西里尔一世转向了哲学学校，这些学校是埃及剩余知
识精英的家园，其成员有"臭名昭著"的异教徒，里面还有杰出的学者西昂
（Theon）和他天赋异禀的女儿希帕蒂亚（Hypatia）。这位独立的女性是一
位出色的哲学家和天文学家，她的讲座甚至在基督徒中也吸引了广泛的追随

者，但她的行为激怒了厌恶女人的西里尔一世，他煽动群众反对她。在行省长被暗杀后不久，希帕蒂亚在乘坐战车经过亚历山大城时，一群基督徒暴徒袭击了她，把她拖进附近的教堂中砍成碎片。暴徒们带着她的遗体在街上游行，在庆祝活动中将其烧成灰烬。

尽管需要面对狄奥多西的法令和基督徒们的暴力，一些异教徒仍坚持信仰达数代人之久，一些边缘地区的神庙也在继续开放。然而到了6世纪末，农村的大多数人可能已经皈依基督教，城市里剩下的异教徒也不能再公开信教了。最后一个使用的神庙是位于菲莱的伊西斯女神庙，但被查士丁尼（Justinian）皇帝下令关闭，并在535年左右停止了运作。我们正是在菲莱发现了最后一处可追溯日期的象形文字铭文。人们可能在这个时候丧失了阅读象形文字的能力，并在接下来的1000多年中都没能恢复。基督教在埃及取得了彻底的胜利。

然而，即使基督徒在埃及取得了胜利，他们也发现埃及基督教会和亚历山大主教会的地位受到了帝国政治和后起之秀君士坦丁堡的威胁。君士坦丁堡是由君士坦丁皇帝于324年在博斯普鲁斯海峡建立的连接欧洲和亚洲的新首都，这从根本上改变了帝国内部的政治平衡，其在权力、规模、财富，甚至声望上取代了亚历山大城。这对具有公民意识的亚历山大城市民来说是一种耻辱，因为在君士坦丁堡出现之前的几个世纪里，亚历山大城一直是地中海东部最大的城市。此举还产生了与政治考量密切相关的宗教影响，因为君士坦丁堡教会等级制度很快就开始主张在教会内拥有与他们首都地位相称的最高地位（名义遵从罗马主教），这一主张得到了帝国的支持。381年，在君士坦丁堡召开的第二次大公会议上明确宣布，君士坦丁堡主教地位仅次于罗马主教。亚历山大主教教区曾为教会的悠久传统作出了诸多贡献，此举严重冒犯了亚历山大主教。

君士坦丁堡和亚历山大城之间的竞争也体现在二者的基督一性论之争。这次神学上的争论关乎基督的本质，这是自阿里安（Arian）异端以来持续不断的争论的根源。一性论者相信基督的人性和神性是合二为一的，而另一方认为基督的人性和神性是两个独立的本性，后者后来被称为麦尔基派（Melchites）或卡尔西顿派（Chalcedonians）。随着教义上分歧的进一步扩大，这个问题已经十分严重，但由于卡尔西顿派认同君士坦丁堡的帝国政府，基督一性一派在埃及占上风，而政治上的两极分化使这个问题更加严重。因此，这场斗争演变成一场政治斗争。因为埃及抵制它所认为的外国压迫，这场斗争实际上又是一场民族斗争。这场冲突旷日持久，震撼了教会，破坏了拜占庭帝国的统一，也破坏了科普特东正教。

在449年，于以弗所（Ephesus）举行的第二次大公会议上，基督一性论之争被列为重要议题，众多埃及人参加了本次会议，他们的无赖行为导致这次会议被称为强盗会议。亚历山大城的大主教和会议主持人迪奥斯库鲁斯（Dioscurus）拒绝让对方陈述自己的情况，并在其闹腾的追随者的支持下，强行通过了有利于基督一性论的决定。然而，埃及人没能驳回一项让君士坦丁堡主教优先于安提阿主教和亚历山大主教的动议。迪奥斯库鲁斯被激怒了，他把君士坦丁堡主教推倒在地，愤然离席。

君士坦丁堡的教会人士不接受在以弗所作出的有利于基督一性论的决定，他们说服了富有同情心的新皇帝马尔西安（Marcian，450—457年在位）召集了另一个会议来重新讨论这一问题。会议于451年在帝国首都视线范围内的海峡对岸的卡尔西顿举行，埃及代表团基督一性论的主张在这次的卡尔西顿会议上没有得逞。许多人抱怨迪奥斯库鲁斯主持前一次会议的方式欠妥，随后他被剥夺了在主教中的席位，而后被剥夺了主教职位。在谈及紧迫的教义问题时，会议宣布基督有两个本性，而且这两个本性不可分割地结合在一起，这才是正统的说法。埃及拒绝接受这一决定，一位研究早期科普特教会的学者将其描述为"摆脱外国占领的文化独立的民族主义声明"。这可以视作科普特东正教的开端。然而，应该指出的是，科普特基督徒非常不喜欢被称为基督一性论者。

在卡尔西顿会议之后的几十年里，君士坦丁堡的帝国政府采用软硬兼施的方式，试图将其对正统的定义强加给埃及，但遭到了帕克米安

（Pachomian）修道院的坚决抵制。君士坦丁堡官员遭到挫败后进一步加强了对埃及的宗教统治，而修道院的抵抗也相应增加。通过这种抵抗，埃及基督教被越来越鲜明地塑造出来。570年，埃及基督徒作出了决定性之举，任命了自己的大主教。

尽管埃及的粮食和收入对君士坦丁堡极为重要，但是埃及在拜占庭帝国内的地位一直在不断下降。查士丁尼皇帝约在537年对埃及的行政管理进行了又一次更加彻底的重组，其目的似乎是确保粮食供应。埃及的人口可能减少了，到公元600年可能低至300万人，其部分原因是持续的困境造成的人口稳步减少，更重要的原因是542年爆发了灾难性的瘟疫，这场瘟疫造成埃及人口锐减。在莫里斯（Maurice，582—602年在位）统治时期，强盗猖獗，以至于中断了往君士坦丁堡的粮食运输。608—610年，为了反对残暴的帝国篡位者福卡斯（Phocas），人们发动了叛乱，拜占庭帝国的所有行省都发生了流血事件，各行省均处于混乱状态，其中埃及受到的影响最大。埃及人对拜占庭在政治和宗教上的双重枷锁感到极其厌恶，但他们并不反感在7世纪出现的统治的变化。

第十章
伊斯兰教的到来

公元603年，几个世纪以来都是对手的拜占庭和波斯帝国开始了一场恶斗。这场争斗先后将两方带到了毁灭的边缘，争斗结束时，双方都筋疲力尽。起初，战争的命运偏爱波斯人。经过多年的稳步推进，他们在613年占领了大马士革，并于第二年占领了耶路撒冷。当拜占庭人撤退以保卫他们的安纳托利亚腹地时，波斯人向南转攻埃及。拜占庭的要塞巴比伦于617年沦陷，亚历山大城于619年沦陷。波斯人占领了整个埃及，通过剥夺君士坦丁堡的粮食供应，对拜占庭人造成了沉重打击。

波斯人尽管起初在埃及境内屠杀了基督徒，但没有造成实质性的破坏。然而，波斯人此次占领在政治上无疑是破坏性的，罗马-拜占庭的统治制度由此迅速恶化。正如在以前波斯统治的时期，埃及人并不在乎这些特殊的外国统治者，没有证据表明埃及人试图驱逐他们。波斯人离开埃及是由于其他地方的事务，而非在埃及发生了什么事件。

波斯万王之王乔斯罗斯二世（Chosroes Ⅱ）拒绝了拜占庭慷慨的和平提议，打算全面征服拜占庭帝国。到了622年，君士坦丁堡身处危险之中。这座城市坚守在坚固的城墙内，但拜占庭帝国似乎已经进入了最后的痛苦期。赫拉克利乌斯（Heraclius）皇帝孤注一掷，率领陆军从君士坦丁堡起航，在黑海东岸登陆，向南进军美索不达米亚，直接进攻波斯帝国的心脏。这场赌局得到了回报。赫拉克利乌斯在古城尼尼微（Nineveh）附近果断地击败了波斯人，使波斯帝国的中部省份脱离统治。乔斯罗斯二世的政权崩溃了，他被废黜并杀死，波斯帝国一时间陷入了无政府状态。下一任波斯国王实现了波斯与拜占庭之间的和解，他将所有征服的土地归还给了拜占庭人，其中包括埃及行省。波斯人于629年撤出埃及。

在撤离十多年后，拜占庭人重新恢复对埃及的控制，他们没有采取什么措施来使埃及人欢迎他们的回归。拜占庭恢复统治意味着高额的税收，可以预见这和其他措施一样不受欢迎。最糟糕的一项举措是，赫拉克利乌斯在631年任命居鲁士为埃及行省长和亚历山大主教。居鲁士曾经试图调和科普特人和卡尔西顿人的观点，却无能为力；随后，他进行了一场狂热的反科普特人的迫害，驱逐了非正统的主教和修士；他甚至一度试图杀死科普特主教。许多埃及人从中吸取的教训是，同时忠于拜占庭帝国和科普特基督教会是不可能的。埃及的犹太人也因曾经支持过波斯人而受到惩罚。

赫拉克利乌斯荣归君士坦丁堡，赢得了人们的欢呼与赞誉，但他的胜利是以沉重的代价换来的。胜利后的拜占庭帝国需要时间来恢复，但是它不得不面对来自阿拉伯沙漠深处的意外挑战。大约在610年，阿拉伯中西部商业城市麦加的一位商人穆罕默德收到了第一份神启，他开始与伙伴们分享这些启示。这些信息的语言表达强劲有力、令人难忘，是关于一个全能的神的故事，他将在审判日让人们对自己曾经的行为负责。此外，这个神是唯一的神，其他的神灵都是假的。这或许就是《古兰经》的启示，是伊斯兰教的基础。

起初，皈依伊斯兰教的信众很少。而穆罕默德在信奉多神教的麦加城进行的布道也树立了很多敌人。622年，穆罕默德被迫去往北方的麦地那城，随后将此处设为他的总部。随着皈依者人数逐渐增加，穆斯林变得强大起来。他们击败了麦加人，这一新的宗教迅速传遍了阿拉伯半岛。在深刻的宗教承诺的激励下，以前软弱无力、容易相互争斗的阿拉伯部落形成了一股团结的力量。穆罕默德在最后一次去麦加朝圣时告诫人们："听我的话，并且要牢记于心！要明白每个穆斯林都是其他穆斯林的兄弟，你们现在是一个大家庭。因此，你们中的任何一个人拿属于兄弟的东西都是不合法的，除非是他自愿给你的。"由此，一股新的力量被释放出来，穆斯林战士蜂拥走出阿拉伯，开始了一系列史诗般的征服，最终西达摩洛哥和西班牙，东至印度。

先知去世后的第二年（即632年），穆斯林大军入侵了叙利亚和美索不达米亚。在636年的叶尔穆克战役中，拜占庭军队的残余力量败北并向北溃退，而在美索不达米亚的穆斯林大军从赫拉克利乌斯战役后的被破坏和无政府状态中恢复过来，一举击溃了波斯人。由此，穆斯林成为叙利亚的主人。埃及与君士坦丁堡和拜占庭帝国中心的陆路联系被切断了。639年末，一支由4000人组成的穆斯林小军队在阿慕尔·伊本·阿斯（Amr ibn al-As）的指挥下从叙利亚出发，向南进军埃及。

考虑到整个战略形势以及穆斯林军队在征服早期阶段的强大实力，埃及成功抵御穆斯林进攻的概率可能不大。因为埃及无法判断穆斯林会从哪个方向进攻；拜占庭政权也不会冒着再次战败的风险前来援助，君士坦丁堡的中央政府保留了最优秀的正规军守卫安纳托利亚以及通往帝国首都的通道。即便穆斯林军队的人数增加至5万人，埃及部队的规模也比入侵的穆斯林军队的规模要大得多。然而不幸的是，埃及军队训练无素，缺乏有效的领导，内部还出现了分歧，行省长兼主教居鲁士在其中发挥了特别大的破坏作用。

穆斯林军队在639年12月到达埃及时遇到了一些抵抗，但培琉喜阿姆还是在640年7月被攻陷，这使穆斯林军队能够迅速进军三角洲，并在当月末攻下赫利奥坡里斯城。该年年底，穆斯林占领了巴比伦城并围攻了附近的要塞，当地军队因为得不到省级或帝国的支持而不愿作战。此外，在穆斯林军队入侵前，科普特人因为遭受宗教迫害而更加仇恨拜占庭人，他们对拜占庭人战败很是高兴。主教尼基乌（Nikiu）写道："所有人都知道，希腊人的失败和穆斯林对埃及的征服是对赫拉克利乌斯皇帝的惩罚，惩罚他的暴政和他通过族长居鲁士错误地对待（埃及人）的行为。"[25]

641年2月11日，赫拉克利乌斯皇帝去世，内乱导致中央政府瘫痪，帝国

罗伯特·海在19世纪描绘的巴比伦的罗马堡垒（摘自罗伯特·海的《开罗插画》）

援助埃及的可能性变得更加渺茫。4月，巴比伦要塞沦陷。9月，穆斯林进入了亚历山大城。641年11月28日，拜占庭帝国正式放弃埃及。最后一批拜占庭军队在一年内撤出埃及。当帝国政府最终决定重返埃及作战，并于644—645年派曼努埃尔（Manuel）率军前往埃及时，局势已无法挽回。654年，拜占庭再次战败。拜占庭帝国就这样永远地失去了埃及。

据说，阿慕尔·伊本·阿斯在儿时来过亚历山大城，但其余从阿拉伯中部来到此处的阿拉伯士兵一定对这座城市富丽堂皇的宫殿、奢华的私人住宅、气派的公共建筑，以及复杂的港口和商业设施感到震惊。有这样一则故事：伊本·阿斯不知如何处理此前塞拉匹姆的大型图书馆，所以他写信请示哈里发奥马尔（Umar）。哈里发回答说："至于你提到的书籍，如果它们包含与真主之书相一致的内容，（那么）真主之书没有它们也是足够的；如果它们包含与真主之书相悖的内容，就不需要它们了，可下令全部销毁。"

然后，图书馆的藏书就被用于加热浴池。6个月内，所有的东西都被烧毁了。正如与第二任哈里发有关的其他轶事一样，这则轶事也是可疑的，因为在恺撒大帝、基督徒和其他人对大图书馆的藏书进行反复破坏之后，极不可能还存留许多书籍于后世。

　　阿拉伯人并没有选择在亚历山大城统治埃及。相反，作为埃及历史的一个重要起点，他们在巴比伦要塞附近建立了新首都福斯塔特（Fustat），并建立了非洲大陆上的第一座清真寺——阿慕尔清真寺（建于641—642年）。这座寺庙历经几个世纪的重建，现在仍然矗立在那里。起初，福斯塔特很可能是一个大型的军事营地（福斯塔特在阿拉伯语中的意思为"军营"），但它很快就发展成为一座繁荣的城市。虽然福斯塔特在历史中一直无法比拟于3个世纪后建立的开罗，但福斯塔特在全盛时期是伊斯兰世界仅次于巴格达的主要城市之一。即使后来开罗的规模超过了它，它仍然长期处于重要地

阿慕尔清真寺，鸟瞰视角（拉詹·帕特尔，美国埃及考古项目研究中心）

位。根据10世纪旅行地理学家伊本·霍卡尔（Ibn Hawkal）的说法，这里有优良的市场和广阔的花园，泥砖砌成的房屋有6层楼高。一座船桥将福斯塔特和罗达（Roda）岛连接起来，另一座桥连接罗达和对岸的吉萨。亚历山大在成为埃及首都900年后，尽管它在一段时间内仍是重要的城市，但它开始了漫长的衰落。

埃及成为日益发展壮大的阿拉伯帝国的一个省，首先由麦地那的哈里发统治；在倭马亚王朝（Umayyad caliphate）于661年建立后，由大马士革的哈里发统治。埃及的主要行政官员是总督，总督以下设有其他重要官职，如首席司法官卡迪（Qadi）。阿拉伯人给埃及带来了新的司法制度。总督的权力最终取决于阿拉伯驻军是否配合，阿拉伯驻军如未定期收到薪金便会不守规矩。一个规模不大但不断增长的阿拉伯定居社区，也在早期穆斯林统治埃及时期的政府和社会中发挥了重要作用。

阿慕尔·伊本·阿斯任第一任埃及总督，但他很快就被哈里发奥斯曼（Uthman）召回。奥斯曼对伊本·阿斯享有的半独立地位感到不满，他希望进行哈里发中央集权管理。然而，伊本·阿斯的继任者阿卜杜拉·伊本·萨德·伊本·阿比·萨赫（Abdallah ibn Saad ibn Abi Sarh）是个能人，他在646年击退了拜占庭帝国对亚历山大城发动的迟来的进攻。他还发展穆斯林海军，并于654年在小亚细亚海岸狠狠地挫败了拜占庭军队。651—652年，伊本·阿比·萨赫入侵了当时笃信基督教的努比亚，虽未能将其征服，但由此缔结的条约［被称为巴卡特（Baqt），来自拉丁语契约（Pactus）一词］要求努比亚每年向埃及进贡奴隶，这一条约持续了几个世纪。这也使埃及的南部边界一直延伸到阿斯旺。

埃及人民起初很平静，没有掀起任何叛乱。在伊斯兰世界体系中，基督徒和犹太人是"受保护者"（Dhimmis，吉玛人，被赋予了二等公民的法律保护地位），只要他们缴税，生活基本上就不会受到影响。忍受了几个世纪顽固的拜占庭式宗教正统性的埃及基督徒非常欢迎这一变化。阿拉伯人毫不关心基督教神学的观点，因此他们没有表现出对任何一个教派的偏好。阿拉伯人也没有夺取基督徒们的家园和土地。当然，基督徒需要缴税，但这并不是新鲜事，虽然税额很大，但最初并不苛刻。一个传统说法经常被引用："对待埃及要有充分考量，不要像割草一样割她。"埃及在后来赋税变得严苛时，才开始爆发叛乱。不过，几乎没有证据表明埃及人希望恢复拜占庭的统治。即使在阿拉伯人征服埃及5个世纪之后，一位基督教作家仍然激动地说道："摆脱罗马人（拜占庭）的残酷、恶意、愤怒和狂暴，我们得以身处和平，这带来的好处可不少。"

容忍并不意味着平等。基督徒被禁止服军役，也无法出任政府要职；但是阿拉伯化的基督徒在阿拉伯统治埃及的最初的几十年里意义重大，尤其在财政管理方面。在被征服后的一个世纪，埃及农村的所有官职均由基督徒担任。随着时间的推移，阿拉伯人颁布了一系列的法律禁止奢侈行为，例如基督徒不得着异装，不得参与骑马等活动。不过，这些法律的执行既不严格，也不长久。数量锐减的埃及犹太人对统治者的变化持乐观态度，他们可以在穆斯林统治初期期望得到宽容的对待，这在罗马统治晚期和拜占庭统治时期都未能实现。

埃及从一个主要讲科普特语的基督教国家转变为一个讲阿拉伯语的伊斯兰国家，这种转变的速度和过程是难以记录的。穆斯林征服者并没有尝试迫使大众从信仰基督教转而信仰伊斯兰教，因为这样做会减少非穆斯林应缴税款，当然还有一些其他因素在起作用。阿拉伯男子可与基督徒女子结婚，他们的孩子将成为穆斯林。在8世纪，大规模的阿拉伯移民进入埃及。个人的野心也可以成为改变信仰的理由。尽管长期以来基督徒可以保留重要的政府职位，但他们受到了越来越多的骚扰和暴力侵犯，而改变信仰能为他们提供晋升的机会。705年，征税的范围扩大到原本免税的教堂和修道院，这使得修道院走向没落，使教会在埃及最重要的机构凋零。在阿拉伯人的征税和歧视下，基督徒们开始反抗，但随之而来的残酷镇压使得一波又一波的基督徒为了逃离暴力而皈依伊斯兰教，皈依浪潮在832年巴什穆里（Bashmuric）叛乱后尤为明显。此外，伊斯兰教本身的强大使得越来越多的埃及人得以接触伊斯兰教并学习阿拉伯语。

相比于追溯人们皈依伊斯兰教的情况，追溯阿拉伯语在埃及的传播可以做到更加准确。此前，埃及的行政语言一直是希腊语，直到706年，哈里发颁布了一项法令，用阿拉伯语取代了希腊语。随后，希腊语几乎从官方文件中消失。埃及书吏及其他靠识字为生的人不得不学习阿拉伯语来维持生计。当然，在穆斯林统治早期的几个世纪里，大多数埃及人说的是科普特语，而非希腊语。阿拉伯语取代科普特语成为大众语言历时颇久，这个转变的过程势不可当且完全彻底。到了14世纪，科普特语在农村几乎消失了，它就像罗马天主教会使用的拉丁语一样，几乎成为一种礼拜用语。

656年，第三任哈里发奥斯曼在麦地那被杀。随后，先知的女婿阿里（Ali）在激烈的竞争中接过了哈里发的政权。阿里面临的最强大的挑战者是倭马亚家族，这是一个来自麦加的富裕且颇具影响力的家族，他们在叙利亚有着强大的权力基础。阿里与穆阿维叶（Muawiyah）领导的倭马亚家族之间战争的主战场就在埃及。双方于657年爆发了战争，倭马亚家族很快占据了上风。阿里为了恢复对埃及的统治，于658年任命第二任哈里发的儿子穆罕默德·伊本·艾布·贝克尔（Muhammad ibu Abu Bakr）为埃及总督，但伊本·艾布·贝克尔采取的严苛举措却把更多的人推向了穆阿维叶的阵营，并为穆阿维叶提供了反击的机会。穆阿维叶命阿慕尔·伊本·阿斯率领倭马亚军队远赴埃及，而阿慕尔·伊本·阿斯也一直渴望重回他曾经征服和治理过的土地上。658年夏末，双方在福斯塔特和艾因沙姆斯（Ain Shams）之间的某地血战一场，伊本·阿斯取得了战争的胜利。穆阿维叶于661年成为倭马亚王朝的第一位哈里发。埃及一直是穆阿维叶开疆扩土大业的一部分，为了感谢伊本·阿斯的支持，穆阿维叶允许他按照自己的意愿统治埃及，直到他于664年去世。

哈里发马尔万一世（Marwan Ⅰ）于684年前往埃及树立权威，当时他命儿子阿卜杜勒·阿齐兹（Abd al-Aziz）为埃及总督，由此开始了在埃及持续20年的和平统治时期。在此期间，埃及成为穆斯林征服北非和获得战利品的基地。阿齐兹的一个接班人后来率领穆斯林大军入侵了西班牙。在阿齐兹之后，埃及政府的政策逐渐收紧。征税更加严苛，这一趋势在724年乌拜德·阿拉·伊本·哈巴布（Ubayd Allah ibn al-Habhabs）被任命为埃及税收总督时达到了顶峰。为了增加行省收入，乌拜德·阿拉对全国进行了全面详细的调查，要求每个人都佩戴带有编号的徽章。他将税收提高了10%以上，而且征收的方式残酷无情。埃及的科普特人自从被阿拉伯征服以来一直耐心地向穆斯林缴税，然而这一次爆发了一系列叛乱。虽然这些未经协调、无计划、无领导的起义几乎不可能成功，但它们给穆斯林军方施加了沉重的压力，后者付出了巨大的生命代价才镇压了这些叛乱。

倭马亚王朝晚期逐渐衰落，其行政组织和军事机构都在腐坏，关于倭马亚王朝不道德的丑闻也流传开来。同时，敌对势力发展起来。其中一个敌对势力由阿巴斯（Abbasid）家族领导。他们之所以被称为阿巴斯家族，是因为他们将自己的血统追溯到了穆罕默德的叔叔阿巴斯，从而宣称与先知的关系比倭马亚王朝更为密切。在750年的扎布之战中，哈里发马尔万二世（Marwan Ⅱ）被阿巴斯家族击溃。此后，阿巴斯家族屠杀了他们所能抓到的所有倭马亚家族成员。马尔万二世逃亡至埃及，但他尚未巩固自己的政权就于750年8月1日在中埃及的布西尔（Busir）被紧追不舍的阿巴斯军队杀死。

阿巴斯哈里发将帝国的首都从大马士革迁至巴格达。在哈伦·拉希德（Harun al-Rashid，786—809年）等强大的哈里发的领导之下，帝国保持了近一个世纪的强大的中央集权统治。阿巴斯王朝决心不在倭马亚王朝的基地福斯塔特统治埃及，因而在北部不远处建立新城作为政府和士兵的驻地，该城即阿斯卡尔（al-Askar）。这并没有削弱福斯塔特的地位，它因靠近新的行政中心而受益。在科普特人和阿拉伯人相继掀起叛乱后，哈伦·拉希德之子、阿巴斯王朝哈里发马蒙（Mamun）于832年到访埃及。根据《天方夜谭》中的传说，马蒙为了寻找宝藏，在大金字塔北面开凿出一个缺口（该缺口如今是游客入口）。

在9世纪下半叶，埃及除了偶发叛乱之外，还是相当安全的，但阿巴斯帝国与它的前身倭马亚王朝一样也进入了衰退期。哈里发与其说是享有权力，不如说是享有威望，帝国各行省越来越不服从中央管控。各行省总督开始认为自己是合法的统治者，并试图建立各自的家族势力。埃及先后进入了两个总督王朝，即868—905年的图伦王朝（Tulunids）和935—969年的伊赫什德王朝（Ikhshidids）。

艾哈迈德·伊本·图伦（Ahmed ibn Tulun）是中亚向哈里发进贡的土耳其奴隶兵的儿子，他于868年来到埃及进行统治。他在北部不远处建造了另一座新城，名为卡太（Qatai，意为租界或地块）。伊本·图伦在此城建立的清真寺是目前开罗最大的清真寺，也是原始结构保留得最古老的清真寺。在国内，伊本·图伦通过修复水利工程和改革税收恢复了埃及的经济稳定；在国外，他控制了叙利亚，其领地远至拜占庭边境。他大获成功并独立于巴格达，以致哈里发最终无法忍受他的存在。伊本·图伦甚至能够干预两个哈里发竞争者之间的斗争。

伊本·图伦于884年去世，他极受民众欢迎，还留下了一个完整的国库。他的儿子库马拉瓦伊（Khumarawayh）继任埃及总督一职，这是阿拉伯帝国内第一次有人在未经哈里发允许的情况下，以世袭的方式接管如此之大的行省。库马拉瓦伊起初是一位强大的统治者。他对哈里发发号施令，扩大了图伦王朝在叙利亚的属地，但他对开支的管理较为草率，在经济急剧下滑时无法有效对其进行管理。896年，库马拉瓦伊被他宫中的太监谋杀，因为这些太监与后宫妃嫔私通。该王朝在酒色、阴谋和谋杀中逐渐衰亡。巴格达看到了可以重新控制埃及的机会，于是在905年向埃及派出了一支远征军，并将卡太城夷为平地，只保留了伊本·图伦的清真寺和从尼罗河流入该城的水渠。

在接下来的30年里，巴格达通过向埃及派遣多位军事指挥官直接控制埃及。然而，这个制度实施得并不顺利，埃及行省的行政管理水平低下，税收过高，社会秩序混乱不堪。当帝国面临外部威胁时，中央政府需要全力以赴对抗外敌，于是哈里发拉迪于935年任命穆罕默德·伊本·图格吉（Muhammad ibn

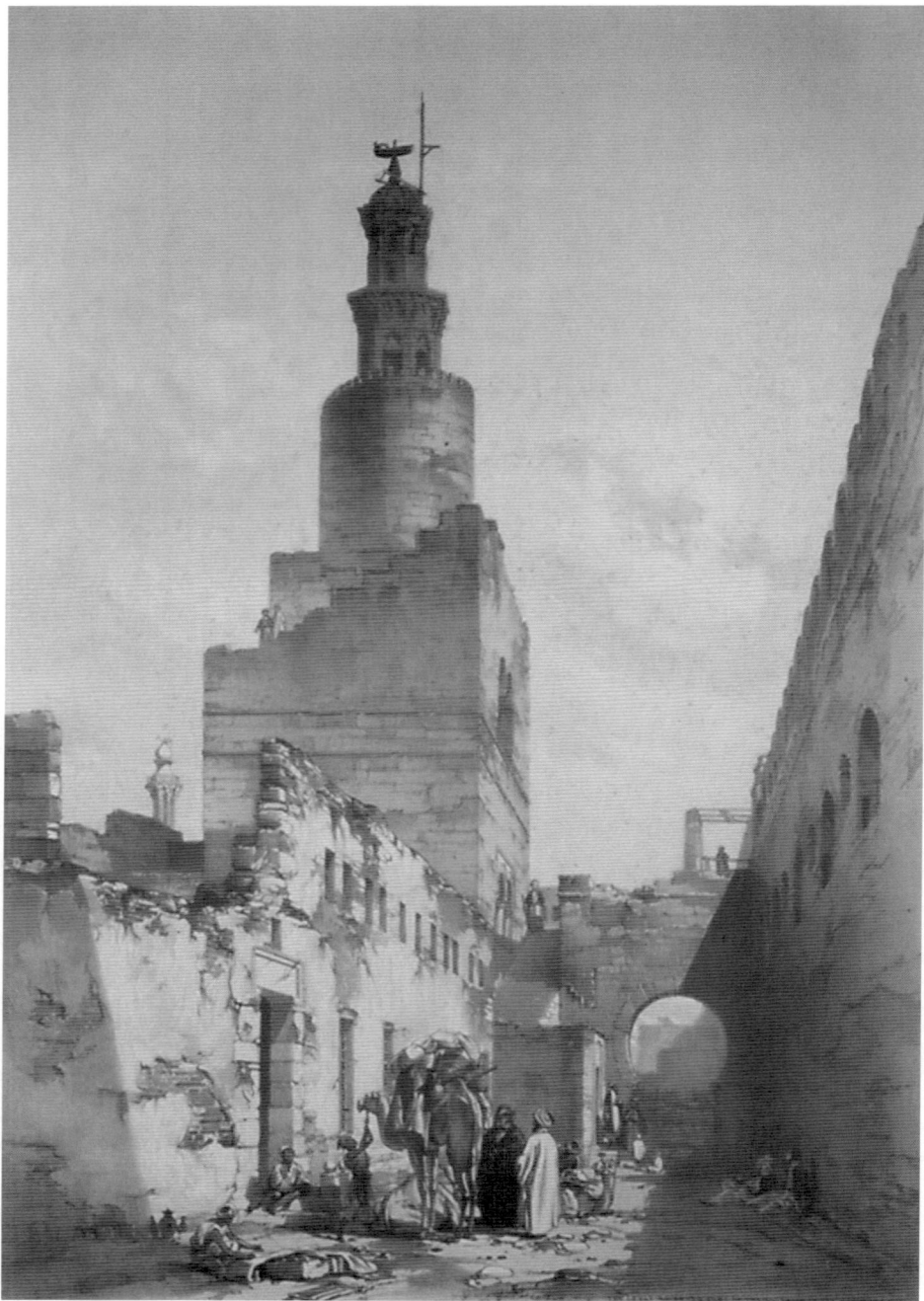

伊本·图伦清真寺的尖塔（摘自罗伯特·海的《开罗插画》）

Tughj）为埃及总督，期望他能独自料理埃及事务。

伊本·图格吉被授予"伊赫什德"的称号，这个波斯词语的意思是"领袖"，这个称号也被用于他所建立的昙花一现的王朝上。与图伦王朝一样，伊赫什德王朝既保持自身独立又精明地与阿巴斯王朝保持着良好的关系。伊本·图格吉拥有一支庞大的常备军，他击退了来自突尼斯的法蒂玛王朝（Fatimids）的入侵，守卫住叙利亚的大部分领地。他的两个儿子继承了总督职位，但他们均未成年，所以权力由他们的监护人卡福尔（Kafur）行使。卡福尔曾是努比亚的奴隶，他非常能干，能处理诸多重大问题，例如叛乱、入侵、海难、地震、饥荒；还应对了在963—968年发生的尼罗河低水位，其中有一次是历史最低水位。卡福尔于968年去世后，新任总督无法应对这些问题。突尼斯法蒂玛王朝的哈里发穆伊兹（al-Muizz）趁机再次计划入侵埃及，筹划对埃及进行一系列的政治宣传。埃及的情况十分糟糕，而且没能获得来自遥远的、日益无能的阿巴斯王朝的援助。当时有许多埃及人认为，法蒂玛王朝的统治可能会给埃及带来好的转变，而这种想法其实也合乎情理。

第十一章
法蒂玛王朝和阿尤布王朝

    法蒂玛王朝起源于根本性的分歧和深刻的分裂，这些分歧源于以下这一富有争议的问题：谁应成为先知的哈里发（"副手"或"继任者"）。伊斯兰教的主要教派逊尼派（Sunni）承认艾布·贝克尔、奥马尔、奥斯曼和阿里这四大哈里发为穆罕默德的合法继承人，但其他派别持有不同的观点。其中一个持异见的教派为什叶派（Shia），该派别的人坚定地拥护先知的表弟及女婿阿里。他们认为继承权从一开始就出了问题，阿里才是穆罕默德的合法继承人，倭马亚王朝和阿巴斯王朝的哈里发都是非法继承人。

    法蒂玛王朝属于伊斯兰教什叶派的伊斯玛仪教派（Ismaili），该教派组织严密，善于传播信息。由于无法在东方行使权力，一群伊斯玛仪教徒于是在909年从叙利亚迁至今天的突尼斯，并在那里建立了一个由法蒂玛王朝哈里发统治的国家。然而，他们仅仅将此地视为从阿巴斯王朝手中夺取伊斯兰世界控制权的基地。埃及是通往巴格达的第一步。

    法蒂玛王朝最初征服埃及的尝试以失败告终，但他们继续通过传教士和复杂的宣传活动来实现这一目标。他们的宣传活动破坏了伊赫什德王朝的统治权。968年，卡福尔去世，新任总督伊本·福拉特（Ibn al-Furat）是一个有修养但无能的人。当卡福尔的追随者和伊赫什德的拥趸者之间爆发继承权争夺战时，伊本·福拉特无法处理这种情况，他听从了法蒂玛使者的意见，后者劝他允许法蒂玛军队进入并保护埃及。法蒂玛王朝的哈里发穆伊兹派遣将军昭海尔（Jawhar）于969年7月进入福斯塔特，几乎没有遭到当地的反抗。

　　昭海尔进入埃及后，立即着手建造另一座城市，选址在前几座城市的北面，以遵从穆伊兹的指示，建立一个适合法蒂玛王朝将来统治世界的首都。关于这座新城市的起源流传着几个故事。根据其中一个故事，昭海尔用木桩和绳子标出了城市中所有需要建造的地方，并系上了铃铛。在占星家计算出良辰吉日后，他打算通过摇动绳子来敲响铃声作为开始施工的信号。然而，在天体运动到适当的位置之前，一只乌鸦落在了一根绳子上，摇动了铃铛。工人们随即顺从地开始工作。占星家们大吃一惊。工人们动工时，火星正处于上升期。占星家们作出了可怕的预言——这座城市迟早会落入土耳其人之手。无论该城初建时多么的不吉利，当穆伊兹于972年6月从突尼斯来到这里时，城市建设已经取得了很大进展。新城被命名为卡西拉（al-Qahirah，意为"胜利者"），最终被演化为开罗这个名字。

开罗建城后不久铸造的法蒂玛黄金第纳尔币，上面有哈里发穆伊兹的名字和头衔（摘自尼克尔《阿什莫尔博物馆伊斯兰货币总编第六期》，目录号264）

　　与其附近的此前建立的开放型城市福斯塔特、阿斯卡尔和卡太不同的是，开罗被厚重的泥砖墙包围，后来维齐尔巴德尔·贾马里（Badr al-Jamali）用石墙取代了泥砖墙。中世纪埃及伟大的历史学家塔齐·丁·马克里齐（Taqi al-Din al-Maqrizi，1364—1442年）在几个世纪后看到了第一道城墙的遗迹后，他写道："我亲眼看见了砖块之大，这置于我们的时代也令人惊叹。每个砖块长达一腕尺（半米多），宽达三分之二腕尺。城墙的宽度有几腕尺，足以让两个骑手在上面并行。"城墙内除了铸币厂、兵工厂和马厩等日常设施外，还有众多奢华的宫殿、亭台、住所、衙门、浴所、花园、喷泉、水池和售货亭。新城东侧是大宫殿，占地13475平方米。大宫殿是哈里发的主要寝宫，其东部的宫殿作为各部门的办公处所。哈里发阿齐兹在西边的巨大花园中建造了另一座小型宫殿作为后宫嫔妃的寝宫。两座宫殿之间有一条隧道，阿齐兹可以骑马穿梭其间；地面上是一个宽敞的阅兵场，足以容纳1万名士兵，它被称为贝恩·卡斯莱恩（Bayn al-Qasrayn，意为"两座宫殿之间"）。尽管这些宫殿以及法蒂玛王朝在开罗的大部分遗址已经消失，但这个名字留存至今。在金碧辉煌的环境中，哈里发们一直过着奢靡的生活，这是他们为了宣扬其政治权力和宗教神秘感而刻意采用的政策。

法蒂玛王朝时期的开罗是一座禁城，专供哈里发及其随从、政府以及军队使用，他们的附属机构也分得了城中一些地方作为住所。其中一支军队由一个被称为祖维拉（Zuweila）的柏柏尔部落组成，城市的南大门由此得名。来自福斯塔特和周边地区的埃及人在开罗工作，为开罗提供各种货物和服务，但当他们完成任务后，他们必须从祖维拉门离开，这是专门用于仆人出入开罗的通道。这意味着福斯塔特非但没有因为开罗的出现而衰退，相反，它的经济因为靠近这样一座庞大的宫廷和行政城市而进一步得到刺激和发展。事实上，福斯塔特最辉煌的时期是在开罗建城之后，当时它为开罗庞大的精英阶层提供服务，它还是开罗与外部世界在商业上的联系枢纽；同时，它在经济上的影响力随着法蒂玛王朝国际影响力的提高而进一步增强。

法蒂玛王朝支持学术的发展，这在开罗得到了充分的体现。昭海尔在970年为伟大的爱资哈尔（al-Azhar）清真寺奠定了基石。989年，爱资哈尔清真寺在哈里发阿齐兹的领导下成为一个教学机构，并在1000多年后蓬勃发展成为一所大学。开罗还拥有一个大型的哈里发图书馆。在法蒂玛王朝众多的学术机构中，最引人注目的是由哈里发哈基姆（al-Hakim）于1005年建立的达尔·希克玛（Dar al-Hikma，意为"智慧之家"），它拥有许多学科的博学之士。智慧之家的图书馆和阅览室向学者和感兴趣的普通读者开放，并为他们提供笔墨和纸张。这里曾经还有一个天文观测台，但在赞助它的维齐尔失宠之后，它就被拆除了。法蒂玛王朝还鼓励音乐和文学的发展，该时期遗留下来的许多作品都证明了这一点。

法蒂玛帝国以埃及为基地向外扩张，其版图东至叙利亚和汉志（Hijaz），西达非洲北岸和西西里岛。在法蒂玛王朝的政治、社会和宗教体系中，哈里发是首脑，他通过高度组织化的官僚机构对国家进行管理，该机构的首席官员是维齐尔。在法蒂玛王朝晚期，哈里发成为有名无实的领导人，但该王朝统治埃及的前三位哈里发，即穆伊兹、阿齐兹和哈基姆，是完全掌控政府的绝对君主。维齐尔是严格意义上的行政官员，他们听从哈里发的命令，由哈里发任免。哈里发指挥着强

中东最古老的大学爱资哈尔的入口，由爱德华·威廉·莱恩在 19 世纪初绘制（摘自莱恩的《现代埃及人》）

大的陆军和海军。士兵们大多是奴隶，主要是来自法蒂玛王朝马格里布领地的柏柏尔人、苏丹人和土耳其人。最终，土耳其人在军队中占据了主导地位，这让曾经助力法蒂玛王朝统治埃及的柏柏尔人非常恼火。在海上，强大的海军保护着法蒂玛王朝在地中海的利益，并将红海变成了法蒂玛王朝的湖泊。

法蒂玛王朝的另一个权力基础是其强大的经济。法蒂玛王朝利用其横跨地中海和红海的领土控制了地中海地区（包括拜占庭、威尼斯和热那亚等基督教国家）与印度及远东的贸易。法蒂玛王朝统治下的埃及还出口高质量

的手工艺品，比如精美的纺织品、精致的玻璃器皿和前所未有的高质量陶瓷器。尼罗河流域得到了很好的开发，其生产的剩余产品为法蒂玛王朝的贸易平衡提供了有利条件。王朝精心维护了水利工程，减少了繁重的税收，使得该王朝的统治在农村地区广受欢迎，进而提高了土地的生产力。充足的黄金也使法蒂玛王朝能够铸造充足的货币，法蒂玛王朝直到覆灭都一直保持着较高的金币纯度。

除了古怪的哈里发哈基姆之外，法蒂玛王朝对受保护者、基督教徒和犹太人的政策是非常宽容的，有时甚至是支持的。尽管在法蒂玛王朝早期，基督徒在埃及不再是多数人口，但是许多基督徒在当时的政府和社会中担任了很好的职位。埃及的犹太人可能在法蒂玛王朝时期享受了他们有史以来最好的时光。自亚历山大城消亡以来，埃及最大的犹太社区在福斯塔特发展起来，本·耶兹拉犹太教堂（Ben Ezra Synagogue）是在图伦王朝时期建立的。来自图德拉（Tudela）的游客本杰明在1170年写道："住在那里的犹太人非常富有。"福斯塔特成为巴勒斯坦、叙利亚以及埃及犹太人的权力中心。

由于福斯塔特犹太社区的存在，我们获得了关于中世纪埃及日常生活的珍贵史料，其中，法蒂玛王朝时期的史料特别丰富，但也有关于其他时期的重要史料。本·耶兹拉犹太教堂有一个储藏室（Genizah，该词可以宽泛地翻译为"储藏室"），里面藏有破旧的希伯来语《圣经》及其他宗教作品。因为当时销毁印有上帝名字的文本是违法的，因此几个世纪以来，诸多卷轴和手抄装订本被丢弃在这个储藏室中。后来，书籍存放标准变得越来越宽松，各种各样的文本堆积在了福斯塔特的储藏室中，这些文本不仅涉及宗教，还涉及婚姻、离婚、商业、魔法、医药和教育等日常事务，而且它们不仅仅关于犹太少数民族，还与整个社会相关。这些文本常常以强烈的个人口吻叙述，如一位商人忧心忡忡地说道："上帝知道，现在的物价实难预料。"一位沮丧的妻子则抱怨她的丈夫已经9个月没有和她同房了，她说："我是一个饥渴的女人，这个男人太没用了。让他一个人过吧，我们离婚。"[26]

在穆伊兹的继任者阿齐兹（975—996年在位）的统治时期，法蒂玛帝国达到了鼎盛时期。阿齐兹忠实于法蒂玛王朝哈里发浮华的生活方式，在奢侈品上花费巨大，他曾命人将樱桃绑在信鸽的腿上从黎巴嫩运至埃及，但是他也是一位认真负责的管理者，埃及在他的统治之下繁荣昌盛。在埃及境外，阿齐兹在叙利亚最为活跃，他在那里的军事行动成败参半。在阿齐兹去世时，他正准备亲自率军前往叙利亚北部对抗拜占庭人。此举是为了转而进攻巴格达并实现法蒂玛王朝长期以来渴望摧毁逊尼派哈里发的目标做准备。

阿齐兹的王位由他11岁的儿子哈基姆（996—1020年在位）接任。在担任哈里发的最初几年里，哈基姆受制于一个名叫巴尔加万（Barjawan）的宦官顾问，但他在15岁时突然下令杀死巴尔加万，并在接下来的20年中实行了强有力的专制统治。人们很难辨别关于哈基姆的故事中哪些是真人真事，哪些是传说。关于他过激行为的一些故事可能被夸大了，有一些可能有合理的依据，但至少可以确定他的性格十分古怪。据说，他可以在上一刻重赏宠臣，而下一刻就下令将其处死。有一天，他甚至在所有的嫔妃洗澡时将她们全部杀害。哈基姆是坚定的什叶派教徒，奉行反逊尼派的政策。他虽然任命了一位逊尼派教徒为卡迪，因为那是最合适的人选，但他与法蒂玛王朝其他的哈里发不同，他对基督徒特别严厉，他强迫所有基督徒佩戴具有宗教身份的标志，禁止他们骑马或购买奴隶。许多基督徒被迫改信伊斯兰教，一些神职官员被处决，其中就包括哈基姆的两位舅舅（哈基姆的母亲是基督徒）。他下令拆毁了耶路撒冷的圣墓教堂以及埃及的许多教堂。他对犹太人也不友善，下令摧毁了许多犹太教堂。他规定妇女严禁佩戴珠宝，在他统治晚期甚至禁止妇女出门。这些规定十分严格，如有违反，必定重罚。他憎恨狗，曾两次下令屠杀开罗城内所有的狗。

法蒂玛王朝的哈里发都是高高在上的统治者，他们只有在重大场合才会出现在公众面前，而且还很注重排场；哈基姆则截然相反：他保持着简单的生活方式，身着普通的羊毛服装，很少佩戴哈里发们的镶钻头巾，他还禁止臣民在他面前跪拜或称呼他为"主"；他骑着驴子自由自在地在城中走动，没有护卫，还轻松地与人们打成一片，仿佛是其中的一员。在他去世几年后，一位作家回忆哈基姆是"一个有幽默感且友善的人。他经常在街上与人们交谈，互相开玩笑"。他喜欢独自在开罗后面的穆卡塔姆（Muqattam）山中散步或骑马。但在他统治的末期，有传言称他开始相信自己是真主的化身，并很快宣布自己的神性。这在福斯塔特引起了骚乱，哈基姆随后命令士兵们分散在城中，而他自己则撤到山上看着士兵们在城里横冲直撞，大肆屠杀。

　　一天晚上，哈基姆独自骑行在穆卡塔姆山中，但再也没能回来。除了几天后发现的一件沾有血迹的斗篷外，他消失得无影无踪。几乎可以肯定，他是被谋杀的，但他的一些追随者们认为他并没有死，只是从世界上隐退了，终有一天会作为马赫迪（Mahdi）或救世主再次出现。这些人成为德鲁兹派（Druzes），他们在黎巴嫩建立起自己的势力，并且仍然敬奉哈基姆。哈基姆宏伟的清真寺于1003年建成，位于开罗北城墙后面的征服门内。

法蒂玛征服门位于开罗的北墙，哈基姆清真寺独特的尖塔就在它后面（作者摄）

哈基姆的继承者是他的侄子扎希尔（al-Zahir，1020—1035年在位），也是一个未成年人，然而实际掌权者是这位新哈里发的姑姑，即哈基姆的妹妹西特·穆尔克（Sitt al-Mulk），她可能与她的哥哥被谋杀一事有牵连。就在他失踪之前，哈基姆曾指控西特·穆尔克通奸，因此两者之间发生了激烈的争吵。西特·穆尔克还曾对哈基姆的继承计划感到担忧。扎希尔统治期间，法蒂玛王朝遭受了严重的内忧外患，王朝与拜占庭人的关系尤其令人烦恼。当穆斯坦绥尔（Mustansir）于1035年成为哈里发时，西特·穆尔克的势力仍然强大。在她死后，穆斯坦绥尔终于取得了一定程度的独立，但在他长达58年的超长统治的末期，他再次失去了独立统治的地位。

早在扎希尔统治时期，埃及国内局势就已经失去了控制。一部分问题出在国家大量招募的奴隶兵身上。由于这些奴隶兵来自不同的民族，他们之间容易发生派系斗争，而且变得越来越不听话。1060年，尼罗河接连发生了多次低水位泛滥，造成了大范围的粮食短缺，商业被破坏，政府也随之破产，埃及进入持续了13年的无政府状态。没有军饷的士兵们长期横行霸道，强取豪夺；派系斗争演变成公然的战争。苏丹士兵占领了上埃及的大部分地区，柏柏尔士兵则占领了三角洲地区。占领开罗的土耳其士兵洗劫了穆斯坦绥尔的图书馆，并强迫这位哈里发为了他们的利益变卖珍宝。农村地区不再安全。拉瓦塔（Lawata）的柏柏尔士兵袭击并洗劫了纳特伦干河谷的修道院，并将主教克里斯托多洛斯（Christodoulos）扣为人质。在这场被称为"大危机"的灾难中，形势十分严峻，甚至出现了人吃人的现象，如果有些说法可信的话，人们有时会在受害者还活着的时候就吃他们。

在绝望中，穆斯坦绥尔于1074年任命阿克里城（Acre）总督为维齐尔，这位名叫巴德尔·扎马里（Badr al-Jamali）的总督曾经是亚美尼亚的奴隶。巴德尔·扎马里率领一支可靠的私人亚美尼亚军队，很快就粉碎了敌对势力，恢复了社会秩序。3年的停税期使国家得以恢复元气。在开罗，巴德尔·扎马里用石墙取代了泥砖城墙，他在城墙中穿插建有雄伟的城门，其中有3个城门留存至今，分别是南面的祖维拉门，北面的纳斯尔门（Bad al-

Nasr）和富图门（Bab al-Futuh）。但扎马里提供的这些服务是有代价的。此前，维齐尔通常是臣服于哈里发的平民，今后，他们成为能够有效控制国家的军人。巴德尔·扎马里继续统治埃及达20年之久，他的儿子阿夫达尔·沙汗沙赫（al-Afdal Shahanshah）继承了维齐尔一职。巴德尔·扎马里无法扭转法蒂玛帝国的整体局势。西西里岛已于1071年失守，多地重新确立了部落统治或建立了小王朝，叙利亚的大部分地区也已沦陷，法蒂玛王朝在叙利亚的领地只剩下从提尔往南的沿海地带，尽管阿夫达尔在1098年夺回了耶路撒冷，但在第二年又被十字军夺走了。

穆斯坦绥尔于1094年去世后，阿夫达尔将已故哈里发的小儿子穆斯塔利（al-Mustali）推上王位。大儿子尼扎尔因为造反被杀，但他的一些支持者拒绝接受这一结果，并在伊斯玛仪派的进一步分裂中加入了叙利亚的阿萨辛派。随着穆斯塔利登基，法蒂玛王朝的派系斗争和阴谋活动几乎持续不断。虽然维齐尔从哈里发手中夺取了权力，但人们对维齐尔职位的争夺十分激烈，以致行政机构永远无法形成足够的稳定性来进行有效的管理。这是一个危险的政治孱弱时期，而就在此时，另一支强大的军事力量威胁到了法蒂玛王朝在叙利亚的剩余领地，甚至使得埃及本身变得岌岌可危。

塞尔柱（Seljuk）王朝的土耳其人是来自中亚的土耳其游牧民族大迁徙的移民中的一部分。塞尔柱王朝的真正创始人图格里尔（Tughril）从库拉桑（Khurasan）基地向伊朗扩张，然后转向西方。图格里尔于1055年进入巴格达，阿巴斯王朝的哈里发承认他为苏丹（Sultan，"掌权者"）。此后，"苏丹"成为土耳其统治者的称号。1071年，图格里尔的继任者阿尔帕斯兰（Alparslan）在曼齐克特战役中给拜占庭人带来了毁灭性的打击，他击溃了拜占庭陆军，俘虏了他们的皇帝，并向土耳其人开放了安纳托利亚腹地。阿尔帕斯兰的儿子马利克沙（Malikshah）向南穿过叙利亚，占领了大马士革、耶路撒冷以及阿拉伯的一部分地区。

埃及显然是塞尔柱王朝的下一个征服对象。然而，法蒂玛王朝十分幸运，因为曾指导阿尔帕斯兰和马利克沙取得累累战功的杰出维齐尔尼扎姆·穆尔克（Nizam al-Mulk）于1092年被阿萨辛杀害；同年，马利克沙也去世了。随之而来的是一场恶性的权力斗争，在这场斗争中，塞尔柱王朝失去了包括叙利亚在内的辽阔领地。法蒂玛王朝因此避免了一场很可能导致王朝覆灭的军事对抗。但无论如何，埃及最终没有听到土耳其人到来的声音。

在11世纪末，东方的软弱和分裂导致叙利亚和巴勒斯坦出现了权力真空。拜占庭帝国正经历着漫长的从灾难性的失败中恢复的过程。法蒂玛帝国陷入严重的衰退中，只能在巴勒斯坦维持象征性的统治。塞尔柱王朝因其内部问题而变得软弱无能。尽管法蒂玛王朝和塞尔柱王朝都声称叙利亚的统治权属于自己，但他们都没有能力或意愿来保护这个已经分裂成不同公国的地区。在这个四分五裂的政治格局里，另一股力量出人意料地闯入其中——西方十字军东征。埃及从十字军东征开始到几个世纪后结束都深深卷入其中。

十字军东征始于1095年的克莱蒙特会议，教皇乌尔班二世（Urban Ⅱ）在会上呼吁解救圣地遭受压迫的基督徒，消除圣地被穆斯林占领的耻辱。（事实上，巴勒斯坦的基督徒得到了善待，耶路撒冷和其他地方都向基督徒朝圣者开放。）乌尔班继续说，法国已经人满为患，而巴勒斯坦是一片富饶之地。他敦促贵族们停止相互争斗，将他们的剑转向异教徒。他喊道："让强盗变成骑士！"贵族们热情高涨地回答道："这是上帝的旨意！"十字军的热情席卷了整个欧洲。这个时机是正确的，因为那是一个充满大朝圣狂想和十字军东征的时代。诺曼人在西西里岛与撒拉逊人的斗争被认为是一场十字军东征，而从穆斯林手中收复西班牙的再征服运动也是如此。甚至诺曼底的威廉公爵在1066年对英格兰的投机性入侵中也收到了教皇的十字军旗帜。基督教世界正经历着巨大的政治、经济、社会和宗教变革，酝酿出了可以向外转移的能量。

第一次十字军东征是于1096年发起的人民十字军东征，但这支由隐士彼得和无产者沃尔特领导的非法的、无组织的农民队伍在10月到达圣地之前就被消灭了。然而，在接下来的一个月中，一支更加强大的力量开始在君士坦丁堡集结，其特遣队和小军队大多来自法国、佛兰德和诺曼底地区。在对安纳托利亚的土耳其人进行了军事能力测试后，十字军军队于1097年秋天抵达叙利亚，在经过8个月的围攻后占领了安条克城（Antioch）。1099年1月，他们开始对耶路撒冷发动攻势，途中没有受到严重的抵抗，大军于6月到达耶路撒冷城。孱弱的法蒂玛王朝戍卫队坚守了一个多月，十字军于1099年7月15日占领了该城。总督及其随从得以逃离，但耶路撒冷的其他人都被屠杀了，其中包括十字军表面上前来援助的基督徒们。阿夫达尔从埃及出发的援军启程太晚，他们在阿斯卡隆（Ascalon）就被打败了。当十字军领导人转而内斗时，阿斯卡隆仍在埃及人手中，而且它在接下来的半个世纪中继续充当对抗十字军的前哨。在阿斯卡隆发生了一项重要的文化保护行动，即法蒂玛王朝的戍卫队赎回了十字军从耶路撒冷掠夺的大批珍贵手稿。

各支十字军的领袖曾承诺恢复以前由拜占庭人持有的土地，但他们为自己划分出了四个十字军国家，分别是爱德沙伯国、安条克公国、的黎波里伯国和耶路撒冷拉丁王国。其中，最后一个国家最大且控制着基督教圣地。耶路撒冷拉丁王国也是直接与法蒂玛埃及进行对抗的王国。最初的征服期之后必然是巩固期，十字军人数不多，却要将他们的统治强加在一个在语言、文化和宗教上与他们格格不入的庞大而多样的人群身上。十字军国家的人力和财力愈加缺乏，同时，他们也受到了叙利亚境内穆斯林复苏势力的威胁。对埃及来说幸运的是，第二次十字军东征（1147—1149年）拟夺取大马士革的行动失败了，这导致他们放弃了进攻埃及的计划。

与此同时，埃及国内的形势持续恶化。对政府控制权的争夺战变得越来越无情，维齐尔职位屡被篡夺，哈里发被谋杀，王室中只留有一位王子作为傀儡哈里发，其余的王子都遇害了。从外部来看，耶路撒冷拉丁王国对埃及施加的压力越来越大。埃及被迫向十字军缴纳贡品。1153年，阿斯卡隆被十字军攻陷，这消除了法蒂玛王朝进入巴勒斯坦的桥头堡，打通了进入埃及的道路。20年后，耶路撒冷拉丁王国从第二次十字军东征的失败中恢复过来，充满活力的新国王阿马利克（Amalric）认为攻占埃及的时机已经成熟。他于1163年入侵埃及，并于9月到达比勒拜斯，但埃及守军切断了堤坝，泄出的洪水淹没了土地，迫使法兰克人（所有欧洲人都被称为法兰克人）撤退，不过他们很快又折返了。

并非只有十字军对埃及感兴趣。1092年，塞尔柱王朝在其苏丹和维齐尔死亡之后陷入了混乱之中，塞尔柱王朝阿勒颇（Aleppo）总督的儿子赞吉（Zangi）在叙利亚北部建立了一个自治政权。他在1144年攻占了爱德沙，这是穆斯林第一次收复十字军国家的首都，这使他成为信仰的捍卫者。赞吉于1146年被一个法兰克人奴隶杀害，在此之前，赞吉已将领地分给了儿子们，他的二儿子努尔·丁（Nur al-Din）得到了叙利亚北部领地。努尔·丁继续进行他父亲对十字军的圣战，从十字军手中夺回了更多的领土，他还于1154年夺取了大马士革，统一并独自统治穆斯林叙利亚，实现了他父亲的野心。努尔·丁的军事指挥官希尔库（Shirkuh）是强大的封臣之一，他的兄弟阿尤布（Ayyub，后来的王朝因此而得名）经常由他的儿子萨拉·丁（Salah al-Din）陪同出征，西方一般称其为萨拉丁（Saladin）。值得一提的是，阿尤布王室既不是土耳其人也不是阿拉伯人，他们是库尔德人。

1164年，阿马利克再次入侵埃及，努尔·丁响应法蒂玛王朝大臣的呼吁，允许希尔库率军前往埃及。在接下来的3年里，战斗范围从三角洲延伸至中埃及的巴拜因（al-Babayn）。萨拉·丁在亚历山大城抵御了十字军的围攻。由于僵持不下，双方于1167年8月共同撤离了埃及，但阿马利克从中赢得了一些优势：增加了埃及对耶路撒冷拉丁王国的进贡，在开罗设立了法兰克人的驻地，并在城门口部署了法兰克人的驻军。

阿马利克本应感到满足，但他又在第二年试图完全征服埃及。这一次，他占领了先前挫败他的比勒拜斯城，并屠杀了城中所有的百姓。来自提尔城（Tyre）的十字军编年史家威廉记录道："我军拔剑入城后，开始屠杀他们发现的所有的法蒂玛人和阿尤布人，无论男女老少，无一幸免……当他们发现藏在房间里的少女或老人时，他们就用剑将其刺杀，只放过了那些可以提供大量赎金的人。破坏是可怕的，掠夺也是如此。"[27]

通往开罗的道路打开了。维齐尔下令烧毁福斯塔特城，使其无法成为入侵者的基地。城中大火烧了将近两个月，它再也没能从这场灾难中恢复过来。哈里发亲自向努尔·丁和希尔库求援。希尔库迅速前来救援，迫使阿马利克撤退，阿马利克失去了他所获得的一切。希尔库来埃及的动机可能完全是出于个人野心，因为他在1169年1月杀死了法蒂玛王朝的维齐尔，并将这个职位据为己有。他在几周后就去世了，年仅30岁的年轻人萨拉·丁接替了他的职位。

萨拉·丁的地位一开始就很不稳定。作为什叶派法蒂玛王朝哈里发的逊尼派大臣，他只控制了一小部分的军事机构，而他的竞争对手们则在乱世中争夺权力。当法蒂玛王朝哈里发阿迪德（al-Adid）于1171年9月去世时，萨拉·丁立即宣布自己为苏丹。阿巴斯王朝哈里发穆斯塔迪（al-Mustadi）的名字开始在清真寺的周五祷告中被宣读。埃及重新回到了逊尼派的手中。逊尼派的沙斐仪教法学派卡迪被任命为执政官。巴格达的哈里发正式承认萨拉·丁的地位。因此，在形式上，萨拉·丁作为最高统治者努尔·丁的副手在阿巴斯王朝哈里发的总体主权下统治着埃及。事实上，他已经获得了十分强大的权力基础，他和努尔·丁之间的关系也因此变得紧张起来。如果不是努尔·丁在1174年5月去世，两者之间定会发生冲突，而努尔·丁的离世使得萨拉·丁在埃及的统治更加安全，也使他在叙利亚有了更大的自由。

萨拉·丁在开罗建立了高耸的城堡，并建筑了巨大的新城墙。他将法蒂玛王室的成员驱逐出城，并下令使开罗向普通民众开放。由于开罗靠近权力中心，加之福斯塔特已然衰落，各阶层的人云集于此，开罗迅速地发展起来。繁荣重新回到了农村地区。埃及无疑是帝国中最重要的部分，但萨拉·丁在很大程度上把它视作确保和扩大其叙利亚领地的手段，因为他曾在叙利亚生活了大半辈子。他从未统一组织管理过各个领地，而是将它们委托给个人管理，通常是委托给阿尤布大家族的成员，他们实际上成了自治的王子，其与开罗的苏丹的确切关系从未明确。

萨拉·丁统治初期的扩张活动主要是为了赢得前赞吉王朝的领地。1174

大马士革现代雕像中的萨拉·丁（R. 尼尔·休伊森摄）

年，大马士革几乎毫无抵抗地落入他的手中。阿勒颇和摩苏尔（Mosul）更
加顽固，但这两个地方最终也承认他为最高统治者。汉志和也门也承认他为
苏丹。在这一时期，他与耶路撒冷拉丁王国的关系较为和平，因为在阿马利
克于1174年去世后，接替王位的是患有麻风病的少数派国王鲍德温四世
（Baldwin Ⅳ）。衰弱的耶路撒冷拉丁王国需要的是共存，而不是对抗。
1177年，萨拉·丁在王国的海岸线上发起了一次突袭，但他忽略了保卫后方
的阿斯卡隆和加沙城。同年11月，他在拉姆拉（al-Ramla）附近惨败。所幸
他成功逃脱了。他于1179年重返该地并赢得了一些胜利，随后于1185年与耶
路撒冷拉丁王国达成了为期4年的休战协议。

　　然而，当鲍德温四世于次年去世后，来自卢西尼昂（Lusignan）的盖伊

（Guy）继任王位。新国王采取了更加好战的政策，希望能够扭转耶路撒冷拉丁王国螺旋而下的衰退局势。他得到了贵族们的大力支持，其中一位贵族袭击了一支从埃及出发前往叙利亚的商队，抢走了货物，并屠杀了车上的人。这激怒了萨拉·丁。当萨拉·丁进行报复时，卢西尼昂的盖伊举全国之军力前往应战。1187年7月4日，双方在提比略城附近的哈丁（Hattin）进行了决定性的战争。虽然耶路撒冷拉丁王国的十字军人数众多，但他们任由自己被敌军包围。他们被敌军切断了水源，还遭到对手放火，饥渴难忍，许多人在原地被杀，其余的人，包括盖伊国王在内，都投降了。

哈丁之战打得十字军国家措手不及，阿克里城不战而降。萨拉·丁随后向耶路撒冷进军，耶路撒冷于1187年10月2日有条件投降。与88年前十字军的野蛮行为形成鲜明对比的是，萨拉·丁放了城中老百姓一条生路。萨拉·丁无法抗拒夺回耶路撒冷的冲动，但他最后还是先对提尔城采取行动，因为该城是十字军手中的最后一个港口。在哈丁之战后，提尔城十分脆弱，随时可能被攻占。攻占提尔城可以切断十字军与欧洲的联系，使他们在叙利亚和巴勒斯坦的抵抗失去希望。这样一来，攻下耶路撒冷是水到渠成之事。当萨拉·丁到达提尔时，城市已经加强了防御。他的东部盟友在年度战争季结束时选择了撤退，他不得不放弃对提尔城的围攻。十字军获得增援的大门仍然敞开着，而这些援军很快就会到来。

耶路撒冷沦陷的消息使西方基督教国家大吃一惊。教皇乌尔班三世听到这个消息后崩溃而死。一股新的十字军热潮爆发了。基督教世界最强大的三位君主，即德意志神圣罗马帝国的皇帝弗雷德里克·巴巴罗萨（Frederick Barbarossa）、法国的菲利普·奥古斯都（Philip Augustus）和英国的狮心王理查德（Richard），纷纷响应号召，各自率领一支强大的军队出征。弗雷德里克·巴巴罗萨皇帝在途中被淹死后，大多数德军都折返了，但菲利普·奥古斯都和理查德在1191年春末抵达了巴勒斯坦。他们的第一个目标是阿克里城。7月12日，阿克里城投降，城中3000名守军被处决。尽管在西方的传说中，理查德和萨拉·丁之间的较量成了骑士精神的代名词，但通常来讲，萨拉·丁的身上体现出了真正的骑士精神。

在取得阿克里城战役的胜利后，理查德和菲利普·奥古斯都就战利品分配问题发生了激烈的争吵。菲利普·奥古斯都和他的军队返回了法国，留下理查德与萨拉·丁交手。在接下来的一年中，双方数次在沿海地区交战，战争的命运轮流转，雅法（Jaffa）不止一次地易主，但理查德始终无法对其主要目标耶路撒冷发起进攻。当双方僵持不下时，理查德和萨拉·丁于1192年9月达成了为期3年的休战协议。协议承认穆斯林对耶路撒冷的控制权，但允许未武装的基督教朝圣者访问该城。理查德于次月启程返回欧洲。

萨拉·丁于1193年去世后，他的阿尤布家族继续统治了一个多世纪。由于领地的组合性，他的各大领地间从未形成一个紧密团结的君主国，通常只是由一个强大的阿尤布王朝王子占支配地位，艰难地维持着多个王子共治的局面。其中，第一位王子是萨拉·丁的弟弟阿迪尔·赛义夫·丁（al-Adil Sayf al-Din），他巧妙地将萨拉·丁的儿子们赶下台，并于1198年将苏丹国据为己有，随后将重要的公国分配给自己的儿子。阿迪尔对他哥哥来之不易的征服十分满足，一直与耶路撒冷拉丁王国保持着和平的关系。1197年发起了一场新的十字军东征，但其有限的兵力被引向了北方，在那里，占领的西顿（Sidon）和贝鲁特（Beirut）两地为十字军提供了更多的喘息空间。1204年，第四次十字军东征开始。这次东征原本以埃及为主要目标，但实际上从未接近埃及，因为运送十字军东征的威尼斯人将他们引向了威尼斯的商业对手君士坦丁堡，这种贪婪而愚蠢的行为毁灭了拜占庭帝国，也削弱了欧洲东南地区抵御穆斯林征战的堡垒。然而，阿尤布王朝很高兴能够幸免于难，随后将亚历山大港的商业特权赠给威尼斯人作为回报。

1218年第五次十字军东征的情况就完全不同了。埃及再次成为主要目标，然而十字军此次严格执行原计划，直接打击了阿尤布王朝的权力基础，使其放松了对巴勒斯坦和叙利亚的控制，当然他们也在埃及土地上获得了巨大的财富。他们通过东部三角洲入侵埃及，围攻达米埃塔（Damietta）。在这个关键时刻，阿迪尔去世了，留下他的儿子卡米尔（al-Kamil）与十字军对抗。此前，他任命了卡米尔为他在埃及的副手。卡米尔向十字军提出了优厚的条件，其中包括归还耶路撒冷拉丁王国曾经拥有的约旦河以西的所有领地，但十字军自认为取得了全面胜利，傲慢地拒绝了这些条件。

1219 年 11 月，达米埃塔沦陷，十字军之前的嚣张似乎是有道理的。阿拉伯历史学家伊本·阿提尔（Ibn al-Athir）写道："埃及和叙利亚的其他地区都处于崩溃的边缘。所有人都对入侵者感到恐惧，日夜都在担忧灾难的来临。埃及人因为害怕敌人，甚至准备逃离埃及。"[28]但十字军玩过了头。他们在内部分歧上浪费了一些时间，到了第二年夏天，他们发现自己的道路被上升的尼罗河水切断了，因此被迫撤离埃及。1229 年，皇帝弗雷德里克二世（Frederick Ⅱ）心不甘情不愿地率领十字军抵达埃及，卡米尔以有效的外交手段加以应对，这个新对手没有发起任何武装冲突就扬长而去。

1238 年，卡米尔去世，由此引发了阿尤布家族的第三轮也是最后一轮争斗。最终，他的儿子萨利·阿尤布（al-Salih Ayyub）成为埃及苏丹，并在叙利亚建立了自己的霸主地位。萨利·阿尤布长期以来一直招募被称为马穆鲁克（Mamluks，意为"被拥有者"）的奴隶兵，这些奴隶兵主要是钦察土耳其人。因为他们的军营位于尼罗河上的罗达岛，因此他们被称为巴赫里马穆鲁克（Bahri Mamluks），抑或河流马穆鲁克（River Mamluks）。他们很快就证明了自己是迄今为止最骁勇善战的士兵。萨利·阿尤布在采取措施整合分散的领地时却患了重病。在这一脆弱的时刻，十字军再次入侵埃及。

第七次十字军东征由法国国王路易九世（Louis Ⅸ）发起，这是一次资金充沛、兵力充足的军事行动。和他的先辈一样，路易九世也认为埃及是通往圣地的关键，是开展军事行动的绝佳基地，而且埃及本身就是一笔丰厚的财富。这次达米埃塔本可以守住，但城中的驻军和居民都惊慌失措地逃跑了。阿拉伯历史学家伊本·瓦西尔（Ibn Wasil）称这是"一场史无前例的灾难"。1249 年 11 月，苏丹萨利·阿尤布在曼苏拉（Mansura）的营地中去世，使得这场空前的灾难更加严重。十字军对埃及的征服似乎即将到来。

第十二章
马穆鲁克王朝

　　萨利·阿尤布死后，他的遗孀控制住了局势。她的名字叫作沙加尔·杜尔（Shajar al-Durr），是一位果断的土耳其女性。她与一个名叫法克尔·丁（Fakhr al-Din）的有权势的马穆鲁克合作，隐瞒了她丈夫死亡的消息，并伪造了他在法令上的签名。军队、政府和人民被迫效忠于萨利·阿尤布和他的继承人穆阿赞·图兰–沙赫（al-Muazzan Turan-Shah）。这为图兰–沙赫从位于美索不达米亚上游的偏远公国赶回来赢得了时间。同时，她任命法克尔·丁为总司令，并委托他全权负责全国的行政管理事宜。根据历史学家伊本·瓦西尔的说法，"苏丹的法令根据她的命令并以她的名义颁布，同时加盖她的王室印章"。伊本·瓦西尔对沙加尔·杜尔的地位描述得很清楚："从那时起，她成为整个国家的名义首脑。王室印章上刻的是她的名字……并以她作为开罗和整个埃及的苏丹娜诵读了呼图白①。这在整个伊斯兰世界中都是史无前例的。"²⁹

　　1250年2月，法国人袭击了曼苏拉。战斗非常激烈，法克尔·丁被杀，但他的马穆鲁克士兵十分英勇，挫败了十字军的进攻。在新苏丹图兰–沙赫到来后，十字军难以维持其在曼苏拉的地位。他们向达米埃塔的撤退演变成

---

① 在伊斯兰清真寺举行的星期五祈祷中提到了统治苏丹的名字。

了一场灾难。路易九世被俘，他的王后不得不就交出达米埃塔和花重金保释她的丈夫而与马穆鲁克士兵进行谈判，这简直就是斥巨资赎回国王。1250年5月，十字军撤离埃及，但图兰-沙赫还没来得及享受胜利的喜悦就被巴赫里马穆鲁克内部的一个阴谋害死了，因为图兰-沙赫将自己的马穆鲁克地位提升以后超过了他们，这些马穆鲁克心生不满。他们还感到不满的是，图兰-沙赫虐待土耳其同胞沙加尔·杜尔，后者可能也参与策划了谋杀图兰-沙赫的阴谋。图兰-沙赫遇害标志着阿尤布王朝的结束和马穆鲁克在埃及长达数个世纪的统治的开始。

　　因为沙加尔·杜尔是女人，她不能亲自指挥军队，一些外围领地也拒绝承认她的统治，所以她嫁给了一个名叫阿伊贝格·图尔库马尼（Aybeg al-Turkumani）的巴赫里马穆鲁克。不过权力仍然掌握在沙加尔·杜尔手中，她控制着阿伊贝格。当阿伊贝格试图提拔他的马穆鲁克手下并娶另一个妻子来建立重要联姻以巩固自己的地位时，沙加尔·杜尔于1257年4月将他杀死在浴室中。然而，此时形成了一个以沙加尔的小儿子为中心的党派。几天后，沙加尔·杜尔自己也被杀害。处于领导地位的马穆鲁克利用阿伊贝格的儿子作为傀儡苏丹进行权力操纵，这种模式在整个马穆鲁克时期都在重复使用。一时间，阿伊贝格宠爱的马穆鲁克之一库图兹（Kutuz）占据了上风，他已经身兼国家诸多重要职位。

　　很快出现了另一个外部威胁。自成吉思汗统一蒙古以来，蒙古人在征服世界的梦想的驱使下走出了故乡，先后蹂躏了中国、中亚、俄罗斯和中欧的大部分地区。1255年，在大可汗的弟弟旭烈兀的指挥下，蒙古大军入侵叙利亚和美索不达米亚，并于1258年占领了巴格达，他们摧毁了这座城市并杀死了哈里发。次年，的黎波里和安条克的十字军向蒙古人提供了援助，阿勒颇和大马士革也沦陷了。蒙古人的下一个目标是征服埃及。旭烈兀派遣特使前往开罗，发出了骇人听闻的最后通牒：

　　　　请以他国命运为戒，把权力交予我们，否则我们会撕破脸，你们会后悔，会为自己所犯之错买单。因为我们不会怜悯哭哭啼啼的人，对怨天尤人的人也不会心慈手软。你们已然听说我们征服了很多土地，清洗了腐败之地，杀死了大部分人……你们无法从我们的剑下逃脱，也无法从我们恐怖的武器下逃脱。我们的马追敌时风驰电掣，我们拥有强弓劲弩，我们的剑削铁如泥，我们的心坚如磐石，我们的人多如砂砾。堡垒抵挡不住我们，军队与我们作战也无济于事……如果你们抵抗的话，你们将被毁灭。[30]

众人皆知，这些并不是空话。没有人能够抵御蒙古人的攻击。

　　然而，库图兹选择了抵抗，他得到了叙利亚巴赫里马穆鲁克派系及其重要成员拜伯尔斯（Baybars）的大力支持。他将特使们斩首，并将其头颅悬挂在祖维拉门示众。库图兹没有坐以待毙，他率领军队北上巴勒斯坦，拒绝了耶路撒冷拉丁王国的支持，并在基利波山（Mount Gilboa）附近的艾因·贾鲁特（Ain Jalut）找到了蒙古大军。1260年9月3日，双方殊死搏斗，马穆鲁克人完胜。虽然不止一次地濒临失败，但库图兹召集马穆鲁克粉碎了蒙古大军，杀敌众多。拜伯尔斯领导的马穆鲁克追击队将幸存的蒙古士兵驱赶出了叙利亚。值得注意的是，蒙古领导人忽必烈去世后，他的兄弟旭烈兀离开了战场，蒙古人的军力被削弱，而且他们作战的地方离基地极远。即便如此，马穆鲁克的胜利仍是一项伟大的军事胜利。这场胜仗也是决定性的，它为马穆鲁克赢得了叙利亚北部，使埃及摆脱了蒙古人的入侵。

　　当库图兹把叙利亚公国分给马穆鲁克埃米尔（Amir，意为将军、指挥官）时，他忽略了在艾因·贾鲁特之战以及之前在达米埃塔对抗十字军的战役中军功显赫的拜伯尔斯。这重新激起了巴赫里马穆鲁克的派系情绪，他们对库图兹及对手派系感到不满。在库图兹返回埃及的途中，拜伯尔斯及其同伙在一次狩猎中杀死了他。拜伯尔斯随即自封为苏丹。他的统治是马穆鲁克的历史上和传奇中最杰出的篇章之一。关于他的书——《拜伯尔斯的生活》（Life of Baybars）十分受人欢迎，几个世纪以来一直被专业朗诵者演绎。

马穆鲁克的武器和骑术手册

在谈到马穆鲁克统治时期的政治历史之前，有必要先介绍一下这个在接下来的几百年中统治埃及的非凡的军事精英组织。被征召者是在奴隶市场上购买的男孩，买卖地通常位于伊斯兰教统治领域之外的黑海。代理商将他们运送到埃及，在那里他们被各个马穆鲁克首领再次购买，苏丹也有可能购买他们，因为苏丹本人往往就是马穆鲁克，他统领着最大的马穆鲁克家族。这些男孩成为马穆鲁克家族中的一员，接受伊斯兰教的教育以及战争艺术的训练，特别是骑术的训练。他们在成年并结束教育后即获得了自由，他们通常继续在以前主人的私人骑士队中服务。之后，他们可能组建自己的马穆鲁克家族，成为埃米尔。衡量其权力的标准是其能够购买的马穆鲁克的数量。

马穆鲁克家族成员会自豪地展示和佩戴象征其身份的徽章，他们对自己的家族十分忠诚，对其他家族则怀有敌意。伊本·图伦清真寺附近经过修缮的埃米尔塔兹（Taz）的房屋就是伟大的马穆鲁克家族最好的例证。塔兹幼年时被苏丹纳西尔·穆罕默德（al-Nasir Muhammad）购买。塔兹获得了苏丹的宠爱，并成为苏丹的萨基（Saki，意为侍者）。随后，塔兹获得了自由并迅速崛起。他先成为10名马穆鲁克的埃米尔，最后成为1000名马穆鲁克的埃米尔，成为该地区六大埃米尔之一。像塔兹这样强大的马穆鲁克通过这种特殊的制度主宰国家的最高职位，这种制度可以使一个男孩从奴隶上升到可以影响苏丹成败的地位，甚至还可以成为苏丹。马穆鲁克昂贵的生活方式是由被称为伊尔蒂萨姆（Iltizams）的税收制度大量资助的。这基本上是包税制，被授予了伊尔蒂萨姆的人即穆尔塔齐姆（Multazims），他们实际上控制了土地及其产品。这当然给农民带来了沉重的负担，随着征税的增加，农民的处境愈加悲惨。埃及土地上的大部分收入都归马穆鲁克所有。

这一独特制度的关键在于它不是世袭的，其成员几乎都是一代马穆鲁克。马穆鲁克的儿子将来可能会被授予较好的政府职位，但他们不是马穆鲁克，也不可能进入马穆鲁克寡头政治集团。成为马穆鲁克的唯一途径是被买来当奴隶，并通过马穆鲁克军事家族升迁。当一个马穆鲁克死亡或以其他方式弃政时，他的财产会被重新分配给其他马穆鲁克。

在其巅峰时期，马穆鲁克帝国势力强大。与阿尤布帝国相比，它的外围行省由向苏丹负责的总督管理，而不是由忠诚度和权力关系均不明确的自治王子统治。内部争斗由于司法体系的改革而得到缓解。复杂的外交部门与东边的金帐汗国以及西边的阿拉贡、热那亚和威尼斯等海洋王国或城邦保持着外交关系。拜占庭在外交上受到密切关注，因为必须不断地重新谈判休战协议，马穆鲁克帝国需要与十字军王国不断周旋。通过控制重要的贸易路线，马穆鲁克从商业中获得了财富。马穆鲁克对努比亚的远征重新确立了其对埃及的控制，并维持了巴卡特的征收，巴卡特即每年向努比亚人征收的奴隶税，努比亚人必须向北方的埃及进贡奴隶。

马穆鲁克还通过精明的宗教政策提高了自己的威望。他们恢复了哈里发政权，此外，他们还与圣城麦加和麦地那建立了特殊关系。开罗朝圣队已经是每年朝圣活动的主要成员。现在，马穆鲁克获得了令人垂涎的特权，他们可以制作基斯瓦（Kiswa）并运往麦加，这是用来遮盖朝圣圣堂克尔白（Kaaba）的帷幕。马穆鲁克苏丹被授予了"两处庄严圣地的侍者"的称号。马穆鲁克苏丹还鼓励发展苏非派禁欲神秘主义（这是伊斯兰教神秘的一面），并在他们的领土上捐赠了许多苏非派女修道院。然而，马穆鲁克对基督教徒和犹太人的政策比以前的政权更加严苛。

苏丹拜伯尔斯（1260—1277年在位）的崛起是一个典型的马穆鲁克取得

成功的故事。他被买来当作男奴并在军户中接受训练，最后登上了社会和政治权力的顶峰。他在艾因·贾鲁特击败蒙古人并杀死库图兹后，于1260年11月25日在开罗登基。依靠在巴赫里马穆鲁克中的坚实基础，他与许多担任要职的马穆鲁克大人物保持着良好的关系。1261年，他在开罗恢复了阿巴斯王朝的哈里发政权，任命了一位逃过了巴格达劫掠的阿巴斯王朝王子为哈里发。哈里发不再拥有强大的政治权力，但仍保持着相当高的威望，他对批准和处理司法事务很有帮助。哈里发的存在为政权赋予了更强的合法性。拜伯尔斯的大清真寺建于1266—1267年，这座著名的建筑位于开罗北部。

拜伯尔斯特别关注叙利亚，在那里，被蒙古人破坏的最后一个阿巴斯王朝公国已经落入马穆鲁克的控制之中。蒙古人的威胁即将来临，这些地区必须被组织起来。因此，拜伯尔斯必须做好应对蒙古大军的准备，不过他的主要精力还是放在对抗十字军国家上。这些国家并不像以前那样强大，它们缺乏有能力的领导人，而且其辖区众多，形成了分割的局面，像圣殿骑士团这样重要的十字军组织精心地保护着他们的特权。最重要的是，十字军国家缺乏来自欧洲的稳定的战斗人员供应，欧洲对十字军的支持是时断时续的。拜伯尔斯展示出了可以与萨拉·丁相提并论的将领风范，他几乎每个季节都要与十字军作战，并取得了许多令人惊叹的战功。他的袭击远达阿克里城城墙。1268年，他攻占了安条克城。1271年，他攻占了所有十字军城堡中最为坚固的叙利亚骑士堡。

在他生命的最后几年里，拜伯尔斯将大部分的精力用于创建苏丹世袭制，但他精心策划的继承计划只持续了很短的时间，他的儿子们很快就被一位资深的马穆鲁克同僚甩到了一边。这位马穆鲁克名叫卡拉温（Qalawun），是钦察土耳其人，他将苏丹的称号和权力据为己有。一旦巩固了自己的地位（这不是一件容易的事），卡拉温就奉行与拜伯尔斯类似的政策。他大量参与叙利亚事务，也不得不小心翼翼地提防蒙古人卷土重来的威胁。1281年10月，他在希姆斯（Hims）击退了蒙古人对叙利亚发动的第二次入侵，从而消除了蒙古人的威胁；之后，他同样将精力转向了剩余的十字军领地。这些领地比以往任何时候都要薄弱，因为耶路撒冷拉丁王国的王位存在争议，而且逐步溃散的十字军系统中还存在着其他问题。1289年4月，卡拉温攻占了的黎波里，当时十字军剩下的唯一主要城市是阿克里城。他在1290年11月去世时，已经完成军队集结，准备攻打该城。

与拜伯尔斯一样，卡拉温也想确立自己家族的继承权，他在这方面做得更加有效。他的儿子阿什拉夫·卡利尔（al-Ashraf Khalil）平安无事地继承了王位，还完成了他父亲的军事目标，征服了阿克里城，扫荡了剩余的十字军沿海飞地，将十字军完全赶出了埃及大陆，但他成了宫廷恩怨和马穆鲁克派系竞争的受害者。他父亲在统治期间已经开始了引进切尔克斯（Circassian）马穆鲁克的做法，阿什拉夫·卡利尔进一步扩大了引进规模。这些马穆鲁克主要来自土耳其，因为卡拉温将这些人安置在城堡塔楼上，因此他们被称为布尔吉（Burgi，意为塔）马穆鲁克。巴赫里马穆鲁克对布尔吉马穆鲁克的存在及其所受恩惠感到不满。1293年12月，阿什拉夫·卡利尔被一个心怀不满的巴赫里马穆鲁克要人杀害。随后，两个派系的马穆鲁克发生了激烈的对抗。冲突最终通过将已故苏丹同父异母的年幼弟弟扶上王位才得以解决。

接下来的统治者是马利克·纳西尔·穆罕默德（al-Malik al-Nasir Muhammad），其统治持续了近半个世纪，中间历经两次篡位和复辟。在统治的第一阶段，他是一个傀儡苏丹；在第二阶段，他是一个真正的独裁者。1294年12月，即他执政仅一年后，他就被废黜，这表明其统治初期充满了不确定性。取而代之的是一位巴赫里马穆鲁克埃米尔，不过在两年后，他在持续的马穆鲁克派系斗争中被推翻。1299年1月，这位新统治者在祈祷寺被谋杀。14岁的马利克·纳西尔·穆罕默德被带出了城堡，并被小心翼翼地保护起来，后来被当作权宜之计重新担任苏丹。王位背后的主导者是由两位马穆鲁克埃米尔组成的不稳定联盟，他们分别是萨拉尔（Salar）和拜伯尔斯·贾什尼基尔（Baybars al-Jashnikir），其中一人代表巴赫里马穆鲁克，另一人则代表布尔吉马穆鲁克。

　　然而，国家仍然可以有效地运作，1303年击败蒙古人的最后一次巨大威胁就证明了这一点。当蒙古人逼近大马士革时，由萨拉尔、拜伯尔斯·贾什尼基尔以及纳西尔·穆罕默德领导的马穆鲁克军队迎击并摧毁了蒙古大军。然而，纳西尔·穆罕默德试图获得实权并再次被萨拉尔和拜伯尔斯·贾什尼基尔挫败，他为此感到沮丧。他于1309年退位，撤回到一个据点，并在该地为复辟蓄力。拜伯尔斯·贾什尼基尔取代他成为苏丹，但持续的派系斗争使得埃米尔得不到支持，国家又面临一系列尼罗河低水位和瘟疫造成的普遍困难，这使得时年25岁的纳西尔·穆罕默德于1310年3月再次作为苏丹返回埃及。次月，拜伯尔斯·贾什尼基尔在他面前被处绞刑。萨拉尔试图与东山再起的纳西尔·穆罕默德达成协议，但他于8月被捕并被处决。在对马穆鲁克机构组织的清洗中，纳西尔·穆罕默德逮捕了22名埃米尔，同时将自己的32位马穆鲁克提升为埃米尔。两年后，他又擢升了46位马穆鲁克。

　　从1310年第二次复辟到1341年统治结束，纳西尔·穆罕默德非常意外地没有遇到任何外部问题，这使他能够将大部分的时间和精力用于内部事务，特别是宗教改革。然而在1321年，一场严重的反基督教暴乱席卷了开罗，这使他恢复的统治受到了损害。许多基督徒被屠杀，他们的教堂被洗劫一空。科普特人被驱逐出政府机关，禁止基督徒骑马和要求穿戴特殊服装的法令被进一步加强。许多科普特人在迫害发生后皈依了伊斯兰教。

　　如他所愿，纳西尔·穆罕默德的王位由他的后代继承。卡拉温家族的统治绵延了数十年，不过这些苏丹都没有实权。第一任苏丹上位仅几周就被他的一个弟弟废黜了，而这个弟弟又被另一个弟弟所取代，但后者后来也被废黜了。因此，仅仅一年多的时间里，纳西尔·穆罕默德的三个儿子在苏丹王位上浮浮沉沉（他们最后都被杀了），后来又有更多他的儿子继承王位，但都没有持续很久。在卡拉温死后的一个世纪里，帝国共有约20位苏丹，而在下一个世纪里，也有几乎同样多的苏丹。权力几乎总是掌握在马穆鲁克要人手中，他们有时会成为苏丹，但经常通过傀儡苏丹进行统治。

　　纳西尔·穆罕默德的继承人之一、他的儿子纳西尔·哈桑（al-Nasir

Hasan）展现出了些许能量与抱负。他于1347年成为苏丹，时年11岁，前一任苏丹，即他的同父异母的兄弟穆扎法尔·哈吉（al-Muzaffar Hajji）在与马穆鲁克埃米尔的对抗中被杀。1351年8月，当哈桑苏丹宣称自己的权力时，他被废黜了。3年后，在与埃米尔达成协议后，他的苏丹王位又被恢复。然而这一次，哈桑苏丹决心行使真正的权力。他很好地利用了他的马穆鲁克家族与持不同意见的势力作斗争；他镇压了在王位背后操纵权力的强大的马穆鲁克；他任命马穆鲁克的后代担任最高军事和行政职务，这是一个前所未有的举措。他辩护道："这些人可靠且受我指挥。他们听从我的命令，当我想将他们罢黜时就可以轻易将他们罢黜。他们友善地对待我的臣民，也理解帝国的各项规定。"[31]哈桑苏丹预见了马穆鲁克要员不可避免地要进行反击。即便如此，他的支持者们还是在一场战斗中被击败。1361年3月，他被自家的一个叫雅尔博哈（Yalbogha）的马穆鲁克杀害，结束了这次马穆鲁克政权调整和发展的创新实验。

哈桑苏丹的第一个统治时期恰逢1347年秋季埃及黑死病暴发。马克里齐记述了这场瘟疫的出现："一艘船抵达了亚历山大城。船上有32名商人，总共300人，其中有商人和奴隶。几乎所有人都已丧生。船上活下来的只有4个商人、1个奴隶和约40个水手。这些幸存者后来都死在了亚历山大城。"

这就是腺鼠疫，是一种来自中亚的传染性极强、致死率极高的疾病，它通过蚂蚁和啮齿动物的共生关系传播。在一年之内，它在埃及各地蔓延，其致死率之高令人咋舌。最严重时，开罗每天有1000人因此死亡。这座城市被描述为"空旷的沙漠"，人们可从城市的一端走到另一端而看不到任何人。到了1349年，黑死病的传播在埃及减弱，当时埃及已有三分之一人死于这场瘟疫。后来，鼠疫在埃及反复出现，导致人口锐减。仅在15世纪，埃及爆发的严重鼠疫就不下9次。鼠疫在埃及的最后一次大流行发生在1834—1835年，还是一如既往的致命。

尽管瘟疫带来了破坏，但是哈桑苏丹建造了伊斯兰世界最杰出的建筑之一，这两者似乎是矛盾的。这座建筑就是位于城堡脚下的巨大的伊斯兰学校。建筑物的一部分由吉萨金字塔上的石头制成，其间嵌有其他细石。尽管装修部分从未完成，但是所有的建筑物都呈现了精致的工艺。考虑到1356年至1361年期间的埃及国情，它的建造速度令人吃惊。也许正是因为太快了，其入口处的第四塔门于1361年倒塌，造成几百人死亡。剩余三座塔门中的一座于1659年倒塌，圆屋顶在一年后也轰然倒塌。据马克里齐称，伊斯兰学校的开支巨大，但由于国家征收死亡税以及没收无人继承的财产，资金以前所未有的速度涌入国库。

开罗哈桑苏丹清真寺，建于 1356 年至 1361 年，图中是其 19 世纪初的样子
（摘自科斯特的《阿拉伯建筑》）

在处置了哈桑苏丹后，雅尔博哈在傀儡苏丹的背后进行统治。在第二位傀儡苏丹，即纳西尔·穆罕默德的孙子阿什拉夫·沙班（al-Ashraf Shaban，值得注意的是，他的父亲从未当过苏丹）的名义统治期间，埃及遭受了十字军的最后一次入侵。这一次入侵发生于1365年10月，塞浦路斯十字军国王兼

耶路撒冷名义上的国王、来自卢西尼昂的彼得一世攻击了亚历山大城。马克里齐生动地描述了当时十字军占领该城时造成的死亡和破坏：

> 法兰克人持剑杀人。他们抢走了能发现的一切东西，带走了许多囚犯和俘虏，并烧毁了许多地方。在罗塞塔门丧生的人不计其数……就这样，他们的烧杀抢掠从星期五的前半夜一直持续到星期天的清晨。[32]

但这次亚历山大十字军东征的目标并不明确，因为8天之后，法兰克人在雅尔博哈领导的、从开罗出发的救援部队抵达前，就把战利品和1000名俘虏装上船并扬长而去。次年12月，雅尔博哈在另一轮派系斗争中被杀。

卡拉温王朝于1382年11月结束，当时切尔克斯马穆鲁克的埃米尔巴尔库克（Barquq）废黜了王朝最后一位苏丹萨利赫·哈吉（al-Salih Hajji），夺取了苏丹王位，并开启了属于布尔吉马穆鲁克的统治时代。因为身边有很多强大的埃米尔，他的地位一开始很不稳定。1389年6月，他被部分支持萨利赫·哈吉的埃米尔废黜，但后者的联盟很快就解散了。巴尔库克在第二年年初重新成为苏丹，他允许萨利赫·哈吉在城堡中享受舒适的退位生活。这一次，巴尔库克小心翼翼地任用了对他有利的埃米尔，并于1399年平静地死去。

与其他马穆鲁克苏丹一样，巴尔库克也希望建立一个王朝，但他和其他与之志同道合的布尔吉苏丹在这方面没有像他们的巴赫里前辈那样取得名义上的成功。尽管巴尔库克使主要的埃米尔和国家大法官庄严宣誓支持他的儿子，但年幼的苏丹纳西尔·法拉吉（al-Nasir Faraj）很快就成了马穆鲁克各派系之间争斗的棋子。当纳西尔·法拉吉逐渐长大并显示出独立统治的迹象时，他就被废黜了，接下来上位的是他的幼弟，其头衔是马利克·曼苏尔（al-Malik al-Mansur）。纳西尔·法拉吉后来重新夺回了王位，但他始终无法控制叙利亚不守规矩的马穆鲁克权贵，最终他为了使这些人守规矩而命丧黄泉。他的继任者是一个无名小卒，此人随后又被掌权的幕后力量所取代。这位篡位者名为谢赫（Sheykh），是一位马穆鲁克，他试图建立王朝的继承权，但在他于1421年1月去世后的14个月时，巴尔库克的一位马穆鲁克巴尔斯贝·扎希里（Barsbay al-Zahiri）夺得了苏丹之位。

巴尔斯贝的统治被称为"马穆鲁克苏丹的印度之夏"。幸运的是，埃及没有遭受帖木儿率领的蒙古土耳其人的可怕掠夺，他们在1380年至1405年这四分之一个世纪里蹂躏了西亚大部分地区，留下了四处的断壁残垣和堆积如山的人头。帖木儿大军占领并摧毁了中亚、印度北部、波斯和美索不达米亚的各大城市。在纳西尔·法拉吉统治时期，帖木儿攻占了阿勒颇和大马士革，但他没有进攻南边的埃及，而是向西对抗奥斯曼人，并在进军亚洲、攻击明朝之前破坏了土耳其的中心地带。叙利亚北部因帖木儿的入侵而遭受重创，但那里很快就恢复了马穆鲁克的治理。

因此，在巴尔斯贝统治时期，马穆鲁克王朝几乎没有外患，国内也相对安稳。马穆鲁克埃及的海上实力仍然很强大，王朝扩大了利润丰厚的红海—印度洋贸易，巴尔斯贝在红海采取的侵略政策使王朝得到进一步的发展，这也加强了马穆鲁克作为圣城保护者的著名传统。巴尔斯贝对塞浦路斯的十字军前哨基地进行了几次成功的远征，海盗们继续威胁着马穆鲁克王朝的商业。塞浦路斯的十字军国王贾努斯（Janus）被带到了开罗，新的塞浦路斯国王向巴尔斯贝宣誓效忠。与其他布尔吉苏丹一样，巴尔斯贝试图建立一个王朝，但也以失败告终。巴尔斯贝于1438年6月7日去世后，他的儿子优素福（Yusuf）在王位上只坚持了3个月就被另一位巴尔库克老兵查克马克·扎希里（Chakmak al-Zahiri）篡夺了王位，其随后以马利克·扎希尔的名义统治。

马穆鲁克王朝是埃及艺术史上最辉煌的时期之一。马穆鲁克王朝在艺术上最显著的表现是建筑，因为该时期的苏丹们几乎自始至终都在建造著名的建筑。拜伯尔斯苏丹是中世纪中东地区最伟大的建筑家，纳西尔·穆罕默德也同样多产；许多伟大的马穆鲁克埃米尔也利用各自丰厚的收入建造了证明他们权力和财富的建筑，他们总是争先恐后地超越彼此。这一竞争的辉煌成果之一是位于开罗东部公墓的库尔库马斯陵墓（Tomb and Khanqah of Qurqumas），库尔库马斯是苏丹古里（al-Ghuri）手下的马穆鲁克埃米尔。沿着东部公墓的中轴线行走，抑或沿着开罗富图门和祖维拉门之间的古老的南北主干道行走，就能看到一个又一个马穆鲁克领袖的纪念建筑。马穆鲁克尖塔成为埃及的标准建筑特征，马穆鲁克在建筑其他方面的创新也是如此。马穆鲁克王朝时期的其他艺术品不够壮观但仍然获得了同样辉煌的成就，例如微型绘画、金属制品、玻璃制品、陶瓷和纺织品。

马穆鲁克王朝大力支持学术研究的发展。中世纪伊斯兰教最伟大的历史学家伊本·哈尔敦（Jbn Khaldun，1332—1406年）是突尼斯人，但他的晚年在开罗度过，巴尔库克苏丹任命他担任大卡迪。伊本·哈尔敦曾写道："因为人们的想象天马行空，因此人们的想象总能超过其所见，而开罗是个例外，因为它超出了人们的想象。"伊本·哈尔敦见过世界上太多的地方，很难有地方能给他留下深刻印象，但开罗显然让他叹为观止：

> 开罗，世界大都市，宇宙花园，各国人民的聚集地，伊斯兰教的心脏，权力的中心。这里有数不清的宫殿，到处都是兴旺的伊斯兰学校和陵墓，而这里的学者们也如群星一样闪耀。这座城市依傍着尼罗河畔。尼罗河是天堂之河，是天雨的容器，尼罗河水为人们解渴，也为他们带来富足和财富。我曾走在开罗的街道上，街道上人头攒动，市场上各种商品琳琅满目。[33]

伊本·哈尔敦生活在动荡不安的14世纪，他曾向西远行至正在进行收复失地运动的西班牙，也曾向东走到帖木儿的宫廷，他在大马士革陷落前遇到了帖木儿。他对所见到的势力感到着迷，并试图对此作出解释："当世界颠倒时，我们必须扪心自问，它的本质是否已经改变，是否会创造出新的世界和出现新的秩序。因此，如今我们需要一位历史学家来阐明世界、国家和民族的状况，并说明人们在习俗和信仰方面已然发生的变化。”[34]

伊本·哈尔敦的历史周期性观点及其广阔的视角影响了后来的许多历史学家，特别是西方的历史学家。在他最伟大的著作《穆加迪玛》（*Muqaddima*）中，他解释了沙漠中的人们是如何被激发出阿萨比亚（Assabiya，即一种集体力量）的，这种力量使他们能够征服和统治那些在城市生活中变得软弱的“文明人”。但这个过程是周而复始的：一旦征服者建立了自己的地位，他们反过来又屈服于文明，于是就失去了阿萨比亚，这使他们又容易被新的、更加勇猛的民族所征服。这个过程不可阻挡，也永无止境。

尽管在中世纪前往埃及旅行的人越来越少，但仍然有一些无畏的漫游者抵达埃及并记录下了旅途中的新奇印象。偶有朝圣者在去圣地的路上驻足埃及，例如在870年，智者伯纳德（Bernard）和他的两个同伴就留在了埃及。他们在开罗被关进了监狱，不得不花钱赎身。即便如此，伯纳德还是设法四处游览，他得出了一个结论，即吉萨金字塔是约瑟在埃及生活期间建造的粮仓。图德拉的本杰明（Benjamin of Tudela）于1165年到1177年在埃及逗留，他的情况要好得多，甚至一度担任过维齐尔。因为他是从南方穿越阿比西尼亚到达埃及的，所以他是第一个描述埃塞俄比亚高原的季节性降雨是如何造成每年尼罗河泛滥的人。在他看来，吉萨金字塔是用巫术建造而成的。

阿布德·拉提夫（Abd al-Latif）是一位来自巴格达的阿拉伯医生，后来在开罗任哲学和医学教师，他在1200年左右写了一篇记述，其因没有《圣经》中的先入之见而引人注目。当时，人们已对吉萨金字塔进行了进一步的掠夺，许多小金字塔的石头被抢走并用于建造开罗城墙，不过吉萨大金字塔外面的石头还在。阿布德·拉提夫注意到，外石上写着他看不懂的古文。当阿布德·拉提夫看到狮身人面像时，它当时基本上完好无损，而且像上还留有古时的红色涂料。人们常常错误地认为狮身人面像的鼻子是被拿破仑的士兵破坏的，而破坏发生的时间可能是在阿布德·拉提夫参观后不久。

埃及也是中东最伟大的旅行家伊本·巴图塔（Ibn Battuta）的行程之

一，这位摩洛哥人于1326年来到埃及。伊本·巴图塔写道："我终于抵达了开罗。开罗是城市之母，是暴君法老的所在地，是丰饶辽阔的土地的主人。这里建筑众多，其美丽和壮观无与伦比。来往行人在此集聚，或强大或弱小的人群似海浪般汹涌，开罗的规模和容量几乎容不下这么多人。"[35]

这位中世纪旅行家的著作在西方享有盛名，但该作很可能出自14世纪一位足不出户的法国作家之手。该著作为《约翰·蒙德维尔爵士的航旅记》，该书被广为阅读，而且被翻译成了多种语言，其英译本的书名为 *The Voiage and Travaile of Sir John Maundevile, K*[t]。这位笔名为约翰爵士的作家坚持《圣经》中关于金字塔功能的观点，他认为，"金字塔由石制成，这些石料出自石匠之手。其中有两座金字塔美丽雄伟，另一座金字塔的规模则稍小。每座金字塔均设有一门，以便进入塔内……塔内外有许多蛇。塔外刻有多种语言的经文。有许多人说，这些金字塔是伟大的主的墓穴。但这并不正确，因为那里所有的人都认为这些金字塔是约瑟的粮仓"。[36]

继巴尔斯贝统治之后，马穆鲁克帝国明显出现了衰落迹象。其中最糟糕的是马穆鲁克制度本身的崩溃。年轻的马穆鲁克曾经要接受战争艺术的严格训练，尤其是马术的训练，只有掌握了这些技艺才会被提拔。后来，这些训练被废弃了，马穆鲁克军队的素质也随之下降。然而，即使忽视了自己的传统优势，他们也不承认科技已经大大改变了战争的本质。他们过了很久之后才开始使用加农炮，他们还鄙视手枪，认为手枪是普通步兵的武器，而非精英骑兵的军械。此外，他们的纪律性也在瓦解，变得不再可靠，对社会和经济的秩序构成了威胁。马穆鲁克士兵发生暴动已成为常事，他们抢劫商店和集市，公共安全在衰退。

自黑死病爆发以来，支撑马穆鲁克体系的经济一直处于日益严重的危机之中。鼠疫的反复出现使得人口无法恢复，灌溉系统也衰退了，国家收入急剧下降。1215年，埃及的土地税收入超过900万第纳尔（Dinar）。到了1517年马穆鲁克王朝结束时，其收入已缩减至200万不到。瘟疫除了破坏了马穆鲁克政权的经济基础之外，也夺走了众多马穆鲁克的性命。无论出于何种原因，在16世纪初奥斯曼帝国征服埃及的前夕，剩余马穆鲁克的数量还不足马穆鲁克王朝鼎盛时期的一半。

马穆鲁克经济遭受的另一次严重打击发生在15世纪末，当时葡萄牙人发现了环绕非洲的远洋航线，为欧洲提供了与印度、远东和非洲东海岸的直接联系，破坏了马穆鲁克利润丰厚的红海贸易，削弱了埃及作为地中海和红海之间商业枢纽的重要性。短短几年内，葡萄牙人就威胁到了马穆鲁克在红海的地位。后来在奥斯曼帝国的及时援助之下，马穆鲁克王朝才得以挫败这一来自欧洲的插手者。

在马穆鲁克王朝后期的苏丹中，最有趣的是凯特贝（Qaitbay，1468—1496年在位），部分原因在于他留下了精美的建筑，但主要原因在于他与大多数任期短暂的前辈不同，他不是昙花一现，其统治时间长达近30年。然而，他在统治期间并不是没有遇到麻烦，马穆鲁克的行为变得更加恶劣，凯特贝一直无法完全控制他们。由于贝都因部落袭击了农村居住地，农村的生产力遭到破坏，农村地区陷入了日益混乱之中，他们有一次甚至袭击了开罗市中心。当上埃及爆发大规模的部落叛乱时，政府发动的军事远征更像是惩罚性的，而不是为了重申法律和秩序，而这只会导致局势进一步恶化。凯特贝统治时期的亮点是他的建筑工程。其代表作是于1472年至1474年建造的伊斯兰学校和陵墓，这两个建筑位于开罗的东方公墓，是伊斯兰建筑中的瑰宝。但是，这些昂贵的建筑可能进一步加重了已然过度紧张的经济负担。凯特贝看似稳定的长期统治实则是镜花水月，因为在接下来的几年之中就有5位苏丹更替。

1496年，凯特贝去世，当时中东三大国分别是马穆鲁克帝国、奥斯曼帝国和波斯萨非帝国（Safavid Empires）。其中，马穆鲁克帝国在此时最弱，最多只能维持另外两个国家之间的平衡。而奥斯曼帝国正处于一个特别有活力的阶段，它在马穆鲁克帝国衰落的地区日益强大。奥斯曼帝国逐渐从帖木儿造成的毁坏中恢复元气，并在4位能干的苏丹的统治下繁荣昌盛，不断向外扩张。这4位苏丹分别是穆拉德二世（Murad Ⅱ）、穆罕默德二世

马穆鲁克后期的建筑。从作者居所的窗户看到的凯特贝苏丹之墓
以及伊斯兰学校的穹顶和尖塔（作者摄）

（Mehmed Ⅱ）、贝耶兹德二世（Beyezid Ⅱ）和塞利姆一世（Selim Ⅰ）。
1453年，奥斯曼帝国占领了君士坦丁堡，后来更名为伊斯坦布尔，它成为欧
洲和中东地区最伟大的城市，并在贸易扩张中变得富裕起来。奥斯曼帝国向
各方扩展领地。在对帝国财政系统进行彻底的改革之后，奥斯曼苏丹直接控
制了帝国的大部分税收。帝国建立了一支强大的海军和一支庞大的常备军，
他们接受了新技术的演习训练，能够熟练地使用大炮和火枪。

　　鉴于奥斯曼帝国采取的扩张主义政策，它与马穆鲁克帝国之间难免会
发生冲突，但在奥斯曼帝国入侵之前，他们彼此间并无敌意。双方在1484年
开始起冲突，确实发生了一场目的性不强的战争，不过它涉及周边领地的问
题。凯特贝赢得了一些战役的胜利，但他缺乏资源来决定性地击败奥斯曼大
军。1491年，双方达成和平协定。直到1511年，奥斯曼帝国苏丹贝耶兹德二

世才援助马穆鲁克帝国在红海对抗葡萄牙人。

1516 年，奥斯曼人向马穆鲁克帝国发动进攻，这几乎是奥斯曼帝国在和波斯萨非帝国发生争端后才想到的。萨非帝国一直在奥斯曼帝国的东部领地发动叛乱，塞利姆一世深受其扰，于是对波斯人进行了猛烈的回击，甚至打到了萨非帝国的领地上。这一局势对奥斯曼人大为有利，因此马穆鲁克苏丹古里同意了萨非帝国的求援，并遣军进入叙利亚北部。塞利姆一世当时正准备再次攻打萨非帝国，但他决定不把他的右方暴露在这种威胁之下，于是开始攻打马穆鲁克帝国。马穆鲁克军队不是奥斯曼人的对手，奥斯曼大军在组织、纪律、人数和装备上都占据优势。马穆鲁克帝国内部发生叛变，并于1516 年 8 月 24 日在阿勒颇北部的达比格草原（Marj Dabiq）上被击溃。大马士革和耶路撒冷未战而降。

古里在达比格草原之战中患上了致命的中风。开罗的马穆鲁克权贵好不容易才说服了古里的侄子图曼贝（Tumanbey）继承苏丹之位。这个心不甘情不愿的新苏丹除了祈祷塞利姆一世满足于现有的征服并继续攻打萨非帝国之外，没有什么可以做的。然而，在许多心怀不满的马穆鲁克的鼓励之下，塞利姆选择继续南下攻入埃及，并且没有受到任何抵抗。图曼贝在开罗城外站住了脚，但后来被打败了。他逃跑后又在吉萨再次被打败，落入了奥斯曼帝国手中。1517 年 4 月 14 日，他在祖维拉门被处以绞刑。当时绳子断了两次，直到第三次才完成处决，这结束了马穆鲁克苏丹统治埃及的时代。

第十三章
奥斯曼帝国统治下的埃及

在约400年的时间里，埃及无论以何种形式存在，都属于奥斯曼帝国的行省。描述奥斯曼帝国统治埃及的第一阶段历史有些困难，因为埃及史与奥斯曼帝国史密不可分。然而，当人们的注意力从开罗转移到伊斯坦布尔时，埃及的历史往往显得不那么重要。另外，在奥斯曼帝国征服后的一个半世纪里，埃及的历史编纂突然停滞。在法蒂玛王朝、阿尤布王朝和马穆鲁克王朝时代，埃及的历史学家、编年史家和传记作家比比皆是，而在18世纪末伟大的阿布德·拉赫曼·贾巴尔提（Abd al-Rahman al-Jabarti，1753—1825/1826年）出现之前，几乎没有任何专家学者出现。我们可以从伊斯坦布尔的奥斯曼帝国档案中得到一些启示，但这不能取代细致而直接的地方史料。此外，直到最近，现代历史学家才开始关注奥斯曼帝国统治下的埃及的早期历史，但是关注度还不够高。

然而，即使在1517年之后，埃及显然还保留着它的独特性。奥斯曼帝国统治埃及的方式是独一无二的，因为奥斯曼人很早就意识到埃及需要特殊对待，而且奥斯曼帝国拥有根据不同民族相应调整统治方式的非凡能力。尽管奥斯曼帝国的苏丹塞利姆一世在占领埃及后在此处停留了几个月，但他几乎未对这个新行省进行任何行政改革。他此前并没有征服埃及的计划，因此也没有准备相应的治理方案。这与他在叙利亚的统治形成了鲜明的对比。他把叙利亚从埃及分离出来，并强行在那里建立了一个组织严密的行省政府，而他在埃及没有进行这样的重组。埃及的治理保持了原状，这令人吃惊。塞利姆将埃及政府委托给了强大的马穆鲁克埃米尔海尔·贝（Khair Bey），此人曾在达比格草原之战中叛变。海尔·贝在城堡中地位极高，他并非普通的奥斯曼帝国总督，而是作为塞利姆的封臣和总督来统治埃及。埃及刚刚恢复了安全，许多马穆鲁克便从藏身之处走出，他们受到了海尔·贝的欢迎，并开始担任要职。1522年，新苏丹苏莱曼一世（Suleiman Ⅰ）派遣马穆鲁克军队远征罗得岛，随后称自己对他们的印象十分深刻。

事实上，奥斯曼帝国征服埃及的神奇之处在于，尽管它终结了马穆鲁克苏丹的统治，但它绝不意味着马穆鲁克的终结。恰恰相反，马穆鲁克再次兴旺发达，人们甚至称奥斯曼帝国统治下的埃及盛行着一种新马穆鲁克制度。曾参与对抗奥斯曼人的马穆鲁克权贵被放逐，但许多没有参战的马穆鲁克以及一些积极与侵略者合作的人获得了丰厚的奖赏。尽管该时期的二代马穆鲁克十分普遍，但帝国还是继续引进年轻的马穆鲁克，这些人主要来自切尔克西亚（Circassia）。许多马穆鲁克继续保持着庞大的军事家族。新马穆鲁克通过伊尔蒂萨姆保留并加强了对大部分国家收入的控制（从而确保土地上大部分的财富可以继续浪费在派系斗争上），他们逐渐掌控了埃及政府中的许多要职。一方面，新马穆鲁克很好地融入了奥斯曼帝国的体系，在为奥斯曼帝国服务的同时也为自己服务。另一方面，他们又帮助埃及在帝国内部保持了自己的特色。他们很快就重新融入了埃及的整体军事体系，并再次成为这片土地上最强大的势力。

塞利姆对海尔·贝的信任似乎是合理的，因为埃及在他的控制下比较安宁。然而，海尔·贝于1522年去世，随后的两年内埃及爆发了两场叛乱，这表明还是有必要对政府管控方式进行一些调整。第一次叛乱由两位马穆鲁克埃米尔向埃及的新总督穆斯塔法（Mustafa）帕夏发起。穆斯塔法帕夏是苏丹的妹夫，其他马穆鲁克并没有参与本次叛乱，因此穆斯塔法帕夏能够用奥斯曼帝国留在埃及的驻军将他们镇压。第二次叛乱不是由不满的马穆鲁克煽动的，而是由奥斯曼帝国的新总督艾哈迈德帕夏发起的，他曾期望担任君士坦丁堡维齐尔。艾哈迈德·帕夏对埃及的任命感到不满，于是在1524年发动叛变，宣布自己为苏丹，并采用了王室的装束。这场叛乱很难镇压。

显然，帝国需要对这个麻烦的新行省采取一些措施。苏莱曼苏丹派遣他的心腹、特别能干的大维齐尔易卜拉欣（Ibrahim）帕夏于1525年来到埃及，强行制定了行政管理法规。新行政组织的最高领导是总督。总督住在城堡里，他制定了严格的准则以维护政府部门的尊严。总督下面是国务委员会，或称为迪万（Divan），他必须定期参加国务会议。此外，他对长期存在的地区和地方行政组织进行了大调整，纳入了马穆鲁克苏丹统治时期的许多特点。

在随之而来的经济重组中，奥斯曼帝国基本上把握住了经济命脉，但将许多管理事务下放给诸如行会和宗教基金会（Waqfs，或称瓦科夫斯）等机构。宗教基金会的经济实力稳步增长，到了18世纪末，大约20%的土地由宗教组织控制。马穆鲁克则以穆尔塔齐姆的身份继续控制着其余大部分的土地。

总督的土耳其驻军主要由前行省的士兵组成，他们维持了一定的社会秩序。埃及再次成为外国的粮仓，而上交给伊斯坦布尔的那部分土地税是对奥斯曼帝国国库的可喜补充。葡萄牙人在红海持续构成威胁，埃及成为奥斯曼帝国在红海军事行动的重要基地。保护圣城的职责和威望现在落到了奥斯曼帝国苏丹的肩膀上，埃及也成为保护阿拉伯圣城麦加和麦地那的重要基地。

随着奥斯曼帝国的日益强大，埃及在易卜拉欣帕夏访问之后平静了数十年。帝国的版图扩大到了美索不达米亚平原的叙利亚和安纳托利亚，几乎深入到欧洲东南部的维也纳边境，横跨非洲北部，西至阿尔及利亚，此外还延伸到了阿拉伯半岛的两岸。在苏莱曼一世非凡的领导之下，他执政的46年间，奥斯曼帝国征服了新的领地，军事力量不断增强，政府组织不断壮大。苏莱曼的收入远远超过欧洲或中东地区的君主收入。帝国除了取得了辉煌的军事和政治成就以外，还取得了同样辉煌的文化成就。

埃及只是庞大帝国中的一个行省，因此它的许多资源都进入了帝国的国库中，它再也无法根据自己的利益处理外交事务。埃及不是剥削者，它在大多数情况下是被剥削者。然而，在奥斯曼帝国的统治下，埃及远没有停滞不前，它的整体表现相当不错，这一点从其人口增长可以看出。埃及人口从300万增长到了1798年的450万。1798年是奥斯曼帝国统治埃及时期的分水岭。18世纪时，埃及人口有一些下降，但人口下降的积极一面是人均收入有所提高。融入庞大的地中海帝国给埃及带来的商业机会要多于带来的限制。埃及的主要出口产品是纺织品。即使在政治动荡的18世纪，1700年至1760年之间的几十年也是埃及经济繁荣的时期。

然而，埃及的发展较为缓慢，而且遇到了很多挫折，各地的发展也不均衡。亚历山大城继续其漫长的衰落过程，最后它只比2000年前亚历山大大帝访问时的那个渔村稍好一些。它不再是伟大的贸易中心，而且它从未从1356年亚历山大十字军东征的破坏中恢复过来。它的人口也因鼠疫大大减少，与开罗不同的是，它的人口并没有反弹至疫前水平。开罗尽管也是省级城市，但它仍然是东方的伟大城市之一。它被称为乌姆·顿亚（Umm al-Dunya），即世界之母。在奥斯曼帝国统治初期，开罗的人口可能还不到10万，到18世纪末法国入侵时，其人口已经翻了一番。

奥斯曼帝国对埃及的影响是微妙的，但这一影响持续的时间很长，并留下了永久的印记。他们在埃及的人数并不多。在18世纪末，埃及只有大约1万名奥斯曼土耳其人，只占帝国总人口的一小部分，但这些土耳其人在礼仪、服饰和整个生活方式上对埃及造成了巨大的社会影响。许多土耳其语进入埃及的口语之中，土耳其语也成为埃及大部分统治精英的语言，一直被沿用到20世纪初。尽管土耳其人可能有些傲慢，他们经常执着于社会地位和获得应有的尊重，但埃及人并未将土耳其人视为外来侵略者，而是将他们接受为社会的组成部分。毕竟，早在被奥斯曼帝国征服之前，埃及就已经有了土耳其人的存在，因为许多马穆鲁克有着土耳其血统，讲着土耳其语，遵循着土耳其文化。即使在今天，我们也常常能听到某位埃及人骄傲地说自己有土耳其血统。

亚历山大城的凯特贝城堡，于 1479 年建在古代灯塔的遗址上
（可能还用到了遗址的一些石头），用于抵挡奥斯曼人（作者摄）

　　奥斯曼帝国对开罗城市结构的影响起初几乎是难以察觉的，但随着时间的推移，它们已成为城市外观中不可分割的一部分。伟大的马穆鲁克建筑时代在凯特贝和古里之后就结束了。大多数土耳其总督都没有足够长的寿命和足够多的资源来延续建筑时代的辉煌，不过他们对此也没有兴趣。他们是奥斯曼帝国的绅士，想在伊斯坦布尔而非开罗留下自己的印记，开罗只是他们实现升迁和获得奖赏道路上的跳板。开罗的第一座完全按照伊斯坦布尔传统建造的纪念建筑是锡南帕夏清真寺（Mosque of Sinan Pasha）。它直到1571年才建成，尽管它在布拉克（Bulaq）占据了突出的位置，是人们来到开罗后最先看到的建筑之一，但它对开罗的建筑没有产生什么影响。[1]然而，开

---

　　① 奥斯曼帝国更早时期的一个并不明显但值得关注的纪念建筑是苏莱曼帕夏的清真寺，该寺于 1528 年建在城堡中。

罗逐渐出现了更多土耳其风格的带有独特尖塔的清真寺，土耳其的沙比尔–库塔布（Sabil-Kuttabs，即公共饮水喷泉和伊斯兰学校的组合）也开始出现。在1798年之前奥斯曼帝国统治的近3个世纪里，奥斯曼人在开罗建造了77座清真寺和41座沙比尔。但新马穆鲁克元素依然存在，并常在纪念建筑中占主导地位，马穆鲁克的传统在建筑和社会中都得以延续。开罗最著名的奥斯曼帝国清真寺是于19世纪建造的位于城堡的穆罕默德·阿里清真寺（Mosque of Muhammad Ali），它已成为这座城市的象征，埃及货币上印有它的图案。土耳其的家庭建筑融入城市的方式不太引人注目，但更加密切，改变了人们关于室内空间的设计和使用的观念。

现代纸币上呈现的位于萨拉丁城堡的穆罕默德·阿里清真寺

咖啡同样也在奥斯曼帝国统治埃及初期被引入埃及。尽管宗教和政治当局对此深表怀疑，但这种新饮品很快就在埃及站稳脚跟，开罗的咖啡店如雨后春笋般涌现。这些咖啡馆成为重要的社交中心，人们在那里或谈话或游戏来消磨时间。咖啡馆里有音乐表演舞台，埃及人非常喜欢这种表演，专业朗诵者会在舞台上朗诵最受欢迎的作品，例如《拜伯尔斯的生活》和《阿布·扎伊德罗曼史》（*Romance of Abu Zeid*）等等，听众们为之倾倒。开罗成为也门和欧洲之间咖啡贸易的主要中转站，城市中很大一部分维卡拉

（*Wekalas*，意为商队客店）专门用于咖啡豆的储存和转运。

尽管奥斯曼帝国在16世纪达到了鼎盛，但它在该世纪末进入了一个漫长而痛苦的重新调整期，埃及同样也遇到了困难。曾经处于技术和行政创新前沿的帝国开始出现过度的保守主义，甚至是反知识主义，这产生了一些负面的实际影响。随着军队和政府规模进一步扩大，他们变得更加难以控制，而中央政府也发现越来越难以有效调动帝国的资源。世界贸易逐渐从地中海转移到大西洋，帝国的商业明显衰退。同时，由于西班牙美洲殖民地的白银流入，欧洲和中东地区发生了通货膨胀。然而，物价急剧上涨了，人们的工资却保持不变。腐败和

一个开罗咖啡馆的演奏会
（摘自莱恩的《现代埃及人》）

不服从命令的现象在政府中变得很普遍。大概在此时，奥斯曼帝国的埃及总督在享受了数十年平静而有效的治理之后，在自己的组织内部遇到了问题，这破坏了他们的权威，并最终使权力的天平偏向了新马穆鲁克权贵。这一切可能并不是巧合。

总督们很少有时间来巩固他们在埃及的权力。从1517年奥斯曼帝国建立统治到1798年法国人到来的281年期间，埃及共计有110位总督。其中只有16世纪的两位总督统治了很长时间。为了使总督能够有效地进行管制，特别是在马穆鲁克卷土重来的情况下，奥斯曼帝国驻军的忠诚度至关重要，但这种忠诚度在1586年被严重削弱。当时，士兵们起义将时任总督停职并逮捕了他。下一任总督在1589年面对了类似的叛乱，但他的情况更糟。他的几名随

从丧生，其私人住所也被洗劫一空。没有人能够控制这些骚乱的士兵。他们在1598年和1601年又发动了两次起义。1604年到任的总督易卜拉欣帕夏决心恢复秩序，刚上任就采取了强硬的态度，拒绝了士兵们要求新总督捐赠的惯例。士兵们很快就发起了暴动并抢走了钱财。尽管如此，易卜拉欣帕夏仍坚持他的强硬态度，士兵们决定彻底铲除他。1605年9月，士兵们闯入了他在舒布拉（Shubra）的隐居地，并将他杀害。

这种做法实在过分。下一任总督在帝国的大力支持下，逮捕并处决了谋杀案的主犯，在一定程度上伸张了正义。总督采取的另一项措施是禁止征收图尔巴（Tulba），这是一种由士兵非法向农民征收的税。1609年，这些士兵发动起义，总督穆罕默德帕夏联合一位强大的新马穆鲁克权贵以压倒性的武力优势镇压了他们，随后予以他们严厉的惩罚。当穆罕默德帕夏于1611年离开埃及时，他认为当下总督的权力已经得到恢复。然而事实恰恰相反，因为他是在马穆鲁克的支持下才取得了胜利。由于没有忠诚的自家军队支持，总督们不得不求助于新马穆鲁克中的大人物，他们被尊称为拜伊（Bey），统称为拜伊集团（Beylicate）。

虽然拜伊集团成员没有具体的行政职能，但他们控制了埃及众多的最高行政机构，以此控制了国家的财政和行政。每位拜伊都有庞大的家兵队伍。总之，这些拜伊是埃及迄今为止最强大的军事力量。但实际上，因为他们分属于不同派别，彼此间往往不团结，成员间的竞争经常演变成公开战。随着时间的推移，拜伊集团越来越正规化，集团由哈里发授权，规定由24名成员组成，成员身着独特的服饰。到了17世纪中叶，总督们有名无实，实际上是由拜伊们掌管着国家。然而，拜伊通常与总督合作将税收转入帝国国库。确实，曾经有一位高级拜伊被特派至埃及并负责将税收转入伊斯坦布尔。

总督只要越权，就会受到拜伊集团的严厉教训。1631年，时任埃及总督穆萨（Musa）帕夏惧怕一位名叫凯塔斯（Qeytas）的有权势的拜伊，他在城堡举行的一个仪式上杀死了凯塔斯。拜伊们对自己人被杀深感愤怒，要求总督对此事作出解释。穆萨帕夏拒绝了这一要求，拜伊们随后废黜了他，并任命了一位凯马卡姆（Qaimaqam，意为"副总督"）来代为理政，直到新总督到来。奥斯曼帝国默许了这一既成事实，并使之成为处理此类情况的标准程序。拜伊们多次使用这种程序来废黜棘手的总督。

17世纪最伟大的拜伊是里德万·拜伊·法凯里（Ridwan Bey al-Faqairi），他领导着最强大的马穆鲁克门派。他在开罗人脉广阔，广受欢迎，他曾经可能戏谑过王室，但从未公开挑战过苏丹。即便如此，奥斯曼帝国的总督们还是想尽一切办法、用尽一切手段想把他赶下台，但每次都失败了。最后一个尝试这么做的总督发现，被废黜的是自己，而不是里德万。里德万在1656年去世时仍然掌握着权力，但在他去世后，派系斗争重新开始，而且比以往更加极端。

各个派别之间仇恨极深，总督穆斯塔法帕夏在1660—1662年间利用了派系分裂的局势，用一个门派对抗另一个门派，处决掉一些可憎的拜伊，流放了部分拜伊，整体上削弱了派系势力。这些操纵手段使得总督们在接下来的30年里拥有了一定程度的实权。拜伊们像以前一样担任高级官员并指挥军事远征，但他们再也没有挑战总督的权威。直到18世纪初，拜伊重获政治权力。

和以前一样，问题始于总督的军事机构内部。奥斯曼帝国驻军的7个军团之间的争斗已积蓄多年，最终在1711年3月爆发了激烈的对抗，总督对此束手无策。马穆鲁克各派之间本来就暗中较劲，拜伊们连同他们各自的马穆鲁克家族一起被卷入了这场战斗。1711年，大叛乱终于结束。拜伊们再次统治了埃及，一时间风光无限，他们坐拥着宫殿、土地、马穆鲁克士兵和众多家臣。一个拜伊家族可能包含数百名马穆鲁克、数十名妻妾和女奴，以及数十名其他人员。尽管他们的权力依赖于军力，但大拜伊和埃米尔也通过广泛的赞助增加他们的影响力，这些赞助几乎覆盖了社会的各行各业。拜伊们相互之间争夺里阿萨（Riasa，意为"头衔"），这是埃及的真正权力，不同于总督和奥斯曼帝国其他官员的正式权力。

奥斯曼帝国对拜伊集团的复兴无能为力。在17世纪的大部分时间里，帝国的军力还算强盛。到了1683年，它尚能围攻维也纳并占领该城。这一事实清楚地表明，它仍然可以对欧洲构成威胁。但到了17世纪末，欧洲人对帝国的看法开始发生变化。旁观者对帝国内部的衰败进行了评论，指出了它的弱点：帝国此时正处于衰退之中，夺取帝国曾经占领的领土的时机已经成熟。

在这个阶段，奥斯曼帝国面临的困难与马穆鲁克王朝统治埃及后期的困难惊人的相似。收入来源急剧下降。曾经令人闻风丧胆的奥斯曼帝国士兵变得懒散而无纪律，他们在战术和技术上都落后了，却固执地抵制变革。此外，苏丹已经不再管理国家事务，而大维齐尔在制定政策时也没有足够的自主权，无法不受后宫政治和宫廷宠臣的影响。在帝国的北部边境，咄咄逼人的哈布斯堡帝国和俄罗斯帝国决心消灭奥斯曼帝国来进行扩张，这使帝国无暇顾及埃及。

拜伊集团恢复之后，帝国的政治局面不太稳定。有时，个人的崛起会缓和这种局面，例如1748年至1754年期间易卜拉欣卡哈亚和里德万卡哈亚的两头政治。易卜拉欣卡哈亚负责处理实际事务，而里德万卡哈亚则对政权提供支持，不过后者把精力多用于资助诗人、建造宫殿和享受奢侈的生活。里德万的心思从不在政治上，易卜拉欣去世后不久，里德万也被人暗杀。

6年后，18世纪最伟大的拜伊——阿里·拜伊·凯比尔（Ali Bey al-Kebir）建立起更强大的统治，他在1760年至1772年间担任里阿萨。阿里拜伊坚决维护自己的权威，他招兵买马，镇压了敌对的拜伊，还给自己的追随者加官晋爵。他为了建立中央集权政府而采取了重大举措。他的行为无可避免地遭到了反对，他的政敌在1766年3月将他赶出开罗，但对手的联盟没能持久，阿里拜伊于第二年秋天重返埃及。

在彻底地报复了对手之后，阿里拜伊废黜了总督。当继任者来了之后，他也废黜了此人。他梦想着恢复马穆鲁克苏丹的统治，所以他喜欢穿上王室服饰，甚至在硬币上铸上自己的名字而不是苏丹的名字。他已经被人们称为"凯比尔"，即"伟大者"，现在又展现出令人震惊的专制和野心，所以他也被称为"布鲁特·卡潘"（Bulut Kapan），意为"捕云者"。当麦加的统治者哈希姆（Hashemite）被赶出该城并向苏丹求援时，苏丹命阿里拜伊出征相助。阿里拜伊的确这样做了，但他也用自己任命的马穆鲁克取代了奥斯曼帝国吉达的总督，由此获得了圣地保护者的威望。他派出两支远征军分别进入了叙利亚和巴勒斯坦，并于1771年夏天占领了大马士革。

阿里拜伊计划以埃及、汉志和叙利亚三方为基础对苏丹发起挑战，这在某些方面让人想起了马穆鲁克帝国，似乎又预示着未来穆罕默德·阿里的帝国的到来，但他缺乏支持这一计划的权力基础。他的指挥官们在1771年年底前突然撤离叙利亚回到了开罗。此举的原因尚不清楚，但可能是因为他的将军们不愿意与奥斯曼帝国为敌，而且另一场派系斗争爆发了，他的家族成员也牵涉其中，他们与阿里有着不同的野心。阿里拜伊脚下的土地分崩离析。尽管阿里拜伊进行了顽强的抵抗，但他还是于1772年4月被击败，并被送往巴勒斯坦。1773年5月，阿里拜伊率领一支小得可怜的部队试图重新掌权时，他被打败之后被带到了开罗，在那里被监禁了一周后死去。

阿里拜伊下台后，各拜伊之间重新开始了霸权争夺战，这给埃及带来了可怕的后果。尽管政治动荡不断，18世纪上半叶的埃及还是相当繁荣的，但从1760年开始，派系斗争严重破坏了埃及的经济。埃及的局势本来就已经比较艰难，加上一系列极为严重的尼罗河水泛滥以及反复出现的导致人口减少的瘟疫，在该世纪的最后20年里，情况变得越来越糟糕。

拜伊集团的政治历史异常复杂，各派系之间的更替十分之快，难以追溯。幸运的是，此时出现了一位叙事能力极强的当代埃及历史学家阿布德·拉赫曼·贾巴尔提，他对1688年至19世纪初穆罕默德·阿里建立统治期间的事件作了出色的描述。为了撰写全面的《杰出人物事迹宿怨》（'Aj'ib al-athar fi-l-tarajim wa-l-akhbar），贾巴尔提查找了各类原始资料，其中包括马穆鲁克文件。对于统治后期的事件，尤其是有关法国入侵和占领的部分，他依靠自己作为参与者及观察者的经验作了描述。遗憾的是，贾巴尔提与政府的关系不睦，因此他的作品被压制，直到20世纪才受到人们的普遍关注。

此外，有少数但数量越来越多的西方旅行者继续前往埃及，记录下他们对埃及的印象。其中有3篇英文记述特别值得注意，其作者分别是詹姆斯·布鲁斯（James Bruce）、理察·波寇克（Richard Pococke）和弗雷德里克·刘易斯·诺登（Frederick Lewis Norden）。正如之后的许多作家一样，他们都非常偏向记述古迹。而布鲁斯渴望有进一步的发现，他是最早寻找尼罗河源头的人之一。但这些书在当时对大众想象力的影响不大，因为没有发生轰动性的事件将人们的注意力引向埃及，而且英国对埃及感兴趣的普通读者群还不够大，这种情况将在19世纪初有所改观。在18世纪的法国，最好的两篇关于埃及的记述是由克劳德·埃蒂安·萨瓦里（Claude Etienne Savary）和康斯坦丁·沃尔尼（Constantin Volney）二人撰写的。与英国出版物的情况相比，法国的书籍被读者们仔细研读，而且拥有着为数不多但具有影响力的读者。然而，法国人的兴趣并不完全在于纯粹的学术研究，因为萨瓦里和沃尔尼在书中坦率地评估了埃及作为法国殖民地的潜在价值。

穆拉德拜伊，出自法国版的《埃及描述》
（E.M. II, G）

阿里·拜伊·凯比尔倒台之后，埃及政治的混乱局面有所缓解。1784年，两位马穆鲁克竞争对手易卜拉欣拜伊和穆拉德拜伊弥补了分歧，联合起来共同获得了里阿萨。他们掌权之后没有受到国内反对势力的影响，但他们必须要面对试图恢复权威的奥斯曼帝国政府。易卜拉欣和穆拉德已停止向帝国上交埃及税收，帝国政府大为震惊且无法接受这一事实。1786年7月，奥斯曼帝国政府派出了一支舰队前往亚历山大城。奥斯曼海军上将哈桑帕夏发布公告对拜伊们的所作所为表示反对，同时宣布帝国将减少埃及的税收，另外申明，埃及此后的行政管理应遵循他在1525年作出的安排。但马穆鲁克首领们对此不屑一顾。穆拉德拜伊比他的同僚更善战，他率军与奥斯曼大军对抗，不过他在三角洲的拉赫马尼亚（al-Rahmaniya）被打败。1786年8月8日，哈桑帕夏在没有进一步抵抗的情况下进入开罗，随后任命了一位顺从的马穆鲁克伊斯梅尔（Ismail）拜伊来管理埃及。

　　然而，哈桑帕夏及其支持者只能统领下埃及地区，穆拉德和易卜拉欣仍控制着南方的领地。双方都没能决定性地击败对方。穆拉德和易卜拉欣一度进攻到了吉萨金字塔，却被对手赶回了上埃及，但当奥斯曼人追到阿斯旺时，他们却逃到了努比亚。双方试图通过谈判解决问题，但没能成功。同时，由于俄罗斯和奥斯曼帝国之间剑拔弩张，留给哈桑帕夏的时间所剩无几。帝国迫切地需要他和他的舰队。哈桑帕夏在为巩固开罗行政改革做了一些力所能及的安排之后，便于1787年9月匆匆离去。然而，他的工作很快就被推翻了。1791年，伊斯梅尔拜伊去世，此时穆拉德和易卜拉欣已经恢复了他们的权威，并将其统治一直维持到1798年法国人到来。

第十四章
现代埃及的诞生

1798年，拿破仑·波拿巴率军远征埃及，这是法国大革命和随后的英法冲突的产物。法国因为无法入侵英国和无法在公海上击败英国而感到沮丧。当时被称为"五人执政内阁"的法国政府决定通过夺取埃及来间接打击英国。这将切断英国与其最宝贵的殖民地印度之间的陆路交通。几十年前，英国人曾将法国人驱逐出印度。此外，将埃及变成殖民地的想法已在法国流传了多年。远征埃及的计划可以将野心勃勃的拿破仑·波拿巴赶出法国，也许还能够完全摆脱他。因此，执政内阁委派这位年轻的将军率领5万大军，由近400艘船只组成的舰队护送至埃及。

1798年7月1日，法军抵达亚历山大城。拿破仑发布公告宣称，他和他的军队以真正的穆斯林身份前来拯救埃及，使埃及人脱离贪婪的马穆鲁克的统治，同时恢复奥斯曼帝国的合法权利。这是一个明目张胆的宣传伎俩，旨在削弱马穆鲁克的地位，为法国人控制埃及寻找借口。当然，法国人明确地想要将埃及据为己有，但也有意消灭马穆鲁克；他们认为法国人的统治更为开明，可以大大改善埃及人民的生活。

法国大军迅速向开罗进军。7月21日，穆拉德拜伊与法军在开罗印巴巴（Imbaba）村进行了一场决定性的战斗，此战史称金字塔之战（尽管吉萨金字塔距离这里有16千米远）。马穆鲁克并不缺乏勇气，他们的骑兵发起了多次冲锋，但法军人多势众，即使马穆鲁克军队虚张声势也无法战胜纪律严明的法国士兵。对于法军来说，击退这种猛攻只是一个技术问题。当代历史学家贾巴尔提注意到了法国军事演习的优越性：

> 法国士兵听从指挥官的命令，忠实地服从其领导。他们唯一的遮阳物是头上的帽子，唯一的坐骑是自己的双脚。他们胳膊下挂着一点干粮和酒。他们把行李和换洗的衣服像枕头一样背在身后，睡觉时就像平常一样躺在上面。他们严格遵守军队内部的各种标记和信号。[37]

马穆鲁克骑兵在面对法军时遭到了屠杀。法军攻破了他们的后方阵地，许多马穆鲁克士兵淹死在了尼罗河中。根据官方报告，有1200至2000名马穆鲁克在金字塔之战中丧生，与仅损失29人的法军形成了鲜明对比。穆拉德拜伊和幸存下来的马穆鲁克士兵逃到了上埃及，其负责守卫尼罗河右岸的同僚

拿破仑·波拿巴将军在埃及，作者是让·莱昂·热罗姆（画作藏于达西斯博物馆）

易卜拉欣拜伊则随奥斯曼帝国总督逃到了叙利亚。法军于7月25日进入开罗。

英国纳尔逊（Nelson）勋爵指挥的英国舰队错过了在海上拦截拿破仑的机会，然而在金字塔之战的一周后，英国舰队追上了法国舰队，并趁法国舰队停泊在亚历山大东部的阿布·吉尔（Abu Qir）时将其歼灭。在开罗，拿破仑发现人们并不相信法国的意图，还有一些人，诸如贾巴尔提，公然嘲笑他发布的公告内容和公告里的阿拉伯语。随后，苏丹塞利姆三世（Selim Ⅲ）于9月11日向法国宣战，完全不信任拿破仑保护奥斯曼帝国在埃及利益的宣言。

即便如此，拿破仑仍掌控着目前的局势。他开始着手重新建设开罗城，他摧毁了城门和房屋，使其更有利于军队控制，他还竭力笼络城中的重要人物，建立起新的公民制度。为了乘胜追击穆拉德拜伊及其马穆鲁克军队，他派遣了一员精力充沛的大将路易·德赛（Louis Desaix）南下。法军一直追到阿斯旺，尽管马穆鲁克军队在撤退过程中与法军有过交锋，但最终还是设法逃脱了法军的追击。与此同时，开罗在法国人严格的管束之下变得不安分。法国人执行严格的如公开处决的安保措施疏远了民众。他们发现法国人的统治和马穆鲁克的统治一样沉重，甚至更加糟糕，因为法国人为了支付占领期间的各项开支，不仅向埃及人收取马穆鲁克时期的旧税，而且还更加无情地强征新税。10月21日，积怨已久的民众发动了叛乱。法国人从城堡中对该城进行了两天的炮击，最终将其镇压。

拿破仑此刻与法国远隔重洋，同时奥斯曼帝国的进攻蓄势待发，他对埃及这块遥远的土地的掌控已岌岌可危。他没有坐以待毙，而是试图通过入侵叙利亚来拓宽战场。阿里什（al-Arish）首先沦陷，雅法也相继沦陷，法军屠杀了雅法的守军，但局势的关键还是在阿克里城。1799年3月19日，拿破仑围攻阿克里城。阿克里城在奥斯曼帝国舰队和一支小规模英国海军的支持下坚守了下来，而拿破仑的军队却被鼠疫消灭了。5月，他不得不放弃叙利亚返回了埃及。在埃及他迅速击溃了在阿布·吉尔登陆的奥斯曼帝国军队，但很明显，埃及不能实现他日益增长的勃勃野心，而且无论如何都会很快丢失。所以，拿破仑在8月22日溜走了，打算回巴黎试试运气，留下了让–巴蒂斯特·克莱伯（Jean-Baptiste Kléber）将军掌管埃及。

克莱伯的处境不容乐观，他只关心如何使自己和军队撤离埃及。他与奥斯曼人谈判并达成了和平协议，但是遭到英国人的否决，他们坚持要求法军投降。这反而坚定了克莱伯的意志。1800年3月20日，奥斯曼帝国的军队出现在开罗郊外的艾因沙姆斯，尽管所剩无几的法军人数仅占奥斯曼大军的六分之一，但是克莱伯仍然大败敌军。另一场人民起义在开罗爆发，这场起义持续了很长时间，在混乱了一个多月后才被镇压。1800年6月，一名叙利亚刺客用刀结束了克莱伯的生命。

法军的指挥权交给了皈依伊斯兰教的阿卜杜拉·雅克·梅努（Abdullah Jacques Menou）将军，但英国和奥斯曼帝国的联军正在逼近。奥斯曼军队中有一支强大的阿尔巴尼亚士兵分队，年轻军官穆罕默德·阿里就在队中。1801年3月21日，法军在亚历山大城外被击败；同时，英军指挥官拉尔夫·阿伯克隆比（Ralph Abercromby）爵士也在这次行动中被杀。随后，梅努于6月18日攻占开罗，并于9月3日迫使亚历山大城投降。最后，法国人乘胜按照此前与奥斯曼人谈判好的条件撤离了埃及。

此时的英国人无意留在埃及。他们准备离开时，更希望看到马穆鲁克重新建立统治，因为这将削弱奥斯曼政府，为英国统治埃及提供机会。但是，英军一直与奥斯曼军队合作开展军事行动；同时，马穆鲁克军队在上埃及的安全地带等待时机。于是，奥斯曼政府决定任用新总督胡斯劳（Khusraw）帕夏以重新控制并统治埃及。1803年3月，英国人根据《亚眠条约》中的相关条款撤离埃及，该条约使得英法两国暂时停止了较量。

法国人占领埃及近3年，但这造成的影响并不深。法国所有的目标都没有实现。法国在埃及的这段插曲常常被宣传为促成了现代埃及的诞生，但实际上这段历史对于埃及来说是一种干扰，而非创造力。然而，这种干扰，尤其是对埃及内部的政治力量的搅乱，为新的发展开辟了道路。这次，英法两国都没有留在埃及，但两国均将占领埃及视为重要的外交事务，而且这种情况一直保持了一个半世纪。

虽然法国远征军的军事成就是短暂的，但它对学术的贡献是持久而不朽的。法国科学和艺术委员会的一大群有学之士随军远赴埃及。他们的目的是对整个国家做详细记录，其中包括埃及的地理、城市、水文、制造业、农业、自然历史、其光荣且非常神秘的过去等所有这片未来殖民地上令人感兴趣的方面，这也是为了实现欧洲启蒙运动的理想而作出的努力。根据1798年8月22日的一项命令，拿破仑创建了埃及研究所以汇聚各相关学者，并概述了研究所的目标："一、在埃及发展和传播科学；二、研究、学习和出版有关埃及自然、工业及历史的资料；三、就政府咨询的各种问题提供建议。"

法国学者眼前的机会千载难逢，他们也充分地利用了这一机会。在军队的保护之下，他们可以在军队所到之处工作。这就把他们带到了埃及尼罗河谷当时已知的大多数主要考古遗址（军队在努比亚边界的菲莱作了停留）。学者们研究了分配给他们的各个课题，但对于他们来说，埃及古物的吸引力最大，以至于水利工程师们常常忽略了重要的本职工作，转而去勾画古代遗迹。学者们还收集了大量的古埃及文物。当法国人撤离埃及时，英国人把他们收集来的古物运到了伦敦，这些古物成为大英博物馆精妙绝伦的古埃及馆的基础。在这些藏品中，有一块记录了托勒密五世登基诏书的罗塞塔石碑。该石碑是由一名法国士兵在拉希德（法国人称之为罗塞塔）附近修筑防御工事的时候发现的。石碑上刻有象形文字、世俗语文字和希腊文字3种语言写成的铭文，它有望成为破译已经失传的古埃及象形文字和阅读古埃及语言的关键。法国人保留好了石碑资料，并威胁英国称他们是不会交出这些资料的，否则就付之一炬。法国人在接下来的25年里努力编写出了《埃及记述》（*Description de l'Égypte*），这是关于埃及的最重要的一部学术著作，也是古代和现代西方系统研究埃及的基础。该书分为古物、现代国家和自然历史等若干部分，这一不朽的对开本中包含了有史以来最引人注目的埃及图片。

埃及的政治舞台因法国人的插足而发生了根本性的改变。穆拉德拜伊死后，马穆鲁克在新领袖的领导之下重新确立了在上埃及的权威。法国人离开后，马穆鲁克的力量仍然不容小觑，但他们的人数已大大减少，他们的经济和政治基础也遭受损害。永无止境的派系斗争进一步削弱了马穆鲁克的力量，有时还会出现鹬蚌相争渔翁得利的局面。更重要的是，现在的埃及不再由马穆鲁克独占一方，还有其他势力存在。其中一个势力是奥斯曼帝国总督胡斯劳帕夏领导的军队，他是一个意志坚定的人。还有第三个势力，即最初来对抗法国人的阿尔巴尼亚分遣队，但他们后来再也没有离开过埃及。阿尔巴尼亚军队经常不守规矩，1803年5月，他们因拖欠工资而发生暴动，迫使库斯罗前往达米埃塔。这种复杂而失衡的政治局势造成了持续两年的动荡和复杂的争斗。穆罕默德·阿里从中脱颖而出，成为埃及的统治者，其统治期长达40多年，建立了一个持续了一个半世纪的王朝。

穆罕默德·阿里于1769年出生在马其顿的小镇卡瓦拉（Kavalla）。早年，他与土匪和海盗交手时获得了些许作战经验，而后成为奥斯曼帝国军队的一名军官，并在对抗法军的阿尔巴尼亚支队中担任副指挥官。支队指挥官不久后被杀，他接过了阿尔巴尼亚支队的指挥权。在接下来的两年里，他在政治舞台上游刃有余。他首先利用一个马穆鲁克派系来对付另一个派系，随后与这两个派系对抗。另外，他先向土耳其总督示好，然后与之决裂，获得了开罗的乌拉玛（Ulama）的支持。乌拉玛是有学识、备受尊敬的宗教领袖，他们的意见在政府和社会中具有很大的影响力。最终，他的地位之高足以要求奥斯曼人任命他为埃及总督，即帕夏。奥斯曼人并不愿意这样做，因为以前的帕夏都是在体制内工作并晋升的普通职业者，而不是像穆罕默德·阿里这样的新秀。不过，奥斯曼人也有适应现实的方法。1805年7月，穆罕默德·阿里收到了从伊斯坦布尔发来的任命他为埃及帕夏的文件。

穆罕默德·阿里担任帕夏的前期非常艰难。他在动荡不安的阿尔巴尼亚军队中的权力基础并不稳固。在他统治的最初几年中，每当他拖欠士兵军饷，士兵们就会在他骑马穿过街道时屡屡向他开枪。奥斯曼政府也不欢迎他统治埃及，只要有机会就会给他制造麻烦。身处上埃及基地的马穆鲁克也对他进行威胁，并拒绝让他控制上埃及地区。然后，到了1807年，他又不得不应对英国的入侵。

英法两国之间再次敌对。英国同奥斯曼帝国的关系恶化，并开始高度依赖埃及的粮食供应。对英国人来说，他们从未满足于仅仅在埃及定居，现在似乎是在埃及建立基地的大好时机，以此来保障粮食供应和通往印度的陆路通道，同时也可以阻止法国人进入埃及。因此，一支英国远征军在亚历山大城登陆，并于1807年3月顺利夺城。但当英国人试图将其控制权扩展到尼罗河三角洲西岸的拉希德时，他们遭遇惨败。先遣队被切断，许多英国士兵被杀，其他被俘的士兵后来被迫在开罗的游行队伍中抬着战友们的头颅。剩余的英军被围困在亚历山大城，直到1807年9月英国与穆罕默德·阿里谈判后，英军才得以撤离埃及。从那时起，这位帕夏的情况开始逐渐改善。1807年，伊斯坦布尔的苏丹频频更迭，这在接下来近20年里转移了伊斯坦布尔对埃及的注意力，穆罕默德·阿里得以巩固了自己的地位。幸运的是，马穆鲁克的主要领袖相继离世。1810年，穆罕默德·阿里夺回了上埃及各大城市，并迫使马穆鲁克的埃米尔搬至开罗居住，以便监视他们。

然而，穆罕默德·阿里对马穆鲁克的打击远未结束。这些在法国入侵前曾主宰埃及的军事精英的残余势力仍然全副武装，他们贪婪而危险。在开罗的马穆鲁克更易于管理，但他们在土地和收入的支持下，仍保持着自己的军户和武装家丁。毫无疑问，只要对他们有利，他们就会试图杀死穆罕默德·阿里；同时，他们毫不动摇地反对其引入埃及的新军事制度，一如伊斯坦布尔的土耳其禁卫军（Janissaries）暴力反对苏丹塞利姆三世的类似改革并在1807年废黜了他。1811年3月1日，穆罕默德·阿里任命他的儿子图森（Tusun）率军远征阿拉伯对抗瓦哈比教派的教徒（Wahhabis），他在城堡中举行任命庆祝活动，邀请了开罗的所有主要人物，包括近500名马穆鲁克埃米尔。之后，当马穆鲁克通过城堡的下行内道离开时，他们发现出口被锁住了，这条内道现在还可以看到。阿尔巴尼亚的神枪手出现在城墙上，将他

穆罕默德·阿里（摘自哈桑的《穆罕默德·阿里家族》）

们射杀。在接下来的几天里，又有1000多人在开罗被追捕和杀害。幸存的马穆鲁克再次沿着尼罗河远行，先是到了上埃及，第二年，穆罕默德·阿里的另一个儿子易卜拉欣在那里追杀了1000多人，幸存者不得不快速地逃往努比亚和其他地区。穆罕默德·阿里现在是埃及真正的主人。他可以在国内外推进雄心勃勃的计划了。

穆罕默德·阿里统治的标志性特点是在埃及之外开展的一系列军事行动，将遥远而广袤的地区置于其控制之下。第一次行动是应伊斯坦布尔苏丹的要求进行的。苏丹对狂热的瓦哈比教派的崛起感到不安，他们在阿拉伯中部建立了一个国家，占领了麦加和麦地那，并禁止奥斯曼朝圣车队进入。这让负责保护圣城的苏丹很尴尬。瓦哈比国侵占了他的领地，他却无能为力。他向在叙利亚和伊拉克的总督们发出的呼吁被置若罔闻。正是穆罕默德·阿里在屠杀了马穆鲁克人之后，向阿拉伯派遣了一支由图森帕夏指挥的远征军。军队的补给问题非常严重，敌人的数量几乎是压倒性的，而苏丹承诺的帮助也迟迟未到。穆罕默德·阿里一度不得不亲自出面指挥作战。但在1814年，他果断地击败了瓦哈比教派信徒，并杀死了他们的埃米尔费萨尔·伊本·沙特（Faisal ibn Saud）。第二年，图森与瓦哈比新埃米尔阿卜杜拉·伊本·沙特（Abdallah ibn Saud）达成休战协议；他在回到开罗后受到了英雄般的欢迎，不过在不久后意外死于鼠疫。穆罕默德·阿里在主干道上以最好的土耳其建筑样式建造了一座奢华的公共建筑，以纪念他的儿子。该建筑如今已被修复。

在图森离开阿拉伯后不久，瓦哈比教派的阿卜杜拉·伊本·沙特打破了休战协议，从内陆权力基地的安全地带恢复了进攻行动。穆罕默德·阿里迅速作出回应，委托他的儿子易卜拉欣指挥一次新的远征。事实证明，易卜拉欣是一个有天赋的指挥官。一位当代观察家如此描述："他总是有理有据，言出必行；他坚定不移，英勇无畏，虽然纪律严明，但宽容善良；他从不强求军队中哪怕是最卑微的人做自己不愿意做的事情。士兵们对他言听计从，因为他懂得如何进行惩罚；即便如此，他很得军心。"[38]

易卜拉欣取得了稳步进展，于1818年9月占领了瓦哈比国的首都。埃米尔阿卜杜拉被俘虏并被送往伊斯坦布尔斩首。穆罕默德·阿里以汉志为据点，趁机向南扩展到也门，他早在1813年就向也门派遣了部队；到1819年，他实际上已经控制了红海。他成为北起亚喀巴、南至穆哈（Mocha）的整个阿拉伯西海岸的主人，从而引起了英国人的警惕，因为英国人也正在该地区扩大其影响力。

易卜拉欣帕夏

（摘自哈桑的《穆罕默德·阿里家族》）

穆罕默德·阿里的下一次扩张行动是针对努比亚和苏丹北部的南下行动。1820年，在他的三儿子伊斯梅尔的指挥下，一支部队从阿斯旺出发了。次年6月，伊斯梅尔到达森纳尔（Sennar），在那里他得到了当地领导人的支持。与此同时，在穆罕默德·阿里的女婿穆罕默德·拜伊·胡斯劳（Muhammad Bey Khusraw）的指挥下，另一支部队征服了科尔多凡（Kordofan）。但伊斯梅尔行事任性而愚蠢，他无视父亲的指示，没有认真听取高级军官的建议。伊斯梅尔的傲慢与粗暴——穆罕默德·阿里曾告诫过他——使他被新征服的人民所憎恨。1822年秋天，一个曾被他侮辱的首领将他活活烧死在他的小木屋里。人们纷纷起义。穆罕默德·拜伊·胡斯劳从科尔多凡赶来，非常残酷地镇压了起义。埃及在整个努比亚和苏丹北部建立了统治，这里变成了埃及苏丹。

但穆罕默德·阿里的注意力主要集中在埃及。他希望通过有选择地将欧洲的模式、技术和专业知识应用于埃及的环境中，将埃及转变为一个现代工业社会的军事强国。为此，他雇用了许多欧洲人从事工厂管理、土木工程、军事训练和医学等方面的工作。他派遣人才侦查员在地中海区域招募合适的人选来埃及担任相关职位。每当欧洲旅行者到达埃及时，他们很可能会被带到穆罕默德·阿里那里接受个人面谈，因为他想从他们那里获得尽可能多的信息。但他的最终目的是让埃及人占据政府、工业、军事和教育领域的重要职位。一些埃及人将在国内新成立的学校接受教育；另一些人则被派往国外学习，并带回急需的技能。其中一名游学者里法·塔塔维（Rifaa al-Tahtawi）后来成了一位有影响力的作家和教育家。他留下了一本回忆录，讲述了他作为一名学生对法国社会的印象。

穆罕默德·阿里需要资金来支持其雄心勃勃的计划，然而他赢得控制的是一个数百年来财富管理不善的国家。但埃及的农业潜力依然存在，穆罕默德·阿里在几年内几乎完全控制了农业。马穆鲁克的大量财产被没收，宗教基金会的财富也被没收，他们拥有埃及全部农业用地的五分之一。严格的产权调查带来了更多的收益。税收结构被修改，埃及几乎所有的土地都归国家所有。穆罕默德·阿里可以下令种植什么作物，然后以国家规定的低价购买产品，并出口换取现金。在1815年结束的拿破仑战争期间，粮食是一种有利可图的出口商品。1821年，穆罕默德·阿里引进长绒棉，这成为埃及的主要出口作物。埃及的棉花质量很高，即使至今，挑剔的买家都将其视为精制棉制品中的珍品。农业实现了从自给自足的作物转变为赚取外汇的经济作物的发展。穆罕默德·阿里获得了大量可靠的收入来资助他的项目，这可能实现了自罗马时代以来对埃及资源最有效的开发。

为了扩大农业生产并将货物运往市场，穆罕默德·阿里实施了广泛的公共工程计划。一位颇有地位的当代观察家认为，他建造了32条运河、10条堤坝、41座水坝和拦河坝。这当中的一些项目规模巨大。其中一条名为马赫穆迪亚（Mahmudiya）的运河在亚历山大港和尼罗河西支流之间，长达72千米。它于1817年至1820年间开凿而成，动用了多达30万名通过徭役征召的工人（根据各种记录，这些工人中有1.2万至10万人死亡），从运河沿岸的沙漠中开垦了数千费丹（一费丹略多于一英亩，约为五分之二公顷）的农田。他在开罗北部新建了一个拦河坝，虽只建成一部分，但还是提高了三角洲的生产力。以上这些只是新的建设，许多现有的运河必须进一步挖深；所有工程都必须得到维护。穆罕默德·阿里将总共超过100万费丹的新农田投入耕种。通过长期灌溉，土地上每年可以种植两种甚至三种作物，而不是只种植一种作物，生产力得到进一步提高。穆罕默德·阿里召集大量徭役工人的能力表明他完全掌控着埃及的资源。

穆罕默德·阿里并非仅对增加埃及的农业产出感兴趣，他打算用农业出口赚来的钱来实现国家的现代化和工业化。作为一个仔细研究英国事务的人，他没有忘记工业革命的教训及其对英国国力的贡献。各种各样的工厂出现了——纺织厂、制糖厂、军火厂——还有许多日益专业化的工厂，以满足国家日益增长的需求。穆罕默德·阿里希望尽可能地实现自给自足。他建立了一个垄断系统，剔除不需要的进口产品，严格保护新工业免受外国竞争的威胁。例如，廉价的英国棉布不得与埃及布匹竞争，后者在埃及和其他国家广泛销售。来自军队和政府稳定增长的订单为工厂提供了大量的机会。埃及成为地中海东部的主要工业国家。

亚历山大城的重生始于穆罕默德·阿里统治时期。到1805年，这个辉煌一时的被誉为"东地中海女王"的城市人口已经缩减至1.5万人。当时的城市只占古代亚历山大城的一小部分，周围都是不成形的瓦砾堆。新的马赫穆迪亚运河带来了可靠的饮用水供应，也使亚历山大城能与尼罗河更直接地交通联系。穆罕默德·阿里对对外贸易的高度重视使该城的两个港口再次繁忙起来。随着1829年兵工厂的建立，亚历山大城成了主要的造船中心和穆罕默德·阿里的大型现代海军基地。当穆罕默德·阿里于1849年去世时，亚历山大城的城市人口已上升到了10万，使其顺利恢复了大城市地位。开罗和亚历山大城通过信号电报相连，两城之间的信息可以在半小时内传达。

为了满足政府迅速增长的需求，穆罕默德·阿里彻底改组了埃及的行政机构。他专门设立审议委员会以征求意见。尽管这些委员会是咨询机构而非立法机关，但它们的诸多建议都成了政策。一个中央集权的官僚机构被建立起来，下设具有不同职责的各大部门。到1837年，中央政府共有7个部门：内政部、财政部、战争部、海军、教育和公共工程部、外交和商业部以及工业部。每个部门又被细分为办事局和办事处。同时，他进一步规划并理顺了埃及境内的地区和地方组织，从帕夏到各个权利层再到每个村长的明确的权力等级得以建立。尽管穆罕默德·阿里认真听取了顾问们的意见，并将许多权力下放给官员们，但他仍享有最终决策权。穆罕默德·阿里的许多举措后来都被取消了，但他的行政改革一直延续下来，并成为现代埃及国家的一部分。

随着马穆鲁克被清扫，穆罕默德·阿里开始着手建立一个全新的军事机构，而不是依靠奥斯曼帝国在埃及的残留军队。在试图从苏丹招募奴隶军未果后，他采取了新的措施征召农民入伍。他的新军队被称为"新秩序"（Nizam Jedid）。起初，军队的指挥官是欧洲人，但随着新的军事训练学校的毕业生出现，埃及人也被任命为军官。埃及人痛恨征兵制，他们想方设法避免征兵，甚至不惜自残以逃避兵役，但这并不奏效。许多年轻人在绝望中戳瞎一只眼睛，而帕夏竟然组建了一个独眼人军团。然而，埃及人一旦进入部队，无论此前是多么不情愿，都是非常好的士兵。穆罕默德·阿里的新军队在不同的地方和情况下反复证明了自己的实力，尤其是在对抗瓦哈比教派的战争、希腊独立战争和叙利亚战役中的表现。这支军队在国内也是可靠的力量。1824年，当上埃及发生重大起义时，新秩序军团果断地镇压了它。穆罕默德·阿里的军事力量在其规模最大时有近25万人。埃及成了地中海东部的主要军事强国，使穆罕默德·阿里比他名义上的主人——伊斯坦布尔的苏丹要强大得多。尽管穆罕默德·阿里在1840年被条约所迫而减少了军队规模，但它仍然是埃及的永久性机构。此外，他还建立了一支庞大的海军，并引以为豪。他吹嘘称，在伊斯兰世界中，没有第二支这样的海军。

为了满足其军队和政府不断增长的需求，穆罕默德·阿里开始广泛发展高等教育。1816年，他建立了一所测绘学校，随后一些技术学校相继建立。

1825年，为新秩序军团培训官员的军校开始招生。第一所医学院于1827年开办。1836年，在里法·塔塔维的指导下成立了一所外语学院，人们有更多机会接触到欧洲语言的出版物。穆罕默德·阿里于1822年左右在布拉格建立了一家政府出版社，这也与他的教育创新密切相关。起初，它主要为军事和政府官员印刷技术手册，但后来出版了许多不同类型的作品，包括很有影响力的阿拉伯文版《天方夜谭》。报纸以阿拉伯文和法文出版。印刷媒体成为埃及人日常生活的组成部分。

19世纪上半叶，疾病肆虐埃及，新秩序军团损兵折将，整体人力储备受限。每年有超过5万名儿童死于天花；大规模的流行病，如1834—1835年爆发的鼠疫，带走了多达三分之一的开罗人口；其他诸如霍乱等疾病也大大增加了伤亡人数。早在1819年，穆罕默德·阿里就下令实施了一项预防天花的疫苗接种计划。严格的检疫措施限制了流行病的传播。法国医学专家克洛特·拜伊（Clot Bey）于1827年建立了阿布·扎巴尔医院［Abu Zabal Hospital，后来更名为卡斯尔·艾尼医院（Qasr al-Aini Hospital）］，以满足新秩序军团的需要。医务人员被分配至各军团，野战医院也已准备就绪。但帕夏的关注并不限于军事方面，他于1832年在开罗开设了一所助产士学校，培训妇女以提供各类医疗服务。在1837年，一家专供民用的新医院在开罗投入使用。它设有专门的妇科病房和儿科病房，每月有成千上万的儿童在此接种天花疫苗。卡斯尔·艾尼医院至今仍然存在。从长远来看，在穆罕默德·阿里的所有计划中，他的医疗改革可能取得了最大的成功。

穆罕默德·阿里的成就也让埃及人民付出了沉重的代价。帕夏对埃及的控制程度可能是自古以来前所未有的，他利用这种控制从埃及榨取一切可以榨取的资源来支持他的计划。他没有忽视任何收入来源，每一块有生产力的土地，每一棵棕榈树，每一头驴子，所有能代表价值的东西都被评估并按其所能承受的最大限度征税。他多次对马赫穆迪亚运河等工程和埃及各地无数的小型灌溉项目强行实施徭役。许多外国观察家对其中的人力成本感到震惊，但也有人猜测，如果他的项目成功了，这些代价可能也是值得的。

人们不停地抱怨，但还是只能服从，因为帕夏的权力是绝对的。他的手轻轻一横就意味着处决。然而，他的残忍并非任性而为。严厉的做法是为了达到特定的目的。他也没有利用自己的地位过度自我膨胀。他的住所很舒适，但并不奢华。他骑着一匹装备简单的马，只带着一两个随从在城里走动。不知情的人就算看到他也从不知道有重要人物从身边经过了。他的臣民直接称呼他为"穆罕默德帕夏"。根据当时一个消息灵通人士的描述，"这个不寻常的人外表与性格毫不相符。他身材矮小，稍显肥胖，面容活泼，给人的印象是慈祥而非严厉。他的胡须是灰色的。他自然而流利地讲着土耳其语和阿尔巴尼亚语，但他不太了解埃及的语言阿拉伯语。在晚年，他已学会用阿拉伯语阅读和写作"。[39]

1821 年，同属奥斯曼帝国的希腊有许多地方都开始暴力反抗他们的土耳其主人。经过 3 年的战斗，苏丹遭受了一次又一次的失败，他再次求助于穆罕默德·阿里。帕夏的反应迅速而有效。在 5 个月内，他向希腊派出了一支强大的海军部队和几个新秩序军团，并命其子易卜拉欣率领大军。希腊叛军根本不是领导有方、纪律严明的埃及士兵的对手。易卜拉欣赢得了一连串令人印象深刻的胜利，并于 1827 年 6 月占领了雅典。但是，虽然军事形势在穆罕默德·阿里的掌控之下，但是苏丹控制着外交政策。他无视穆罕默德·阿里对与西方列强发生冲突的担忧，导致了 1827 年 10 月 20 日发生了计划外的纳瓦里诺战役。在这场战争中，土耳其和埃及的联合舰队被英国海军摧毁，保证了希腊的独立。

穆罕默德·阿里对出征希腊的结果感到非常愤怒，他原本就不愿参与其中，这次冒险还使他在与西方列强不必要的对抗中痛失其最引以为傲的海军。他本以为自己的付出会让苏丹将叙利亚奖赏于他，因为他在这场战争中所取得的成就比苏丹所做的任何事情都要成功。而苏丹只是用克里特岛打发他，于是他决心用武力夺取叙利亚。他从希腊撤军，通过征兵来充实军队。亚历山大城的新兵工厂迅速建造了新船，取代了在纳瓦里诺沉没的船只。1831 年 11 月，他命令易卜拉欣率领一支由 16 艘战舰、17 艘运输船和 3 万

名士兵和水手组成的部队入侵叙利亚。巴勒斯坦和黎巴嫩的大部分地区迅速
臣服。经过6个月的围攻，易卜拉欣攻占了曾成功击败拿破仑的城市阿克里
城。1832年下半年，他与人数众多的奥斯曼帝国军队进行了3次大战，每次
都取得了决定性的胜利。1832年12月，易卜拉欣在科尼亚（Konia）附近进
行了最后一次战役，通往伊斯坦布尔的道路敞开了。苏丹不得不求和。穆罕
默德·阿里由此成了叙利亚的主人。

苏丹马哈茂德二世（Mahmud Ⅱ）和帕夏穆罕默德·阿里都不满意。苏
丹因不得不承认帕夏对叙利亚的控制而感到不满，而帕夏则对承认苏丹是
他的君主感到不耐烦。1838年，穆罕默德·阿里决定争取独立。苏丹先发制
人，于1839年4月入侵叙利亚，宣布穆罕默德·阿里为叛徒。埃及的反应迅
速而果断。1839年6月24日，易卜拉欣在内兹卜战役中击溃了奥斯曼人，这
是他最后一次伟大的胜利。奥斯曼帝国的处境似乎毫无希望。苏丹马哈茂德
二世于7月1日去世，继任者只是一个年轻人。奥斯曼帝国的舰队驶向亚历山
大港并投降了。穆罕默德·阿里似乎已经实现了他的所有目标。

他太过成功了。奥斯曼帝国在崩溃的边缘摇摇欲坠，这是西方列强决
心要阻止的。西方各大强国都进行了外交干预。一支英国军队与易卜拉欣对
峙，迫使他撤回埃及；一支英国海军部队停泊在亚历山大港。穆罕默德·阿
里不得不投降。随后的和解终结了他的许多梦想，缩小了陆军和海军的规
模，并迫使他从克里特岛、叙利亚、阿拉伯和也门撤军。他的垄断制度被废
除，欧洲商人得以进入埃及市场。

人们经常用"衰退"和"老迈"这样的词来描述穆罕默德·阿里的最
后几年。他的许多计划都远远没有达到他的期望。但他留给埃及的是一个几
世纪以来最好的行政系统；军队规模虽有缩小，但仍然是该地区精锐的；在
公共卫生方面，当时很少有国家能比得上他的成就。他甚至还有能力实施新
的举措，包括于1848年进行的高质量的全国人口普查。政府对埃及的资源保
持着强有力的控制，足以满足政府的基本需求和其他方面的需求。所有事情
都是在没有外债的情况下完成的。他还实现了最重要的目标之一，在1841年

的敕令中，苏丹将埃及的世袭统治权赋予了穆罕默德·阿里和他的家族。穆罕默德·阿里于1849年8月2日去世，被埋葬在他位于开罗城堡的宏伟清真寺中，俯瞰着开罗。

第十五章
19世纪中叶的埃及

根据1841年的敕令，确认穆罕默德·阿里的长子为该家族的继承人，下一任帕夏是阿巴斯·希尔米一世（Abbas Hilmy Ⅰ），他是穆罕默德·阿里的爱子图森之子。图森于1815年死于瘟疫。摆在阿巴斯面前的可能性是巨大的。虽然穆罕默德·阿里失去了他帝国的大部分，但其中的埃及是完好无损的，并被授予了他的后代。另外，他仍然掌控着苏丹人军队。陆军和海军确实被削减了，但剩下的军力足以满足埃及的需要。他的制度改革的许多方面得以延续，且给国家留下了良好的经济条件。实现埃及巨大发展潜力的许多条件都已具备，但穆罕默德·阿里的继任者们并没有充分利用他们所继承的遗产。

阿巴斯的性情和采取的政策与其祖父的大相径庭，他非常不喜欢他的祖父。从他给穆罕默德·阿里举办葬礼的吝啬程度，就可以看出他对这位已故帕夏的蔑视。与穆罕默德·阿里不同，阿巴斯反对西方，限制欧洲的影响。许多由穆罕默德·阿里发起的改革都被取消或忽略了。工厂被废弃并出售，学校被关闭，教育工作者因恼人的调动而感到沮丧，例如语言学校校长里法·塔塔维被调往喀土穆。这些行为让阿巴斯有了反动主义的名声。也许在一定程度上，这是他应得的，但其实有一些关停动作在穆罕默德·阿里临终前的日子里就已经开始了。

阿巴斯并不单纯只是一个鲁莽的保守主义者。他最初抵制将铁路引入埃及，但他很快意识到需要让步。1851年，他签署了连通亚历山大和开罗的铁路合同，该铁路于1856年竣工。很快，另一条铁路在开罗和苏伊士之间运行。这些铁路都给埃及带来了巨大利益。埃及的铁路建设速度与欧洲最先进的国家相比毫不逊色。阿巴斯强烈反对坦齐马特（Tanzimat）时代来自伊斯坦布尔的影响深远的改革，不是因为他反动，而是因为这些改革威胁到了他的自治。然而，历史对阿巴斯并不友好，人们通常用阴郁的笔调来描绘他——忧郁、迷信、难以相处。他也许的确如此。他在自己的时代树敌颇多。阿巴斯于1854年7月被他的两个奴隶杀害，人们并没有对他表示深切的怀念。

穆罕默德·阿里的第四个儿子穆罕默德·赛义德（Muhammad Said）接替了阿巴斯。文化风向再次发生转变，因为赛义德比他的前任统治者更倾向于西方文化。铁路建设继续进行。随着新的灌溉项目、桥梁和道路的建设，公共工程的建设步伐也加快了；电报也被引入埃及。赛义德继续执行总督政策，保持宗教当局的弱势地位，在军队中压制宗教活动。为了节省开支，他不断削减军队的规模，从阿巴斯时期的约8万人削减到1860年的2.5万人。不过，任何的节省都被埃及参加1853年至1856年的克里米亚战争的费用所抵消。在这一战争中，赛义德派出了一支2万多人的军队支持奥斯曼帝国，向欧洲银行家大量借款以支付战争费用。

债务成为一个陷阱，穆罕默德·阿里的前三位继承人都债务缠身。尽管削减了不少项目，但是阿巴斯始终入不敷出。赛义德曾发誓绝不重蹈阿巴斯赤字开支的覆辙，但他死后仍欠下700万英镑。之后，他的继任者伊斯梅尔更是加速借贷，以至于摧毁了他的政权，将埃及拱手于欧洲人。

然而，赛义德最重大的举措是支持苏伊士运河建设。人们自古以来便想开凿一条横跨苏伊士地峡的运河从而连接红海和地中海，大大缩短欧洲和东方之间的海上距离。在近代，法国远征军曾粗略地考虑过这一想法。后来一个被称为圣西门的法国空想学派也知悉并推崇运河的建设，他们认为，运河可以团结一个社会层面与技术层面已经转型了的世界。圣西门派的思想偏理想主义而非现实主义，但他们还是有效地普及了苏伊士运河的概念。

技术上的挑战一目了然：在两个同等水位的水体之间跨越170千米的沙漠挖开一条宽阔的沟渠。运河拟经4个湖床，以节省大量的挖掘工作。而第五个湖泊曼扎拉湖（Manzala）既是沼泽地又是浅滩，需要建造一条有堤岸的渠道从中穿越。另外，还有三条巨大的石脊挡道。只要有足够的资金、人力和基本机械设备，这些障碍都可以克服。更大的困难来自风向：在每年的大部分时间里，不利的风向一直阻碍着红海和印度洋的海上航行。但随着海上蒸汽技术的引入，船舶能够逆风航行，逆流而上，这种困难也被迅速克服。

因为赛义德和时任法国驻埃及领事费迪南·德·莱塞普斯（Ferdinand de Lesseps）之间的童年友谊，苏伊士运河成为现实。童年时期的赛义德因体重过重而被穆罕默德·阿里要求严格节食，但这个男孩会溜到德·莱塞普斯那里，德·莱塞普斯允许他大吃通心粉，那是他最喜欢的食物。离开埃及后的几年里，德·莱塞普斯希冀能够在苏伊士修建运河。当他听说赛义德掌权后，德·莱塞普斯迅速前往埃及。在那里，他的老朋友热情地接待了他，并欣然同意了他关于运河的提议。根据最初的理解，赛义德将获得苏伊士运河公司15%股份的个人所有权，另外15%归埃及所有。作为回报，赛义德将授予该公司运河的特许经营权，并长期提供大量的劳动力。通过购买其他股份，赛义德在该公司的股份最终高达44%。该运河的总成本预估为600万英镑，资金将通过在国际上出售新公司的股份来筹集。

在经历了似乎无穷无尽的问题和延误后，运河挖掘终于在1859年开工。尽管德·莱塞普斯的预测很乐观，但苏伊士运河公司股票的认购却没有达到预期，而支出却远远超过了最初的预算。赛义德弥补了其中的不少差额。正如承诺的那样，他通过古老的徭役制度为挖掘工作提供了劳动力，每个月大约有2万名农民被征召至运河区劳作。这意味着，每个月有2万名被征召的劳工在前往运河区的路上，有2万名劳工在那里实际从事挖掘工作，另有2万名劳工正在返回家园。因此，在一年的时间里，有超过50万名劳工以这样或那样的方式参与运河建设。这一过程持续了10年。工作条件通常十分艰苦：有时人们不得不徒手挖掘，最后只得到少得可怜的津贴，常常食不果腹。挖泥机（由埃及提供）直到运河工程的最后阶段才被广泛使用。据估计，因疏忽、过劳、营养不良或事故而丧生的人数与工人的基本配额相同：2万人。当时的埃及总人口仅有约500万人，如此大规模且持续性地消耗埃及劳动力造成了普遍的经济困难。积病多年的赛义德于1863年去世后，在很大程度上正是由于埃及人投入的资金、劳动力和性命，运河的开凿工作才得以继续顺利开展。

赛义德的继任者是易卜拉欣的儿子伊斯梅尔。易卜拉欣是一位杰出的将军，也是穆罕默德·阿里的儿子。伊斯梅尔这位新帕夏三十出头，给人留下了良好的第一印象。他是个勤奋的人，每天长时间工作，有时甚至工作到深夜，事无巨细，体察入微。他还有一个雄心勃勃的改革和发展计划，其规模是自穆罕默德·阿里的伟大时代以来所没有的。他似乎一度拥有足够的手段来实现目标。因为他的统治初期正值美国内战造成棉花价格高峰期，美国内战使欧洲失去了来自美国南部的棉花供给。到1865年，埃及的棉花出口价值已经上升到比19世纪60年代初高出10倍以上的水平。

伊斯梅尔认为埃及统治者应保有一种高贵的状态，他也在其奢华的生活方式中表达了这种观念。他的众多宫殿之一阿布丁宫（Abdin）始建于其执政初期。为了给宫殿的500多个房间和大厅腾出空间，数以百计的房屋被拆毁。他也渴望更高的地位而不仅仅是帕夏，并情愿通过增加对伊斯坦布尔的进贡来获取自己地位的提高。1866年，苏丹授予他赫迪夫（Khedive）头衔，该头衔源自波斯语中的"国王"一词，使他的地位高于其他奥斯曼帝国总督。1873年，苏丹发布敕令，伊斯梅尔的儿子将继承他的赫迪夫头衔。苏丹还授予伊斯梅尔制定埃及国内法律和法规，以及与外国签订条约和建立商业关系的权力。他被允许扩大埃及陆军和海军的规模。这些都是主权的要素。伊斯梅尔一定认为他所取得的成就与他的祖父穆罕默德·阿里的成就相比旗鼓相当，甚至更胜一筹。

随着更多的道路、桥梁、铁路和水利工程的建设，建造计划继续开展，新的项目也开始了。一个高质量的邮政服务系统建立了起来，蒸汽船在尼罗河上往来运送邮件。伊斯梅尔在教育方面尤其积极。他创建了教育部，其中一位教育部长是埃及著名的知识分子阿里·穆巴拉克（Ali Mubarak）。他开办了许多学校，其中包括于1873年开办的一所女子学校。在阿巴斯统治期间被其关闭的语言学校重新开放，流放至喀土穆的里法·塔塔维被召回指导学校工作。到伊斯梅尔统治末期，埃及的识字率可能已经上升至5%左右。伊斯梅尔扭转了他前任的政策，将军队规模扩大到了12万人之多。

赫迪夫伊斯梅尔
（摘自哈桑的《穆罕默德·阿里家族》）

对外征服召唤着伊斯梅尔。他派遣远征军南下，扩大埃及在苏丹的属地，并在其他地方建立前哨基地。1875年和1876年，伊斯梅尔对抗阿比西尼亚（Abyssinia）的两次战役灾难性地失败了，但另一支部队通过索马里进入并占领了哈拉尔城（Harar）。红海西海岸的大部分地区都处于埃及人的控制之下。苏丹的奴隶贸易被压制了一段时间，但这严重扰乱了该地区的经济。而伊斯梅尔任命的行政人员往往是不会说阿拉伯语的欧洲人，无法处理新领地的事务。一位英国旅行者在埃及人征服苏丹后重返苏丹，但对眼前的变化感到失望：

> 多年来，河岸肥沃的土壤被高度开发，如今已被废弃。偶尔可见一丛不起眼的椰枣树，但以前长满庄稼的河岸已然变成了荒野。曾经人头攒动的村庄已经完全消失，人都不见了。灌溉已经停止。以前无数水轮吱吱作响的夜晚，现在却像死一般沉寂。没有一只狗为失去的主人而嚎叫。工业已经消失；压迫使居民们离开了土地。[40]

在伊斯梅尔的统治结束时，苏丹的局势已接近无政府状态，起义的时机已然成熟，不久之后就发生了马赫迪起义。

在埃及，社会正在发生着重大变革，尽管速度缓慢，有时甚至没有人注意到这种变化。人口从1800年的450万稳步增长到19世纪中期的550万。到1882年，人口已经达到780万。人口增长有如下几个原因：土地的生产力得到了提高；1834—1835年后尽管仍存在一些流行病继续夺走人们的生命，但是没有爆发大规模的鼠疫；或许穆罕默德·阿里的公共卫生计划有了成效。当然，这并不意味着大多数农民的生活得到了改善，他们不得不争夺有限的资源，还受到政府征税、征兵和徭役等方面的压榨，以至于他们经常诉诸于古老的手段，即逃离自己的家园。

土地所有权的模式也发生了变化。穆罕默德·阿里征用了马穆鲁克和宗教基金会的土地；随着时间的推移，他和他的继任者将大部分土地授予了奥斯曼帝国的各个朝臣，形成了一个新的讲土耳其语的贵族阶层，他们拥有大量地产。村长们也很好地利用了土地私有化，逐渐形成了埃及本土的地主精英阶层。在20世纪初的埃及，这个新的特权阶层将成为一股强大的保守势力。农民的土地所有权也增加了。到1871年，许多人已经获得了少量持有的土地的所有权。然而，他们需缴纳高额土地税，相比之下，贵族的土地税则低得多。农民的命运仍然艰难。

另一个重要的社会发展是城市中产阶级的形成，他们由政府工作人员、教师以及从事商业和其他职业的人员组成。他们的人数起初很少，但他们受过教育后担任了一些职位，从而可以关注相关的政治和社会问题。同时，他们善于表达自己的关切，因此，他们会让人们听到他们发出的政治之声。这一群体的影响力越来越大，削弱了诸如乌拉玛（剥削的宗教学者）等传统权威人士的影响力。乌拉玛从前控制着国内大部分的教育和司法部门。

但令人吃惊的是，伊斯梅尔的注意力并没有集中在自己国家的社会上。他比先前所有的领导人都更亲近西方，他喜欢说："我的国家已不再位于非洲，我们现在是欧洲的一部分。" 他于1867年访问法国，对拿破仑三世的工程师豪斯曼（Haussmann）对巴黎的改造大为震惊。巴黎有大型公共建筑、广阔的花园和宽阔的林荫大道。他决心将开罗变为尼罗河畔的巴黎。他对开罗错综复杂的中世纪街道感到不满，于是派人毁坏古老的街区，摧毁了沿途许多建筑珍品，这样开罗就能拥有自己的林荫大道了。新花园也布置完毕。他在伊兹贝奇亚（Ezbekiah）建造了一个大型歌剧院。1869年11月，歌剧院以威尔第（Verdi）的《弄臣》（Rigoletto）作为开业演出剧目，并在1871年圣诞节前夕首演了这位作曲家的《阿依达》（Aida）。歌剧院曾是开罗的一个著名地标，但在1971年被烧毁了。随后，在扎马莱克（Zamalek）建造了新的歌剧院建筑群。

在19世纪，埃及比以往更加欢迎西方游客，数量空前的旅行者们也充分利用了这种开放的机会。在拿破仑远征埃及后，人们对神庙、陵墓、金字塔以及神秘的古埃及充满各种想象。还有一些人则是为埃及独特的气候而来：医生们有时会开出在埃及短居的处方，以治疗各种水土不服的病症。有些人则是被当代埃及的异国情调所吸引。也有不少人是为《圣经》而来，因为许多旅行者发现埃及的景象比他们在巴勒斯坦，甚至在耶路撒冷看到的场景更贴近《圣经》中的描述。法国人离开后，穆罕默德·阿里为埃及这片土地带来了秩序和安全，尼罗河上西方旅行者的数量就稳步增长了。

大多数人来埃及，看过便走了，但有些人想更深入地了解埃及。约翰·加德纳·威尔金森（John Gardner Wilkinson，1797—1875年）是英国埃及学的创始人。他于19世纪20年代和30年代在埃及待了12年，他在此旅行、研究并记录古迹，然后将他对古埃及社会无与伦比的视野传达给广大读者。威尔金森的朋友爱德华·威廉·莱恩（Edward Willian Lane，1801—1876年）沉浸在土耳其和埃及社会中，写下了经典的《现代埃及人的风俗习惯》（*An Account of the Manners and Customs of the Modern Egyptians*，1836年），至今仍被研究埃及乃至整个中东地区的学者们作为基本文献阅读。19世纪，许多其他的西方旅行者和旅居者——大多数在严格意义上来说是深入研究埃及的业余爱好者，都对古代埃及和现代埃及进行了重要的研究。

即使是没有学术倾向的旅行者也会有所触动，并写下他们在埃及的个人经历和印象。可能没有其他国家能成为这么多游记的主题。其中有两本埃及旅行游记脱颖而出。阿米莉亚·爱德华兹（Amelia Edwards）的《尼罗河上千里行》（*A Thousand Miles up the Nile*，1877年）记述了一个职业作家从亚历山大城到第二瀑布的冬季航行之旅。作者以高超的文学技巧描绘了沿途的景象。爱德华兹对埃及产生了终生的兴趣，她成为英国19世纪中期埃及探险协会的创始人之一。《埃及来信》（*Letters from Egypt*，1865年）则是另一位才华横溢的作家露西·达夫·戈登（Lucie Duff Gordon）的作品。她来到埃及是希望能缓解她的肺结核，却意外在此找到了此前在英国缺乏的爱和家的感觉。因为她是埃及的旅居者，而不是单纯的游客，所以达夫·戈登的信件显示出异常深刻的洞见。19世纪还有许多其他值得一读的埃及游记，其中包括佛洛伦萨·南丁格尔（Florence Nightingale）的书，该书也名为《埃及来信》，所幸还有一个“1849—1850年的尼罗河之旅”的副标题。南丁格尔对埃及的许多事物都提出了严厉的批评，但她也意识到了个人与这片土地的接触所带来的改变：“人们会不禁思考从埃及回来后是否还会似从前般生活。”[41]

埃及对19世纪的艺术家来说也具有磁铁般的吸引力。在进行与埃及相关的艺术创作的前几十年，也就是所谓的草稿阶段，艺术家们努力地记录着埃及的大量题材，无论是错综复杂的伊斯兰建筑还是古代纪念建筑。完成的作品往往以行程的形式呈现，尼罗河沿岸的古迹按地形顺序跃然纸上。19世纪第一部伟大的绘图作品——法国的《埃及描述》（*Description de l'Égypte*，

1809—1824年）便是如此呈现的，这种呈现形式在大卫·罗伯茨（David Roberts）的《埃及和努比亚》（*Egypt & Nubia*，1846—1848年）中达到了顶峰，书中尽是引人注目的彩色石印图像。罗伯特·海（Robert Hay）的《开罗插图》（*Illustrations of Cairo*，1840年）起初几乎无人问津，但其中许多的图版在20世纪被广泛重印，成为开罗伊斯兰建筑的著名图像作品。

19世纪艺术创作的第二部分可以被称为东方主义阶段。文献记录变得不再重要，重点是要传达东方的质地和感觉。这并不意味着准确性变得不重要了；相反，东方主义艺术家凭借其严谨的学术训练，往往能够细致入微地呈现他们的主题。但即便如此，他们的目标也是用这些细节震撼观众，并带领他们体验其中的感性。英国作家威廉·马克皮斯·萨克雷（William Makepeace Thackeray，另一位游记作者）注意到了该行业的前景。萨克雷写道："在开罗，画家们可以赚大钱。这里有足够一个艺术学院使用的绘画素材。我从未见过如此多样的建筑、生活、诗意、绚丽的色彩和光影。每条街道、每个集市摊位都是一幅画。"[42]约翰·弗雷德里克·刘易斯（John Frederick Lewis）在埃及待了10多年，为作品积累了大量素材，使其成为英国最伟大的东方主义艺术家。在法国，职业画家让–莱昂·热罗姆（Jean-Léon Gérôme）是将埃及形象传达给观众的主要艺术力量，他的作品在各大媒体上传播。东方主义艺术家们的绘画技巧和力量十分卓越，他们为埃及和东方塑造了让人难以抗拒的印象，埃及和东方成为危险、颓废而又充满诱惑的地方。

埃及对西方视觉艺术的另一个贡献是摄影，它在摄影史上具有重要作用。埃及明亮、清晰的光线加上取之不尽、用之不竭的戏剧性题材，让它势必成为摄影家们最喜爱的度假胜地。最早的"探路人"是摄影师弗朗西斯·弗里斯（Francis Frith），他在1860年出版了《埃及的开罗、西奈、耶路撒冷和金字塔》（*Cairo，Sinai，Jerusalem，and the Pyramids of Egypt*）。另一个重要的早期埃及摄影作品来自马克西姆·杜·坎普（Maxime du Camp）。他与法国作家古斯塔夫·福楼拜（Gustave Flaubert，另一部尼罗河之旅回忆录的作者）一起旅行。弗里斯和杜·坎普的摄影学后辈大量涌现，成为今天在埃及随处可见的成群带着相机的游客。

到了19世纪中叶，游客如潮水般涌入埃及。大规模旅游的时代已经到来。托马斯·库克（Thomas Cook）成为安排包办旅游的重要人物。开罗最早的两家欧洲风格的酒店是东方酒店（Hôtel d'Orient）和谢泼德英国酒店（Shepheard's English Hotel）。据萨克雷记载，这两家酒店"与法国南部最好的旅馆一样大，一样舒适"。旅行者不再需要自行安排旅行的各项事宜。约翰·默里（John Murray）的《埃及旅行者手册》（*Handbook for Travellers in Egypt*，由威尔金森撰写）于1847年出版，随后又出了几个版本。贝德克尔（Baedeker）出版的众多埃及旅游指南中的第一本于1878年出版。

然而，大多数欧洲人在埃及的主要目的不是旅游、写作、绘画或摄影。越来越多的欧洲人在此处谋生，有些是为了发财。他们看待埃及的角度是从实际出发的，这些人的数量迅速增长。据估计，在伊斯梅尔统治结束时，有多达 10万名欧洲人居住在埃及。这个庞大的外籍人士群体成为埃及人生活的一个永久特征。尽管伊斯梅尔亲近西方，但该群体还是给伊斯梅尔及其政府造成了诸多困难。

最大的问题在于治外法权条款。这些条款自16世纪以来就存在于奥斯曼帝国。当时，苏丹给予欧洲人某些特权，如免税和根据自己国家的法律受审的权利，同时允许欧洲商人在东方进行贸易，确保他们的人身和财产安全。在穆罕默德·阿里统治时期，这些治外法权条款并不重要，因为那时在埃及的欧洲人很少，而且穆罕默德·阿里的统治非常强大，他们无法滥用自己的特权。但随着欧洲人的数量和权利不断增加，情况开始失控。欧洲领事们迫使穆罕默德·阿里的继任者们延长这些条款，并更加咄咄逼人地要求埃及保障其本国国民的权利。领事们对涉及其国家公民的民事和法律事务有充分的管辖权，他们甚至可以在领事法庭上向埃及政府提出索赔。受到保护的人不仅仅是诚实的商人和无害的旅行者，还有一些不入流的、不受欢迎的人物，包括来自各地的流浪者，他们总是惹是生非。这些人在某个欧洲国家成功地申请了公民身份，从而获得领事保护。埃及有17个不同的领事管辖区，每个管辖区都遵循不同的法典。如果一个埃及人要向一个外国人提出索赔，则必须在领事法院提起诉讼。该制度宣扬了欧洲人相比于埃及人而言享有各种特权，它导致很大一部分社会和经济事务不在埃及政府的管辖范围之内。

与此同时，苏伊士运河工程继续进行。这项工程工作量巨大。不仅需要清除大量的泥土和岩石，还需从东部三角洲开凿水渠，将淡水引入运河主干线，以为人们提供饮用水，从北部曼扎拉湖的沼泽中开辟一条渠道，同时建造数个港口。另外，还建造了伊斯梅利亚（Ismailia）和塞得港（Port Said）这两座新城。外交工作尤其棘手，其中涉及开罗、伊斯坦布尔、伦敦和巴黎之间错综复杂的关系。苏丹妒忌伊斯梅尔能够有权批准如此重大的工程。英国从一开始就坚决反对运河的建设，认为它对英国与印度的联系有害，但这一立场在运河开通后发生了转变。法国也常常从中刁难，即便它是欧洲各国中最坚定地支持运河建造工程的国家。

埃及修建运河的负担一再加重，超过了预期。根据最初的协议，伊斯梅尔继续提供大量工人进行挖掘。于埃及而言，这只是另一次强制徭役。千年来，公共工程项目一直在征用劳动力。穆罕默德·阿里在马赫穆迪亚运河等项目中广泛使用了这种方法，赛义德也以强制徭役完成了铁路建设。偶尔也有外国旅行者注意到其中沉重的人力代价并深感惋惜，但欧洲没有任何人关注到这一点。而今，苏伊士运河是在欧洲人的密切关注下修建的。当咳人听闻的徭役条件被公布于众时，人们大为震惊。反奴隶制协会和英国政治家强烈反对这种可视为奴役的劳动制度。然而，英国的大部分反应与其说是出于人道主义的考虑，不如说是希望阻碍运河的施工。在强大的外交压力下，伊斯坦布尔的苏丹命令伊斯梅尔撤回工人。建筑工程于1864年春暂停。

这一僵局的产生也有部分伊斯梅尔的原因。他在徭役争议中煽风点火，并非出于对该机制本身有所顾忌（他打算保留该机制并用于其他目的），而是想利用这一问题从德·莱塞普斯手中夺取运河的控制权，因为他认为赛义德让步过多了。因此，他犯了一个严重的错误，允许此事由法国皇帝拿破仑三世进行仲裁。拿破仑三世与德·莱塞普斯有姻亲关系，完全有理由偏向在该公司有大量投资的法国的利益。最后的裁决对德·莱塞普斯有利是意料之中的事，但其获得利益之丰厚令人咋舌。由于埃及政府不再提供劳动力，而且伊斯梅尔希望对协议进行修订，最终的判决要求伊斯梅尔支付超过400万英镑的赔偿。这对德·莱塞普斯来说是一笔意外之财，他不仅招募到了埃及工人（他们的工资仍然少得可怜），还购买了蒸汽挖泥机来加快工作进度。即便如此，这些钱仅能完成运河的建设。如果没有埃及人的贡献，运河绝不可能完工。伊斯梅尔输得一塌糊涂。英国人敦促他对判决提出异议，但他还是接受了这个决定。棉花价格仍然很高，他与欧洲银行家谈妥一笔贷款，支付了这笔意外的费用。

苏伊士运河于1869年11月17日大张旗鼓地开通了。对于伊斯梅尔来说，这是一个向欧洲展示他在埃及所取得的成就的机会。1000多名欧洲客人应邀

某一时期印刷品上展现的1869年苏伊士运河开通时的场景（A. 西廖蒂，乔迪亚出版社）

参加了开幕式，所有费用由伊斯梅尔承担。伊斯梅尔又花了100万英镑招待他们参加了令人眼花缭乱的仪式、宴会和旅游。尽管在运河开通后的最初几年，运河上的交通流量不尽如人意，一度将苏伊士运河公司推向破产的边缘，但随后交通流量逐步增大，使公司在1875年之后便获得了稳定的利润。然而，埃及从中得到的好处却极少。赛义德和伊斯梅尔在运河上总共花费了约1150万英镑，而埃及花费的间接成本是不可估量的。此外，运河大大增加了埃及对于欧洲的战略重要性，埃及逐渐失去对其自身命运的控制。

问题在于资金。到19世纪60年代末，棉花出口带来的收入还不到1865年的一半，但伊斯梅尔的支出却比以往任何时候都大。随着棉花收入的减少，国内税收也在减少。灾难的涟漪席卷了整个经济，农村出现了大量破产和取消抵押品赎回权的情况，但土地税却再次被提高到令人崩溃的水平。

颇具洞察力的英国旅居埃及者露西·达夫·戈登于1867年在上埃及写道：

> 我无法向你描述现在这里的苦难，即便想起来也会让人感到厌烦：每天都有新的税收。现在每头牲畜——骆驼、牛、羊、驴、马——都要缴税。农民们再也吃不起面包了，他们靠大麦粉生活，在里面混合一些水和没见过的绿色东西以及野豌豆等食材，这对吃惯了好东西的人来说是很可怕的。我看到我所有的熟人都在变得穷困潦倒、衣衫褴褛、愁苦不堪。税收使人们几乎活不下去：每费丹的土地要缴纳100皮阿斯特币，每一种作物都要缴税；每一年的水果都要征税，而且在市场上出售时也要征税；每个人，木炭、黄油、食盐和舞女都要缴税。[43]

当无法再从农民身上榨取更多的东西时，伊斯梅尔在1871年开始出售未来税。凡是预付相当于年度土地税6倍金额的土地所有者，将被免除一半的未来税收责任，并获得土地的全部所有权。这一举措只带来了轻微的、暂时的缓解，而且还导致了未来收入的丧失。剩下的办法只能是向外国贷款了。伊斯梅尔在金钱方面的放纵程度使其两位前任的债务相形见绌。这些贷款的条件非常苛刻，不仅利率高达12%，而且巨额的佣金、贷款发放费和巨大的风险折扣也从本金中扣除。因此，伊斯梅尔得到的钱远低于贷款总额。在1873年的一笔3200万英镑的贷款中，他实际上只收到1800万英镑。然而，他仍然不得不以贷款总额支付高额的利息。这只是几笔主要贷款中的一笔。

尽管伊斯梅尔在债务上越陷越深，但他并没有意识到其中致命的危险，而是继续在政府的各个领域积极开展工作，包括制度改革。他和颇具影响力的部长努巴尔（Nubar）帕夏对限制治外法权条款规定的外国管辖权的破坏性影响尤为上心。他们的解决方案是在1875年成立混合法庭。这一司法创新赋予了该法庭对外国人和埃及人之间的民事和商业案件、涉及外国人的刑事案件，甚至是欧洲人和埃及政府之间的案件的管辖权。这使得政府有时有义务执行针对自己的判决。混合法院的法官由欧洲人和埃及人共同组成，后者由赫迪夫任命，因此称为混合法庭。从表面上看，混合法庭的人员构成是平等均衡的，但该法庭实际上由欧洲法官主导。欧洲法官们虽由埃及政府支付工资，但由欧洲列强任命。此外，混合法庭并不影响所有的治外法权条款，而只是影响其中的一部分。治外法权条款一直保留至1937年才被最终废除。

到19世纪70年代中期，伊斯梅尔已经走投无路。埃及三分之一的收入要用来偿还债务。1875年，他将他在苏伊士运河公司的股份以400万英镑卖给了英国，大约是这些股份成本的四分之一（也远低于它们即将变成的价值）。这耗尽了他的资产，其信用额度也达到了极限。第二年，埃及停止偿还贷款。国家破产了。伊斯梅尔的债务总额约为1亿英镑。这个数字在今天几乎没有太大的意义，但在当时是天文数字，远远超出了他或他的国家所能承受的范围。埃及当时整个年度的国家预算还不到1000万英镑。

外国债券持有人已经周旋了一段时间了。考虑到他们收取的利息和费用，他们的贷款本应视作高风险投资，放贷人要承担任何损失。但持有大部分债务的英国和法国一直力挺他们的银行家和海外商人。面对来自这两国的压力，伊斯梅尔不得不同意成立一个由英国、法国、意大利和奥地利代表组成的欧洲委员会来管理这些债务。1876年5月2日，公共债务基金会成立。基金会最初的目的是获得埃及的收入和处理债务偿还，但它很快便成为一个强大的机构。当埃及的付款低于预期时，该机构立即在混合法院提起诉讼，迫使埃及政府向基金会交出额外的钱。基金会远远不是一个单纯的处理事务的机构，它对埃及政府的财政政策和埃及经济产生了广泛的影响。

双重管控委员会于1878年建立，法国和英国不仅得以监督埃及的收入，还能监督政府的行政和运作。双重管控者分别是英国和法国，负责监督税收以偿还债务，同时监督政府部门的账户。他们制定了一项削减工资和开支的紧缩计划，在埃及遭受尼罗河低位泛滥的那一年里造成了大范围的困苦。这让人们对于外国的干涉产生了强烈的不满。伊斯梅尔的国库已经脱离他的掌控，他很快失去了对政府其他部门的控制。一位历史学家简明扼要地指出，西方国家和债权人利用埃及的债务建立了一个国中之国，最终完全接管了整个国家。

此时的伊斯梅尔试图扭转局面，但为时已晚。工资被严重削减的士兵发生了暴动（可能是在伊斯梅尔的鼓动下发生的），伊斯梅尔亲自出面，戏剧性地平息了暴动。他解散了双重管控委员会，成立了一个更符合他心意的具有民族主义倾向的新部门。减薪被取消了。新起草的宪法将财政控制权交给代表委员会，该委员会成立于1866年，是伊斯梅尔为提供政治掩护而未经审查就设立的。这项措施得到了民众的支持，且本可以成为重要的宪法出发点。代表委员会接受了新宪法。然而，这些举措让英法两国更加坚信要将伊斯梅尔赶下台，并以让人意想不到的方式轻易地使他退出了政治舞台。

1879年6月25日，伊斯梅尔在亚历山大城的宫殿里收到了两封从伊斯坦布尔发来的电报。一封发给"伊斯梅尔，前埃及赫迪夫"；而另一封发给"赫迪夫陶菲克（Twefiq）殿下"。就这样，伊斯梅尔得知自己被废黜，并由他27岁的儿子取代。对于英国和法国来说，向苏丹施压，使其为自己国家的债券持有者的利益着想，这是轻而易举的事情。苏丹及其大臣们早就想要

赫迪夫陶菲克
（摘自科尔文的《现代埃及的形成》）

剪掉伊斯梅尔的羽翼了。这其实是他们一直在等待的机会。伊斯梅尔无能为力。他的国家已然是欧洲银行家及其背后政府的囊中之物了。他乘坐赫迪夫游艇马赫鲁萨号离开埃及，开始了长期的流亡生活，先是在意大利，最后在伊斯坦布尔，经过反复请求，苏丹允许他在此生活。伊斯梅尔被罢黜标志着由穆罕默德·阿里开始的自治试验的结束。从此，埃及虽然仍是奥斯曼帝国的一个行省，却在欧洲的控制之下。

新总督陶菲克完全理解这一点。他本想走自己的路，却夹在埃及民族主义和西方控制之间左右为难。尽管他早期有民族主义倾向，但最终还是转向了西方。代表委员会被解散，双重管控委员会被重新建立。其中一个管控者是年轻的伊夫林·巴林（Evelyn Baring），后来成了克罗默（Cromer）勋爵。一个由英国、法国、奥地利和意大利的成员组成的国际清算委员会成立。该委员会建议，埃及约一半的收入用于政府开支，另一半交给公共债务基金会用于支付债务利息和偿还本金。这进一步加强了该基金会在埃及的影响力。埃及再次被迫实行严格的节俭政策，其中包括将军队规模削减到1.2万人。这又一次给埃及带来了巨大的困顿。

也许是财政困难促使一群心怀不满的士兵组成了一个秘密社团，其成员希望看到埃及可以从本国而非西方的利益出发来运行。其成员包括艾哈迈德·乌拉比（Ahmed Urabi）上校。在伊斯梅尔统治的末期，宗教人士也加入了该组织，他们获得了学生和农民的支持。这两个群体在1877年至1879年间受到了严重经济紧缩的重创，而人们普遍将此归咎于欧洲的干涉。种种因素结合起来便形成了一个强大的运动，其口号是"埃及人的埃及"。

当陶菲克明显对欧洲人无能为力时，抵抗运动中的愤怒情绪也随之高涨，但其中的各个团体都忙于争夺主导权。因此，直到军官取得绝对主导地位时他们才采取了行动。1881年9月9日，在阿布丁宫发生了戏剧性的一幕，乌拉比向赫迪夫提出了三项要求：更换部长，召开代表大会，以及扩大军队规模。由于军队强烈支持乌拉比，甚至连宫殿的卫兵都投靠了他，陶菲克不得不同意。代表大会于12月召开，试图立即控制财政，这对基金会来说是完全不能

艾哈迈德·乌拉比
（摘自盖维尔的《新埃及》）

接受的。乌拉比在民众的强烈支持下加入政府，担任战争部长。

这些事态发展威胁着苏伊士运河的安全和债务的收回，警醒了英国和法国。首先，他们试图威胁，他们发布了一份严厉的联合声明，重申了他们对赫迪夫的支持。当然，这在埃及产生了恰恰相反的效果，进一步巩固了代表大会和军队之间的相互支持。英国和法国都不急于采取军事行动，因此他们决心以武力示威，向亚历山大城派出一支联合海军部队，该部队于5月19日在近海停泊。此举旨在加强赫迪夫的实力，却产生了相反的效果，不仅加强了乌拉比的政治地位，还激起了民众的不满情绪。这一情绪于6月11日在亚历山大城的反欧洲起义中爆发，2000多名埃及人和50名欧洲人被杀。埃及内阁向英国宣战。

接下来，英法联合干预埃及是不可避免的事。但在那时发生了一件具有

讽刺意味的事件。一直以来，法国人在这场对抗中起带头作用，促使英国人采取行动，但法国政府突然因巴黎的一场议会危机而瘫痪了。由于无法采取行动，法国船队扬长而去，留下英国人独自应对。事态已经发展到英国人骑虎难下的境地，但他们仍然不愿意在真正意义上入侵埃及。他们认为，也许从海上轰炸亚历山大城可以推翻乌拉比。1882年7月11日，英军实施轰炸，结果可想而知：这让乌拉比更加被视为民族英雄，并使他牢牢地掌控时局。陶菲克逃往英国。

英国人已经打完了手中所有的小牌，只剩下全面的军事行动了。在此危机中，英国国内的干预主义情绪高涨，这使英国更易作出决定。英国人于当年8月入侵苏伊士运河地区。1882年9月13日，乌拉比的军队在三角洲以东通往伊斯梅利亚途中的凯比尔进行了抵抗，但被加内特·约瑟夫·沃尔斯利（Garnet Joseph Wolseley）将军指挥的英军决定性地击败。沃尔斯利被提拔为开罗和沃尔斯利的沃尔斯利子爵。乌拉比以叛国罪受审并被判处死刑，但最终刑罚被减为流放锡兰。英国人并不想让他成为烈士。陶菲克政权复辟，但英国人已经占领了埃及。

第十六章
英国占领时期的埃及

当英国人在1882年占领埃及时，他们的目标很简单而有限：恢复赫迪夫权威并撤离埃及。这是首相格莱斯顿（W. E. Gladstone）的坚定意图，他在1883年的一次市政厅演说中明确指出了这一点。但这一目标包含了一个两难的问题：如果英国人离开，至少从英国的角度来看，埃及的政治局势很快将再次变得令人难以接受。埃及可能会重新确立一个持有相反主张的政府，并拒绝偿还债务；那么，事情就会变得像以前一样，甚至更糟。如英国人贸然离开，他们可能会失去刚得到的苏伊士运河控制权。其他敌对的欧洲国家也可能会抢走埃及。在19世纪帝国外交的掠夺性世界里，这是一个非常现实的问题。很快，英国就明确意识到短期占领是必要的。英国对埃及的这次占领持续了70年。

既然在埃及驻留是必要的，就需要有人负责并承担起许多已被搁置或基本被欧洲人接管的政府责任。英国驻伊斯坦布尔大使杜弗林（Dufferin）勋爵对埃及局势进行了初步调查，并紧急实施了一些权宜之计。之后，格莱斯顿选择了伊夫林·巴林，即后来的克罗默勋爵。1883年9月11日，格莱斯顿任命他为英国驻埃及总领事。克罗默的资历使他成为此项工作的理想人选。他最初是一名军官，曾多年担任印度总督的私人秘书，然后在1877年被派到公共债务基金会任职，这使他具有行政管理经验，也使他对埃及政府及经济有了深入的了解。然而，就格莱斯顿而言，克罗默成为这项工作的完美人选的原因在于他与首相的观点一致：尽早从埃及撤军。

克罗默勋爵
（摘自科尔文的《现代埃及的形成》）

但在任职后的一年内，克罗默认定不能提前撤军，最终他将完全放弃撤军的想法。埃及当时处于混乱状态。国家的基础设施一塌糊涂，灌溉系统被人们忽视，这预示着更糟糕的农业时期即将到来。行政改组优先考虑要事。国家的一半收入必须用于偿还债务，为了平衡几乎不可能平衡的预算，军队规模缩减，学校关闭，官僚机构削减。在百废待兴的时候，怎么会有人想到要离开呢？

克罗默还认为，埃及人没有能力管理自己，需要在英国人的指导下进行长期准备。他对陶菲克的态度充其量是居高临下，他对赫迪夫的部长们从不满意，抱怨他们"缺乏活力"，"除非不断努力使他们达到目标，否则任何动力都会很快消失"。即使在埃及生活了多年后，他仍断言，"埃及还没有培养出一个完全胜任的行政人员"。这个观点更有影响力，因为它在英国社会中得到广泛认同，并在爱德华·塞西尔（Edward Cecil）勋爵乏味的回忆录《一个英国官员的闲情逸致》（*The Leisure of an English Official*）中得到有力的论述。塞西尔的书一开始很有趣，但他对埃及人无休止的描绘很快就让人厌烦。他将埃及人描绘成无能而笨拙的孩子，从来没有做对过任何事情，也没有能力分辨要事和琐事。虽然克罗默对埃及的行政管理知识了解得很全面，但是他对埃及社会几乎毫无洞见。在埃及的30年间，他几乎没有学阿拉伯语，但他确实很喜欢他最信任的顾问——东方事务秘书哈里·博伊尔（Harry Boyle）爵士——的服务。此人语言能力惊人。博伊尔曾经在开罗伪装成土耳其人到处走动，与人们交谈，了解他们的真实想法，充当了克罗默的耳目。

克罗默在埃及的官职是英国总领事中最低微的，但他掌握的权力却令许多国王和苏丹们羡慕不已。他的权力并没有任何官方正式的依据。在法律上，埃及仍然是奥斯曼帝国的行省，所以英国在埃及的最高外交官是总领事，伊斯坦布尔的是大使。赫迪夫在名义上仍然通过部长们进行国家管理，这些部长分别负责管控各自的部门。实际上，赫迪夫是可以被控制的，他明白其王位是英国人给的。每个政府部长身边都有一位英国"顾问"，顾问的建议就是命令。克罗默将此安排称为"傀儡部长加英国顾问"政府体系。他的一位高级官员将其描述为"隐蔽的保护国"，这种表达一直沿用至今。部长们很快就认识到，他们如果不听从顾问的意见，就会失去职位。克罗默执政期间，长期担任总理的穆斯塔法·法赫米（Mustafa Fahmi）就因顺从于英国人而闻名。英国近万名驻军进一步巩固了克罗默的地位，而皇家海军可以随时出现在亚历山大或苏伊士，各城市的警力也在欧洲的指挥之下。克罗默也许可以被描述为近代殖民地总督。

克罗默的权力范围虽然广泛，但绝非没有界限。法国人因被英国人剥夺了其自认为属于自己的那部分埃及土地而非常恼火。他们在埃及生活的许多领域仍有很强的影响力。他们经常利用自己在基金会中的关键地位为英国人制造预算障碍，尽其所能地阻挠英国人占领埃及。埃及的国际性是英国统治的问题，这个问题曾经也一样困扰着伊斯梅尔。因为治外法权条款和领事管辖权将埃及的大量欧洲人口置于政府监督之外，有时允许他们随心所欲地做很多事情，而克罗默却无力干预。

阻碍英国提前撤离埃及的另一因素是苏丹的大混乱。混乱源于伊斯梅尔此前在那里开展的冒险活动。1881年6月，一个名叫穆罕默德·艾哈迈德的苏丹人宣布自己是马赫迪，即穆斯林信仰中在世界末日出现的救世主。这位马赫迪鼓吹一种革命性的伊斯兰教，一如早年麦加和麦地那的伊斯兰教。他迅速获得了人们的支持。面对身穿补丁长袍的苦行僧军队，埃及在苏丹的腐朽政权崩溃了。威廉·希克斯（William Hicks）帕夏指挥的埃及远征军在克罗默担任总领事的两个月后被歼灭，随后，马赫迪控制了苏丹的大部分地区。

克罗默和英国政府都无意卷入苏丹局势中，这是埃及无论如何都无法承受的冒险。但埃及人和欧洲人需要从喀土穆撤离，埃及的南部边境也需要加强。查尔斯·乔治·戈登（Charles George Gordon）将军具有长期在埃及和苏丹作战的经验，他于1884年被派往苏丹，奉命执行撤退。然而，当到达喀土穆时，戈登将他的指示"抛到了九霄云外"——正如克罗默所说的那样——他决定坚守该城，尽管准备远远不足，无法抵御马赫迪军队的围攻。他的顽强抵抗引起了英国公众的想象力和同情心。英国政府对戈登的不服从感到愤怒，但又担心如果他被遗弃会引起民众的不满。因此，沃尔斯利勋爵派遣了一支救援远征队前往苏丹。但由于筹备的时间太长，远征军直到1885年1月28日才抵达喀土穆，而喀土穆已于两天前陷落，戈登及其军队已被屠杀。英国国内满是排山倒海的抗议声。格莱斯顿以前被称为"G.O.M."（Grand Old Man，意为元老），现在他被称为"M.O.G."（Murderer of Gordon，意为戈登的谋杀者）。人们要求为戈登报仇。格莱斯顿明智地没有采取任何行动来收复苏丹，但英国从埃及撤军的计划更加遥遥无期。英国显然需要在未来一段时间内密切关注埃及。

随着英国人开始对埃及进行长期占领，尽管克罗默和他的官员们仍处于紧缩的财政限制之下，但他们很快便可宣称取得了一些成功。税收得到有效征收，甚至为了减轻农民们的沉重负担而有所降低。1885年，公共债务基金会扩大，德国和俄国加入其中，这至少削弱了法国通过该机构阻碍英国利益的能力。经济出现了复苏的迹象。到了1889年，出现了规律的且不断增长的预算盈余。这些财政成就并没有加快克罗默和英国人撤离的进程，反而让他们相信，他们的存在比以往任何时候都更加不可或缺。

英国在埃及的公共工程建设成绩斐然。当然，最核心的问题是水务工程。在近几年的动荡中，水厂已陷入失修状态，因此，英国人要将水厂恢复到正常运营状态，就必须要清理运河、维护水闸，完成所有必要的、艰苦但高度、有组织的任务。这项工作迅速而有效地完成了。下一步是对水利基础设施进行有计划的改善，因为即使是粗略的土地调查也表明，埃及的大部分农业能力由于缺水而没有得到充分利用，大部分的尼罗河水都未得到开发就流入了大海。通过改善水利管理，农业生产力可以得到显著提高。第一个此类工程于1884年开展，即为改造穆罕默德·阿里在开罗下游建造的尼罗河水坝，并计划于一年内向三角洲地区提供更可靠的水源，但该水坝的地基不牢固。一笔2.5万英镑的低投资使埃及的棉花收入立即增长了105万英镑。

最具野心的水利工程为阿斯旺大坝（不要与几十年后的阿斯旺高坝相混淆）。该水坝具有精巧的花岗岩结构，位于菲莱神庙下面不远处的第一瀑布的岩石群上。它在接下来的几个月里蓄了一部分洪水，为埃及更多的地方提供了持续不断的灌溉。尽管如此，它也产生了一些负面影响：每年有一部分时间，水位会上涨至淹没菲莱神庙，使历经2000多年仍然色彩鲜艳的壁画永远地黯淡了下去。除了这些大型项目外，还有许多规模相对较小但仍然重大的项目，如上埃及的阿苏特拦河坝和尼罗河达米埃塔支流上的齐夫塔拦河坝。尽管克罗默在大多数预算事项上是出了名的吝啬，但他强烈支持改进这些水利工程。他甚至愿意借钱来资助这些工程：他希望从中获得回报，后来也的确获得了回报。由此促成的农业生产力的飞跃，是埃及能够迅速恢复偿付能力的一个重要因素。

农业方面的成功使英国更加坚信，埃及主要为农业国家，没有必要实现工业化，因此没有大力发展埃及的工业。埃及的制造业发展受到了阻碍。商业有所发展，特别是在保险和服务领域，但这些商业领域大多在外国的控制之下。然而，国内的技术仍在发展。铁路里程进一步延长。19世纪80年代，电话被引入埃及。埃及的有些领域成就颇丰，而在某些领域则任其落后。

在政府管理方面，英国人此时可以指出明确的改进之处。政府基本消除腐败现象，行政效率大大提高。但英国人没有迅速或积极地对法律制度进行彻底的改革，法国和其他外国利益集团决心保持他们的治外法权，造成了克罗默所描述的"时间和国际竞争在埃及建立的司法迷宫"。即便如此，至少在1906年之前，司法制度在英国人的统治下比以前运作得更好。司法可能是严格的，但人们普遍认为它公平公正。司法中的腐败和效率低下问题也大大减少。相较以前，案件处理得更快，因此花费也更少了。法官人选的敲定更加谨慎，其工作受到了更严格的审查。英国官员重建了埃及军队，指导他们进行演习，并为他们配备了最新的武器装备，包括机枪。但克罗默没有建立相关机构以促进埃及自治，他认为埃及人还没有准备好处理自己的事务。随着时间的推移，他愈加坚信这一观点。退休后，他在1908年出版的回忆录中断言："也许在未来的某个时期，在没有外国军队驻扎以及在民事和军事事务中没有外国指导的情况下，埃及有能力管理自己。但那个时期相当遥远。在我看来，这个问题必须经过一代或几代人的努力才可以提上日程。"[44]

英国在埃及教育领域的成绩很糟糕。在伊斯梅尔的统治下，埃及人识字率略有提高，但在英国人统治下几乎没有变化。英国任由埃及教育停滞不前，有时甚至阻碍其发展。1882年后，政府因预算紧张而立即减少了对教育的支持，这可能只是一个勉强的说辞；但到了1889年，政府财政每年都有盈余，克罗默却不愿将其用于教育事业的发展。为了将毕业生数量限制在政府可以消化的就业水平上，他强行征收学费；当申请者的数量不断增加时，他又提高了学费。克罗默自吹道："在英国占领埃及的早期，几乎所有上公立学校的学生都是免费接受教育。多年以后，更多比例的学生自费上学。"英国人在教育上的支出从未超过预算的3%。他们无视埃及人建立国家大学的要求，担心它会成为民族主义的中心，并认为埃及还没有发展到足以建立这样一个机构的程度。一所大学终于在1908年成立了，那完全是由埃及人自行完成的。

随着越来越多的英国官员抵达埃及，他们逐渐凝聚成了一个独立的社区。在前几代英国旅行者和旅居者中，许多人至少在表面上深入埃及社会，结识埃及人，学习一些阿拉伯语，甚至采用了东方的着装和生活方式。现在不一样了：除了在政府部门负责后勤的人以及家中的仆人以外，新的英国行政官员几乎与埃及人没有接触。政府鼓励他们与埃及社会保持距离，他们的妻子也没有融入埃及妇女社交圈。这种隔离从上至下皆是如此。开罗和亚历山大的妓院有来自许多欧洲国家的妇女，但克罗默禁止英国妇女在埃及从事这一行业。

英国公共教育部顾问道格拉斯·邓洛普（Douglas Dunlop）甚至不鼓励其部门的英国人学习阿拉伯语，因为"这只会让他们对当地人产生浪漫的想法，而且他们会把时间浪费在用阿拉伯语向当地人解释他们所教的东西，而不是让当地人学习英语"。大多数新任官员都要先就职于他的部门，因为新官员通常要负责教学任务。当邓洛普面试申请人时，他拒绝考虑任何来自剑桥大学阿拉伯语专业的毕业生。幸运的是，邓洛普的观点并没有占绝对的上风，因为克罗默政府为学习阿拉伯语的官员提供100英镑的资助。不过，阿拉伯语方面能力只能服务于最基本的行政职能，而非与埃及社会的互动。

开罗的许多机构加强了种族隔离。加兹拉体育俱乐部成立于1882年，它位于加兹拉宫（Gazira Palace）后方，外观非常英式，设有一个18洞的高尔夫球场、一个赛马场和一个马球场。人们将其视为开罗的乡村俱乐部，俱乐部中也有一些欧洲大陆的会员。位于市中心、如今沙阿什马伊姆犹太教堂（Sha'ar Hashamayim Synagogue）旁边的阿德利街上的特夫俱乐部中几乎全是英国人。一位访客指出，"几乎所有上流社会的英国人都是这个俱乐部的会员"。接替哈里·博伊尔爵士担任东方秘书且被劳伦斯认为是"近东最杰出英国人"的罗纳德·斯托尔斯（Ronald Storrs）爵士将特夫俱乐部描述为"英国上层阶层的社会和民族堡垒"，并阐释了该俱乐部在其同事们生活中所发挥的作用：

　　开罗和亚历山大的英国官员……是勤奋而光荣的工作者。他们每天准时上班，从清晨到中午在各自的部门里一丝不苟地工作。之后，他们开车或骑自行车到特夫俱乐部或到自己的公寓吃午饭。然后，他们在体育俱乐部打网球或高尔夫到天黑，而后再回到特夫俱乐部讨论当天的事务，在那里或自己的公寓吃晚餐。因此，各个职级的埃及官员对英国官员的了解就只是一张张每天从早上8点到下午1点（星期五除外）在办公桌前注视着他们的脸。而埃及的普通民众甚至连他们的脸都看不到。[45]

管理埃及的许多实际事务都是在这些俱乐部里进行的，来自英国的新移民也被纳入了这一社会体系。这些俱乐部也支持欧洲人和埃及人之间的分离，无论是加兹拉体育俱乐部还是特夫俱乐部都仅允许象征性地接纳几个埃及人成员。斯托尔斯说："非英籍的外国人很难入会，而埃及人甚至连使用这两个俱乐部都很难。当我和少数埃及会员中的一人进来打网球时，我发现人们向我投来了异样的目光。"而这个埃及人后来成了总理。其他机构，譬如每年11月至次年3月的旅游旺季到处都是游客的谢泼德酒店和新塞米拉米斯达酒店，也为欧洲的社会和商业服务，帮助欧洲社会在埃及形成了一个独立的世界。在一些官方活动中，英国人与埃及人的接触不可避免。但即使如此，这些接触也被控制在了最低限度。克罗默的继任者埃尔登·戈斯特（Eldon Gorst）爵士每天都会邀请不少埃及人共进午餐，在周末也会邀请他们共进晚餐。他因此遭受了英国下属们的严厉指责。

陶菲克于1892年去世，他17岁的儿子阿巴斯·希尔米二世（Abbas Hilmy Ⅱ）继任赫迪夫，当时的他正在奥地利学习。陶菲克一直很容易被摆布。克罗默在给英国外交大臣的信中说："我运筹于帷幄之中。"克罗默认为新赫迪夫也会很容易控制，但很快就发现情况并非如此，因为阿巴斯远没有他的父亲那么容易驯服。第一次冲突在他上任一年之内就发生了：当时，顺从的总理穆斯塔法·法赫米病倒之后，阿巴斯希望任命自己的总理。克罗默极力反对，并获得了伦敦的支持，成功地要求撤销了这一任命。此外，阿巴斯还不得不承诺他将"对英国言听计从"。

第二年，阿巴斯在一次军事考察中，对英国部队及其指挥官说了一些不恭敬的话，他认为英军的表现不符合标准。克罗默一直伺机将赫迪夫拉下马。他对此举表示深恶痛绝，并要求阿巴斯发表支持英国军队的公开声明。这一要求得到了伦敦的支持，并威胁将埃及军队置于英国的实际控制之下，因此阿巴斯别无选择，只能服从。一位英国记者钦佩地写道："我们的总领事充分利用了这一机会，向年轻的赫迪夫解释了今后英国和埃及之间的相处之道。"

阿巴斯·希尔米二世
（摘自彭菲尔德的《当今的埃及》）

克罗默在他和阿巴斯的较量中一直处于优势，但这也让阿巴斯对他越来越不满。有克罗默这样一个对手，加上埃及政府和军队听从克罗默而非他本人，阿巴斯的境遇着实令人难受。多年后，阿巴斯回忆说："我就这样孤立无援地统治埃及，一直担心也不得不防备那些显然是冲我而来的伏击。我的身边满是软弱无能的人，他们习惯于在一个自称为保护者和朋友的外国势力面前俯首称臣。但英国对埃及的企图早已为人所知。我只有不断地提高警惕，以避免任何可能毁灭我梦想的失误。"[46]

阿巴斯对英国人的不信任和厌恶促使他转向民族主义，而民族主义是埃及的一股新兴力量——事实上，阿巴斯是其早期煽动者之一，他亲自领导了一个秘密的民族主义社团，年轻的穆斯塔法·卡米尔（Mustafa Kamil）也参与其中。这场运动吸引了埃及社会中更西方化的、更有影响力的中产阶级，也得到了众多宗教思想家的支持。这个社团的思想通过不断壮大且直言不讳的埃及媒体传播开来。克罗默没有花精力去限制这个团体的发展。也许他认为新闻媒体应该是自由的，但更有可能的是，他认为这些媒体并不会产生什么影响，因为埃及人中只有少数人识字。无论如何，他低估了媒体的力量。1909年，英国试图加以控制，但此时的埃及新闻界已经变得难以控制了。

民族主义者们还得到了奥斯曼人和法国人的鼓励，这两国更多的是想要给英国人制造麻烦，而不是出于对埃及民族主义事业的真正同情。阿巴斯和民族主义者之间存在诸多根本性的分歧，他们最终只能分道扬镳。阿巴斯是一个真正的爱国者，比许多民族主义者更爱国，而这些民族主义者同时也带有泛奥斯曼主义和泛伊斯兰主义的倾向。作为穆罕默德·阿里真正的后裔，阿巴斯的主要目标是在埃及境内恢复赫迪夫的权威，而许多民族主义者则更关心公众舆论和如何建立议会民主制。但在眼下，阿巴斯与民族主义者的结盟是唯一的出路，这也符合双方的目标。

到1890年，英国对苏丹的态度已经发生了转变。取代格莱斯顿那种欲盖弥彰的帝国主义的，是新任首相索尔兹伯里（Salisbury）侯爵不加掩饰的帝国主义。索尔兹伯里无意撤离埃及，并决定将埃及作为重新征服苏丹的基地。他得到了保守党和公众日益增长的帝国主义情绪的支持。公众仍然希望为戈登的谋杀报仇，他们还被灌输了许多关于苏丹地区的可怕以及哈里发嗜血暴政的资讯。在马赫迪于喀土穆陷落后不久去世时，哈里发就开始掌权。苏丹实际上只是宏大战略中的一部分，英国一直坚定谋求的最终目标是取得从源头直到海洋的整个尼罗河流域的控制权。这一野心最终得以实现。克罗默始终深知他所统治的埃及的水利文明特质。他在确定埃及政府能够承担这一战略计划后，便对英国政府表示了支持。他说："当从湖泊到海洋的尼罗河水域最终被完全控制时，就可以自豪地说，人类——确切地说，英国人——已经将大自然的恩赐物尽其用。"

这一决定做出之后，英国过了好几年才入侵苏丹。这是因为战争的费用由埃及政府支付，而埃及政府在19世纪90年代初积累了几年财政盈余后才能负担得起。直到1896年3月，索尔兹伯里才命令驻扎在埃及的英埃联军司令赫伯特·基钦纳（Herbert Kitchener）爵士向尼罗河上游进军。远征军中大约三分之一是英国人，其余是埃及人。行军进展缓慢，由于水位较低和霍乱的爆发，病死的士兵比战死的还多。另外，埃及政府的钱也用完了，而公共债务基金会拒绝授权投入更多资金。这迫使基钦纳停止行动，直到政府筹集到更多的资金。为了支持入侵，还必须在努比亚修建铁路。这又导致了进一步的延误。

1898年4月8日，在阿特巴拉河（Atbara River）和尼罗河的交汇处，英埃联军与哈里发的军队发生了第一次重大交锋。这是一场激烈的血战，双方都损失惨重。但苏丹人的损失更大，有约3000人死亡，约4000人受伤；而英国人的伤亡总数为551人。决定性的战斗于9月2日发生在喀土穆的河（尼罗河）对岸的乌姆杜尔曼（Omdurman）。大约6万名装备着长矛和火枪的哈里发苦行僧战士与训练有素的英埃联军作战。联军的规模还不到敌军的一半，但配有现代化的步枪、炮弹和机枪。在长达5个小时的作战时间里，勇敢的苦行僧战士多次冲锋，但都被毁灭性的炮火击倒。一位英国参战军人回忆道："他们没有撤退，而是一往无前，都是在冲锋的时候被杀的。"战争结束后，乌姆杜尔曼战役使苏丹人至少损失了1.1万人，还有1.6万人受伤（其中许多人后来被杀害），而英军总共仅有49人死亡，382人受伤。

当哈里发带着他的残军撤退到科尔多凡时，英军进军喀土穆，喀土穆惨遭劫掠。基钦纳曾将马赫迪的坟墓形容为"朝圣和狂热情绪的中心"，这一次，他下令将其摧毁，并将马赫迪的尸体投入尼罗河中。基钦纳保留了马赫迪的头骨，维多利亚女王听说此事时感到非常惊恐。尽管乌姆杜尔曼击碎了马赫迪的国家政权，但抵抗运动仍在继续，并一直持续到1899年11月24日，哈里发在乌姆·迪韦卡拉特（Umm Diwaykarat）战役中战败被俘。战役结束后，人们发现他死在了他的祈祷毯上。

对苏丹的重新征服立即带来了问题，即如何处理它。在英国人看来，绝不可恢复埃及之前对苏丹的统治，因为这有可能使局势再次陷入困境。此外，苏丹近期的所有问题都被归咎于埃及人，苏丹人当初就是为了反对埃及的统治而发动了起义。在19世纪末，许多英国政治家都希望将苏丹并入大英帝国，但这与埃及的诉求背道而驰。埃及为这场战争贡献了大部分资金和人力。克罗默的解决方案是英埃共管。这个方案于1899年获批，苏丹的主权由埃及赫迪夫和英国王室分享。英国和埃及的旗帜并排而立。奥斯曼土耳其帝国苏丹的任何要求都被忽略了。苏丹政府由赫迪夫任命、英国政府提名的总督负责。在共管国，诸如混合法庭和领事裁判权等令英国人苦恼不堪的欧洲特权都不被允许。

尽管表面上英国和埃及平等参与国家管理，但实际上共管国从一开始就被英国人所控制。所有的总督皆为英国人，所有的高级行政官员也都是英国人，而埃及人被分配到了次要职位上。埃及不被允许为苏丹立法。共管国很快就成为埃及人持续不满的根源，特别是在他们获得了对自己事务的控制权，以及寻求与英国人真正平等地参与对苏丹的管理却徒劳无果之后。尽管如此，共管国一直持续到1956年。

基钦纳是第一任苏丹总督，但他很快被雷金纳德·温盖特（Reginald Wingate）爵士接替。后者的任期从1899年一直持续到1916年，且非常成功。温盖特得到了监察长鲁道夫·斯拉廷（Rudolf Slatin）的大力协助。斯拉廷是一个具有独特资质的人，曾在苏丹担任达尔富尔（Darfur）总督，在马赫迪事件爆发时被俘。为了保住性命，他皈依了伊斯兰教，成为哈里发的奴隶，并增长了很多见识。在他逃跑后，这些见识对英国人处理苏丹问题非常有用。英国人在这个大国一般奉行两种政策。在北方，他们大多通过占主导地位的伊斯兰机构开展工作，并以阿拉伯语处理业务。然而，在基督徒较多的南部，英语受到推崇，基督教传教活动得到支持，而阿拉伯语和伊斯兰教则受到压制。这种分歧对苏丹的内部事务产生了持久的影响。

克罗默需要为苏丹政府配备人员，这促使了他作出人生最后的几项重大举措之一，即建立英埃公务员制度。当然，多年来，英国年轻人一直被招募到埃及，但英方没有制定选拔或规范职业生涯的相关标准。克罗默借鉴了他在印度公务员制度方面的经验，建立了相关制度，对大多来自牛津和剑桥的申请人进行包括智力、性格和健康等几个指标的仔细审查。理想的应聘者应是具有"过人精力和行政能力"的年轻人。一旦被选中,新官员会被分派至埃及或苏丹,他们无权选择工作地点。开始时,他只是一名收入微薄的检查员,但有望升到一个好的职位、拿到不错的薪水。英埃公务员的选拔标准很高,与印度公务员的选拔标准相比更胜一筹。

尽管这似乎是一项水到渠成的改革措施,但英埃公务员制度的建立使英国的统治进一步制度化,并使英国撤军更为遥遥无期。英国官员数量的增加意味着埃及官员被进一步边缘化,从而被剥夺了职责和获取经验的途径。在英国人看来,埃及人无论如何都是无能的。但如果是这样的话,那么新制度只会进一步剥夺他们通过处理自己的行政事务并从错误中学习的机会。新招募的英国人对埃及人绝对起不到老师般的帮助,肯定也不是他们的同事。英国官员自在地融入了欧洲人的私人俱乐部、酒店和体育组织中,埃及和英国社会变得越来越隔离。埃及民族主义者将新的公务员制度视为巨大的倒退,对此深恶痛绝。

在克罗默漫长的无冕统治末期,他越来越专制〔长久以来,人们在他的背后戏称他为"扒皮巴林(Over-Baring)"〕。他越过埃及的部长们直接向政府部门发布指令。随着年龄的增长和健康状况的恶化,他变得暴躁易怒。但当英国在埃及的统治持续到接近四分之一世纪的时候,他一定为英国人在他的监督下所取得的成就感到骄傲,并确信事情会继续顺利进行。新的公务员制度运作良好,由于英国和法国两国都惧怕德国,两国关系急剧转好。在1904年的《友好条约》中,法国正式接受了英国对埃及的无限期占领。这使得克罗默更易开展他的工作,不仅消除了法国在外交事务中的阻挠,还消除了法国对民族主义者的支持。没有出现普遍不满的迹象,更别说任何起义和严重骚乱,这显然证明克罗默的信念是正确的:如果英国人把埃及管理得很好,那么广大人民群众就会心存感激,保持沉默,使民族主义者处于边缘地位;无论在哪个阶段,民族主义者的数量依旧很少。这个算盘被1906年在三角洲一个村庄发生的事件打乱了。

那年6月13日，一群英国军官在丁沙威（Dinshaway）村附近打鸽子。这本身就是一种无视当地文化的行为，就相当于走进英国农民的谷仓，炸死他的鸡。因为埃及人将鸽子视为家禽，将它们饲养在通常作为他们房屋一部分的圆锥形小屋里。可能只是运气不好，附近的一个打谷场在这时起火了。一群愤怒的人以为是英国人放的火，他们拿着埃及农民随身携带的重木棍，从村子里蜂拥而出，与军官们对峙并解除了他们的武装。一声枪响后，一个女人倒在地上，显然是死了，几个男人也中了枪。群众被激怒了，扑向军官并殴打他们。军官们逃到了安全地带，其中一位上尉中暑了，一位村民试图帮助他，但他最后还是死了。当一队英国士兵赶到现场时，他们以为是那个村民杀了上尉，于是将其殴打致死。

克罗默正准备动身前往英国度假，他并没有因此事件耽搁，而是将它交给了较低级别的官员处理。这些官员毫不犹豫地采取了迅速而残忍的行动。他们成立了一个特殊法庭，该法庭不受任何法律条文的约束，自然也没有上诉的机制。几乎所有的法官都是欧洲人。6月24日，56名村民迅速被审。3天后，判决结果公布出来。31名被告被无罪释放，但对有罪者的判决却惊人的严酷。其中，4人被判处绞刑，其他人的判决从50下鞭挞到无期徒刑不等。这些惩罚在丁沙威村外公开执行，村民们被迫观看。

国际社会强烈反感这次的诉讼程序，埃及人愤慨万分。穆斯塔法·卡米尔和民族主义者得到了大量公众的支持。赫迪夫和卡米尔在两年前分道扬镳，如今摒弃前嫌。如果克罗默回到埃及后迅速采取公正的行动并谴责有关官员，同时对丁沙威事件发表认错声明，哪怕是一个道歉，那么英国人也许还可以挽救一二，但他决定支持特殊法庭的行为。丁沙威事件是一个重要的转折点，埃及人民终究还是得出了无法逃避的结论：真正的正义永远不可能从外国统治者那里得到。

与此同时，英国新一届政府上台。具有强烈帝国主义倾向的保守党主导了英国政治20年，在1906年的大选中遭遇压倒性的失败。许多关心帝国命运的人担心，新的自由党政府会把帝国拱手相让，但自由党人并没有这样的打算。他们的改变只是程度上的问题，而不是基本的帝国政策。在埃及，面对民族主义毋庸置疑的崛起，自由党采取的策略是吸引足够多温和派的民族主义者并与他们建立合作关系，从而让那些极端分子陷入孤立无援的境地。同时，他们想要拉拢赫迪夫，从而获得他的支持，并分裂其与民族主义者的联盟。英国的长期目标是为埃及进行更多的自治做好准备，但该方法失败了。其中部分原因是实施的方式不当，部分原因是实施得不够彻底，还有部分原因是自由派低估了埃及民族主义的力量。

克罗默于1907年辞职，他当时应该并没有意识到他治理埃及的措施之根基已被彻底破坏。之后，任命埃尔顿·戈斯特接替克罗默明显地标志着方向上的转变。与克罗默不同，戈斯特会说流利的阿拉伯语，并准备采取更多的和解措施。他很快就与阿巴斯建立了友好关系，通过授予阿巴斯额外的权力，他很容易便将阿巴斯与民族主义者们分开了。赫迪夫与民族主义者的联盟一直都是出于其必要性，而不是出于双方意气相投。但是，争取民族主义者的工作比较困难。克罗默已经采取了一些勉强的举措，鼓励温和派的民族主义者组建自己的政党，并任命其中一人为教育部长。戈斯特的后续行动是减少英国在行政管理中的作用，让立法委员会和大会发挥更大的作用，这些机构是在英国占领初期代表大会不复存在后由英国人建立的协商机构。这未能满足民族主义者对建立拥有适当立法机构的宪法体系的要求，而在这一点上，戈斯特不愿让步。民族主义者还对戈斯特与赫迪夫的密切关系感到恼火，他们乐于将赫迪夫视为盟友和民族主义情绪的焦点，但不希望看到他以个人的身份玩弄政治，更不希望他获得更大的权力。

1908年，戈斯特任命布特罗斯·加利（Boutros Ghali，第六任联合国秘书长的祖父）为总理，这激怒了民族主义者以及其他许多人。任命这位曾担任丁沙威审判法官的基督徒是尤为不妥的，尤其是在政府逐渐被认为是亲基督教的情况下。苏伊士运河公司提议，将其于1969年到期的特许权再延长40年，这引起了激烈的争论，政治气氛进一步恶化。这本是个合理的提案，可以为埃及政府带来年度收入，并增加其从运河中获得的利润份额。任民族主义者在立法委员会中激烈地谴责该提案，指责布特罗斯·加利卖国求荣。该提案最终被否决，但加利在1910年被一名穆斯林民族主义者暗杀。由此导致的对极端民族主义的镇压带来的反冲，最终结束了戈斯特逐步向埃及人转交职责的政策，并使他的小成就化为乌有。戈斯特让埃及人和英国人都失望了。英国人逐渐认为他让步的东西太多，而且他与埃及人的关系过于密切。戈斯特回到英国时已经病倒，并于1911年去世。

专制的基钦纳取代了戈斯特出任埃及总领事，标志着英国政府又一次改变了方针，它已经受够了戈斯特的调和性政策。新的方针更加强硬。基钦纳对民族主义者采取了严厉的措施，并没有寻求与曾经多次与之发生冲突的阿巴斯·希尔米二世和解。他本想除掉阿巴斯，但又认为这可能会激起埃及的民愤，所以这么做不值得。然而，即使是基钦纳也不能让时间倒流。他推进了适度的政治改革，建立了一个立法议会，其成员由选举产生，权力比旧的立法会更大。同时，他密切关注行政管理，尤其关注灌溉和农业以及减轻农民的债务，这些都是他真正致力落实的方面。

虽然民族主义运动在丁沙威事件之后变得更盛，但该运动并不具团结性：民族主义者中有希望与赫迪夫和英国人合作的团体，有赞成议会民主制的团体，还有主张恐怖主义和暴力革命的极端派别。穆斯塔法·卡米尔于1908年去世，消除了民族党（The National Party）的团结力量。该党拥有最广泛的群众基础，却没有出现同等地位的领导人来接替卡米尔。主要由地主和知识分子组成的乌玛党（The Ummah Party）则比较温和，其中有几个人在埃及政治和文学领域崭露头角。其中之一便是萨阿德·扎格鲁尔（Saad Zaghlul）。

萨阿德·扎格鲁尔是一个富有的村长的儿子，他在1882年满怀激情地加入了革命运动，在革命运动被镇压时险些被处决。此后，他从事的是比较传统的律师和法官职业。他人脉广阔，能力超群，赢得了政府的认可。克罗默在提及扎格鲁尔时称："他拥有为国家服务所需的一切品质。他诚实、有能力，他对自己的信念有勇气。他应该走得更远。"克罗默于1906年任命扎格鲁尔为教育部部长。扎格鲁尔敢于与其英国顾问对抗，坚持以阿拉伯语而不是英语作为公办小学的教学语言，从而证明了自己的魄力。1910年，他被授予更重要的司法部部长一职。作为一名温和派，扎格鲁尔与民族主义者、赫迪夫以及英国人都保持着工作关系。但到了1912年，他开始致力于政治独立和议会民主制。在与赫迪夫发生分歧后，扎格鲁尔辞去了政府职务，并以一名乌玛党员的身份赢得了新立法议会的选举。

乌玛党在立法议会中占主导地位，扎格鲁尔当选为立法议会副主席。在立法议会中没有什么支持者的赫迪夫，如若邀请扎格鲁尔组建内阁，或许能挽回一些局面。但他对扎格鲁尔和乌玛党都不信任，因而任命了侯赛因·拉什迪（Husein Rushdi）为内阁首脑，他的家族曾长期为穆罕默德·阿里王朝服务。不幸的是，拉什迪在议会中的根基并不稳固，而且从长远来看，他不是一个忠诚之人。而扎格鲁尔则成了反对政府的有效领导人。立法议会直到1914年1月才开始工作，而且只开了几个月的会。但在这么短的时间内，在扎格鲁尔的领导下，它在获得对内阁及政府行政的控制方面取得了真正的进展。人们不禁猜测，如果没有欧洲发生的事件将其打断，这次有限议会民主制的实验可能会产生什么样的结果。

1914年8月，第一次世界大战开始，奥斯曼帝国面临着与德国或协约国（英国、法国和沙俄）结盟的巨大压力。但在几个星期内，奥斯曼人拒绝对任何一边作出选择。此时，赫迪夫阿巴斯像往年一样在伊斯坦布尔度暑假，他由于在一次刺杀未遂的事件中受伤而延长了休假时间。当他康复到可以返回埃及时，英国人命令他在战争期间不要离开。1914年10月29日，奥斯曼帝国站队德国。此时，德军正在向比利时和法国纵深推进，使英国和法国的战斗力达到了极限。这威胁到了埃及和至关重要的苏伊士运河。11月2日，英国人宣布在埃及实施戒严令。他们宣布立法议会休会并实行审查制度，软禁持不同政见者，暂停一切政治活动。

随着奥斯曼帝国成为英国公开的敌人，英国占领埃及是为了奥斯曼帝国利益的说法再也站不住脚了。12月18日，英国正式宣布对埃及实行保护国制度。隐秘的保护国被揭开了面纱。第二天，英国发布另一项公告，废黜了阿巴斯·希尔米二世，因为他"完全投靠了国王陛下的敌人"。英国人放弃了1866年确立的继承权，用阿巴斯的叔叔侯赛因·卡米勒（Husein Kamil）取代了阿巴斯。卡米勒是个年迈的老人，很容易操控。为了打奥斯曼人的脸，侯赛因·卡米勒被授予了苏丹头衔。阿巴斯再未返回埃及，他的余生都在流亡中度过，于1944年在日内瓦去世。

奥斯曼人的主要军事目标之一是重新征服埃及。然而，他们在对抗沙俄的战争中投入很大，而且英联邦军队在加里波利（Gallipoli）的进攻虽未得逞，但也钳制了大部分的奥斯曼帝国军队。奥斯曼军队无论如何都没有准备好对埃及发动进攻。即便如此，奥斯曼人还是于1915年2月发动了一次大胆的突袭。他们攻到了苏伊士运河东岸，甚至打到了西岸。然而，他们兵力太弱，无法坚守阵地，不得不撤到巴勒斯坦。奥斯曼帝国指挥部下令于1916年2月进行大规模进攻，但由于缺乏运输工具，一直拖延到炎热的仲夏，军队才发起进攻。埃及的防御非常坚固，击退了奥斯曼大军的攻击，而且致使奥军损失惨重。两年来，奥斯曼帝国入侵埃及的威胁迫使英国人在运河区沿线驻扎大量部队。1917年，英国人在巴勒斯坦发起进攻，在经历了最初的几次拉锯战后，将奥斯曼人击退，并于12月11日占领了耶路撒冷，确保了埃及免受奥斯曼人的攻击。

战争对埃及最大的影响并非来自在埃及领土上开展的军事行动，而是来自英国人愈来愈多地插手埃及事务，以及保护国对埃及施加的控制程度越来越高。战争期间，成千上万的英国和盟国士兵及水手于不同时期驻扎在埃及，将该国变成了巨大的军事基地。大量公务员从英国来到埃及，为埃及公务员系统提供服务。保护国时期，英国在埃及的首席官员是一位高级专员。战争爆发时，基钦纳被任命为战争国务秘书，但因其身在英国而没有回到埃及，所以第一任高级专员是亨利·麦克马洪（Herny McMahon）爵士，随后在1917年由雷金纳德·温盖特爵士接替。高级专员们的统治权力比克罗默的权力还要大，基本上不受法国人或埃及人的干扰，后两者表达反对意见的方式已经被压制。新苏丹侯赛因·卡米勒是英国人的傀儡，没有独立的权力基础，预计也不会制造麻烦。不幸的是，麦克马洪没有经验，温盖特也缺乏个人能力，二人无法从埃及人的利益出发治理埃及。此时，英国的注意力几乎完全集中在战事上。

埃及为英国的战争事业作出了巨大贡献，但多是在极度被迫的情况下。战争期间的税收很高，人们的生活成本急剧上升。物资和建筑被征用。大量的男人被征入辅助军队中，如骆驼队和劳工队，劳苦程度堪比当年的徭役。从1916年开始，英国急缺士兵，于是开始征召埃及人入伍。英国人还征用了人们的牲畜，带走了驴子和骆驼。这些牲畜是维持生计所必需的，英国人却没有给予相应的补偿。埃及国内军事开支带来了繁荣，抵消了部分的困顿。例如，英国人意识到埃及棉花作物的重要性，于是确保这一重要商品以合理的价格卖出，尽管这一行动也是出于确保战争战略物资供应的需要。这最终导致了粮食价格上涨，因为土地都被转用于生产棉花了。

1917年10月，苏丹侯赛因·卡米勒去世，英国人严控埃及的程度变得更加明显。英国人再次改变了继承条款：卡米勒的位置不是由其反英派的儿子继承，而是由他同父异母的兄弟艾哈迈德·福阿德（Ahmed Fuad）继承，即后来的国王福阿德一世。一开始，福阿德很配合英国。但时间证明，他其实是充满野心的、专制和狡诈的统治者。最重要的是，他不想仅仅充当傀儡的角色。为了获得盟友，福阿德开始与萨阿德·扎格鲁尔走得更近，后者正在获得强大的民众支持。但福阿德绝对无心建立议会民主制，这一点在接下来的事件中一再得到证明。

1918年11月11日，第一次世界大战结束。尽管人们对保护国普遍不满，而且埃及在战争期间承受了多方面的困难，但埃及发生的抗议或纠纷相对较少。伦敦和开罗的英国官员们认为，他们已经很好地控制了埃及的民族主义力量。事实上，民族主义在积累了战争经验后变得更加强大，并即将进入其最具爆发性的阶段。

第十七章
议会时代

当英国人在1914年宣布对埃及实施保护国制度时，他们承诺这仅适用于战争期间。但当和平到来时，他们却根本不想履行承诺。英国认为，埃及还没有做好自治的准备。而从战略上考量，特别是苏伊士运河的战略地位，英国不想提前撤出。他们可能愿意考虑调整对埃及的控制程度，但放弃埃及是绝对不可能的。

在埃及，反对的声音越来越多。早在1917年秋天，包括萨阿德·扎格鲁尔在内的众多民族主义者就在讨论派遣代表团（Wafd，华夫脱党）向英国陈述他们的主张。代表团还拟在战后召开的和平会议上向世界介绍埃及的情况。1918年11月13日，欧洲停战两天后，扎格鲁尔会见了英国高级专员雷金纳德·温盖特爵士，要求埃及实行自治，并提供一份条约作为回报。扎格鲁尔告诉温盖特，埃及人"是一个拥有辉煌历史的古老而有能力的种族，比阿拉伯人、叙利亚人和美索不达米亚人更有能力建立一个有秩序的政府，而这些种族最近都已获得自治权"。扎格鲁尔还表示，他打算与代表团一同前往英国，介绍民族主义事业。英国外交部对此不屑一顾，对扎格鲁尔的访问提议置之不理，借称大家都在忙于筹备即将召开的巴黎和会，没有时间与埃及人交谈。

扎格鲁尔随后在埃及各地组织了民族主义委员会。一份主张华夫脱党有权为埃及人民发声的请愿书收到了10万个签名，激发了民众反英、亲民族主义的情绪。这向建立一个有组织和群众基础的政党迈出了一大步。随着局势的恶化，英国人试图采取强硬路线。3月8日，扎格鲁尔及其同伴被捕并被送往马耳他。埃及的反应让英国人完全措手不及。几天之内，民众运动蔓延至全国各地。学生们开始罢课，紧接着政府职员、法官和律师开始罢工，随后全社会的许多其他人相继罢工，展现出惊人的民族凝聚力。科普特人和穆斯林都在宣扬团结一致反对英国。女权主义领袖霍

霍达·沙拉维与埃及女权主义联盟成员合影
（摘自瓦塞夫的《尼罗河的女儿们》）

达·沙拉维（Hoda Sharawi）为抗议活动发声。示威游行演变成暴力事件：商店被洗劫一空，电报线被切断，铁路被炸毁，建筑物被烧毁，6名英国军官在一辆有轨电车上被杀。当英国军队于月底赶来并恢复秩序时，已有1000多名埃及人、36名英国军人和4名英国平民死于暴力冲突。

1919年4月7日，扎格鲁尔和他的党羽获释，他们直奔正在举行和平会议的巴黎。他对美国总统伍德罗·威尔逊（Woodrow Wilson）寄予了厚望，威尔逊提出的"十四点计划"（*Fourteen Points*）大力支持民族自决原则。奥斯曼帝国其他以前的行省也在本次会议中获得了独立，埃及获得独立的正当性显然比他们的还要多。然而，扎格鲁尔的希望破灭了。就在他抵达巴黎的当天，威尔逊承认了英国对埃及的保护国身份。威尔逊的眼睛正盯着其他目

标，尤其是他所珍视的国际联盟。他并不关心埃及发生了什么，会议上的其他人也是如此。尽管他失败了，但扎格鲁尔回到埃及时还是受到了英雄般的欢迎。新的示威活动在全国爆发。英国人已经很难说服任何人出任埃及首席大臣这一职位。

很明显，英国人无法维持保护国的地位。因此，他们做了一些努力来谈判关于终止保护国制度的条约。然而，接替温盖特的是前英国驻巴勒斯坦和叙利亚的指挥官埃德蒙·艾伦比（Edmund Allenby）勋爵，他的职务是高于温盖特的"特别高级专员"，他不愿意与扎格鲁尔打交道，还想粉碎扎格鲁尔的权力。然而，扎格鲁尔在埃及的支持度很高，没有他的参与，双方无法有效缔结任何条约。为了打破这一僵局，艾伦比提议英国应该单方面给予埃及独立，并前往伦敦说服英国政府。外交部部长表示反对，首相大卫·劳埃德·乔治（David Lloyd George）也不情愿，但内阁还是批准了。因此，英国政府于1922年2月28日发表声明："英国对埃及的保护国身份终止，兹宣布埃及成为一个独立的主权国家。"

但其中有一些限制条款。该声明继续写道："在双方通过自由讨论和友好协商并达成国王陛下的政府和埃及政府之间的协议之前，以下事项完全由国王陛下的政府决定。"根据这些后来被称为"保留条款"的限制条款，英国保留了其在埃及境内（即苏伊士运河）交通安全的权利；英国可以进行干预以保护埃及免受外国的侵略或干涉；埃及外国人的利益和少数民族的权利要得到保障；只有英国才能决定苏丹的地位。因此，与其说埃及获得了真正的独立，不如说是民族自治，因为许多主权要素都被剥夺了。此外，许多埃及人认为，由另一国家宣布祖国的"独立"是一种耻辱。

1923年4月19日，埃及起草并通过了一部新宪法。它建立了君主立宪制，立法权属于由参议院和众议院组成的议会。作为国王的福阿德一世还是被授予了广泛的权力，如任命部长、否决立法和解散议会等权力。他甚至可以在议会休会期间发布法令。这些权力，再加上王室拥有埃及约十分之一的可耕地，应该足以使他成为真正意义上的政府首脑和国家元首。即便如此，福阿德仍对1923年的宪法深恶痛绝，并致力于颠覆它，他的继任者法鲁克也是如此。此外，部长们既要对议会负责，又要服务于国王的意愿，宪法的制定者们造成了某种模棱两可的状况，这可能成为持续不断的冲突的来源。

然而，三股势力相互牵制的本质最终破坏了这一宪法。如果仅仅是国王与议会的竞争，随着时间的推移，其中一方定会占上风。英国人是不稳定的权力关系中的第三个因素，阻碍了宪法的逐步施行。英国人在表达他们的意愿时向来强硬而直接。当英国人希望一个有争议的决定按照他们的方式进行时，英国皇家海军军舰就会出现在亚历山大城的宫殿窗前，这种情况发生了不止一次。英国在埃及仍有强大的军事驻军，不仅在运河区，在亚历山大城和开罗均有驻军。英国军队的军营就在开罗市中心，其旧址现今是尼罗河希尔顿酒店。英国继续派遣一名高级专员驻扎在埃及，高级专员经常在他认为必要的时候对埃及进行干预。

即便如此，起初还是充满希望的。萨阿德·扎格鲁尔于1924年1月返回埃及参加议会选举。华夫脱党已经成为正式政党，并赢得了众议院214个席位中的190个，占总数的近90%。国王任命扎格鲁尔为总理。一个得到国家完全信任的政党完全控制了议会，并由一位地位显赫的政治家领导，这一切似乎都意味着是时候着手去解决埃及面临的问题，并抓住面前的机遇了。

埃及要做的事情有很多。埃及的人口正在迅速增长，埃及1900年的总人口约1000万，到1950年翻了一番。然而，大多数埃及人仍然是贫穷的农民，而富有的地主数量在增加，扩大了贫富差距。根据一项统计，大约15万人拥有埃及75%的可耕地，而且这些

萨阿德·扎格鲁尔塑像
（莱斯利·拉巴比迪摄）

耕地属于大中型土地。其余25%的土地由100多万人拥有，这些大部分是面积非常小的耕地，不足以维持人们的生计。足足有五分之一的农村家庭没有土地。20世纪30年代初，经济大萧条席卷了埃及，棉花价格暴跌，农村贫困人口的生活雪上加霜。埃及急需进行土地改革、实现农作物多样化以及提高土地的生产力。当时的土地生产力跟不上人口增长的步伐。公共健康和卫生也是重要问题，特别是在人们为了得到更好的发展而离开农村的情势下。埃及的两个大城市开罗和亚历山大城的人口增长速度超过了该国总人口的增长速度。

商业和工业显然可以为不断增长的人口提供就业，但埃及的商业和工业起步较晚，因为英国人曾在政策上有意延缓了埃及的工业化。埃及的许多企业都由外国人所有。经济发展缓慢，有资本的人宁愿把钱投入土地或其他保守的投资领域，而不是工业；此外，进口、工业和商业必须首当其冲承担税收负担，而土地税却很低。当时也有一些成功的案例，如塔拉特·哈布（Talaat Harb）及其米斯尔集团（The Misr Group）。米斯尔银行是完全由埃及资本创立的，但这是极个别的案例。

直到议会时期末期，政府才致力于解决经济或社会问题，但为时已晚。部分责任在于华夫脱党的自满，许多华夫脱党议员都是大地主，他们不愿看到快速的农业变革，对工业发展漠不关心。但其中也有国王、议会和英国之间不稳定的三方关系的影响。这意味着，引人注目的外交政策问题和宪法危机吸引了政治家的注意力，而代价是他们忽视了重要的国内事务。

教育领域取得的成绩要稍微好一些。萨阿德·扎格鲁尔一直坚信改善教育的力量，他的政府的第一项举措便是实施免费的义务教育。教育经费从1920年国家预算的4%上升到1951年的13%。在高等教育领域，埃及大学自1908年成立以来一直在衰落，现在被重建为福阿德一世大学（如今的开罗大学）。新校园位于吉萨，学校里的一个圆顶建筑是当地的著名地标。教育系统的确得到了极大的改善，但是越来越多的学生不得不面对严峻的现实：毕业后等待他们的工作机会十分有限。

对于那些有能力参与其中的人来说，自治早期的埃及提供了令人振奋的文化和精神生活。随着议会制政府的出现，新闻媒体迅速扩大；文学和政治评论激增；开罗成为阿拉伯世界的出版中心。纳吉布·马哈福兹（Naguib Mahfouz，1911—2006年）在经历了长期的文学生涯后于1988年荣膺诺贝尔奖。教育家和作家塔哈·侯赛因（Taha Husein，1889—1973年）被誉为"阿拉伯文学院长"。艾哈迈德·肖奇（Ahmed Shawqi，1868—1932年）被公认为"阿拉伯诗歌王子"——因为他与王室关系密切，他的敌人戏称他为"阿拉伯王子们的诗人"。与肖奇齐名的哈菲兹·易卜拉欣（Hafez Ibrahim，1871—1932年）被誉为"尼罗河的诗人"，他的诗歌更加平民化。视觉艺术家中最著名的可能是雕塑家马哈茂德·穆赫塔尔

纳吉布·马赫福兹

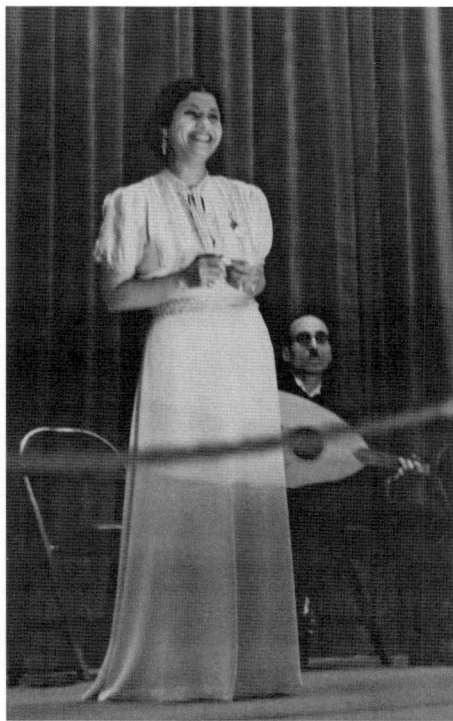

正在演出的乌姆·库勒苏姆

（开罗美国大学珍藏书刊和特藏图书馆提供）

（Mahmud Mukhtar，1883—1934年），他的许多作品，如《埃及的觉醒》（*Egypt's Awakening*），都可以在开罗许多显眼的位置看到。伟大的歌手乌姆·库勒苏姆（Umm Kulthum，1904—1975年）可以说是国际巨星。

埃及的电影和广播是阿拉伯世界中最具影响力的。电影院在第一次世界大战前就很受欢迎，而埃及已经在第一位导演穆罕默德·巴尤米（Muhammad al-Bayyumi）的指导下开始了本国的电影创作。20世纪20年代，几家电影公司相继成立，由塔拉特·哈布的米斯尔集团提供资金并负责发行。1932年，开罗电台成立，标志着埃及国家广播的开端。

那段时期也是古埃及研究学术界的黄金时代。1922年11月4日，随着霍华德·卡特在帝王谷发现图坦卡蒙墓，埃及学史上最轰动的事件发生了。国际视线聚焦在埃及。但这只是正在进行的探索埃及历史进程的一部分，甚至不是最重要的一部分。埃及学研究由西方学者主导，但一些像拉比·哈巴奇（Labib Habachi）这样的埃及人也开始在本国的古代史研究中崭露头角。

政治发展没有跟上文化发展的步伐。尽管萨阿德·扎格鲁尔在议会中受到绝大多数人的拥护，但是他在担任总理的11个月中还是遭遇了重重困难。部分原因是国王的阻挠，他厌恶宪法，并对议会不受他的控制感到不满。扎格鲁尔对议会的管理非常严格，以至于一些议员开始反感。但是，正是三边权力关系中的第三方，即英国人，致使扎格鲁尔的政府班子过早下台。

扎格鲁尔致力于消除英国的"保留条款"，但在访问伦敦时未能达成这一目标。他支持在埃及和苏丹举行反对英国的示威活动。1919年革命期间，一些秘密恐怖组织建立了起来，其中一些组织在当时仍在运作。1924年11月，其中的一个恐怖组织的一名穆斯林成员暗杀了埃及军队总司令兼苏丹总督李·斯塔克（Lee Stack）爵士。一些身居高位的华夫脱党人受到牵连。作为报复，英国高级专员艾伦比勋爵下了一份颇具威力的最后通牒，并亲自递交给众议院。其中的要求包括巨额赔偿、公开道歉并起诉谋杀者；苏丹将获得更多的尼罗河水域。更糟糕的是，最后通牒显然暗示了埃及人不是文明的民族。也许扎格鲁尔本应坚持自己的立场，但他选择了辞职，在不到一年的时间里就离开了政府，再也没有掌过权。即使在1926年5月华夫脱党以决定性的优势赢得议会选举时，英国高级专员也拒绝让扎格鲁尔担任总理，还调动一艘炮艇到亚历山大城附近以强调他的立场。次年，萨阿德·扎格鲁尔去世。

国王厌恶扎格鲁尔，嫉妒他的声望，所以对他的离世并不感到遗憾。在接下来的几年里，福阿德试图彰显王权。随着扎格鲁尔的去世，华夫脱党的领导权落入穆斯塔法·纳哈斯（Mustafa al-Nahhas）手中，他曾短暂地担任过总理一职。福阿德设计将他赶下台，然而在接下来的四分之一个世纪里，纳哈斯在埃及政治中反复出现。国王解散了议会，将宪法暂停了3年。1929年12月举行了另一次议会选举，华夫脱党以迄今为止的最大优势获胜，得到了众议院90%的席位，纳哈斯重新执政。尽管无法让英国人在苏丹问题上让步，但他还是在"保留条款"的问题上与英国人协商并取得了一些进展。然而仅仅6个月后，他又被福阿德逼走。福阿德用伊斯梅尔·西德奇（Ismail Sidqi）取代了他，后者组建了一个亲王室政府。议会再次被解散，一部新的宪法使权力牢牢地掌握在国王手中。埃及在接下来的5年中均由王室政府统治。

1930—1935年的王室统治期间并不特别专制，甚至还小有成就，如调整了有关尼罗河水域的协议。但国内的不满情绪开始高涨，学生发生暴动，向国王施压并要求恢复1923年的宪法。英国人也开始对埃及施压，他们对欧洲不断恶化的政治局势感到担忧，并希望与埃及进行条约谈判。他们需要一个更稳定的埃及政府。1935年，福阿德屈服了，恢复了1923年的宪法，建立了一个看守政府。埃及与英国的谈判开始了。

双方共同的利益为协议的达成提供了非同寻常的有利条件。英国人担心德国和意大利日益强大，急于确保他们在东地中海的地位，以及在战争时对苏伊士运河的控制。埃及也对利比亚的意大利人和1935年后的阿比西尼亚（埃塞俄比亚）感到担忧。他们还计算过，如果战争真的爆发，条约可以防止英国对埃及的干涉达到他们在第一次世界大战期间的程度。1936年4月，在谈判进行中，福阿德因去世而被免职。华夫脱党在议会选举中再次大获全胜。没有了王室的阻挠，纳哈斯重新担任总理。他亲自率领埃及代表团与英国方面谈判，而英国代表团则由外交部长安东尼·艾登（Anthony Eden）领导。双方于1936年8月26日缔结了《英埃条约》。

国王福阿德和他的儿子——未来的国王法鲁克（摘自哈桑的《穆罕默德·阿里家族》）

　　尽管埃及人后来对该条约持怀疑态度，但他们认为这在当时是一个实质性的进步。它为英国和埃及带来了20年的联盟。英国在埃及的驻军被减至1万人，其驻军范围也被限制在了运河区基地，英军在此驻扎了20年，但费用由埃及承担。英国高级专员办公室被废除。英国承诺就以前的治外法权条款问题采取一些措施，因为这些条款在很大程度上依然使25万外国居民免于遵守埃及的法律，同时帮助埃及加入国际联盟。苏丹问题被推迟。在此期间，苏丹地区维持现状。1936年的《英埃条约》确实没有达到民族主义者的要求，但彻底结束英国对埃及的占领以及埃及的完全独立都近在咫尺了。

另一明显向好的变化是17岁的法鲁克（Farouk）成了国王。法鲁克在英国的伍尔维奇军事学院接受教育，长相英俊，善于言辞，有宗教信仰。他似乎具备了真正的政治家的条件。与那些讲土耳其语的前任们不同的是，法鲁克能讲流利的阿拉伯语。埃及人真正爱戴他们的新君主。1937年的《蒙特勒公约》（*Montreux Convention*）是另一个进步。该公约最终废除了治外法权条款，并规定混合法庭将在1949年之前被逐步废除。英国兑现承诺，在埃及申请加入国际联盟时做了担保。1937年，埃及正式加入国际联盟。埃及现在可以完全掌控自己的外交政策，并首次在世界各地建立了大使馆。

1937年，法鲁克年满18岁，王室在政治上再次变得活跃起来。这位年轻的国王很快就表现出与其父亲一样的专制倾向。他不喜欢华夫脱党，尤其不喜欢纳哈斯。18个月后，纳哈斯辞职，这让国王及其宫廷内部人士有机会构建一个反华夫脱党的部长联盟来实现对政府的完全控制。由于腐败丑闻，华夫脱党在1938年4月的议会选举中落选，这让法鲁克的计划实施起来更加容易了。法鲁克与英国的关系很糟糕。他将英国人视作权力争夺者，但英国大使迈尔斯·兰普森（Miles Lampson）爵士对他爱答不理。即便国王已然20多岁，兰普森也总是称他为"那小子"。在整个议会时期，国王—议会—英国三者的权力关系一直处于动荡状态，从未让政治体系进入平衡状态以开展建设性的工作。

第二次世界大战彻底打破了这种平衡。一切始于1939年9月1日，当时希特勒袭击波兰，导致迟迟没有意识到纳粹威胁的英国和法国向德国宣战。埃及虽没有成为正式的交战国，但根据1936年的《英埃条约》，还是宣布了戒严令，将港口设施转为军事用途，实行新闻审查制度，全国进入战争状态。由于德国人占领波兰以后于1940年春天向西进军，所以战争离埃及人很远，并无直接联系。在发起了一系列成功的闪电袭击后，希特勒占领了丹麦和挪威，并攻入了低地国家（即荷兰、比利时、卢森堡三国）和法国。由于对德军装甲和空中力量的闪电战战术毫无准备，法国沦陷了。英国人在敦刻尔克的海滩上解救军队，只能说是一个奇迹，但他们损失了大部分装备。孤军奋战的英国已经处于生死存亡之际。1940年夏天，德国空军对这个岛国进行了无情的轰炸。眼看入侵即将成为现实，英国抵挡住了德军的空袭；但德国的潜艇迅速击沉了英国的船只，逼迫英国投降。

突然间，埃及变成了关键战场。意大利法西斯主义领袖墨索里尼感觉到战争可能为他的新罗马帝国带来巨大利益，于1940年6月站队德国加入战争。意大利在利比亚站稳了脚跟，还征服了埃塞俄比亚。它可以从两个方向威胁埃及。意大利在这两个地区有50万驻军，并有大量的军需物资供应。然而，英国人在埃及和苏丹只能调集5.5万人。英国几乎没有多余的士兵和物资，它所派出的部队必须穿越地中海，但地中海的大部分地区已被敌人控制。来保卫埃及的许多士兵都来自英联邦，尤其是澳大利亚、新西兰和南非。援军直到9月初才抵达埃及。下文中提及的英国军队主要由英联邦的士兵组成。1940年6月，意大利从埃塞俄比亚向英属索马里发动进攻，威胁到了苏丹。同年9月，他们从利比亚入侵埃及。在埃及的英军面临严峻的形势。如果英国失去埃及，随之而来的是丢失苏伊士运河，而后英国在中东地区的地位都会随之瓦解。一切将会很艰难，也许无法进行补救，而埃及将会落入比英国人糟糕百倍的占领者之手。

当意大利人入侵埃及时，英国人撤退到了马尔萨·马特鲁（Msrsa Matruh），此处距离尼罗河三角洲还有三分之一的路程。如果当时意大利军队继续前进的话，那么数量稀少的英国军队将很难阻止。但意军在西迪·巴拉尼（Sidi Barrani）停了下来以巩固他们的阵地，并在向尼罗河推进之前建立了一座豪华舒适的堡垒。意大利指挥官过于谨慎，英国人一系列大胆的虚张声势掩盖了盟军的颓势，还让意大利变得更加犹豫不决并进一步加强防御。同时，英国人通过前线战术，发现了意大利战线上的一个巨大缺口；英军能够从此处潜入，从后方偷袭意大利人的阵地，并获得大量的俘虏和物资。到1940年底，意大利人已被赶出埃及。与此同时，英国人从苏丹发起反击，在南部击溃了意大利人，并恢复了埃塞俄比亚的独立。

英国人继续在北部发动攻势，袭击了意大利人在利比亚东部昔兰尼加建

立的由重兵驻扎的基地。1941年1月21日，托布鲁克（Tobruk）在几小时内
沦陷；英国人继续向班加西推进，占领了整个昔兰尼加；他们俘虏了13万名
意大利战俘。有那么一瞬间，北非的胜利完全在英国的掌握之中。的黎波里
是轴心国军队的入境港口，与班加西西面的陆地距离约700千米，就位于西
德拉湾（Gulf of Sidra）的另一边。两军之间的距离较远，然而意军正在溃
败，而英国如果再进行一次坚决的乘胜追击就有可能牢牢关闭轴心国进入非
洲的大门。但整个战争中发生的事件如浓雾未散，机会稍纵即逝。德国对希
腊的入侵即将到来。尽管希腊曾多次拒绝英国关于联合对抗轴心国的敦促，
它现在只有向英国寻求援助。英军唯有从北非才能快速派出援军，因此，其
进军利比亚其他地区的计划不得不推迟。而英国分散军力以拯救希腊免遭德
国占领的努力最终还是白费了。

英军进军利比亚计划的推迟几乎是灾难性的。因为希特勒不愿意看到
他的意大利盟友被打败，率先向利比亚派遣了一支装甲部队，即非洲军团，
由埃尔温·隆美尔（Erwin Rommel）将军指挥。他于1941年4月1日发起了
一场突如其来的德国式攻势。通过大胆、创新的战术，隆美尔冲破了英国人
协调不力的防御，向东扫荡到埃及边境的哈法亚山口（Halfaya Pass）。英
国人在利比亚要塞城镇托布鲁克进行的史诗般防御挽救了局势。这次防御威
胁到了隆美尔的补给线，迫使他停止进军。新任英军指挥官克劳德·奥金
莱克（Claude Auchinleck）在1941年11月中旬发起了十字军行动（Operation
Crusader），迫使隆美尔离开埃及，回到了他在托布鲁克西南的起点。

十字军行动缓和了紧张的战事，但英国在埃及和全世界的地位仍然不
固。隆美尔依然是非常危险的对手，以往的经验表明，此人的进攻迅猛而有
效。1941年12月7日，日本人在太平洋地区袭击了美国和英国。这一行动的
长期影响对英国极为有利，使美国加入了对抗日本和德国的战争。但令人沮
丧的是，在短期内，日本人在西太平洋和东南亚取得了一系列胜利。澳大利
亚和新西兰面临着军力不支和被入侵的危险。两国政府开始敦促各自的军队
从埃及撤回，以保卫自己的家园。

为了挽救摇摇欲坠的战略局势，英国人决心在埃及建立一个能够维护1936年条约的政府。法鲁克参与反英活动已有一段时间，现在他想换掉时任亲英国的总理。1942年2月4日发生了一件被称为"奇耻大辱"的事件。迈尔斯·兰普森爵士用坦克包围了阿布丁宫。在宫内，他命令"那小子"做出选择：要不任命纳哈斯和全员为华夫脱党人的内阁，要不退位。尽管纳哈斯的反英言论令人恼火，但英国人知道可以指望他来支持条约，毕竟这份条约由他亲自磋商形成，他引以为豪，而且他是反法西斯的。法鲁克除了同意别无选择。

英国认为在自己生死存亡的关头使用武力合情合理，但埃及人认为，埃及已是独立国家，然而他们的君主却被迫在枪口下任命政府，他们对此深感愤慨。对法鲁克来说，这是他个人的人生转折点，他从此走上了一条道德败坏的不归路。他因为沉溺于女色（经常胆大妄为，令人震惊）和赌博而变得臭名昭著，大部分时间都在夜总会度过。可能是由于腺体功能紊乱，他变得非常肥胖。对比朝气蓬勃的年轻国王登基时的照片和放荡不羁的中年花花公子的照片，可以发现两者形成了鲜明的反差。埃及的君主制又持续了10年，但"奇耻大辱"事件给君主制带来了致命的伤害。

隆美尔于1942年5月24日发起了新的攻势，他再次突破并扫荡了英军防线。英国首相丘吉尔下令守住托布鲁克，这极不明智，因为它根本没有抵御另一次围攻的准备。6月21日，该城连同3万名俘虏和一大批物资落入了德军之手，隆美尔得以攻入埃及。英国人向东撤军，似乎一切都完了。在开罗的英国大使馆里，燃烧国家文件产生的浓烟升起。反英的人群高呼："继续前进，隆美尔。"墨索里尼命人将一匹白马从意大利运到非洲，以便他凯旋时骑马进入开罗。英军做好了最后的准备，试图在德军横扫三角洲到苏伊士运河地区时，从德军侧翼进行袭击。但英国人在亚历山大城以西100多千米的阿拉曼（al-Alamein）进行了抵抗。阿拉曼南面的盖塔拉洼地和北面的地中海限制了德军的活动范围。1942年7月，战斗的命运来回摇摆，双方都未能完全胜利或彻底溃败。隆美尔实际上率先抵达了阿拉曼，但他的军队由于快速行进而过度疲劳，以至于他无法在英军集结并发动反击之前巩固好阵地。要不是英军失误，非洲军团可能就被摧毁了。

　　疲惫不堪的双方在阿拉曼的战壕和雷区中安顿下来，稍作休整以准备再次战斗。这一次的停顿对英国人来说更为有利，因为英国人离他们的补给基地只有很短的距离，大量的美国物资正在涌入该基地。而隆美尔则处于补给线的末端，沿着非洲北部海岸数百千米才能到达利比亚，而且这条补给线通过与欧洲相连的海上通道情况不明，德国人没能拿下马耳他岛要塞。此外，希特勒从未把握住非洲战争中的战略可能性，目前正将他所有可用的资源投入到对苏联的第二次大攻势中。他几乎没有给隆美尔派送物资。奥金莱克抓紧时间备战，希望把握这次良机以彻底消灭非洲军团。

　　如果不是丘吉尔失去耐心，用伯纳德·蒙哥马利（Bernard Montgomery）取代奥金莱克，决定性的战斗会更早到来。尽管蒙哥马利基本上遵循了奥金莱克先前设计的计划，但他以其惯有的谨慎态度实行了这个计划。与此同时，隆美尔意识到时间对他不利，于是不顾一切地突破英军左翼，冲向开罗和苏伊士运河。这就是1942年8月30日至9月6日发生的阿拉姆哈尔法战役。但隆美尔的进攻早在英军预料之中，面对火力迅猛的地雷阵和充足的、布局合理的储备军力，隆美尔战败。于10月23日至11月3日进行的阿拉曼战役终于让双方决出了胜负。在这场战役中，蒙哥马利终于向德军发起进攻。尽管他拥有压倒性的兵力，但蒙哥马利的战术过于保守，以至于隆美尔差点击退他的进攻。隆美尔战败后，竟然成功地带领军队从埃及撤出，这更了不起。埃及从纳粹的征服中被拯救出来，阿拉曼战役是盟军运气变好的转折点。德国在苏联失败、日本人在对战美国的中途岛战役中结局惨淡，这些事件标志着轴心国走向了不可逆转的衰败。

　　在战争余下的时间里，埃及作为在北非和地中海开展进一步行动的基地发挥了支持作用。1943年11月，丘吉尔、富兰克林·罗斯福和蒋介石召开开罗会议，决定了战后亚洲和太平洋地区的许多重大问题。英国在埃及的驻军最多时达到了25万人。埃及人民遭受的困苦比第一次世界大战期间要少一

些，部分困难因就业机会的增加和制造业的刺激而得到抵消。该时期的经济
服务业尤其活跃。人们的工资上涨了，但物价涨得更快，战后出现了大量
的裁员。埃及在战争期间向英国国库注入了急需的贷款，总额达4亿英镑，
但直到1945年2月才成为正式的交战国。大多数战斗由英国和英联邦军队完
成，阿拉曼英联邦公墓中几何形状的十字架便是证明。埃及人对这场战争的
态度不一。有些人，如年轻的议员安瓦尔·萨达特（Anwar al-Sadat），积极
与德国人合作。这并不是因为他们是纳粹的支持者，而是因为他们认为可以
通过德国人将英国人彻底地、永远地赶出埃及。但是，埃及人从来没有在真
正意义上同情德国人。大多数埃及人对德国人的期望并不比对英国人的高，
可能更加糟糕。

　　第二次世界大战期间的埃及政治舞台很肮脏。纳哈斯于1928年被迫下
台，当时他已卷入一起严重的腐败丑闻。重新掌权后，他因任人唯亲而臭名
昭著。整个华夫脱党一次又一次地显示出了腐败和无能。它曾经是一个民族
主义政党，但因为通过英国人的枪杆子上台而受到影响。许多华夫脱党要员
与纳哈斯发生争执，形成了分裂的党派。许多埃及人，如年轻的陆军军官贾
迈勒·阿卜杜勒·纳赛尔（Gamal Abd Nasser），不仅厌恶华夫脱党，还对
该党派所代表的整个制度深恶痛绝，他开始考虑进行根本性的变革。

　　纳哈斯与国王的关系恶劣。事态变得非常糟糕，于是英国人同意将其免
职。华夫脱党抵制了1945年1月的议会选举，这使从华夫脱党分离出的萨迪
斯特党派（Saadists）获胜，其领导人艾哈迈德·马赫尔（Ahmed Maher）
成为总理。一个月后，马赫尔宣布对德国宣战以使埃及成为联合国创始国
之一，他在离开议会大厦时被一名埃及法西斯分子暗杀。马哈茂德·法
赫米·努克拉希（Mahmud Fahmi al-Nuqrashi）接替了他的位置，他曾与
李·斯塔克爵士的暗杀事件有牵连。3年后，他自己也被刺客杀害。

　　人们对华夫脱党越来越失望，埃及出现了各种政治色彩的全新政党。
埃及共产党成立于1949年，但在政治光谱的另一端，一股更强大的政治力量
长期以来一直在发展壮大，这就是由哈桑·班纳（Hasan al-Banna）于1928

年创立的穆斯林兄弟会（Muslim Brotherhood，下文简称"穆兄会"）。将穆兄会描述为一个政党在有些方面是有误导性的，因为它独立于议会制度运行，并反对所有世俗政党。它的目标是在生活的各个方面——政治、社会、经济以及宗教——建立伊斯兰教。第二次世界大战爆发时，穆兄会可能已有多达100万的追随者。班纳在战争初期组建了穆兄会的分支。他支持轴心国，敦促人们不要帮助英国人。穆兄会的运动在战后立即达到了顶峰，它参与了一系列破坏活动。努克拉希正确地认识到穆兄会是一种革命威胁，于是利用戒严令于1948年11月解散了该组织。一个月后，努克拉希被一名隶属于穆兄会的学生暗杀，政府随后谋杀了哈桑·班纳作为回击。穆兄会被镇压了，尽管如此，它将再次出现在埃及政治中。

战后几年，议会制度本应允许国内政治理清头绪，处理许多紧迫的内部问题，然而，外交事务始终占据主要议程。现在战争结束了，埃及国内要求修改埃及与英国条约的压力越来越大。到了1946年，骚乱和示威频发。2月21日，一群有组织的工人冲进了伊斯梅利亚的英军军营。士兵们用机枪开火，造成23人死亡，120人受伤。英国的新工党政府试图通过从开罗和亚历山大城撤军至运河区来化解局势，但这样一来使得运河区的军事驻扎人数增加到1936年条约中约定的数倍。埃及人对苏丹问题也感到头痛，在这个问题上，埃及与英国进行了多年的谈判，除了推迟议题之外，没有取得任何成果。在埃及人看来，苏丹是被埃及征服的，理应属于埃及，而英国人在剥夺属于他们的东西。

此外，在巴勒斯坦还发生了一场重大灾难。第一次世界大战后，在法国和英国之间的战利品分配中，法国得到了后来成为叙利亚和黎巴嫩的地区。英国分到了巴勒斯坦、外约旦（后来改名为约旦）和伊拉克。其中，外约旦和伊拉克尽管在20世纪50年代前一直在英国的监护之下，但是很快都成为主权国家，而巴勒斯坦仍然是英国的托管区。由于犹太复国主义（一个致力于在巴勒斯坦建立一个犹太国家的运动）的发展，再加上犹太人在纳粹德国的可怕处境，在20世纪20年代和30年代，越来越多的犹太人移民到巴勒斯坦，进而与巴勒斯坦人发生了对抗。巴勒斯坦人认为犹太人会威胁到他们的权利和前景。犹太人和阿拉伯人在巴勒斯坦爆发了暴力冲突。犹太复国主义民兵组织也形成了，其中包括对英国人开展斗争的组织。1944 年 11 月，埃及上演了这一幕：当时英国在中东地区最高级别的官员莫恩（Moyne）勋爵在开罗被斯特恩帮派（Stern Gang）暗杀。后来的以色列总理伊扎克·沙米尔（Yitzhak Shamir）也与该组织有联系。在这一斗争阶段，这并非埃及最后一次受到犹太复国主义的侵扰。犹太复国主义分子还对埃及的犹太人发动袭击，恐吓他们离开埃及前往以色列。不幸的是，他们的这些行动成功了。

第二次世界大战后，巴勒斯坦的局势迅速恶化。英国人决心摆脱困境，将巴勒斯坦问题提交给联合国。联合国大会于 1947 年 11 月 27 日投票决定将巴勒斯坦划分为犹太国和巴勒斯坦国。英国宣布，其委任托管权将于 1948 年 5 月 15 日终止。在此日期的前一天，大卫·本–古里安（David Ben-Gurion）和他的同事们宣布建立以色列国。巴勒斯坦立即爆发了内战。

在英沙斯宫的一次会议上，法鲁克已经同意加入其他阿拉伯国家的战争，以阻止巴勒斯坦的分治和犹太国家的建立。埃及总理、内阁和总参谋部都认为埃及军队还没有准备好，但民众对埃及参战表示强烈支持。穆兄会甚至在英军撤离之前就开始向巴勒斯坦派遣志愿军。法鲁克从中看到了为君主制塑造完美形象并在阿拉伯国家中发挥领导作用的机会。然而，几乎所有人都低估了前方的困难。

两支埃及军队进入巴勒斯坦，一支沿海岸线通过加沙向特拉维夫（Tel Aviv）推进，另一支通过内盖夫（Negev）向耶路撒冷推进。其他规模不等的阿拉伯军队从约旦、伊拉克、叙利亚和黎巴嫩汇聚到一起。阿拉伯人表面上看起来团结而有力量，然而，他们缺乏协调合作，各自的目标相互冲突。而以色列人则经过精心策划，具有明确的目标，拥有更多的战士和更精良的武器。很快，阿拉伯人几乎全线溃退。

事实证明，持反对意见者是正确的。埃及还没有为战争做好准备。法鲁克是个爱惹麻烦、多管闲事的大战略家，其军队装备要么低劣要么缺失，支援总是不足。埃及军队被逼退到加沙，而入侵西奈的以色列人，如果不是因为英国人威胁要援引1936年《英埃条约》的相关条款（一些埃及人肯定要对此挖苦讽刺一番），他们就会向苏伊士运河挺进。这一惨败中唯一的亮点是穆罕默德·纳吉布将军在巴勒斯坦法鲁贾（Falluja）村的英勇抵抗。1949年初，埃及签署停战协议，阿拉伯人已被打败。以色列人建立了他们自己的国家，并阻止了巴勒斯坦国家的建立。数十万巴勒斯坦难民涌入加沙，埃及在那里实行行政控制。埃及在战争中死亡2000人，数量更多的人受伤和失踪。军队对政府非常恼怒。丑陋的谣言流传开来，说王室成员和高级官员串通一气，向军队提供劣质装备以从中谋取私利。

在1950年1月举行的议会选举中，华夫脱党赢得了大部分席位。但由于丑闻和倒戈事件对该党造成了负面影响，其最终只获得了40%的民众投票。纳哈斯重新担任总理。随后，国内的司法改革成为议会时代最有趣和最有创意的举措，其中包括土地改革、社会保障、取消学费等。这些措施如果早一点被提出来，结果可能会有很大的改变。但这些措施来得太晚了，无法挽救议会君主制。

与此同时，纳哈斯像往常一样深陷腐败之中，变得不受欢迎。为了转移人们对他个人问题的注意力，纳哈斯又恢复了他惯常的反英言论。1951年10月，他单方面废除了1936年的《英埃条约》以及英国和埃及在1899年建立的苏丹共管国协议。尽管英国拒绝承认条约地位的变化，但纳哈斯的行动意味着英国对运河区的军事占领不再合法，这促使军事基地的埃及工人罢工，当地商人也拒绝提供货物和服务。作为回应，英国夺取了运河区交通中心的控制权。这促使埃及政府采取报复行动，解雇了所有英国雇员。英国的行为使得埃及的积极分子们组成了游击队，其中包括警察和政府职员，并袭击了运河上的英国军队。随后，英国人对位于伊斯梅利亚的警察总部发动攻击，因为他们认为这是制造事端的地方。警察们进行了英勇的战斗，最终被迫投降。在这次斗争中，有50名警察被杀，100名警察受伤。

第二天，即1952年1月26日（后来成了众所周知的"黑色星期六"），示威者聚集在开罗大学（当时仍叫福阿德一世国王大学），并在市中心游行。暴力事件爆发了。暴徒们组成队伍，在街道上横冲直撞，拿着煤油罐子，纵火烧毁建筑物。在这次暴力事件中，许多著名的开罗地标性建筑被毁，诸如特夫俱乐部和老谢泼德酒店，共计约有400座建筑被毁，30人丧生。经过几个小时毫无阻碍的骚乱和抢劫后，军队才恢复了现场秩序。

在骚乱发生后，法鲁克解雇了纳哈斯。在法鲁克在位的最后半年中，他又任命了4个内阁。一位王子回忆道："然而，国内发生了越来越多的动荡：大学生的暴力示威，政治暗杀（不幸的是，暗杀的是最有价值的人），自由的媒体起初暗地里、后来明目张胆地诋毁所有形式的稳定，最重要的是，不断更换造成了政治局势的不稳定。似乎已经无人掌舵了。"[47]政权已经无法修复。到1952年夏天时，有见识的人基本不会对君主制面临的巨大挑战感到惊讶。但当变化来临时，它却来自一个意想不到的地方。

埃及自由军官组织是一个由年轻军官组成的集团。人们对它的起源说法不一。安瓦尔·萨达特声称是由他在第二次世界大战之初成立的，但它更有可能是在巴勒斯坦的那场败仗之后凝聚起来的。那场败仗使许多军人相信旧政权已经腐朽不堪，必须推翻它。正如纳赛尔所说，军队是"唯一能够采取行动的力量"。自由军官组织的核心是一个由9名成员组成的中央委员会，其中6名成员来自陆军，3名来自空军。委员会主席是贾迈勒·阿卜杜勒·纳赛尔，不过他将需要一段时间才能完全控制其他成员。中央委员会控制着一个遍布各个部门的网络，共涉及几百名成员。由于他们年轻又默默无闻，他们选择了纳吉布将军作为名义上的领导人。他是一位战争英雄，为人正直，在整个军队中享有很高的知名度和威望。其他团体也在埃及开展活动，但在计划、组织、时机和运气方面，自由军官组织都超过了他们。

自由军官组织将他们的政变日期定在1952年8月5日，但国王提前收到了消息。该组织在得知国王将对他们采取行动后，决定于7月22日晚采取行动。事情进展得非常顺利，开罗和亚历山大城的关键哨位几乎没有抵抗就被占领了。到7月23日上午，自由军官组织已经掌控了局势。像纳哈斯这样可

自由军官组织。坐在沙发上从左至右的是贾迈勒·阿卜杜勒·纳赛尔、穆罕默德·纳
吉布和阿卜杜勒·哈基姆·阿米尔。安瓦尔·萨达特在最右边（埃及历史文献）

能对政变发表意见的经验丰富的政治家们，大多都在欧洲度假。民众早已厌
倦了旧政权，很乐于看到它倒台。

自由军官组织内部就如何处理法鲁克进行了短暂的争论。一些人赞成公
开审判和处决，但纳赛尔和大多数人念在他还有幼子，准许他退位并离开埃
及[1]。7月26日，法鲁克乘坐皇家游艇马赫鲁萨号从亚历山大港出发，开始了
不光彩的流亡生活。13年后，他在罗马的一家夜总会去世。离开埃及时，他
曾对纳吉布说："你的任务将会很艰难。你知道的，治理埃及并不容易。"

---

[1] 严格意义上来讲，在第二年正式宣布成为共和国之前，埃及仍然是一个君主制国
家，其国王是法鲁克的儿子艾哈迈德·福阿德。

第十八章
纳赛尔时期

　　自由军官组织的中央委员会，即革命指挥委员会（Revolutionary Command Council），已经控制了埃及。但它没有清晰的议程或明确的目标。它的成员们在观念上有很大的不同，而且这些观念随着时间的推移而改变。例如，纳赛尔一开始是民主的坚定支持者，但当他成为总统后，他便以专制的方式统治国家。此外，纳赛尔还未成为革命指挥委员会公认的领导人，公众对他知之甚少。作为公众人物的纳吉布成为总理和总统。纳赛尔的职务是副总理和内政部长。最初的计划是由军队掌权3年，然后建立某种形式的宪制政府。但是，纳赛尔和其他革命指挥委员会的成员们在体验过拥有权力的感觉后，很快就尝到了权力的甜头。

　　但纳吉布威胁到了纳赛尔的权力。自由军官组织对他有何期望，抑或他自认将扮演何种角色，都是很有争议的问题，但他无意成为有名无实的傀儡首脑。他既有威严又和蔼可亲，很快就在全国范围内受到欢迎。他对如何执政有清晰的认识，强调在保持连续性的前提下进行改革，建立一个类似于旧制度的议会制度，但去除了腐败和阻挠发展的因素。为此，他与许多现有的政治领导人建立了工作关系。这对纳赛尔来说是一种耻辱，因为他决心要与旧体制彻底决裂，而不是对它进行改革。

　　纳吉布和纳赛尔之间的冲突分两个阶段展开，纳吉布在第一阶段取得了胜利。纳吉布反对纳赛尔对传统政党采取的强硬措施，其中包括提议逮捕纳哈斯和其他专横的行动，他于1954年2月递交了辞去总统一职的辞呈。他们这位表面上的领导人的受欢迎程度之高，很快给革命指挥委员会上了一课。支持纳吉布及议会民主的抗议和示威活动爆发了。更糟糕的是，军队中的一些重要团体站在了同样的立场，并大声地表达了出来。纳赛尔和他的同事们急忙退缩。纳吉布重新成为总统，并承诺在不久的将来建立民选议会。

但对纳吉布来说，看似战略上的胜利，其实只是纳赛尔战术上的撤退。随着纳吉布误以为依然安全时，纳赛尔这位老练的阴谋家在幕后悄悄地筹谋着，逐渐清除或排挤了纳吉布在军队和警察中的支持者，并在工会中发展了一批自己的支持者。当时机成熟时，被肃清过后的军队表现出对革命指挥委员会的支持，而工会则配合地组织了罢工和示威游行，这让纳吉布和议会民主的支持者们措手不及。3月下旬，革命指挥委员会宣布它将继续执政，不会举行选举。纳吉布迅速从政治舞台上消失。1954年11月，他被剥夺了总统职位，并被软禁，直到纳赛尔去世。纳赛尔成为代理总统，并最终担任了总统职务。

1954年10月，纳赛尔在亚历山大城发表演讲时，遭到一个穆兄会成员暗杀，幸免于难。这为彻底打击穆兄会提供了借口。穆兄会或许是革命指挥委员会最危险的反对势力。在全国范围内对穆兄会的残酷镇压中，可能有多达5万人被逮捕，1000多人被审判，6名穆兄会成员被绞死。继承了哈桑·班纳衣钵的赛义德·库特布（Sayid Qutb）作为穆兄会的领导成员，在接下来的10年里一直在监狱中度过。一个月内，所有政党都被废除，政党领导人被监禁。反对派的出版社也被取缔。

在此之前一直躲在帷幕后面的纳赛尔，终于成了焦点人物。在不断的练习中，他逐渐成为一名政治家，培养出了与人们沟通并使人们对他产生强烈认同感的能力。尽管他仍需顾及革命指挥委员会的意见，但权力的缰绳却越来越多地掌握在他手中，包括政府各部门、军队和安全局。其他政党都已被解散，现在，他又用各种借口镇压了剩余的意识形态上的反对势力，无论这些势力来自左翼还是右翼。主动权掌握在他的手中。

纳赛尔作为政治家的第一个显著举措是在外交领域进行的，这些举措与国内问题密切相关。第一步显然要从英国着手，英国仍然在埃及领土上保持着强大的军事存在。关于建立新的"英埃条约"以取代1936年条约的谈判进展顺利。英国军队将在两年之内撤出埃及。但该条约中有一条令人不快的重启条款，允许英国军队在发生战争时返回埃及。而美国承诺，如果条约签署，将向埃及提供援助，从而缓解了这一困难。该条约于1954年10月签署。最后一批英国军队于1956年6月13日正式离开埃及，结束了长达70多年的占领。然而，在这一年结束之前，英国和埃及之间还发生了一次暴力的军事冲突。

关于英国仍然保留着控制权的苏丹地区的谈判，对埃及来说就不那么顺利了。自法老时代以来，苏丹和埃及的历史就紧密地交织在一起。在穆罕默德·阿里于19世纪20年代吞并苏丹北部之后，埃及认为苏丹是被埃及征服的，理应属于埃及。但是，英国对埃及和苏丹的管理以及英埃对于苏丹的共管制度本身就包含分裂性质，从而削弱了埃及与苏丹之间的联系。苏丹人对埃及心怀不满，其中包括对尼罗河重要水体的划分。他们对有一半苏丹血统的纳吉布的遭遇尤其感到愤怒。即便如此，埃及仍然保持乐观的态度，在与不太情愿的英国人谈判苏丹人的自决权问题中，埃及似乎占了上风。埃及认为苏丹会对埃及的提议作出回应，但英国却反过来鼓励苏丹独立。苏丹确于1956年1月1日宣布独立。

将埃及（和他自己）视为阿拉伯世界天然领袖的纳赛尔成为泛阿拉伯主义的积极倡导者。他的主张通过电台广播传播到了其他阿拉伯国家，赢得了许多埃及以外的阿拉伯支持者，也树立了不少敌人。他们对广播中经常出现的尖锐语气感到不满，担心纳赛尔会在他们的国家挑起事端。在沙特阿拉伯和约旦的上流阶层中尤其如此。纳赛尔强烈反对英国、土耳其、伊朗、巴基斯坦和伊拉克签订的《巴格达条约》，从而激怒了英国及其盟友伊拉克，因为该条约有助于维护英国在中东的影响力。美国也感到不满，因为美国将

《巴格达条约》视为对抗苏联的堡垒。

当纳赛尔与阿拉伯世界以外的非西方国家和共产主义集团接触时，他受到了热烈欢迎。1955年4月在印度尼西亚苏加诺举行的万隆会议对于全场最年轻的领导人纳赛尔来说，是一次振奋人心的经历。他与那些在一个日益两极化的地缘政治环境中，试图避免被卷入苏联或美国的引力范围的领导人一起交流。纳赛尔认为，不结盟运动是一个可以让他成为明星的舞台。

一段时间以来，纳赛尔一直试图从西方获得武器。1955年2月，以色列对加沙的埃及军队进行了一次大规模的突袭，残忍地表明了埃及军事机构现代化和更换过时装备的必要性。美国曾承诺提供援助，但条件非常苛刻，特别是在任何可能涉及以色列的方面，因此埃美双方没有达成任何协议。纳赛尔与苏联接上了关系，尽管这些武器是由捷克斯洛伐克提供给埃及的，但西方国家对他们所认为的苏联影响力在中东地区的危险延伸感到震惊。对纳赛尔来说，这只是一个实际需要的问题。正如他后来所说："我们本希望与西方打交道，但对我们来说，这是一个生死攸关的问题。"

尽管纳赛尔的外交成就令人欣喜，但他作为政治家的成功乃至他的政治生存，都取决于他在埃及国内所能取得的成就。他把人们的期望提到了一个很高的水平，但需要做的事情还有很多。革命指挥委员会在1952年9月开始了土地改革行动，将家庭土地的规模限制在200或300费丹。这对埃及的地主阶级是一个打击，而他们在被禁的华夫脱党中具有很大的影响力，而纳赛尔对华夫脱党是很鄙夷的。但该措施对埃及的总体影响有限。根据一项估计，它只影响了埃及10%的可耕地和20万农民。因此，它只惠及了农村无地人口中的一小部分。

然而，埃及最需要的是工业化。英国人曾系统性地杜绝了在埃及发展工业，埃及的工业在议会时期只得到缓慢发展。埃及国内的私人资本并没有投资工业，而埃及越来越多的争议性政策也没有让国际金融市场对其产生好感。纳赛尔不得不想办法为埃及最具野心的公共工程项目筹集资金。这个项目是在阿斯旺建造高坝，这不仅可以大大提高埃及的农业生产力，还将为工业发展提供大量的电力，并改善人们总体的生活质量。

纳赛尔通过谈判从世界银行获得了修建大坝的资金，其中美国提供了大量捐款，英国提供了较少的捐款。美国一开始是支持该项目的，因为它可以用以制衡在埃及日益增长的共产主义集团的影响，但美国国内逐渐出现了保留意见和反对观点。严厉的美国国务卿约翰·福斯特·杜勒斯（John Foster Dulles）将地缘政治局势视为一场摩尼教的善恶之争，美国代表前者，苏联代表后者。这样的观点不允许有任何的中间立场。杜勒斯仍然对纳赛尔反对《巴格达条约》感到恼火，对纳赛尔在外交上承认中国同样感到非常不满。同时，以色列的游说团体对美国参议院施加了负面的压力，参议院的南部成员担心得到灌溉后的埃及棉花会与他们地区的棉花产生竞争。纳赛尔认为，如此多的强加条件侵犯了埃及的经济主权。然而，他还是勉强同意了所有条件，接着却被告知美国要撤出这场交易。

杜勒斯认为事情就此结束，但纳赛尔迅速而大胆地做出了回应。1956年 7 月 26 日，纳赛尔宣布将苏伊士运河公司国有化，此后这一天成了埃及的国庆节。埃及将用经营运河的收益来建造高坝。英国政府感到愤怒，但由于一个月前从运河区撤出了最后一支部队，它唯一能做的就是让苏伊士运河公司的欧洲领航员离开工作岗位，同时期望运河停运。相反，200 多名领航员中的 40 名埃及领航员英勇地坚持了下来，使得运河继续运营。英国首相安东尼·伊登（Anthony Eden）渴望对埃及使用武力，但军队部署需要时间。此外，英国也没有足够的正当理由，运河是开放的，世界商业都在通过运河进行，而且大多数国家都支持一个国家将其境内机构国有化的权利。

在与以色列和法国的勾结下（法国对纳赛尔支持阿尔及利亚叛军感到愤怒），伊登编造了一个入侵埃及并夺取运河控制权的借口。根据这一设想，以色列将发动进攻，占领加沙和西奈半岛顶端的沙姆沙伊赫（想借此打开通往以色列南部港口埃拉特的通道），并威胁到苏伊士运河。然后，英国和法国将向双方发出最后通牒，要求他们从运河上撤出。以色列在获得加沙和沙姆沙伊赫后将会撤离，但埃及应该会拒绝，届时英国和法国将联合攻打埃及，夺取运河，并罢黜纳赛尔。这一计划在10月29日通过以色列发起攻击得到了实施，英国和法国于第二天发出了最后通牒。当埃及拒绝后，英法两国的攻击开始了。纳赛尔被打了个措手不及，埃及军队也被赶了回来。一切都在按计划进行。

然后，伊登的计划开始瓦解。埃及军队虽被打败了，但依然顽强地战斗着，赢得了全世界的同情。埃及人还击沉了运河中的船只，封锁了运河，切断了对欧洲的石油运输。国际舆论对入侵的批评是压倒性的。苏联威胁要对伦敦进行核攻击，但其更现实的目的是利用中东的骚乱来转移注意力，同时残酷地镇压其加盟国匈牙利的起义。联合国以及美国谴责了英国、法国和以色列的行动。艾森豪威尔总统很生气，因为他一直以来都被误导以为这一切是在遵循外交原则的前提下进行的。他抱怨说："这些行动在任何阶段都没人征求美国的意见，这不符合联合国的原则和宗旨。"在英国，议会对政府的支持正在迅速降低，伊登不得不在计划的预谋程度上撒谎。当石油供应缺失造成英镑挤兑时，美国明确表示不会进行干预支持。英国所处的弱势暴露无遗，伊登别无选择，只能取消入侵。法国和以色列不得不纷纷停止入侵。

为了报复这一"三方侵略战争"，埃及政府扣押了法国和英国在埃及的所有财产。居住在埃及的英法两国公民被勒令收拾行李箱立即离开，那些在国外的英法公民（许多人在夏天都不在埃及国内）将不得返回埃及。苏伊士运河直到1957年3月才重新开放。它的关闭对英国造成的经济损失可能比埃及的损失更多。纳赛尔从危机中脱颖而出，在国内确立了自己的权力地位。事实上，这些事件促使他进入了社会主义和反西方的阶段，他在国外的声誉也得到了极大的提高。原本打算推翻纳赛尔的伊登自己却被迫辞职，由哈罗德·麦克米伦（Harold Macmillan）取代。哈罗德·麦克米伦一开始是入侵行动的坚定支持者，但他是一位精明的政治家，知道如何有效地转变立场。

尽管纳赛尔在苏伊士危机开始时的想法很好，但来自苏伊士运河的收入并不足以支付大坝的建设费用，埃及也没有足够的技术资源来建设它。资金和工程设计制造由苏联提供，苏联认为以此可以扩大自己在埃及的影响力，这种算计从长远来看有点过于乐观。1958年，苏联宣布他们将协助完成这一庞大的项目。9万名埃及工人参与建设。施工于1960年开始。4年后，不久就将被剥夺权力的苏联第一书记尼基塔·赫鲁晓夫来访，庆祝第一阶段工作的完成。水库开始蓄水，结束了埃及尼罗河每年都会发生的洪涝的历史。高坝于1970年竣工，水库于1976年达到最大储水量。

阿斯旺高坝在规模上远远超过了世界上任何其他大坝。它长3600米，底部宽980米，高111米，包含超过4400万立方米的物质，其体积相当于18座大金字塔——对于那些认为纳赛尔有法老倾向的人来说，这是一个合理的比较。水库在纳赛尔死后被命名为纳赛尔湖，含有1690亿立方米的水，相当于尼罗河两年的流量。它向南延伸了550千米，穿过埃及努比亚的所有地区，经过第二瀑布（将第二瀑布淹没），进入苏丹地区。由联合国教科文组织

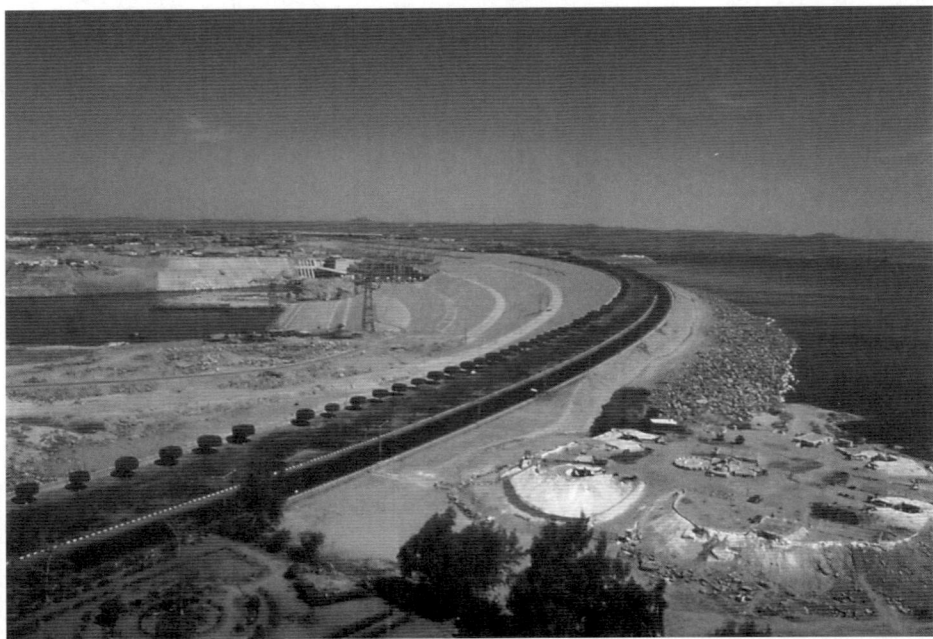

阿斯旺高坝（作者摄）

领导的国际协调援助拯救了一些主要的古迹，包括重新安置在高地上的阿布·辛拜勒神庙，并进行了广泛的紧急考古抢救工作，但古努比亚被湮没所造成的考古损失是无法估量的。

高坝的其他负面影响包括渗流和蒸发导致的水流失。之前每年淹没在下游田地中的数百万吨富含营养的淤泥，如今大部分都作为沉积物落入了纳赛尔湖底。现在的田地里必须使用化学肥料，而且土地因不再被洪水冲刷，其盐度逐步增加。由于尼罗河水位更加稳定，河谷沿岸地下水位上升，造成了各种麻烦；三角洲的海岸线情况恶化，邻近地中海水域的捕鱼业也受到了破坏。当然，这一切并不完全都是由高坝造成的。早期在尼罗河上建造的较小的水坝和拦河坝的常年灌溉已经产生了负面影响。人们担心诸如血吸虫病之类的水传播疾病会大大增加，但这些疾病在大多数情况下都没有发生。

尽管许多学者（包括我本人）经常抱怨高坝，而如果没有它，今日的埃及是不可想象的。高坝无疑造成了许多问题，但仔细的成本效益分析表明，它的优点远远超过了缺点，事实也证明了这一点。高坝使埃及的可耕地面积增加了近100万公顷的电量；上埃及如今每年可生产3种作物，而非一种；埃及电网每年增加100亿千瓦时。埃及几乎所有的村庄都通上了电。在21世纪初，埃及约有三分之一的电力是由高坝提供的。当20世纪70年代和20世纪80年代的大旱给许多非洲国家带来饥荒时，高坝立即就证明了它的价值。埃及能够利用水库保持对田地的持续供水。另一方面，埃及也避免了超高水位洪水带来的破坏性后果，包括1975年那场埃及史上第三高的洪水。

在苏伊士危机之后，革命指挥委员会作为一种政治力量逐渐消失。委员会的一些成员继续担任高级职务，并保留了影响力——例如，纳赛尔的老心腹阿卜杜勒·哈基姆·阿米尔（Abd al-Hakim Amer）就是特别重要的人物。但这只是个人影响力，而不是集体影响力。现在，权力已经牢牢地掌握在纳赛尔的手中。承诺已久的新宪法终于起草完毕，并得到了国家的批准。它规定了广泛的选举权和代议制议会，但新制度中几乎没有任何民主内容：议会是咨询性的顾问机构，而不是立法机构；其他政党被禁止，只允许由国家控制的民族团结党存在。在1956年6月的公民投票中，纳赛尔以99.9%的选票当选为总统。他是唯一的候选人，但他的受欢迎程度是毋庸置疑的，而且在苏伊士危机之后，他正处于民意支持的顶峰。尽管纳赛尔是总统，但他的权力和地位实际上超越了任何机构。他是领袖，是掌权之人。正如一位著名的埃及学者后来所言："行政权、立法权和司法权，甚至第四种权力，即新闻权，都被融合在了一起。它们成了领袖的四条臂膀。国家的意志就是他本人的意志。"[48]

权力的巩固使纳赛尔能够着手实施重大计划，最终改变埃及政府和经济。1956年的宪法承诺为埃及人提供社会福利。纳赛尔兑现了这一承诺，制定了最低工资标准，更为广泛地提供医疗服务，为低收入家庭建造了补贴住房。教育得到了极大的扩展。然而，几乎在每一个领域，资金、人员和执行方面的问题都严重限制了这些举措的效益。

教育方面的情况就很能说明问题。在纳赛尔的领导下，小学的招生人数是原来的3倍，尽管这个数量只占处于适学年龄的学生总数的三分之二；中学招生人数增加了8倍，大学生人数增加到了1952年的近5倍。这显然带来了一些好处。在纳赛尔去世时，约有一半的埃及人都识字了。但是，人数的增加并没有相应配置更多的资金、新设施或新教员，教室严重拥挤，大学标准急剧下降。教师的工资仍然低得可怜，许多埃及教授都会到国外去寻找更好的机会。而数量不断增加的大学毕业生或中学毕业生，又能在哪里找到与他们因受教育而提高的期望值相匹配的工作呢？

纳赛尔解决埃及经济问题的尝试可以分为两个阶段。第一个阶段始于1957年，其特征在于国家监督。苏伊士危机的解决使埃及走上了混合经济的道路，运河国有化，大量的英国和法国财产被查封，包括巴克莱银行和里昂信贷银行等大型企业的股份。高坝项目也加深了政府对经济发展的参与度。经济发展组织成立于1957年，负责监管经济发展并建立新的经济领域，有权进行必要的资本投资。大型的赫勒万钢铁厂就是在该组织的支持下建立而成。国家对企业的所有权大幅增加，但私人商业活动仍有一定空间，正如纳赛尔明确表示的那样："当国家干预工业时，并不意味着国家是唯一的资本持有者。"

人们或许期望在苏伊士危机后埃及和美国之间的关系会有所缓和，但由于种种原因，这一幕并没有发生。纳赛尔时而难缠、刚愎自用，并不总是容易相处。他在中东的粗暴外交引起了美国及其西方盟友，特别是英国的严重关切。埃及和以色列之间日益增加的敌意阻碍了开罗和华盛顿之间更好关系的发展，因为以色列在美国有强大的政治支持。但最严重的问题之一是，人们认为埃及正在促进苏联的利益和共产主义的传播，甚至落入了苏联的势力范围。纳赛尔通过与苏联人建立商业关系，用埃及的棉花换取苏联的武器，并在埃及国内加快其社会主义计划的步伐，这又强化了西方对于埃及的这种印象。在美国国务卿杜勒斯看来，纳赛尔对不结盟运动的拥护只能助益苏联达成它的目标。在杜勒斯的极端观念中，任何不与西方结盟的人都是反对西方的。

深入分析会发现情况更加复杂。纳赛尔曾公开表示，他更愿意从西方国家购买武器，但这些武器并没有得到。此外，他与苏联的关系也不像华盛顿所认为的那样亲密。他与莫斯科的一些分歧是非常尖锐的，而且他坚定地拒绝让苏联军队进入埃及领土。苏联在整个中东地区的影响程度通常被高估了。华盛顿的战略家们有时并未意识到，像叙利亚、伊拉克和埃及这样的国家，在某个时候都被认为是苏联阵营的，但他们只是在利用他们的共产主义赞助者，以达到他们的目的。一位失望的苏联外交官在谈及他们的盟友叙利亚时说："他们从我们这里接受每一样东西，除了我们的建议。"

至于埃及社会主义，甚至整个阿拉伯社会主义，几乎不属于苏维埃或马克思主义的范畴。阿拉伯社会主义者拒绝阶级斗争的想法，他们有一个非教条主义的信念，认为有更好的方法来生产和分配资源，而这些可以通过国家管理来实现。作为穆斯林，阿拉伯社会主义者坚决反对苏联共产主义的无神论，苏联共产主义在中东地区从来没有什么机会。然而，艾森豪威尔和杜勒斯认为该地区是一个共产主义发展的成熟领域。为此，1957年1月发布了

"艾森豪威尔主义"。它承诺向任何受到"国际共产主义"控制的国家侵略威胁的中东国家提供军事援助。这很容易被理解为适用于埃及的泛阿拉伯主义野心，纳赛尔清楚地明白这一点。

纳赛尔并不关心这个问题。在1956年11月对埃及人民的一次演讲中，纳赛尔曾断言："每当华盛顿发话时，我都会告诉他们，'在你们的愤怒中灭亡吧'。死亡比屈辱更可取。"纳赛尔作为泛阿拉伯国家领导人的地位已经通过从共产主义集团购买武器而确立，在苏伊士危机后，他的地位急剧上升。他虚伪地对一位外国记者说："我不认为自己是阿拉伯世界的领导人。但阿拉伯人民感到，我们在埃及所做的一切反映了他们的集体希望和愿景。"埃及的确是一个很好的基地，纳赛尔可以在这里倡导泛阿拉伯主义的事业。1956年的宪法指出，埃及是一个阿拉伯国家，是阿拉伯民族的一部分（这标志着一个重要的出发点：20年前，很少有埃及人认为自己是阿拉伯人）。阿拉伯联盟的总部设在开罗。埃及在出版、电影和广播方面的领先优势为纳赛尔提供了传播信息的手段，这让他的许多阿拉伯敌人和对手非常愤怒。不仅在埃及，在阿拉伯世界的许多地方，都有成群结队的崇拜者为纳赛尔欢呼，他们相信——也让纳赛尔自己相信——他有解决问题的方法。然而事实上，他向来走一步看一步。

作为阿拉伯民族主义的杰出倡导者，纳赛尔经历了令人振奋的时刻和令人沮丧的失败。与叙利亚联合的想法实际上不是他提出来的，而是由一个需要政治掩护的叙利亚新政权向纳赛尔提出的。这个邀请来自中东地区最著名的泛阿拉伯主义国家，实难拒绝。纳赛尔接受了邀请，但联盟的方式主要依据他的条件进行：全面联合，并由他牢牢掌权。据此，阿拉伯联合共和国于1958年2月1日宣布成立。

阿拉伯联合共和国的成立受到了叙利亚人民的热烈欢迎，在整个中东地区引起了轰动。一时间，纳赛尔、纳赛尔主义和他标志性的泛阿拉伯主义似乎要席卷整个地区。在黎巴嫩，大多数叙利亚人认为这是叙利亚的合法组成部分，纳赛尔的代理人煽动的亲纳赛尔示威活动在穆斯林中爆发。他们指望纳赛尔来对抗他们的敌手马龙派基督徒。巴勒斯坦人将阿拉伯联盟视为恢复其家园的前奏。也门在3月正式加入了阿拉伯联合共和国，但它的参与仅限于口头承诺。

但其他阿拉伯国家的反应很是惊慌，西方国家也表明了敌对的态度。沙特阿拉伯国王沙特甚至贿赂一个叙利亚人去刺杀纳赛尔，这是使他最终失去王位的几个愚蠢行为之一。约旦和伊拉克匆忙组成了一个反联盟，这一行为遭到了纳赛尔的强烈谴责。1958年6月14日，一场残酷的政变推翻了亲西方的伊拉克君主政体，这一反联盟也被取消。伊拉克曾认真讨论过加入阿拉伯联盟的问题，但其新领导人阿卜杜勒·卡里姆·卡西姆（Abd al-Karim Qasim）考虑到本国巨大的石油财富，自身利益占了上风，决定不与埃及的数千万人分享。黎巴嫩的基督徒总统卡米尔·查蒙（Camille Chamoun）选择拥护"艾森豪威尔主义"以寻求庇护。应他的请求，美国于1958年7月向黎巴嫩派遣了陆军和海军陆战队分队，以巩固局势。面对亲纳赛尔的官员们，约旦国王侯赛因不得不要求英国军队提供额外的支持。这一举措肯定令他尤为难堪，因为他在两年前解雇了阿拉伯军团的英国指挥官帕夏约翰·格鲁布（John Glubb）爵士。但如果不是美国海军陆战队和英国伞兵的帮助，黎巴嫩和约旦很可能已经成为纳赛尔的阿拉伯联合共和国的成员。

埃及和叙利亚的联盟带来了许多困难。这两个国家的政治、经济和社会环境差别很大。两国相距近1000千米，中间还夹着敌对国家以色列。邻国大多反对这一联盟。要使阿拉伯联合共和国成功，需要不寻常的政治技巧和谨慎的外交手段。事实上，埃及对阿拉伯联合共和国的处理方式实在笨拙。

叙利亚人有理由期待在阿拉伯联合共和国中扮演一个即便不与埃及平起平坐但也依旧重要的角色。纳赛尔是总统，叙利亚的舒克里·库瓦特利（Shukri al-Kuwatli）是"第一公民"。联合国民议会由300名埃及人和100名叙利亚人组成。但很快就可以看出，埃及将以一种专横的方式来统治其"北方省份"。在政府中，埃及保留了国防和外交这两个主要部门的部长职位；

叙利亚人原本希望至少拥有其中一个职位，但都被打发到较低的职位上。一个累赘的、埃及式的官僚机构被强加给叙利亚，其大量职位还由埃及人担任。叙利亚的政党被废除，地方政治人物被推到一边。叙利亚军队因埃及人对军队的统治而感到沮丧。尽管叙利亚可能是一个比埃及更先进的社会主义社会，但它同时也有一个更加高度发达的资本主义产业。但产业的发展被埃及日益严格的控制所阻碍，埃及的这种控制在1961年的七月法令中达到顶峰。黎巴嫩为应对阿拉伯联合共和国引发的麻烦而关闭了与叙利亚的边界，叙利亚还遇上了旱灾，这使叙利亚的经济困境更加复杂。许多叙利亚人对其他国家没有加入阿拉伯联盟感到失望。纳赛尔任命自由军官组织中的老朋友阿卜杜勒·哈基姆·阿米尔为叙利亚的特别专员，结果却适得其反。

到1961年，叙利亚的每一个权力中心——复兴党、商界、官僚机构和军方——都对阿拉伯联合共和国感到厌倦。纳赛尔最终意识到了这些问题，并试图在8月改善叙利亚在阿拉伯联合共和国中的地位。然而为时已晚，局势无法挽救。叙利亚军队于1961年9月28日发动政变，宣布了阿拉伯联合共和国的结束。纳赛尔在叙利亚仍然享有很高的声望，他一度考虑使用军事力量解决问题，但想想还是作罢。他将分裂归咎于叙利亚资本主义的影响，但他可能已经意识到，出现这样的结果，更多的还是他自己的责任。他在回顾时说："这样的结果应该是在几年的时间里逐步导致的。"两年后，叙利亚和伊拉克经历了进一步的政变，随后，两国向纳赛尔提出了恢复和扩大阿拉伯联合共和国的想法。纳赛尔谨慎地做出了承诺，以免日后在共和国未能实现时感到尴尬。

就在与叙利亚的联合陷入困境的时候，纳赛尔的经济政策进入了最激进的阶段。阿拉伯联合共和国的失败可能促使他采取了更有力的措施，但鉴于纳赛尔的控制欲，他不可避免地要加强对埃及经济的控制。一段时间以来，变革的迹象已经出现了。阿拉伯联合共和国的口号是"自由、社会主义、团结"。通过对私营企业发放更严格的许可证和创建新的国有企业，经济发展计划稳步扩大了国家的影响力。第一个五年计划于1959年宣布实施。纳赛尔的目标是使国民收入翻一番。他的专家告诉他，这至少需要20年的时间；但他要求必须在10年内完成。即便如此，很少有人能预料到纳赛尔脑海中酝酿的巨大变革。自由军官组织在1952年夺取政权是一场军事政变，而真正的革命始于1961年的《七月法》。

这些改革措施将埃及大部分的工厂、银行、保险公司、运输设施公司、进出口公司、大型酒店、印刷和广播媒体以及许多其他经济领域收归国有。那些不属于国家所有的企业被置于全面监管之下。5000埃及镑的工资上限制度开始实行。收入超过1万埃及镑的部分要缴入充公性的赋税。埃及600个最富有家庭的财产被扣押。许多人被逮捕和监禁。从此，任何个人都不允许拥有超过100费丹的土地，其余的土地将被分配给无地农民。所有外国拥有的农业用地都被查封。1961年，国家总共没收了大约300家企业。1963年的另一轮国有化举措又没收了300家企业。

在1964年的最后一系列法令之后，国家对经济的接管已经完成。旧地主贵族的权力被彻底打破。但许多曾经富裕的家庭遭受了不必要的羞辱和困难。经济层面、政治层面和社会层面的连续性被严重打断。以前的制度并非完全失灵，也并非无法改革，但大部分都被废除，并将一去不复返。旧政权中大多数活跃的成员都被排挤了出去，他们的许多机构也被解散。纳赛尔在进行一场豪赌，赌他的试验一定会成功。但从长远来看，其结果将令人失望。

从短期来看，生产力、就业和收入的提高都是有可能的。但从长远来看，政府拥有的企业是经济的阻力。它们从未赚过钱，还必须得到政府大量的补贴。官僚机构迅速扩大。为了满足日益增多的大学毕业生的期望，纳赛尔承诺他们每个人都能找到工作，必要时，可在政府或者公共经济部门为他们安排岗位，这导致官僚机构的进一步扩大。1967年，政府工作人员的数量为150万。

政府权力扩张的另一个表现是安全和情报部门的扩散和入侵，这些部门被统称为"穆卡巴拉（Mukhabarat）"。纳赛尔首先关注的是如何防范军队中的阴谋活动，但安全部在整个社会中也是无孔不入，门卫们甚至被要求报告楼内人们的活动情况。与外国人的接触会被认为是特别可疑的，可能是极其危险的。1965 年，《阿克巴报》（al-Akhbar）的前出版商穆斯塔法·阿明（Mustafa Amin）就被判定为美国间谍，这不是个案。尽管政府仍然鼓励外国游客们来埃及消费埃及政府急需的硬通货，但他们被严格限制在开罗和卢克索（古底比斯的所在地）等地区活动。埃及人出国旅行受到限制，甚至连在西方大学学习课程的申请也受到严格审查。这让埃及人民感到窒息。人们不敢公开发表意见。他们的担心也不是毫无根据的。专横的逮捕和监禁事件不断发生。一旦落入"穆卡巴拉"之手，等待你的很可能是酷刑甚至死亡。没有人能够躲过监视的眼睛。纳赛尔甚至收到了关于他最高级和最亲密的伙伴的报告。他本就是通过秘密、阴谋和伪装上台的，即使在他的地位没有受到严重威胁的情况下，他依然本性难移，甚至有所加强。纳赛尔的肖像、半身像和雕像无处不在，加强了人们那种无时无刻不被监视的感觉。

与叙利亚联盟的解体和埃及国内的全面经济变革，意味着必须制定一部新的宪法。纳赛尔做出了一些自由主义的姿态：取消了戒严令（尽管第二天又以不同的名义重新实施），释放了在监狱中煎熬了 10 年的穆兄会成员，并允许其恢复宣传活动。但是 1964 年的宪法并没有什么民主的内容。几乎所有的权力和主动权都在总统手中。有一个选举产生的国民议会，但它能做的最多只是责难政府或某位部长，总统可以随意解散议会。纳赛尔的权力没有受到挑战。在随后举行的公民投票中，他像往常一样获得了99.9% 的选票。

阿拉伯联合共和国之后的另一项创新是建立了阿拉伯社会主义联盟（Arab Socialist Union）来取代民族团结党。阿拉伯社会主义联盟是国家党政和国家官僚机构的统一体，其代表包括当选的"农民和工人"，它为政府和日益国有化的经济之间搭建了桥梁，同时规划国家政策的大纲。这使得该联盟与国民议会的关系变得模糊不清。其严密的金字塔式结构从总统办公室直接延伸到村级行政单位，为整个经济和社会提供了多种联系。然而，阿拉伯社会主义联盟并没有成为审议和咨询机构，而是主要作为中央政府强制实施其政策的媒介。尽管阿拉伯社会主义联盟是由纳赛尔自己建立的，但他还是将其视作具有潜在威胁的权力基础，并对其持怀疑态度。他的继任者安瓦尔·萨达特也是如此。

纳赛尔可以让选民按照他的意愿行事，但他在经济方面却不太成功。1965年至1966年是一个长期的经济危机时期，部分原因在于《七月法》所带来的变革。农村的新组织并没有很好地发挥作用。许多国有企业需要大量的补贴，而新企业的建立又需要投入资本，可埃及总是难以调动这些资本。同时，出于政治上的考量，埃及必须投入更多的金钱到住房等领域中，必须稳定物价，并提高人们的工资。不断扩大的官僚机构占据了财政预算中很大的比重，军事开支也占了其中的四分之一。埃及无法通过国内税收来满足这些开支，因此不得不向国外大量借款，造成了严重的收支失衡。到1967年，埃及的债务达到了20亿美元。

西方对埃及的经济抵制使情况变得更加糟糕。在艾森豪威尔和肯尼迪总统时期，美国和埃及之间的关系算不上十分糟糕，但在林登·约翰逊（Lyndon Johnson）时期又进一步恶化。约翰逊终止了美国剩余小麦向埃及的运输，这些小麦曾帮助弥补埃及日益严重的农业短缺。农业短缺是埃及经济发展中另一个新的麻烦。总理扎卡里耶·穆希·丁（Zakariya Muhi al-Din）采取了放宽移民管制的极端措施，开始了埃及工人大规模出国的进程，这种情况一直持续至今。这缓解了部分的失业压力，外派工人的汇款成为埃及经济的主要组成部分，但这也意味着拥有宝贵技能的工人不断流失，而这些技能本可以用于国内建设。

纳赛尔的健康状况在不断恶化，这对民众是保密的。他可能在1965年夏天遭受了一次轻微的心脏病发作。随后，官方于8月突然宣布，穆兄会试图谋害纳赛尔和几位高级部长。鉴于国内的形势，肯定有一些秘密的反对派，也许真的有这样一个阴谋。当纳赛尔的计划遇到麻烦时，他用一种发泄的方式来表达他个人的挫折感，并将公众对他失败的愤怒转移到其他目标上。超过220名穆兄会成员被逮捕；包括赛义德·库特布在内的7人因叛国罪被绞死。但是，纳赛尔的愤怒并不局限于穆兄会，他还逮捕了被指控的共产党员以及乡村的"封建主义者"。

除了不断恶化的健康状况和日益严重的经济及政治问题，纳赛尔还在日益陷入另一个不幸的外交事件中。埃及与也门的联合已经随着阿拉伯联合共和国的失败而结束。说实话，两国之前的联盟从来都不过是形式上的。也门极端保守的统治者伊玛目·艾哈迈德（Imam Ahmed）一直公开批评纳赛尔的政策。一段时间以来，这个位于阿拉伯半岛西南角的孤立国家变得越来越不稳定，因为进步分子在力争实现现代化。1962年9月19日，伊玛目·艾哈迈德去世后，由阿卜杜拉·萨拉尔（Abdallah al-Sallal）将军领导的一群军队士兵发动了一场暴力政变，这很可能是在埃及的鼓励下进行的。人们认为伊玛目的继任者、王储穆罕默德·巴德尔（Muhammad al-Badr）已被杀害。军官们自己组建了一个革命委员会。他们处决了所有他们能找到的保皇派领导人，并呼吁纳赛尔帮助他们对付他们口中的极少数顽固反动分子。

纳赛尔对此感同身受。他虽然对也门的情况知之甚少，但在他刚刚掌权时，埃及当时的情形似乎与也门此时的情况类似。此外，也门紧邻英国在亚丁的大基地，这是一个在阿拉伯半岛扩大影响力的大好时机，这样的前景尤其诱人。纳赛尔认为，只要投入少量的士兵和物资支持，他就可以维持这个摇摇欲坠的政权，提高他在泛阿拉伯地区因阿拉伯联合共和国的失败而受损的声望，并对抗他最热衷于与之竞争的西方对手英国。

他后来也承认了，这是一个严重的误判。巴德尔并没有被杀死，他逃到了也门的山区。在那里，忠诚的部落成员们聚集在一起，继续进行战斗。沙特阿拉伯和约旦的王室政权决心抵制纳赛尔共和主义的蔓延（并且长期以来对来自开罗的"阿拉伯之声"广播节目的敌意宣传感到恼火），向也门提供了慷慨的援助。英国、以色列和伊朗也多多少少进行了援助，因为他们都不是泛阿拉伯主义的朋友。到1963年底，有2万名埃及军人在也门作战；一年后，有7万人，占埃及军队总数的三分之一，而且看不到战争结束的迹象。如果埃及撤军，萨拉尔政权就会被打败。

其实，纳赛尔在战争初期就开始寻找出路，并提议如果约旦从也门撤军，那么埃及就会撤军。但约旦和沙特政权并不打算与之合作：如果纳赛尔单方面撤军，他的泛阿拉伯声誉将进一步受损；如果他留下来，那么他在这场明显无望的斗争中耗费资源，就更不可能在其他地方制造麻烦了。巴德尔和他的部下采用游击战术，在家乡的土地上作战，面对纳赛尔腐败无能的心腹阿卜杜勒·哈基姆·阿米尔率领的无能的埃及军队，他们游刃有余。也门战争最终使埃及损失了1万多名士兵和难以承受的巨大财力。停战协议最终达成，埃及于1968年从也门撤军。

使纳赛尔从也门撤军的是1967年6月与以色列的战争，这是一场无可比拟的灾难。尽管1948年与以色列的斗争是纳赛尔政治激进化的一个主要因素，但他还是很现实地接受了新国家建立的既成事实，而且他认为新国家有一些进步的品质，腐败的阿拉伯政权也能加以模仿。双方开展了初步的对话。但很快，一个更加鹰派的政府在以色列上台，埃及则被卷入了阿拉伯国家对以色列的普遍反对中，而这一反对是由不断恶化的巴勒斯坦问题引起的。纳赛尔声称自己是阿拉伯人的领袖，这意味着他将参与阿拉伯世界的任何发展问题，即使是那些没有直接影响埃及的问题。正如他在1960年重申的那样："我们永远不能放弃巴勒斯坦人民的权利，正如我过去所说，巴勒斯坦人民的荣誉就是阿拉伯民族的荣誉。"1956年的苏伊士战争使埃及和以色列之间的敌对态度更加强硬，但也因为联合国紧急部队驻扎到了两国的共同边界而大大降低了两国之间再次发生全面战争的可能性。尽管纳赛尔多年来对以色列的言辞越来越激烈，谴责以色列是帝国主义的前哨，并呼吁解放巴勒斯坦，但他并不一定主张彻底摧毁以色列。如果埃及奉行的政策更注重其自身利益，也许对以色列的政策会更有建设性。但事实上，纳赛尔作为阿拉伯领导人的显赫地位严重限制了其行动自由。

纳赛尔对以色列的反对主要还是局限在尖锐的言论中，因为他试图维持他在阿拉伯世界的地位。在1966年初，叙利亚有一个新的军官派别上台，支持巴勒斯坦人从约旦袭击以色列。这导致以色列在1966年11月对约旦的一个城镇进行了严厉的报复。叙利亚人从他们在戈兰高地（Golan Heights）居高临下的位置炮击了加利利（Galilee）的以色列社区。1967年4月，在大马士革上空的一次空战中，几架叙利亚米格战斗机被击落。此后不久，叙利亚和埃及建立了一个联合军事指挥部，承诺如果与以色列发生战争，两国将并肩作战。纳赛尔认为这个联盟能使他控制住叙利亚。相反，诸多事件超出了他的控制范围，并且他因此受到牵制。

1967年5月，苏联出于不清楚的原因通知叙利亚，以色列即将对其展开攻击。叙利亚人呼吁纳赛尔兑现他的承诺。尽管他的精兵良将远在也门，纳赛尔还是觉得有必要作出回应。他信任的朋友阿卜杜勒·哈基姆·阿米尔是武装部队的指挥官，也是共和国的副总统，他向纳赛尔保证，埃及军队已经做好了准备。纳赛尔可能预估战争不一定会发生，仅仅是双线作战的威胁就足以劝阻以色列人进攻叙利亚。来自美国和苏联的国际压力（他自认为的）也将防止事态失控。他将埃及军队调到西奈半岛，让联合国紧急部队挡在埃及人和以色列人之间。约旦人和沙特人嘲笑他躲在联合国部队后面。纳赛尔需要采取措施来向以色列施加压力，因此他要求联合国秘书长吴丹（U Thant）撤回一些部队。结果吴丹撤回了所有部队，这是纳赛尔绝对没有想到的。埃及军队有些犹豫地占据了腾出的阵地，纳赛尔宣布重新对亚喀巴湾实施海上封锁，威胁到了以色列从伊朗获得的石油供应。5月30日，约旦和埃及安排了联合军事指挥事宜。以色列开始进行战争动员。

关于埃及和以色列在1967年战争之前的意图，人们的解释大相径庭。纳赛尔的言辞是好战的——"我们像热煤一样燃烧，期待着战斗"——但他坚持认为埃及不会首先开战，而且他的行动比他的言辞更加令人迷惑。甚至在他实施海上封锁（这一举动并无实质意义）的时候，埃及在联合国的外交官们也在寻求折中的办法来应对战争。当战争开始时，纳赛尔并没有攻打以色列的打算。同样地，有些人断言，以色列纯粹是为了自卫才对抗致命的、全面包围的敌人联盟。而有些人则认为，以色列人的计划从一开始就有着扩张主义倾向。有一件事是确定的：6月5日上午，以色列首先开战。

埃及对此毫无防备。在战争开始的第一个小时内，埃及的空军就被摧毁了，大部分飞机都停在跑道上。据说，埃及人甚至没有打开他们的雷达。失去了空中掩护，埃及军队束手无策，凝固汽油弹和精确打击迫使他们穿过西奈半岛撤退，并因此暴露在了无情的空中攻击之下。当以色列军队迅速抵达苏伊士运河东岸时，就无法再推进了。在其他战线上，以色列人从约旦手中夺取了整个西岸，包括东耶路撒冷，并从叙利亚手中夺取了戈兰高地。当埃及在6月8日接受联合国安理会的停火呼吁时，它已经失去了整个西奈半岛；2万名埃及士兵阵亡，至少有5000名士兵被俘或失踪；几乎整个空军被歼灭，坦克和大炮等其他物资也遭到严重损失。在战争溃败的整个过程中，埃及却散布着关于埃及取得非凡胜利的无稽之谈，这使得埃及的灾难雪上加霜。

纳赛尔受到了极大的打击。他在6月9日向全国人民发表讲话时可能是真诚的，不过这必然是事先经过精心策划的。他承担起失败的责任，告诉埃及人民，他不再有资格领导他们，他将辞去总统职务。他的位置将由总理扎卡里耶·穆希·丁接替，他是自由军官组织的初始成员之一。这一操作立刻引起了人们的反响。人们挤满了街道，高喊着"我们要纳赛尔"。包括穆希·丁在内的数十万人聚集在开罗郊区阿巴西亚的纳赛尔家附近，要求他继续执政。

民众的支持令人欣慰，但也带来了沉重的负担，那就是找到摆脱困境的方法。纳赛尔最关心的是如何继续掌权，这一点始终如一。尽管埃及人民支持纳赛尔，但当他们了解到失败有多严重时，还是感到很失望，并要求对失败做出解释。学生们的骚乱异常汹涌澎湃。纳赛尔通过解雇大约1000名军官，部分缓解了公众对军队失败的愤怒，他还借此除掉了异己分子。一直以来，纳赛尔对他的老伙伴阿卜杜勒·哈基姆·阿米尔的失误视而不见。但后者最后终于倒台了。据官方报道，他在被软禁后自杀了。据传言，他是被谋杀的。当持续的不满情绪爆发为劳工和学生的示威（自1954年纳吉布危机以来的首次示威活动）时，纳赛尔亲自直面示威者，并在1968年的3月30日计划中做出了自由化的让步。当学生们要求民主、学习自由和结束大学校园里的"穆卡巴拉"时，他以武力回应。在与警察的冲突中，有数十人被杀。当所有的事情都结束后，纳赛尔仍然不愿意在政治自由化方面走得太远，因此情况仍然和以前差不多。尽管纳赛尔的政治地位必定会因为他所谓的1967年的"挫折"而有所下降，但在经历了这场可以轻易结束任何政治领导人职业生涯的灾难后，他的权威基本未受影响。

即便如此，这也是一个艰难的时期。埃及在破产的边缘摇摇欲坠。苏伊士运河关闭后，没有了硬通货收入；游客不再来埃及；埃及一半的石油生产掌握在以色列手中；农作物也歉收。来自沙特阿拉伯、科威特和利比亚的补助帮助埃及维持了经济运转。与此同时，纳赛尔的健康状况继续恶化。1968年夏天，他身患重病，不得不去莫斯科接受长期治疗，但是对国内民众只是宣称他患了严重的流感。次年9月，他的心脏病严重发作，迫使他离开工作岗位6周。他回来时，学生的抗议活动又开始了，而且比以前更有组织、更激烈。这一次，他以镇压的方式作出了坚定的回应。

在1967年6月战败后举行的阿拉伯国家喀土穆会议上，与会者承诺对以色列采取联合行动，不与其进行一对一的谈判。"不认可，不谈判，也不和解"是会议的方针。其他与会国家向埃及承诺提供资金以抵消关闭运河的损失。而埃及也同意从也门撤军，从而终止了埃及在那里的财政流失。但是，当纳赛尔因与以色列持续的军事冲突而陷入困境时，他于1969年12月在拉巴特举行的另一次首脑会议上，要求阿拉伯国家提供物质援助和对其斗争的真正声援。但他几乎没有收到任何援助，这迫使他向苏联寻求帮助。这次求援的代价是，苏联军队首次驻扎在埃及。到1970年，埃及的物质损失已经得到弥补，甚至还赚取了一些。

由于与以色列直接谈判是不可能的，纳赛尔转向了国际外交。其中最具成效的是联合国安理会的242号决议。该决议要求以色列从其在1967年战争中占领的领土上撤出，要求每个国家只有在公认的确定边界内的领土才能被承认，并要求解决难民问题。当这些都没有带来实质性的结果时，纳赛尔于1969年3月发动了他的消耗战。他预计以色列将因苏伊士前线的持续冲突而被迫保持一个难以维持的战备状态，并最终被拖垮。但是，尽管埃及能够在运河两岸的炮兵对决中守住阵地，但以色列可以通过空袭打击埃及的阵地，并深入埃及领土进行轰炸。伊斯梅利亚、塞得港和苏伊士等城镇遭到破坏，100万人不得不被疏散。

埃及在这场消耗战中损失惨重，但国际社会也因此开始更多地介入其中以寻求解决方案。1969年，理查德·尼克松（Richard Nixon）接任林登·约翰逊成为美国总统，他希望在中东采取"更公平的政策"。以尼克松的国务卿命名的"罗杰斯和平计划"，是一项广泛基于第242号决议的倡议。该计划对纳赛尔很有吸引力，因为它提供的前景是，在不发生战争的情况下收复失地以及与以色列达成亟须的停火协议。1970年7月23日，他接受了"罗杰斯和平计划"。两周后，停火协议得到执行，消耗战没有再次发生。

然而，随着一场危机的平息，另一场危机也被点燃了。巴勒斯坦人认为纳赛尔接受"罗杰斯和平计划"是对他们的出卖。激进的巴勒斯坦恐怖分子升级了他们的活动，将约旦作为他们的主要行动基地。他们在约旦劫持了几架飞机并将其摧毁后，侯赛因国王下令对巴勒斯坦总部和他们在约旦的几个平民营地进行全面军事攻击。在这场被称为"黑色九月"的战斗中，战事十分激烈，人员伤亡惨重。叙利亚准备介入其中，以支持巴勒斯坦人。这一举动差点就摧毁了侯赛因的政府，并将以色列和美国也卷入了这场冲突之中。

在这次外交政策危机中（这也是他职业生涯的最后一次危机），纳赛尔在某种程度上实现了他作为阿拉伯领导人的角色。他于9月27日在开罗召集了一次阿拉伯首脑会议。为了防止约旦和巴勒斯坦之间可怕的对抗失去控制，他所做的努力应该是其他任何人都无法完成的。但是，他面临的压力太大了。9月28日会议一结束，他就因心脏病发作而去世，年仅52岁。400多万人挤满了开罗的大街小巷，参加贾迈勒·阿卜杜勒·纳赛尔的葬礼。他是2000多年来埃及第一位真正的本土统治者。

第十九章
萨达特时期

纳赛尔去世后，安瓦尔·萨达特成为埃及总统。1918年，萨达特出生在曼努菲亚（Menoufi）的一个贫穷的家庭，家中有13个兄弟姐妹。通过加入埃及军队（这也是穆罕默德·阿里经久不衰的机构之一），萨达特从乡村的贫困和默默无闻中脱颖而出。从皇家军事学院毕业后，他被派往苏丹，在那里他遇到了贾迈勒·阿卜杜勒·纳赛尔，并成为政治活跃分子。在第二次世界大战期间，他因反英活动而被捕入狱，战后不久再次被捕。萨达特被停职，后又复职，是最初的自由议员之一。在纳赛尔时代，他从未失去过纳赛尔的青睐，也从未动摇过他对纳赛尔的忠诚，以至于人们认为他唯纳赛尔是从，并嘲笑他为"纳赛尔的贵宾犬"。纳赛尔给萨达特提供了许多高级职位，后者最终在1969年12月第二次被选为副总统。但人们普遍认为，纳赛尔从未打算让萨达特成为他的继任者。许多政治人士认为，他在总统职位上不会坚持太久，或者最多只是一个领导集体的代言人。

事实证明，无论是作为政治家还是国家元首，萨达特的能力比人们预期的要强得多。政府的最高层都是纳赛尔派，他们中的许多人自认为更有资格执政。萨达特最初保留他们的职位，这可能让他们放松了警惕，但挑战和回应很快到来。当他表现出过于独立的迹象时，他的反对者试图通过集体辞职来迫使他就范。他们如果认为萨达特不能没有他们，那就大错特错了，因为他接受了他们的辞职，转而用自己的人取代他们，从而加强了他的地位。

　　萨达特最强大的对手是阿里·萨布里（Ali Sabri），他曾任埃及前总理和萨达特的副总统。更重要的是，萨布里担任着阿拉伯社会主义联盟主席这一重要职务。该联盟是埃及唯一的政党，是一个高度组织化的机构，对政权的运作至关重要。萨布里也是执政圈左翼领导人，萨达特对他充满疑心。萨布里在阿拉伯社会主义联盟内部费尽心机破坏萨达特的地位，却受到了萨达特的巧妙反击，毕竟萨达特曾任阿拉伯社会主义联盟的主席，对其内部运作非常了解。随后在1971年5月，萨达特认为时机已经成熟，于是发动了矫正性革命。他解除了萨布里的职务，并以叛国罪将其逮捕。次年12月，萨布里和集团其他90人，包括高级部长和前武装部门及安全部的负责人，均接受了审判并被判定为企图颠覆国家政权罪。判决十分严厉。萨布里被判处死刑，不过萨达特将其减刑为无期徒刑，并最终赦免和释放了他，但萨布里被释放时已经在监狱中服刑10年。无论萨达特在执政初期显得如何无足轻重，他手握两张重要的牌。首先，他是总统，大多数埃及人愿意接受这一宪法和制度上的事实，而不愿涉足未知的政治浑水。总统的身份也给了他强大的权力，这是其他政治人物无法比拟的。其次，萨达特小心翼翼地确保军队的支持，而这也确保了革命的最终成功。

　　萨达特在牢固地建立了自己的权威之后，开始着手消除笼罩在埃及上空的压迫感和专制统治。埃及原本执行扣押程序，个人仅因被怀疑不忠就会被没收个人财产。他暂停了这一程序，并将部分扣押的财产归还给了个人，有些则予以补偿。萨达特还大张旗鼓地烧毁了被窃听的电话交谈录音和记录。纳赛尔精心设计的内部安全机构被拆除，但是这一过程是局部的和有选择性的；没有人天真地认为国家安全部已经停止运作，它实际上也没有停止运作；而萨达特则一再表明，为了达到自己的目的，他可以采取非常强硬的手段。但萨达特统治时期的变化是显而易见的，人们开始更自由地表达自己的想法，更自由地与人交往。埃及的新闻界仍然顺从，但与以前的程度不一样了，而外国记者也不再受到审查。

在没有大张旗鼓宣扬的情况下，而且几乎没有人注意到，去纳赛尔化的过程已然启动了。多产的埃及电影院拍摄了一些间接批评旧政权的电影，并暗示情况已经好转。纳赛尔的形象原本无处不在，现在的消失显得十分显眼。埃及最重要的以他的名字命名的纪念物是纳赛尔湖，即高坝后面的水库；没有大型的纳赛尔城（尽管开罗的一个郊区确实以这个名字命名），他的雕像也没有矗立在开罗最显眼的位置。即使是曾经对纳赛尔最谄媚、最唯命是从的萨达特，也隐晦地对他进行了批评。他在1975年说："阿卜杜勒·纳赛尔是一个人，他既做了正确的事情，也犯了错误，这不是在贬低他。"

削弱纳赛尔是提高萨达特的政策的一部分。尽管萨达特的机构权力与纳赛尔相当，有时甚至超过了纳赛尔，但萨达特痛苦地意识到，纳赛尔的权威与其说是依靠制度（在他无可争议的16年执政生涯中，他制定了不下六部宪法），不如说是依靠个人魅力。纳赛尔是一个难以效仿的角色——这对萨达特来说是一个恰当的比喻，他曾经想成为一名演员，并将自己的自传命名为《不成功的演员》（*Acteur manqué*）。实际上，萨达特为自己创造了两个角色，并确保它们得到最大限度的曝光。一个角色是一个淳朴自然的农村人，村子里的父亲，而村子就是埃及这个国家。但在另一个角色中，他沉醉于盛装打扮，通过穿着越来越精致的制服以寻求尊严和威严。据说，他遇害当天所穿的衣服非常夸张，人们看到后都惊呼不已。这两个角色是相互矛盾的，最终也无法令人信服。在短期内，埃及人民放松了警惕，享受着与纳赛尔时期那种高度紧张的截然不同的变化。但从长远来看，民众对萨达特及其夫人吉罕（Jehan）产生了厌倦，最终对他们感到恼怒。吉罕也渴望出风头，这与前任总统夫人塔西亚·纳赛尔（Tahiya Nasser）形成了鲜明对比。

另一个早期变化出现在宗教政策领域，萨达特鼓励甚至支持保守的伊斯兰团体，其中包括穆兄会。他的策略是利用这些团体作为政治上的砝码来对抗左翼和纳赛尔派，他认为这些人对他的地位构成了最严峻的挑战。他低估了穆斯林组织的力量和强硬程度的增长速度，这也确实导致了他个人的死亡。到1975年，穆斯林激进的团体在大学的学生会选举中获胜，这促使萨达特解散了学生联盟；1977年7月，穆斯林激进分子绑架并谋杀了华夫脱党的大臣。持续的社会问题，尤其是社会弱势群体面临的问题，为伊斯兰教的宣传提供了肥沃的土壤，穆兄会还将埃及庞大的新征入伍的士兵队伍视作传教的对象。萨达特的安全机构仍在控制之中，但他对宗教右派的解放产生了深远的影响。

然而，在萨达特担任总统之初，他在表面上延续了纳赛尔的政策。泛阿拉伯主义显然仍是议程上的重点。1969年，一场军事政变使得穆阿迈尔·卡扎菲（Muammar Qaddafi）在利比亚掌权，关于建立另一个阿拉伯国家联盟的说法开始流传开来。在纳赛尔去世仅两个月后，利比亚、苏丹和埃及据称将开始计划建立一个多国联盟。苏丹很快就退出了该计划，但叙利亚取而代之，随后于1971年4月17日公布了拟成立阿拉伯共和国联盟的提议。阿里·萨布里等人对此表示强烈反对，这也是造成矫正性革命的表面原因之一。卡扎菲提供了丰厚的条件，与埃及的需求完全有机结合，并且该联盟将由埃及领导。阿拉伯共和国联盟原定于1973年9月1日生效，但由于卡扎菲和萨达特之间的关系恶化，联盟从未生效。萨达特对卡扎菲在乍得和苏丹的干涉感到不满，并对在埃及避难的卡扎菲政敌遭暗杀感到愤怒。最终，埃及和利比亚的关系恶化，于1977年爆发了一场短暂的边境战争，并长期处于警惕和敌对状态。1971年5月，萨达特将埃及的官方名称从与叙利亚解体后沿用的阿拉伯联合共和国改为阿拉伯埃及共和国，这一变化虽未引起轰动，但意义重大。回想起来，这是一个信号，表明埃及在为追求泛阿拉伯主义的光辉前景而做出了几十年的牺牲之后，正朝着将自己的利益放在首位的方向发展。

到目前为止，国际上最紧迫的关切是以色列问题，它对西奈半岛的占领造成了政治上和经济上都无法容忍的局面。萨达特似乎在追随纳赛尔的步伐，他恢复了停火协议，但警告说，必须取得重大进展。他希望美国能更多地参与进来，并建议重新开放苏伊士运河，同时要求以色列部分撤军，这是执行第242号决议的第一步。美国没有回应，以色列总理称萨达特的建议"是对我们智商的侮辱"。萨达特被拒绝了，他将1971年称为"决断之年"。他反复传递的信息是毫不含糊的。在该年的七月革命纪念日的全国讲话中，他承诺："我们必须在1971年解决这一问题，无论是通过和平还是战争的手段，即使这意味着牺牲100万人的生命。"然而，1971年过去了，却没有任何决断。萨达特无力的解释是，事件被笼罩在国际"迷雾"中。他强有力的声明变成了人们不相信他和嘲笑他的口实，无意中为最终的行动提供了伪装。

在与苏联保持密切关系上，萨达特似乎也效仿纳赛尔的做法，确实，他不这样做的话还能怎么做。苏联是他的武器装备来源；超过1.5万名苏联军人驻扎在埃及，其中一些是对以色列执行作战任务的飞行员；在埃及政府中随处可见苏联人，包括最敏感的部门；莫斯科是埃及的主要贸易伙伴。埃及还能转向哪里？埃及甚至没有与美国建立外交关系，而且美国是以色列的坚定支持者。当埃及和苏联在1971年签署了一个为期15年的联盟条约时，埃及似乎比以往任何时候都更依赖其共产主义盟友。1972年5月初，萨达特在国民议会讲话时宣布："谁批评埃及的主要盟友苏联而不是批评开罗的敌人美国，我就对谁采取强硬的措施。"

因此，当萨达特在1972年7月18日命令大部分苏联人限于两日内收拾行李离开埃及时，埃及、苏联和西方的所有人都十分讶异。他兴奋地对他的部长们喊道："我们做到了，我们做到了，我们把他们赶走了！"萨达特在埃及国内的声望飙升。埃及人从来没有喜欢过苏联人。西方分析专家惑到困惑：为什么他没有利用这个机会从美国获得外交利益？这似乎是一个冲动的、非理性的举动。但萨达特的决定不是心血来潮，因为他得出结论，苏联人不会给他提供对抗以色列所需的更高水平的武器装备，他们既不愿意也不能为埃及收复失地提供必要的外交支持。然而，人们普遍认为，驱逐苏联人大大降低了埃及与以色列开战的可能性，因为没有苏联人的支持，埃及会变得更弱；很少有人意识到，萨达特是在摆脱阻碍他开战的制约因素。

事实上，他已经别无选择。与以色列展开双边谈判是不可能的，而消耗战和国际外交均已尝试过。以色列不仅对撤出西奈半岛毫无退让，还在那里建立定居点，并商议建立更多的定居点。留给他的时间所剩无几。埃及无法维持其军事开销，特别是没有来自旅游业、苏伊士运河或西奈半岛石油收入的情况下。美国小麦运输的暂停意味着埃及不得不用硬通货在世界市场上购买粮食，而它的硬通货已经所剩不多。埃及军队因保持高度的战备状态而紧张到极点。当萨达特决定开战时，这是他在这场赌博中打出的最后一张牌。如果战争失败，他将失去一切。

在整个1972年，萨达特经常说，对以色列采取军事行动可能是必要的，但人们以前已经听过很多次了。此外，他还谈及他对和平的渴望。这两种情绪似乎是相互矛盾的。他对这两者都非常认真。在与苏联决裂之前，萨达特已经尽可能地加强了他的军火库。1973年，萨达特曾数次会晤刚刚在叙利亚掌权的哈菲兹·阿萨德（Hafez al-Assad），计划对以色列采取联合军事行动。双方对此严格保密。他们告知了在1967年结交的前盟友约旦国王侯赛因以及沙特阿拉伯国王费萨尔（Feisal），后者的财政和外交支持至关重要。除此之外，无他人知晓本次行动。利比亚的卡扎菲本有可能会积极地加入其中，但人们认为他太不稳定。袭击时间定于1973年10月6日清晨。巧合的是，这一天既是犹太教一年中最重要的节日之一赎罪日，也是巴德尔战役的纪念日，在这次战役中，先知穆罕默德和他的穆斯林信徒赢得了对麦加对手的第一次胜利。这一年的10月6日也是伊斯兰教的斋月，即禁食月，人们在这段时间更多的是昏昏欲睡而不是采取果断的行动。然而，选择这个日期的主要原因可能是，此时的月亮接近满月，有助于埃及人渡过苏伊士运河。

这一次，以色列人被打了个措手不及。以色列的情报部门直到袭击发生前才发现即将到来的袭击，根本没有时间提醒前线的士兵。以色列人在苏伊士运河东岸修建的巴列夫防线是一道令人望而生畏的屏障，有些地方的高度超过12米，但它的防守能力很薄弱。胡斯尼·穆巴拉克（Hosni Mubarak）指挥着埃及空军进行毁灭性炮击和精确攻击，掩护着训练有素的埃及士兵乘坐木筏渡过运河。以色列人的防线被攻破，他们的坦克被火箭炮队摧毁。以色列人曾在1967年依靠空军优势夺取了胜利，而现在他们试图建立控制权时，他们遇到了枪林弹雨般的地对空导弹的袭击。高压泵冲走了运河的陡峭河岸和以色列人作为反坦克障碍物而筑起的高沙堆。（之前，欧洲供应商不解为什么埃及人突然需要买这么多导弹。答案便是，埃及军队需要用他们向敌人开火。）埃及工程师很快在运河上搭建起了浮桥。在战争爆发的第一天结束之前，500多辆坦克和5个师的埃及军队已经在运河东岸深入西奈半岛约10千米处站稳了脚跟。

在北部，叙利亚人也突破了以色列的防线，夺回了他们在1967年失去的戈兰高地的大部分地区，但他们没有继续入侵以色列，而是转向了防御。即便如此，以色列人担心叙利亚人迫近他们的中心地带，也担心不安分的巴勒斯坦人会突然袭击，于是，他们首先集中力量对付叙利亚人，对叙利亚全境进行空袭，并在激烈的战斗中将叙利亚军队赶出新夺得的地区。直到10月10日，以色列才能够将其大部分资源投入到西奈半岛的战斗中，在那里开始了激烈的坦克战。这就引出了一个有趣的问题：为什么埃及人没有进一步推进，夺取半岛中部的战略通道，并减轻其叙利亚盟友的一些压力。当埃及最终朝这个方向努力时，为时已晚，以色列轻易地将其击退，埃及付出了沉重的代价。萨达特的基本目标是有限的：取得足够的军事胜利，占据足够的领土，以便他有实力进行国际谈判。他只是勉强能够做到这一点。

在战争的最初几天，事情的进展比埃及人的合理预期要好得多。然而在10月17日，阿里埃勒·沙龙（Ariel Sharon，此人后来成了总理）率领一支小型以色列部队悄悄溜过运河，并在西岸建立了据点，这里成为两支埃及军队之间的缺口。由于迟迟未向西奈半岛进军，储备物资已经耗尽，埃及指挥部没有按照形势的要求迅速作出反应，而是拖延了时间。以色列人建立了桥头堡，匆忙建造了一座土桥，将军队和坦克运过去，结果他们在运河西岸的兵力实际上更占优势，但在运河东岸则远远落后于埃及主力部队。以色列向南朝苏伊士运河推进，有效截断了西奈半岛的埃及主力部队。

　　与此同时，国际局势也变得极其危险。尽管美国在战争开始的几天里按兵不动，希望以色列人倾向于和解，但理查德·尼克松总统最终同意向以色列提供大规模的军事援助，致使石油输出国组织（OPEC）对西方实行石油禁运。苏联为了反击美国的行动，向叙利亚投入了大量武器。当检测到苏联的核弹头导弹通过土耳其海峡时，尼克松下令进行世界范围的核警报。但两个超级大国都不希望发生核对抗。美国和苏联采取一致行动，迫使以色列、叙利亚和埃及在10月23日接受了联合国发起的停火协议。

　　当实施停火时，埃及的军事形势已经恶化，但十月战争在全国范围内被誉为一次伟大的军事胜利。欢呼雀跃的士兵们回国时受到了英雄般的欢迎。这有合理的成分，因为他们打了胜仗，至少部分消除了1967年的惨淡作战记录。如果没有十月战争，萨达特后来的外交成就即便不是毫无胜算，也是困难重重。10月6日成为埃及的一个重要的国家节日。萨达特每年都会举行盛大的阅兵式来庆祝这一节日。当他遇难时，他正在主持某场阅兵式。

开罗城堡的大型壁画中描绘的 1973 年十月战争（细节图）（安娜·齐亚伊卡摄）

十月战争也实现了萨达特的目标，即将国际外交引入对西奈半岛的收复上来。即便如此，这条道路仍坎坷不平。美国的亨利·基辛格（Henry Kissinger）在1974年初安排将敌对的势力分离开，其中以色列人从运河东岸撤出了几千米，开始了逐步推进的方案，这与萨达特在战前提议的方案类似。尼克松于6月访问中东，受到了人们的热烈欢迎。埃及与美国于1967年断绝的外交关系得以恢复，美国也恢复了对埃及的援助。次年，在杰拉尔德·福特（Gerald R. Ford）总统领导下的穿梭外交中，基辛格安排以色列人撤到半岛中部的吉迪和米特拉隘口。萨达特同意限制他这一边的军事力量，并放弃用战争作为解决阿以冲突的手段。苏伊士运河于1975年6月重新开放。即便如此，埃及和以色列之间仍有许多问题需要解决，以色列仍然坚守着西奈半岛的东部地区；巴勒斯坦问题仍然悬而未决；萨达特也因为同意了这么多条件而受到了阿拉伯世界的严厉批评。

十月战争结束后，萨达特在经济战线上发起了一项倡议，该倡议与他的军事倡议一样令人惊叹和影响深远。该行动也是出于迫切的需要。纳赛尔建立的国有、国家管理的经济显然没有达到预期的效果，其造成的实际后果是臃肿且缺乏主动性的官僚机构；内部资本完全不足以满足埃及的需求，而外国投资几乎不存在。在经济上，这个国家只能勉强度日，甚至这样的局面也无法维持。然而，埃及不断增长的人口需要重大的经济扩张。

埃及于1974年颁布的第43号法律开始实行开放政策。开放政策包括一系列的政策，而不只是一个政策，开放的主要目标是相辅相成的，包括鼓励私营企业的发展，通过广泛的经济自由化来吸引外国投资。实行开放政策的时机似乎无懈可击。埃及对于对外开放的需求是令人信服的。萨达特的权威因前一年10月跨越苏伊士运河的战争而得到加强，因此现在他可以领导后来被称为"经济跨越"的行动。生产石油的阿拉伯国家，在原油价格刚刚翻了两番之后，肯定希望将部分资金投资于其他阿拉伯国家，特别是一个能够提供良好条件和大量廉价劳动力的国家。作为中东地区卓越的银行中心的贝鲁特正在衰落，而开罗可以取代它。此外，埃及与西方国家增加接触的前景良好。苏伊士运河即将重新开放。随着和平的恢复，游客们将涌向埃及。可以预见，西方国家在埃及的消费水平将大大增加，无论是政府消费还是私人消费。纳赛尔的政策导致西方投资者对埃及避之唯恐不及，而改变路线当然能将他们吸引回来。这些都是合理的预期。

经济开放政策产生了深远的影响，埃及的大部分地区已经被它改变了。但是，由它所产生的许多希望从未实现，它不仅没有解决旧有的问题，反而造成了新的问题。从20世纪80年代中期来看开放政策实施10年后的结果，其成本和收益无疑是混合的。萨达特希望"开放政策"能够吸引外国投资，它在某种程度上确实实现了这一目的。但大部分资金都流入了旅游酒店、旅行社、软饮料公司等，对基础工业或农业项目的投资比例远远低于预期。在许多情况下，由于鼓励大规模进口外国消费品，该政策将本地生产的商品赶出市场，实际上减损了国内的工业和商业利益。少部分人抓住了这些机遇而变得富有，形成了一个新贵阶层，被称为"肥猫阶级"。总的来说，西化的精英阶层和大多数中产阶级改善了他们的物质条件，但大多数人，大概有80%的人口，他们的物质条件几乎没有得到改善；对一些人来说他们的生存条件更差了，那些富人的生活方式是他们无法企及的。人们未被满足的期望造成了爆炸性的政治和社会局势。这可能是造成20世纪80年代期间宗教激进主义明显抬头的部分原因。

如果没有开放政策带来的国家进一步放宽对移民和出境移民的控制，以及劳动力迁移水平大幅提高，埃及的经济情况会更糟糕。这一政策也对社会产生了深远的影响。在早期，埃及人非常不愿意离开尼罗河，村庄和家庭的联系十分紧密。埃及人强烈的思乡之情是出了名的。但是到了20世纪80年代中期，向石油资源丰富的阿拉伯国家进行劳工移民已经成为300多万埃及人的生活方式，也是埃及经济不可或缺的一部分。他们赚取的工资比埃及国内工资高出几倍。他们的汇款成为埃及最大的外汇来源，比紧随其后的旅游业和苏伊士运河的运营收入之和还要多。平均而言，每个移民寄回的钱（并持续寄回）足以支持一个六口之家的生活，极大地提高了他们的购买力。劳工移民通常在3年左右回到埃及，他们通常带回来成千上万美元的储蓄，这比在埃及工作10年或20年所赚的钱还要多。但这些钱大部分没有被调动为内部投资资本，相反，都花在了外国企业提供的消费品上。同时，埃及出现了熟练劳动力的短缺，因为出国打工的埃及人的资历通常远高于他们从事的工作需求，而资历不高的人则留在国内工作。

国有经济并没有被解除，它继续吸收着大量本可以投资到其他地方的资本。然而，国有经济持续亏损，引起了多方的批评，一方认为经济自由化的范围不够大，而另一方（不完全由提倡民族统一主义的纳赛尔主义者组成）则认为国家对社会主义制度的缺陷的关注度不够，但该制度仍有其可取之处。埃及大力补贴生活必需品的政策导致了资源的进一步消耗。生活必需品中最重要的是面包，在埃及被称为"爱食"（Aish，意为"饼"）或"生活"，这给政府带来了双重负担，因为它必须从国外购买小麦，然后以合理的低价提供给民众。其他许多物品也有补贴，例如大米、糖、小扁豆和瓶装煤气，这只是其中的一部分。20世纪70年代中期，这些物品每年的公共开支约为5亿英镑。外国投资并没有以萨达特所希望的水平涌入埃及。如果不是来自富裕的阿拉伯国家的援助，埃及国库在20世纪70年代中期很可能已经崩溃，但即使是这些援助国也没有回应萨达特关于增加支持的强烈暗示。

到1977年初，埃及的财政处于失去控制的危险之中，其面临的外债负担极其沉重。埃及向国际货币基金组织求救，国际货币基金组织提出了严格的条件：埃及必须整顿其经济秩序，而首先需要开刀的地方就是补贴制度。在1月17日提出的紧缩计划中，政府试图尽可能地缓和该计划的影响。埃及宣布削减50%的补贴，保留最基本物品的补贴，降低而非取消对其他项目的补贴。为了使这颗苦涩的药更容易被人们接受，在削减补贴的同时，公共部门雇员的工资将提高10%。

一段时间以来，公众一直在怀疑。有报道称面包的价格将会翻倍，不过这种报道并非完全正确。即使在今天，你必须生活在埃及的穷人群体中，才能知道几个比索能带来多大的变化。1977年，埃及人均年收入约为100埃及镑，约合为35—40美元，而法定最低工资仅为每月12埃及镑。当政府宣布削减补贴时，开罗和亚历山大爆发了25年来最严重的骚乱。商店被洗劫一空，尤其是那些拥有进口商品的商店；萨达特在阿布丁宫的办公室甚至也受到了袭击。愤怒的人群高呼："萨达特穿着考究，而我们老百姓却7人共挤一个房间。"（萨达特被意大利高级时装商会评选为世界十大最会着装的男人之一，但这并没有让埃及民众对他产生好感。）而吉罕·萨达特的公众地位越来越高，引起了人们的不满，她也成了被辱骂的对象。人们愤怒地呼喊："纳赛尔！纳赛尔！"以至于政府不得不出动军队以恢复秩序。在持续3天的暴力事件中，官方统计的死亡人数超过了150人，但是这个数据可能被低估了。1月19日，削减补贴的政策被匆匆取消，但加薪的政策被保留下来，这使得埃及的财政状况比宣布削减前更加糟糕。

也许正是国内战线上的失败促使萨达特寻求另一个国际突破口。与以色列有关的形势依然严峻。收复西奈半岛的其余部分，建立一个能够减轻埃及军事负担的和平局面，显然是埃及的当务之急，但以色列人拒绝做出进一步的让步。而在1977年5月的选举后，强硬派利库德集团在以色列掌权，前景似乎变得更加黯淡。新总理是梅纳赫姆·贝京（Menachem Begin），这位前犹太复国主义恐怖分子对1948年发生的代尔亚辛大屠杀负有责任，在那次大屠杀中，约有200名（数字因讲述者不同会有差异）巴勒斯坦平民被屠杀，其中大部分是老人、妇女和儿童。他在巴勒斯坦问题上的不妥协显而易见，他总是习惯性地把1967年战争期间由以色列占领的西岸称为"朱迪亚和撒马利亚"。他说，巴勒斯坦国家是不可能存在的，因为它只会成为恐怖主义的基地。他对埃及也没有好的评论。美国国务卿亨利·基辛格与萨达特建立了友好的工作关系，但是当吉米·卡特（Jimmy Carter）在1976年总统选举中获胜后，基辛格被取代了。如果要论埃及和以色列之间最迫切需要达成最终和平是在哪一年，那么1977年似乎就是这样不幸的一年。

但萨达特一再向人们证明他制造意外的能力，他于1977年11月9日在国民大会演讲结束时再出惊人之语。为了追求与以色列的和平，他说："我已经准备好到天涯海角去了。我准备亲自去他们的房子里，去以色列议会与他们交谈，当以色列听到我现在对你们所说的话，它将会震惊。"埃及公众震惊了，萨达特最亲密的顾问也震惊了，萨达特事先没有向他们暗示他要说什么。他的外交部部长辞职了，各个阿拉伯国家政府的反应是惊惧交加，国内许多人劝说他不要去。大多数埃及人虽然视以色列为敌人，但还是愿意看到萨达特能取得什么成就。注意力转移到了耶路撒冷，以色列总理贝京说他会欢迎萨达特的访问。当萨达特在古里安国际机场受到国家元首级别的礼遇时，观察者们产生了强烈的不真实感。

尽管萨达特不是一个伟大的演说家，但他在以色列议会发表了出色的演讲。他重申了自己对以色列从占领地撤军的要求，对巴勒斯坦人民自决权的支持；他还愿意承认以色列国家的存在，他坚持认为不能单独媾和，他的出席大大满足了以色列人长期以来对"直接谈判"的坚持。

> 是的，今天我告诉你们，而且我向全世界宣布，我们接受在正义的基础上与你们永远和平共处。我们不想包围你们，也不想被你们时刻准备发射的毁灭性导弹包围，更不想被怨恨和仇恨的炮火包围。
>
> 我不止一次地宣布，以色列已经成为世界公认的国家，两个超级大国已经承担了保障其安全和捍卫其生存的责任。因为我们真诚地寻求和平，我们也真诚地欢迎你们同我们一起生活在和平与安全中。[49]

萨达特的耶路撒冷之行是一场豪赌，如果以色列人愿意做出与他相当的让步，那么这种冒险就是值得的。

当他回到埃及时，萨达特受到了埃及人民的热烈欢迎，他们已经厌倦了与以色列的对抗。如果他在没有取得十月战争胜利的情况下前往耶路撒冷，无论其理由多么合理，埃及人都可能会拒绝他，军队也可能会起义。而现在，他似乎是以一种强势的姿态提出了他的建议，而且有可能会有一个体面的结局。萨达特的举动也引起了华盛顿的注意，美国总统吉米·卡特的新政府正在准备一项重大的中东和平倡议。尽管萨达特一再声明不会单独媾和，巴勒斯坦人民的权利将得到维护，但是阿拉伯国家政府的反应几乎是一致敌对的。利比亚总统卡扎菲和巴勒斯坦解放组织主席亚西尔·阿拉法特（Yasser Arafat）都对此进行了严厉抨击；叙利亚在萨达特前往耶路撒冷时举行了全国哀悼日。萨达特的回应也毫不客气，他批评他的中东领导人。在接下来的几个月里，局势很明显，如果埃及坚守阵地，它将有望从石油资源丰富的阿拉伯国家获得大量的经济援助；如果埃及破坏阵地，它将不得不在阿拉伯世界付出沉重的外交代价。但事情的发展似乎不太可能到这种地步。

人们普遍认为，萨达特的让步是如此令人信服，以至于以色列人不得不以同样的方式作出回应。然而，以色列总理贝京的看法却截然不同。萨达特的姿态是一份免费的礼物，它实际上承认了以色列的存在权，并在阿拉伯反对以色列的战线上制造了裂痕。贝京甚至不需要努力就收获了很多。他为什么要给予任何回报呢？在亚历山大和伊斯梅利亚的会晤后（伊斯梅利亚会晤是以色列政府首脑首次访问埃及），显然，以色列人不仅打算继续维持西岸和加沙地带的现状，而且还打算加强以色列的控制，否认巴勒斯坦人的任何政治权利。至于西奈半岛，以色列将维持那里的定居点。一位以色列外交官甚至吹嘘说他打算在其中某个定居点退休。如果埃及要实现任何目标，那么埃及人将不得不做出更多的让步，而这是萨达特不愿意，甚至是无法做到的。在1978年1月的一次采访中，他承认："贝京没有提供任何东西。是我给了他一切。我向他提供了安全和合法性，却没有得到任何回报。"萨达特命令埃及在以色列的谈判小组回国。埃及随后的努力遭到了以色列人的拒绝。1978年6月，萨达特告诉他在西奈半岛的士兵，他们可能需要"完成解放之战"。贝京反驳说，萨达特违背了他最近作出的"不再有战争"的承诺。

1978年8月，美国打破了僵局。吉米·卡特总统决心不浪费萨达特提供的机会。也许是担心他在国内政治民意调查中的支持率急剧下降，他邀请贝京和萨达特一起参加在戴维营举行的首脑会议。此举非常冒险。专家们猜测卡特已经做了初步的交涉，然而他没有，但他在赌这场在马里兰州的农村进行的面谈可以产生结果。萨达特接受了邀请，因为美国此时与以色列的关系处于历史最低点，他希望美国可以施压解决双方的问题。贝京可能更不情愿，并事先表明他的立场不会改变，但他无法拒绝邀请。事实证明，他显然是赢家。

1978年9月初，双方争吵了一个多星期，看似彻底陷入了僵局。双方的僵局直到最后一刻才出现突破，因为萨达特希望对贝京施加的压力反而施加在了他的身上。结果，另一位埃及外交部长易卜拉欣·卡米尔因此而辞职。双方究竟达成了什么协议？在会议结束后的一天内，以色列人的说法与美国人和埃及人的说法不尽相同，但根据卡特的理解，他们达成了一项安排，即在西岸和加沙地带建立一个完全自治的巴勒斯坦当局，并执行第242号决议。这可以在长达5年的过渡期内实现，在此期间，以色列人将不在占领地上建造新的定居点。在以色列–埃及前线，以色列人将从西奈半岛撤出并废除其定居点；埃及将允许以色列船只和货物不受阻碍地通过苏伊士运河和蒂朗海峡等水道。两国将建立外交关系。正式条约计划在3个月后签署。卡特被誉为和平缔造者。萨达特回到埃及再次受到了热烈欢迎。几乎所有的阿拉伯和中东政府都谴责该协议，但世界舆论对该协议的支持是压倒性的。萨达特和贝京共同被授予了诺贝尔和平奖。

《戴维营协议》几乎刚开始就失效了。第一个问题是定居点问题。贝京声称，他只同意在12月17日条约签署之前"冻结"建立新定居点3个月；与此同时，现有定居点的人口将更加密集。此外，以色列政府宣布了一项建立84个新定居点的计划。这使萨达特陷入了绝境。如果他在没有确保以色列就约旦河西岸、加沙地带和戈兰高地达成明确协议的情况下与以色列建立了外交关系，那么他就会与以色列达成"孤立和平"，而他曾承诺不会制造"孤立和平"。他强烈要求以色列提供明确的互换约定和时间表，但以色列拒绝

了。12月，贝京在奥斯陆独自领取了和平奖。萨达特拒绝出席颁奖典礼，但
毋庸置疑，他更应该获得这个奖项。双方并未在先前拟定的12月17日签署和
平条约。两国之间的根本分歧太大。

在接下来的几个月里，双方的分歧进一步扩大。以色列人没有作出让
步，甚至要求埃及保证继续向以色列出售石油。1979年初，伊朗国王被推
翻，此后，伊朗的石油供应被切断。以色列人的要求是用埃及的石油来取代
他们自1967年占领西奈半岛以来一直在全力经营的油田的石油。萨达特拒绝
了，但在双方联络的问题上进一步屈服，他提出了一个可怜的建议，即埃及
至少要在加沙地带建立一个"联络处"。以色列人不愿接受这个建议，因为
它可能成为巴勒斯坦国的基础。吉米·卡特急于挽救这项和平条约，亲自前
往耶路撒冷和开罗，这是一场比戴维营首脑会议更加冒险的赌博，但他可能
觉得没有什么可失去的。贝京知道，他现在坐在驾驶座上，占据主导位置，
必须由美国和埃及作出让步。卡特愿意做出让步，并通过施加压力和承诺给
予奖励说服了萨达特。

根据1979年3月26日在华盛顿白宫草坪上最终签署的条约，在以色列完成从西奈半岛的第一阶段撤离后，埃及和以色列将立即互派大使。撤离的过程将在未来3年内完成。加沙联络处将是关于巴勒斯坦自治的谈判中要讨论的问题之一。美国支付费用并提供财政奖励。美国将支付以色列从西奈半岛撤军的大约30亿美元的费

1979 年，安瓦尔·萨达特、吉米·卡特和梅纳赫姆·贝
京在埃及和以色列的和平条约签署仪式上
（美国国会图书馆印刷品和摄影部）

用。如果以色列不能从埃及获得石油，美国将保证其15年的石油供应。美国将向埃及提供20亿美元的军事援助。此外，美国还开始向以色列和埃及提供每年20亿至30亿美元的经济援助。

巴勒斯坦人指责萨达特出卖了他们，与以色列进行单独媾和，而以色列随后的行动为他们的指控提供了依据。当条约提交给埃及议会时，埃及总理穆斯塔法·哈利勒（Mustafa Khalil）试图以最好的方式来掩饰它，并强调否认这是单独媾和。相反，哈利勒声称，以色列将撤离耶路撒冷和占领地，届时巴勒斯坦人将建立自己的国家。第二天，贝京在以色列议会的演讲中驳斥了这一点。他轻蔑地提到"亲爱的、可敬的哈利勒博士"，断言耶路撒冷是"以色列的永久首都"，并且"一个名为巴勒斯坦的国家将永远不会建立"。自治的承诺只适用于巴勒斯坦人民，而不适用于领土，以色列将在那里保留强有力的控制，并将建立新的定居点。贝京声称："以色列永远不会回到1967年6月4日的边界。"为了强调这一点，以色列人在条约签署的前一天宣布在占领地上建立10个新定居点。这当然是对埃及政府的蓄意侮辱，因为埃及政府太执着于退出条约了，但它也深化了埃及和其他阿拉伯国家的矛盾，因为它强调了埃及确实已经单独讲和，而这个和平没有给巴勒斯坦人带来任何好处。

埃及和美国预料到中东大多数其他国家政府会强烈反对，但他们都没有预料到反对竟如此猛烈。阿拉伯联盟终止了埃及的成员国资格，并将其总部从开罗迁至突尼斯。阿拉伯石油输出国组织将埃及从其成员国中去除。大多数阿拉伯国家与埃及断绝了外交关系。沙特阿拉伯撤回了对埃及承诺的军事援助。萨达特被普遍认为是叛徒。在中东实现全面和平的前景似乎根本没有取得进展，埃及国内可能更安全了；但许多阿拉伯领导人认为，它的越界行为使局势对每个人来说都更加危险。1980年6月，以色列议会通过了一项法律，宣布耶路撒冷是"完整和统一的"，是"以色列的永久首都"，这显示出阿拉伯领导人的忧虑确实合理。1981年12月，以色列吞并了戈兰高地。1982年，以色列人发动对黎巴嫩的大规模入侵，最终对贝鲁特进行了毁灭性的炮击。埃及谴责了这一行为，但没有采取任何行动对以色列南部边境施加军事压力，而这或许本可以使以色列停止在北部展开的猛烈的军事行动。与此同时，以色列在占领地上的定居点继续迅速扩张。巴勒斯坦的"自治"谈判遥遥无期。

埃及国内也有很多批评萨达特的声音，只是在反对意见的表达上是有限的。这些批评来自各个政治派别，从穆兄会到纳赛尔主义者；甚至4位幸存的自由军议员也写了一份反对条约的宣言，声称以色列从条约中得到了一切，而埃及却一无所获。萨达特迅速采取行动，让议会以压倒性的赞成票批准条约，只有13名议员投了反对票，以此来掩盖异议，然后他解散了议会——并确保这13人中的12人在新的选举中落选。随后，这个问题被提交给埃及公众进行全国公投。根据官方结果，90%的选民前往投票站，并以99.95%的票数赞成。换句话说，埃及4000万人中只有5000人投反对票。这个结果是荒谬的。有内部消息的观察人士确信，只有一小部分符合条件的选民愿意参加投票，而在那些参加投票的人中，投反对票的人的比例远远超过0.05%。然而，政府在选举中的矫枉过正实际上掩盖了一个重要的现实：绝大多数埃及人或许希望结束与以色列的长期对抗。人们普遍认为，埃及为巴勒斯坦人牺牲了太多的金钱、武装和人力。至于阿拉伯统一战线，它带来的弊大于利。该条约是另一个信号，表明了埃及将把自己的利益放在首位，而这也是大多数埃及人赞同的做法。这似乎值得一试。他们当然不希望再发生战争。

在埃及之外，人们通常认为安瓦尔·萨达特前往耶路撒冷是在签署他的死亡判决书——为了和平而牺牲自己。但萨达特是20世纪的领导人之一，他在世界其他地区，特别是在美国的声誉比其在本国的声誉要高得多。萨达特确实得罪了许多埃及人，但与其说是他与以色列的和平共处得罪了他人，不如说是他的诸多其他行为，尤其是他的专制得罪了他人。纳赛尔在很大程度上随心所欲，但他总能找到与埃及人民联系的方式，无论时运好坏，他至少传达出一种参与其中的假象并与民众有着共同的目标。然而，萨达特总是伪装成一个普通人，用他的话说便是"土地上的人"——几乎没有人相信这一点——在他的最后几年，他完全脱离了人民，做出了很多疏远人民的事情。刺杀他的一位士兵说："我杀了法老。"

具有讽刺意味的是，事实本该如此，因为萨达特在本质上没有纳赛尔那么专制。1972年和1976年的议会选举越来越不受政府控制。可以肯定的是，政府的政党无疑将轻松获胜，但许多选区竞争激烈，各种问题被公之于众，而且有相当数量的非政府候选人当选。1976年的议会被准确地描述为"自1952年以来最独立和最有问题意识的议会"。萨达特与纳赛尔创立的、以纳赛尔为大本营的单一阿拉伯社会主义联盟不和，他将这个超级政党拆分为3个相互竞争的"平台"，并最终以他的新民族民主党取代了它。1977年，他在耶路撒冷之行后人气高涨，因此允许独立政党增加活动。华夫脱党重新崛起，其许多老领导人和自由主义纲领仍然存在。左派政党国民进步党也引起了人们的注意。他们被允许在更自由的媒体上宣传他们的政策。但是，当他们显示出发展成为一个清晰、有效的反对派的迹象时，萨达特通过某次全民公投将他们取缔了，这次公投禁止"无神论者"和1952年以前活跃过的政治家从政。1979年的议会选举受到了严密的控制。即便如此，萨达特直到去世都喜欢把埃及描述成"民主之岛"。

新闻界的情况也是如此，萨达特曾尝试增加媒体的自由度，但当他的政策和行为产生争议时，他坚称新闻自由不能无度到"不负责任地批评"。令他厌恶的一些报纸被迫停刊，过度批评的记者被撤职。萨达特在担任总统的这些年里，一直在埃及新闻界的自由化和限制之间摇摆不定，但于1980年4月29日通过的《耻辱法》令世人震惊。该法列出了诸多模棱两可的罪行，如"广播或出版可能冒犯公众感情或破坏国家尊严的粗俗或卑鄙的文字或图片"，以及"宣扬违背大众、宗教、道德或国家价值观的内容，或在公共场所树立不良榜样，致使儿童或青年误入歧途"。这些限制几乎可以涵盖任何形式的思想表达。起诉和定罪的程序非常迅速而直接，惩罚也很严厉。萨达特说："我们一直是宽容的，今后也将继续宽容，但任何人都不要挑衅我。"

因为萨达特支持美国，这进一步疏远了埃及人。在许多埃及人看来，他与美国和西方的关系比与埃及的关系更密切。1980年，他的伙伴吉米·卡特在竞选连任时被罗纳德·里根（Ronald Reagan）击败，但他利用里根坚定的冷战立场，要求增加军事援助。他欢迎美国在埃及的军事存在。萨达特甚至谈到，从个人意愿出发，他希望埃及加入北大西洋公约组织。1981年9月，他驱逐了苏联大使和使馆的几名公职人员，并命令仍在埃及的1000名苏联技术人员离开，此举除了表明他与美国的联系更为紧密之外，几乎没有建设性的作用。另一个亲近西方的行为是为被美国抛弃的伊朗国王提供安全庇护。萨达特帮了美国一个大忙，使昔日的盟友能够有尊严地并且安全地度过他的最后几个月，但此事并没有为他在埃及或中东地区赢得什么荣誉。伊朗国王去世后被埋葬在瑞法伊清真寺，位于城堡脚下中世纪苏丹哈桑的伊斯兰大学旁边。萨达特在西方成为真正的世界级英雄，《时代》杂志已将他列为"年度人物"。他似乎是在国外而不是在自己的国家建立了一个选区。

萨达特可能自认为通过一系列强加给民众的全国公投已与埃及同胞保持了密切联系，这些公投的通过率通常在99%以上。不过支持《耻辱法》的投票率骤降至98.56%，这是异常低的数据了。他也可能产生了这样一种错觉——只要频繁地向全国发表电视讲话，他就能与他的人民取得联系。然而这些演说漫无边际，往往长达数小时，他在演讲中经常忘记自己的身份，甚至思维混乱，令人厌烦。他的妻子在开罗大学参加的硕士论文答辩会也是如此，虽然她的论文没有达到学位要求，但这场答辩会在全国范围内播出，并数次重播。

当然，安瓦尔·萨达特不仅仅是一个专制、自恋的打扮狂人，有时，在大家陷入官僚主义的迷惑和争吵时，他能直指问题核心，作出精辟决定。萨达特也有深思熟虑、自省的一面。他喜欢退居在西奈半岛，在神奇的沙漠夜空下思考，这与他的继任者形成了鲜明对比，后者想要隐居在西奈半岛的旅游城市沙姆沙伊赫的豪华别墅中。萨达特在监狱中还自学了英语。他是迄今为止埃及所有总统中最博学的。然而，在他任期的最后一两年里，他与政治现实越来越脱节。他感觉到了一些问题，当他出手的时候，却是盲目而徒劳的。

萨达特迟迟没有意识到，他面临的最大危险并非像他曾经担心的那样来自自由派或左派，而是来自宗教的激进右派。萨达特在执政初期就积极地鼓励伊斯兰教的发展，从而摆脱了世俗主义政策。他自称是"虔诚的总统"，他的宗教信仰可能是真诚的，但这增加了他与公众的隔阂，许多人认为他做得太过分了。他当然有现实的目的，他打算利用保守的宗教政治情绪来抗衡来自左派和信奉纳赛尔主义的对手。当他意识到事情已经超出预期时，他采取了刚柔并济的手段。此前，他一直对穆兄会的活动视而不见，现在穆兄会被禁。其他激进的宗教组织也被解散，他们的清真寺被国家接管。但他也寻求加强主流穆斯林对政府的支持。1980年夏天，萨达特允许议会修改宪法，使伊斯兰教法、宗教法成为所有立法的基础，但是埃及众多的科普特基督徒并不欢迎这一进展。大约在同一时间，埃及实行了增加补贴和价格控制政策。

1981年夏天，穆斯林和科普特人之间发生了一系列暴力冲突，有时甚至是致命的冲突，还有迹象表明伊斯兰的激进团体有阴谋，萨达特采取了更严厉的措施。在9月的第一周，政府突然监禁了1500多人，其中大多数人被认为是穆斯林武装分子。很多人确实如此，但这次围捕涉及所有的政治派别，包括著名记者穆罕默德·哈桑宁·海卡尔（Muhammad Hasanein Heikal）和女权主义领袖纳瓦勒·沙达威（Nawal El Saadawi），还包括160名科普特人。科普特族长老谢努达三世（Shenuda Ⅲ）被软禁在纳特伦干河谷的一个修道院里，并被解除了主教一职。主要的科普特报社停运。和纳赛尔一样，萨达特一直担心会有针对他的阴谋。这一次他是对的。

1981年10月6日，为庆祝苏伊士运河开通8周年，安瓦尔·萨达特神情凝重，坐在赫利奥坡里斯金字塔形无名烈士墓前的检阅台上，看着长达17千米的阅兵方阵从他面前经过。阅兵式已经进行了近两个小时，大多数人的目光都转移到了天空，观看航空表演，但萨达特看到一辆卡车在观礼台前停下，一队士兵向他跑来。他以为这是事先安排好的敬礼，于是站起来向他们回礼。这些士兵用子弹射穿了他的身体，并向台上投掷手榴弹，杀死了萨达特和另外7个人。

萨达特的葬礼和纳赛尔的葬礼反差巨大。当萨达特被安葬时，开罗的街道除了重兵把守外，几乎空无一人。埃及人民普遍是漠不关心的态度。国际上对此反应不一。许多西方国家认为，萨达特的去世是一个悲剧，一代伟人已经逝去。美国总统里根委托3位前总统代表美国参加萨达特的葬礼。然而，阿拉伯国家中只有苏丹和阿曼出席了葬礼。在叙利亚、黎巴嫩和利比亚等国，人们对这位"叛徒"的去世感到大快人心。

只有随着时间的推移才有可能评估安瓦尔·萨达特和他的前任贾迈勒·阿卜杜勒·纳赛尔的成就。纳赛尔发起了一场革命，萨达特巩固了这场革命，并使埃及的国情与后革命时代的现实相协调。他与以色列的单独媾和存在多种缺陷，但它减轻了埃及几十年以来军事对抗的负担，收复了在1967年"挫折"中失去的领土，这些都是不小的成就。阿拉伯国家与以色列的冲突仍然存在巨大的困难，但萨达特上台后大大缓和了埃及与"阿以"的关系。他具有远见卓识，意识到埃及对苏联的依赖是一条死胡同，并及时摆脱了这种依赖，不过他在另一个方向上倾斜过多。同样，他影响深远的经济改革虽未达到预期效果，但这些改革创造了一种局面，使埃及至少可以与世界经济互动，而不是像纳赛尔去世时那样基本与世隔绝。尽管萨达特的政治自由化更多的是一种理想而不是现实，而且它的实现也一再遭到否定，但这个理想从未消失。也许衡量萨达特成就的最大标准是，他留给继任者胡斯尼·穆巴拉克的任务不是去革命、采取创新和大胆的举措，而是完成工作中值得去做的细致管理和建设性的改革任务。

第二十章
穆巴拉克时期

1981年10月6日，在致命的检阅台上，副总统穆巴拉克就坐在萨达特的右侧。他可能在袭击中受了轻伤，不过有人说，他是在人们争先恐后逃命时受的伤。根据宪法规定的程序，他立即由国民议会提名为总统，并在一周后就职。

穆罕默德·胡斯尼·穆巴拉克于1928年出生在曼努菲亚省，这里也是萨达特的出生地。他的父亲是当地法院的一名文员。他于1950年毕业于空军学院，比自由军掌权的时间早两年。作为一名战斗机飞行员和轰炸机指挥官，穆巴拉克迅速崛起，部分是由于他取得的功绩，部分是因为许多与旧政权关系太密切的军官被新军官取代了。1962年，纳赛尔总统派他指挥空军部队前往也门，他在那里主要轰炸反对派部落成员。回到埃及后，他继续在部队中稳步晋升。1967年6月，以色列人袭击埃及，当时穆巴拉克正和他的轰炸机部队在空中执行训练任务。他改道到卢克索，他认为飞机在那里超出了以色列的进攻范围，然而他的所有飞机在降落后不久就被摧毁了。穆巴拉克和他的机组人员逃过一劫，但他们不得不穿着飞行服乘坐火车去开罗。

尽管穆巴拉克在军队中独来独往，但他有吸引总统注意的本领。在历经1967年的挫折和对军官团的新一轮清洗之后，纳赛尔于1967年任命他为空军学院院长，1969年任命他为参谋长，当时他非常年轻，年仅41岁。尽管穆巴拉克在1973年十月战争中对空军的贡献尚有争议，但他仍被誉为英雄。萨达特将他晋升为空军元帅。即便晋升迅速，然而当1975年萨达特任命穆巴拉克为副总统并取代原自由军官侯赛因·沙菲（Husein Shafei）时，穆巴拉克和几乎所有人都惊讶不已。迄今为止，穆巴拉克最崇高的志向是成为埃及驻英国大使，因为这会令他的妻子苏珊娜感到高兴，因为她的母亲是威尔士人。尽管萨达特提及需要"新一代人站出来领导国家"，但人们猜测，他和纳赛尔一样选择了一个对他不构成威胁的人做自己的副手，而且他并不打算让穆巴拉克成为他的继任者。如果是抱有这样的想法的话，萨达特也像纳赛尔一样低估了自己的手下，穆巴拉克作为副总统确实是一个尽职尽责的学徒，总是小心翼翼地活在萨达特的阴影下。当意外到来时，他已经做好了准备。

穆巴拉克和他前任的风格完全相反。萨达特非常喜欢公开露面，有时他还让摄影师跟着他去浴室。穆巴拉克至少在他执政的最初几年中一直保持着比较谦逊的姿态。在第一次重要演讲中，他宣称自己最多任职两届。他发表的演讲均较为简短，不让他的妻子露面，也没有以他的名字命名的建筑。与穿着鲁塞尼亚制服和定制服装的萨达特相比，穆巴拉克总是身着商务套装，令人印象深刻。官方肖像把他描绘成一个愉快、随和的人，直到人们注意到他那双专注的眼睛。这种沉着、几乎乏味的个性表现是政治基调的一种改变，这种改变是精明的。埃及人开玩笑说他们的总统没意思，但很少有人想回到萨达特的浮华时代。

尽管穆巴拉克的继任工作表面上很顺利，但他首先考虑的是安全问题。萨达特的大肆搜捕使许多反对政府的人身陷囹圄，但也有一些人仍然逍遥法外。他宣布全国进入紧急状态——穆巴拉克从未解除过——这赋予总统更广泛的权力，包括任意逮捕、监禁和军事审判。穆巴拉克迅速而有力地运用权力，他在10月下旬镇压了艾斯尤特的起义，造成87人死亡，全国各地有2000人入狱。另一方面，他知道此前萨达特的逮捕不分青红皂白，不受人们欢迎，所以他做出了一个高调的姿态释放了大部分被监禁的人，他还将像小说家纳瓦勒·沙达威这样的知名人士直接从监狱接到总统府中接待。1982年

4月，他对刺杀萨达特的刺客进行了公开审判和处决，这没有激起民众新的抗议。

与政府的其他事务一样，穆巴拉克在外交事务中延续了萨达特的政策，但做了部分调整。穆巴拉克在亲近西方时没有那么冲动，但埃及与美国的关系仍然密切，甚至变得更加深入。尽管他在伏龙芝军事学院读书时就不喜欢苏联，但他在执政初期就着手改善埃及与苏联的关系。这使他能够面对紧迫的问题，诸如埃及欠苏联的巨额债务，同时让埃及在美国的地缘政治游戏中显得不那么像一枚棋子。然而，他与苏联的和睦关系并没有好到一定程度，当苏联在20世纪80年代进入衰退期并在20世纪90年代初崩溃后，埃及也不能独善其身。那时，埃及与西方确立了牢固的经济和政治关系。埃及和美国决定自1981年起定期举行联合军事演习。美国继续向埃及提供大规模的军事和财政援助。而以色列从美国获得更多的援助。美国在开罗的大使馆是世界上最大的大使馆之一，也是中东地区最重要的大使馆。

埃及与以色列的关系仍然困难重重，但在萨达特去世时，以色列从西奈半岛的撤离已经取得了较大进展。《埃以和平条约》得以延续，但其中的许多期望从未实现。以色列人和埃及人都把这种局面称为“冷和”。起初，相当多的以色列人利用这个机会访问埃及，但是埃及人却不能给予同等的反馈，部分原因是埃及人用以旅行的可支配收入较少，获得签证的难度较大。在20世纪80年代末巴勒斯坦的第一次起义和20世纪90年代埃及的恐怖主义（其中一些是针对以色列目标的）发生后，以色列人在埃及的旅游减少，所带来的贡献变得无足轻重。1982年，埃及从以色列撤回大使以抗议其对黎巴嫩的入侵，同时中止了和平条约规定的巴勒斯坦自治谈判；后来，大使于1986年重返以色列。

以色列许多事态的发展在埃及国内引起了深深的不满，如1982年入侵黎巴嫩和多次暴动。在埃及，大多数人乐意看到《戴维营协议》被推翻。然而，几乎没有埃及人愿意回到与以色列直接对抗的状态。至于巴勒斯坦人，埃及在与以色列的单独媾和中为他们争取到的有限让步，于他们而言毫无意义，但该地区没有其他国家能够有效地推进他们的事业。美国的积极参与和干预对于促成埃及和以色列之间达成条约是必要的，也许唯一能够帮助巴勒斯坦人的国家是美国。至少，埃及为其他国家能与以色列达成更好的合作指明了方向。约旦在1994年与以色列签署了一项条约，其他阿拉伯国家也与这个犹太国家建立了实际的联系。

穆巴拉克最令人印象深刻的外交成就是，在萨达特与以色列签订条约后，他将埃及与阿拉伯世界的关系从低谷中拯救出来。萨达特的遇刺使这个被许多阿拉伯人认为是阿拉伯事业的叛徒消失了。穆巴拉克没有背负萨达特的负面政治包袱，他比萨达特更能安抚人心，更有耐心。1980年，两伊战争爆发，并在接下来10年里不断发酵，埃及强烈支持伊拉克，这帮助埃及提高了其在阿拉伯世界中的地位。1984年1月，沙特王子塔拉尔·本·阿卜杜勒·阿齐兹（Talal bin Abd al-Aziz）访问埃及，这是沙特自1977年以来首次对埃及进行国事访问。埃及在与约旦缔结贸易协定后，于1984年末与约旦恢复了外交关系。1987年至1990年期间，埃及与所有阿拉伯国家的关系都得到了恢复。1988年，埃及被重新接纳为阿拉伯联盟成员。1990年，联盟总部迁回开罗。阿拉伯石油输出国组织也接受埃及重新加入其中。能够对埃及造成严重、持久损害的事情是阿拉伯东道国驱逐数百万埃及外籍工人，因为埃及的经济高度依赖这些工人的工资收入。这从未改变过。

1990年，埃及与美国的关系受到了考验：当时，伊拉克对石油资源丰富的邻国科威特的主张引发了一场危机。穆巴拉克认识到局势的严重性，积极在两国之间进行调解，并宣称伊拉克不会入侵科威特。当他的预言被证明是错误的时候，他谴责了这次入侵，并为联合国的立场和随后由美国领导的第一次海湾战争提供了外交和军事支持。埃及最终向联军部队投入了4万名埃及士兵。这一举措在埃及国内并不受欢迎，众多民众抗议要求埃及撤军。宗教极端分子响应萨达姆·侯赛因（Saddam Husein）推翻政府的号召，制造了大量麻烦，成千上万的埃及工人逃离伊拉克和科威特，许多埃及家庭因此遭受了经济上的损失。美国通过减免埃及400亿美元的国际债务来换取埃及的参与，至少在国家层面上缓解了埃及的经济负担。2003年，伊拉克再次入侵科威特，埃及没有提供支持，政府允许部分民众进行反对示威。

在穆巴拉克时代，埃及国内的经济一直存在问题。1986年是特别艰难的一年，国内经济严重衰退，苏伊士运河和石油出口的收入减少；阿拉伯国家的经济增长也在放缓，在那里务工的工人大量返回埃及，劳工骚乱明显增加；通货膨胀率高达25%，工资增长远远落后于生活费用的增长。到1987年，埃及在偿还外债方面面临危机，其利息消耗了一半的年度外汇。这迫使埃及政府与世界银行、国际货币基金组织以及西方国家政府进行谈判，重新安排付款时间。政府提供了一些救济，但付出了代价。1991年5月的经济改革与结构调整计划要求进行内部改革，其内容包括提高税收，取消消费补贴，放弃价格管制，取消外贸限制，改革劳工政策，以及私有化。尽管这些措施没有全部实施，但是其中的一部分得到了实施。在一些有识之士看来，此时埃及的国情与19世纪末埃及的情形相似，彼时埃及的经济政策也失去控制，这是不祥之兆。

尽管1991年的金融改革在实施时比较勉强，有关改革程度的报告可能夸大其词，但在20世纪90年代，埃及的国有经济减少了，私营经济则大大增加了，国民收入上升。在外国援助保持不变的情况下，埃及国际债务的期限得到重新安排，这为埃及提供了喘息的空间以将债务减少到可控的水平。尽管在20世纪90年代中期，国内恐怖主义造成了重大挫折，但旅游业的反弹势头比以往任何时候都强劲。2004年和2005年，红海度假胜地再次遭受恐怖袭击，虽然造成100多人死亡、多人受伤，但这并没有导致旅游业像过去10年那样急剧下滑。苏伊士运河仍然是世界上主要的交通干线之一。在20世纪80年代的高峰时期，它每年可容纳超过2.2万艘船只。20世纪90年代，运河流量有所减少，但随着运河的扩建，超级油轮可以满载通过，流量势必会有所增长。在21世纪初，运河的年收益超过30亿美元。尽管与部分中东和非洲邻国相比相形见绌，但是埃及也开始生产和出口大量的石油。埃及国内的消费不断增长，因此减少了出口，但石油价格的大幅上涨抵消了部分损失。同时，埃及的天然气储备比想象中多很多，因此埃及自2005年起开始出口液化天然气。不幸的是，由于埃及内部人士的腐败，天然气以低于市场价的价格卖给了以色列，造成大量的利益损失。这使埃及损失了数十亿美元，并使其面临进一步的大规模损失。

在穆巴拉克统治的几十年里，埃及的腐败现象不但没有减少，反而恶化了。多年来，埃及形成了一个庞大的军工业综合体，与政权关系密切的将军和商人都因此致富。高级官员通过向大公司授予合同而变得富有。在私有化进程中，国有企业往往以远低于其资产价值的价格卖给了内部人士。腐败问题不仅仅存在于高层身上，随着游戏规则日益显露，腐败逐渐深入政府和社会中。有人可能不得不花重金来获得工作或晋升的机会，然后需要通过有问题的手段获取分红来收回投资成本。这就陷入了恶性循环。迄今为止，埃及社会普遍存在着愤世嫉俗的情绪。

许多与开放政策相关的基本问题依然存在，包括改革的受益者和仍然贫穷的人之间的贫富差距越来越大。同时，人们不断提高的期望与严酷的现实之间也存在着差异，这种差异可能会迅速扩大。纳赛尔憧憬的平等主义、机遇和所有埃及人向往的更光明的未来，都是对已逝过去的回忆。有关系的人发达起来，没有关系的人，甚至那些有能力和素质的人，却落在了后面。新兴的精品店、餐馆和豪华酒店刺痛着许多人的心，因为这是他们无法企及的东西。新富裕起来的人往往退居到封闭的社区中，形成了富人的富庶领地，他们仿佛脱离了整个埃及社会。在私有化过程中，流言四起，政府任人唯亲、偏听偏信，充斥着赤裸裸的腐败，与穆巴拉克关系密切的高官的家庭成员享有各种特权，积累了巨额财富，他们被称为"儿子帮"。穆巴拉克的儿子贾迈勒便是其中一个臭名昭著的例子。埃及媒体被严禁探讨这一问题。穆巴拉克总统公开采取行动，纠正了开放政策执行过程中部分公然滥用职权的行为，但他的努力大多没有令人信服，也没有效果，使潜在的问题得不到解决。埃及年轻人数量的迅速增长（到2011年，超过三分之二的埃及人仅见过穆巴拉克这一位总统），他们越来越感觉到自己的经济抱负在埃及永远无法得到施展。他们被问及"你想从生活中得到什么？"这样的问题时，答案往往是"我想离开这里"。

根据国际标准，当时埃及贫困人口比例几乎翻了一番。大多数工人的实际工资稳步下降。失业率急剧上升，官方提供的失业率在9%至10%之间，但这些数据被低估了，实际失业率至少要高出5%。由于普遍的就业不足和工资低下，埃及的失业情况比数据显示的还要糟糕，许多人被迫寻找兼职，甚至是第二份全职的工作来养家糊口。在20世纪80年代，报道出来的通货膨胀率低于实际上飞速增长的通货膨胀水平。在21世纪头10年，对工薪阶层社区进行的非正式调查显示，食品价格过高，令人不安，食品支出成为许多家庭预算的大头。埃及政府不顾国际金融界的强烈反对，继续对面包和汽油等部分关键物品提供补贴，阻止了广泛的公众抗议。海外工人的汇款仍然是埃及经济的主要组成部分，但随着资金流入埃及，通货膨胀进一步加剧了。

胡斯尼·穆巴拉克曾经说过，埃及是无法治理的，但他的掌权时间比自穆罕默德·阿里以来的任何一位埃及领导人都要久，这证明他至少掌握了一些政治技巧，也证明了1952年革命后埃及的政治非常稳定。其间，埃及共有3位强大的总统，他们在执政时毫不理会外界对其权威的挑战，即便公众舆论肯定有不同的倾向性，他们仍然在埃及人民的默许下统治着埃及。伊斯梅尔·法赫米，前外交部长，因其不愿随同萨达特前往耶路撒冷，于是辞去了外长职位，他曾描述"埃及的工作方式"，解释说："领导人一旦掌权，人们就会继续支持他，不会有过多的争吵或质疑。他们想当然地认为统治者是一位尽心尽力的民族主义者，最了解什么对国家有利。其结果是，埃及的领导人和许多国家的领导人一样，他们在做出重大决定时无须担心公众的意见。"[50]穆巴拉克在近30年的执政期间确实依靠了这一点。

尽管穆巴拉克在1987年以超过97%的选票再次当选总统，并以类似的优势赢得了3届任期，但他在执政过程中也遇到了一些坎坷。1986年2月25日至27日，埃及发生了一场严重的暴乱，因有谣言称其原本3年的任期需再延长一年。在此次暴乱中，一些旅游酒店被烧毁，数十人被杀，300多人受伤。

随后，军队出动并逮捕了1300人，才恢复了社会秩序。

在穆巴拉克的执政中期，伊斯兰极端分子对他的政权发起了更大的挑战，这便是萨达特为对抗左翼政敌而培养宗教激进分子所结出的苦果。穆巴拉克在执政的前10年里对穆兄会的态度可以被恰当地描述为"勉强容忍"，但他在1993年对该组织发起了猛烈攻击，谴责它是"非法的"，并指控其"与极端主义组织有联系"。有人说，此举并非由于穆兄会与恐怖主义有联系，而是因为它越来越被大众接受和合法化，形成了与政府敌对的主流势力。无论真相如何，在连续几轮的逮捕之后，穆兄会的数百名成员被监禁并在军事法庭受审。

极端分子对政府的攻击是由伊斯兰激进组织带头的，该组织由在20世纪80年代活跃的各个学生激进组织发展而来。该组织的精神领袖是奥马尔·阿卜杜勒·拉赫曼（Omar Abd al-Rahman），此人因参与1993年纽约世界贸易中心爆炸案而被判处终身监禁。到1992年，伊斯兰组织开始从事暴力恐怖活动，主要为了阻止埃及旅游业的发展，既要将外国势力赶出埃及，又要剥夺经济收益来打击政府。

在接下来的两年里，随着伊斯兰激进组织恐怖活动的升级，埃及的旅游业确实受挫。此时去上埃及旅行有阴森之感，笔者和儿子曾于1994年前往上埃及旅游，当时游客稀少。帝王谷通常人山人海，但我们去的那天则不然，我们是仅有的两位游客。后来，经过几周艰苦的实地工作后，我们在阿斯旺最豪华的旅游酒店避难，当时我们是唯一的客人。晚上回房间时，我们能听到自己的脚步声回荡在空荡的大厅里。在1994年，至少有80人在恐怖主义暴力活动中丧生，50多名极端分子被判处死刑。

1995年，穆巴拉克出席在埃塞俄比亚举行的非洲统一组织首脑会议，当时一个暗杀队试图刺杀他。这只是企图杀害他的十几次行动中的一次。政府高官也是袭击目标：在开罗市中心距离中央政府办公楼一个街区的范围内，一名内阁部长遭到自杀式炸弹袭击，险些丧命。炸弹手只成功地炸死了自己和一些无辜的旁观者。然而，一名高级反间谍人员在其家门口的枪战中丧生了，整个统治阶层都不寒而栗。他的真实身份和职能是国家机密，他的遇害表明了持不同政见者广泛地渗入了埃及的情报系统。

20世纪90年代，旅游业断断续续地复苏，但又因一系列耸人听闻的恐怖主义活动而受挫，其中包括1997年在开罗发生的公交车袭击事件。1997年末，埃及发生了最严重的暴力事件，即在戴尔·巴哈里的哈特谢普苏特神庙发生的大屠杀，58名游客被无情地枪杀和残害。许多埃及人因此伤亡，其中包括坚守职责的警卫，不过他们几乎没有得到应有的重视。事态已经极其严重。大多数埃及人憎恨这种杀戮行为，因为恐怖活动造成了经济困难，因此对恐怖主义敬而远之。继戴尔·巴哈里大屠杀之后，埃及国内的暴力事件有所减少。埃及政府功不可没，他们在全国范围内实施安全保障，渗透到秘密的激进组织中（在埃及，社会和家庭的联系众多且密切，要保守秘密并非易事），并审判、监禁和处决了被告。然而，激进分子的态度也发生了变化。伊斯兰激进组织因逮捕和处决而人数减少，于是在1999年呼吁停火。随后，埃及旅游业得到恢复，并达到创纪录的水平。然而，埃及伊斯兰激进主义绝不会就此作罢。在2001年摧毁世贸中心的"9·11"事件的劫持者中，有4人是埃及人。1998年，美国驻达累斯萨拉姆大使馆和驻内罗毕大使馆被炸，阿布·穆罕默德·马斯里（Abu Muhammad al-Masri，又名"埃及的穆罕默德"）被指控参与其中，美国悬赏数百万美元捉拿此人。埃及外科医生兼教授艾曼·扎瓦希（Ayman al-Zawahiri）因涉嫌暗杀萨达特而被捕，但他后来被释放，并接替奥萨马·本·拉登（Osama bin Laden）成为基地组织的领导人。

几乎所有埃及人都强烈反对伊斯兰激进分子的做法，毫无疑问，埃及的宗教态度在最近几年发生了重大的变化。任何对这个国家有所了解的人都注意到，在过去的几十年里，主流伊斯兰教的力量在不断增强，其表现为星期五祈祷仪式变得更加固定，斋月仪式也更加严格。日常生活中最明显的变化是，女性中戴头巾的人数不断增加。她们虽然可以只佩戴简单的头巾，但是通常来说，她们佩戴的是让人更为隐蔽的名为希贾布（Hijab）的伊斯兰头巾。全脸戴面纱的情况虽然仍然罕见，但也在增加。20世纪80年代，要求女性从工作岗位回归家庭的压力越来越大，一直以来，埃及为实现性别平等进行了长期的斗争，这种压力威胁到了埃及在性别平等事业上所取得的来之不易的成就。职业女性对家庭经济的重要贡献，以及她们追求事业和保持经济独立的决心缓解了这种压力。在经济和社会压力日益加大的时期，伊斯兰组织展现出了提供情感和物质支持的能力。他们在1992年10月发生大地震后及时提供了赈灾援助，这使反应迟缓的政府相形见绌。社会的宗教情绪明显增加，不允许以有组织的政治活动形式表现出来。

穆斯林和基督徒之间的教派冲突变得更加频繁，并造成了人员伤亡。基督徒抱怨被剥夺了与其人数和对社会贡献相称的政治生活权益。埃及科普特人的人口统计长期以来一直存在争议。1976年，埃及科普特基督徒的官方数据约为250万人，但许多科普特人声称，正确的人数高达800万，而后者可能更接近事实。然而，在当年的议会选举中，科普特人没有赢得任何席位。1952年的自由军官革命指导委员会成员中也没有科普特人，基督徒在共和国的政治和行政体系中基本上被边缘化。科普特人也没有担任过国防、外交或内政等最重要的内阁职务。1981年，萨达特拒绝承认教皇谢努达三世，并将他放逐到纳特伦干河谷的一个修道院中，直到3年后，穆巴拉克才恢复了他的地位。谢努达三世坚持捍卫科普特人利益的前沿政策。科普特人普遍支持穆巴拉克，即使不是很热情，但至少将他视为对抗伊斯兰激进分子的一种防御手段。2005年，穆巴拉克行使宪法权利任命了10名国民议会议员，其中包括4名科普特人和5名妇女。

2000多年来，埃及的犹太人一直是国家社会结构的重要组成部分，如今却所剩无几，而且剩下的这些人几乎都是隐形的。许多人在以色列建国期间离开，其他人在1956年的三方侵略战争后被迫离开。犹太人在近代离开埃及是双重的悲剧，因为它不仅使国家失去了宝贵的社会资源，而且埃及的犹太人即将享有与穆斯林和基督徒一样的地位。多年以后，年长的埃及人还怀念着曾经由犹太人和希腊人经营的商店。

　　穆巴拉克政权对待民主进程的方式摇摆不定，时而谨慎地放任自流，时而实行严格的控制。以国家为导向的国家民主党总是能轻松获胜，其他政党的活动在一定程度上也得到了容忍。例如，新华夫脱党通过与穆兄会结成联盟，表现出明显的活力和多面性，不过这是以疏远科普特支持者为代价的。这对双方来说都是一个重大的政策变化，因为这意味着华夫脱党放弃了世俗主义，也让穆兄会出现在常规的政治活动中。在1984年的议会选举中，国家民主党赢得了国会488个席位中的391个，但新华夫脱党获得了57个席位，成为最强大的反对党。随后，政府采取了积极措施来压制它的发展。

　　穆巴拉克曾承诺只担任两届总统，但于1993年确定连任，这不是通过选举而是通过普遍的公民投票产生的，投票的内容只有一条，即是否让他继续执政。公投结果显示，穆巴拉克的得票率为96%。1995年的议会选举因舞弊和暴力事件而尤其臭名昭著。国家民主党一如既往地赢得了多数席位，但埃及最高宪法法院裁定本次选举缺乏监督。随后，穆巴拉克通过了一项选举改革法，并承诺下次选举将是自由和公正的。他宣称："国民议会选举将标志着一个新的起点，确保埃及是一个民主国家。"2000年11月举行的选举与历届选举相比确实更自由、更公平，但穆兄会的候选人和支持者受到了阻碍和骚扰，甚至被阻止进入投票站，所以人们抱怨选举"外表干净，内部肮脏"。反对党总共只获得了34个席位，而国家民主党及其盟友获得了388个席位。同时，穆巴拉克以93%的选票赢得了第四个总统任期。

　　直到2005年，埃及总统都是通过公民投票选出的，人们只能对议会指定的候选人投赞成或反对票。然而，在这一年的9月，尽管候选人的选择仍然受到高度限制，但是埃及举行了第一次表面上有竞争的总统选举。根据正式的选举结果，穆巴拉克以88.6%的选票赢得了他的第五个任期，但据非官方估计，他的主要竞争对手、明日党领导人艾曼·努尔（Ayman Nour）的得票率高达13%，另外新华夫脱党人努曼·戈马（Numan Gomaa）获得了7%的选票。毫无疑问，穆巴拉克赢得了选举，但人们普遍指控其在选举中伪造选票、恐吓以及有其他选举违规行为，已经令人无法忽视，而且实际的投票率也很低。许多埃及人声称，他们不投票便是最有效的投票方式。后来，努尔被捕并被判处5年监禁（这将使努尔无法参加于2011年举行的新一届总统选举），这给人们留下了一个挥之不去的印象，即埃及的民主制度还没有发展起来。

埃及自1952年以来一直保持政治稳定，这主要取决于总统职位和埃及人接受总统权威的意愿。除了武装部队之外，没有其他具有可比性的体制基础或宪法基础。2003年，穆巴拉克在国民议会讲话时突然倒下，整个城市笼罩在一片阴霾之中，警察和军队控制了街道，一切都停止了下来。与他的前任们不同，穆巴拉克从未任命过副总统。如果他去世了，会发生什么？

那时，穆巴拉克家族显然已经有了建立王朝的野心。苏珊娜·穆巴拉克在丈夫的第三个任期内一改退休后的生活方式，开始积极地参与公共生活。许多图书馆、学校和知名的社会项目都以她的名字命名。她成为埃及迄今为止最有权势的女人，所有人都知道这一点。苏珊娜·穆巴拉克比她的丈夫聪明得多，从长远来看，也许更有野心。穆巴拉克夫妇的小儿子贾迈勒出生于1963年，尽管他没有从政经验，也没有政治天赋，但他被推到了前台，毫无疑问，他被培养成了继承人。（大儿子阿拉，和他弟弟一样是个富有的商人——而且疑似和他弟弟一样通过家庭关系不公平地积累财富——他没有政治野心，可能认为贾迈勒继任总统这件事对父亲会有负面的影响。）贾迈勒担任国家民主党副秘书长和该党政策委员会主席，为他提供了很高的政治知名度和实权。巴沙尔·阿萨德（Bashar al-Assad）也于近日接替他强大的父亲，成了叙利亚总统。伊拉克的萨达姆·侯赛因和利比亚的穆阿迈尔·卡扎菲都在为他们的儿子铺路。尽管胡斯尼·穆巴拉克和贾迈勒·穆巴拉克予以否认，但毫无疑问，他们和苏珊娜·穆巴拉克为埃及设想了一个类似子承父业的方案。有些人认为，如果穆巴拉克夫妇在2005年出手，他们可能会成功，但他们等了一次选举，时间间隔太长了。

公众对贾迈勒·穆巴拉克担任总统的态度顶多是冷淡的。一些人认为这比伊斯兰激进主义者领导的政府或军政府要好；另一些人则感到无奈或者愤怒。贾迈勒唯一真正的选区，也是唯一一个真正能让他感到自在的地方，是埃及富有的商界。军方根本不关心贾迈勒·穆巴拉克总统的想法。一位退役少将曾说："我们的传统是，国家应该由军人来统治。纳赛尔有一个儿子，萨达特也有一个儿子，但两位总统的儿子都没有继任。甚至没有人考虑过这个问题。"[51]军方还担心贾迈勒和他的商业精英们会威胁到军方庞大的商业帝国。另一个问题是：如果贾迈勒果真黄袍加身的话，他能在政府中生存吗？

但胡斯尼·穆巴拉克在两边下注，因为他显然在同一时间将另一个人推向前台。奥马尔·苏莱曼（Omar Suleiman）中将自1993年以来一直领导着令人生畏的国家情报总局。1995年，穆巴拉克遭到暗杀，当时他的预防措施可能挽救了总统的生命，之后他便与穆巴拉克关系密切。苏莱曼在国际情报界很有名气，许多人认为他是中东地区最强大的间谍头目。他的方法冷酷无情，甚至残忍，他因在非常规引渡恐怖分子嫌疑人的过程中发挥了作用而赢得了美国乔治·布什政府的感谢，他获得了证据——显然是通过酷刑伪造的——为美军于2003年入侵伊拉克提供了理由。在情报界众所周知，当美国政府想让某个人消失时，他们会把这个人送到埃及。苏莱曼也受到以色列政府的欢迎。在埃及，据说他曾亲手折磨囚犯，人们大都相信这个说法。他坚持实施反伊斯兰主义计划，这使他被认定为宗教保守派的对手。穆巴拉克认为，在需要的时候他可以依靠苏莱曼。外交评估将他排在贾迈勒之后，一些人预计他会被任命为副总统。如果贾迈勒没能上台，可以指望苏莱曼来照顾穆巴拉克的家人。

穆巴拉克很可能原来就打算死在执政期间。他曾不经意地说："没有总统会下台！"尽管他可能有意在赢得2011年选举后辞职，为他的儿子让路。他越来越与外界脱节，根本不知道自己越来越不受欢迎，也不知道埃及上空正笼罩着幻灭和疏离的气息。纳赛尔时代的民族使命感和自豪感，加上在危机时刻团结一致的准备，使纳赛尔时代充满活力，并一直延续到萨达特的执政期，这些都已成为遥远的过去。在新世纪的第一个10年，穆巴拉克的健康状况严重恶化。他心爱的孙子于2009年去世，这让他悲痛欲绝。如果他在这个时候从政治舞台上退场，可能仍然会带着尊严和埃及人民的同情离开，因为他遭受了无法忍受的个人痛苦。但是，他身边围绕着很多阿谀奉承的顾问和助手，他们对穆巴拉克说着他想听的话，而他的家人，特别是他的妻子苏珊娜和儿子贾迈勒，对他施加了很大的影响，并严格控制了他人对他的拜访。没有他们的允许，任何人，哪怕是部长，都不能接近穆巴拉克。他信任的化妆师穆罕默德·阿苏布，在穆巴拉克每次公开露面前都会让他看起来更年轻、更健康，但阿苏布被驱逐了。埃及政府不再由军事强者统治，而是越来越多地被一个家族及其亲信统治。

来自西方国家的改革压力微乎其微。自20世纪70年代以来，埃及与最重要的国家美国的关系一直良好。美国对埃及的援助有增无减。埃及政权为美国在该地区的地缘政治利益服务。2003年至2005年期间，美国和埃及之间出现了一些摩擦。作为支持民主议程的一部分，乔治·布什政府温和地批评了埃及持续的紧急状态，并建议埃及"现在可以为民主指明方向"。穆巴拉克做出了一些象征性的让步，但很快就放弃了；穆兄会在埃及2005年的选举中获胜，哈马斯（Hamas）在2006年的加沙选举中获得压倒性的胜利，随后，布什政府改变了方针。埃及不顾联合国的严厉批评，在美国和英国的批准下，从2007年开始参与了封锁加沙的行动。2009年6月，贝拉克·奥巴马总统访问埃及，埃及人和整个中东都注意到了他向开罗大学欢呼的人群许下的承诺："美国和全世界穆斯林之间将有新的起点。"继那次激动人心的演讲之后，并没有发生实质性的变化。

在埃及国内，人们认为局势得到了很好的控制。一个庞大的安全机构在各个层面上运作。每一次示威都受到严密的监督。警察通常出现在示威者面前，而他们的人数往往多于示威者，从而使抗议活动变成了彰显政府权力的场所。埃及在21世纪前10年最大的两次抗议活动都是针对第二次海湾战争的，这两个抗议实际上是由情报局局长奥马尔·苏莱曼和内政部部长哈比卜·阿德利（Habib al-Adly）管理的。他们的目的是让群众以无害的方式发泄愤怒。一旦示威活动有失去控制的苗头，它们就会被坚决地制止。

随着2010年接近尾声，穆巴拉克和他的家人自信地期待着将于2011年9月举行的总统选举。2010年11月至12月的议会选举中，国家民主党通过作弊在国家立法机构中获得了81%的席位，反对党赢得了不到3%的席位。作为独立候选人的穆兄会在即将离任的人民议会中拥有20%的席位，但在第一轮投票中没有赢得任何席位，于是他们抵制了第二轮投票。剩下16%的席位几乎都被各种独立候选人获得。几周后，人们对这种明目张胆的操纵的怨恨仍然挥之不去。那次议会选举被人权组织称为"有史以来最具欺诈性的选举"，它排除了在总统选举中会对穆巴拉克发起挑战的所有竞争者，因为一个政党必须获得至少5%的议会选票才能参加竞选。所有反对党都没有达到这个最低要求。国家民主党还采取了额外的预防措施，取消了对选举行为的司法审查。

然而，政权的根基已被侵蚀。如上所述，埃及社会内部长期存在着一个危险的鸿沟。虽然老生常谈说"富者愈富，穷者愈穷"，但这是埃及日常经济生活中的事实。2007年，一位开罗出租车司机对一位外国记者说道："我们生活在一个谎言中，我们相信它。"记者问："是什么谎言？"司机回答道："我们的状况很好。"[52]随着时间的推移，相信这个谎言的人越来越少。人们对自己经济状况的恶化，以及穆巴拉克关于政治改革的空洞承诺感到不满。但如何表达这种怨恨呢？2003年有一个值得注意的时刻，埃及政府的最高文化委员会给作家索纳拉·易卜拉欣（Sonallah Ibrahim）颁发了著名的年度小说家奖，这无疑是想把他的异见纳入主流的政治话语。但是，易卜拉欣拒绝接受来自"一个在我看来不具备授奖资格的政府"所颁发的奖项，这引起了人们的不安。就这样，他走出了这个备受关注的活动现场。

就政府而言，易卜拉欣的姿态与其说是破坏性的，不如说是尴尬的。这种公开表达不满的机会不多，但另一种更具威胁性的表达反对意见的媒介出现在社交媒体上。四月六日青年运动始于2008年春天社交平台脸书上的一个小组，组员们支持工业城市大迈哈莱的罢工。起初，该运动的愿景是有限的，预计最多只有几百名参与者，并专注于眼前的劳工问题。然而，其订阅者的数量迅速扩大到数万人，并开始讨论埃及政府的腐败、经济政策，以及最重要的言论自由问题。这通过博客、推特和Flickr等其他网络平台引起了人们强烈的共鸣，刺激产生了国家层面的意识。带有短信功能的高度灵活的移动电话为当地的活动提供了即时通信和战术支持。政府并没有对此视而不见。政府入侵了网站，骚扰了表现突出的网络组织者，诸如四月六日运动的发起人之一艾哈迈德·马赫（Ahmed Maher）。即便如此，政府也无法遏制这一新现象。

2010年6月6日，亚历山大市的警察将一个名叫哈立德·穆罕默德·赛义德（Khaled Muhammad Said）的年轻人从市内的一家网吧拖到街上并殴打致死。他当时正在准备拍摄一部关于警察贩运毒品的纪录片。当局荒唐地声称赛义德因试图吞下一袋非法毒品而窒息而死，但他被殴打得不成形的尸体照片活生生地驳斥了这一说法。在埃及，警察在拘留犯人期间对其施加酷刑和实施谋杀并非新鲜事；事实上，有人认为近年来这种情况一直在增加。这种暴行的消息有时通过谣言传播，但它们只是通过灌输恐惧来达到政权的目的。这一次情况有所不同。一个名为"我是哈立德·穆罕默德·赛义德"的脸书小组迅速成立。它使这个故事得以延续，后转变为"我们都是哈立德·赛义德"，为人们表达对穆巴拉克政权各个方面的愤怒提供了一个互动论坛。因此，互联网被认为是埃及最自由的媒体。

表达异议是一回事，采取行动是另一回事。如何影响变革？在未来一段时间内，选举已经尘埃落定。政府对常规出版和广播进行了严格的监督。埃及军方显然得到了安抚，美国向他们提供了巨额的资金援助，他们还可以广泛参与到有利可图的商业活动中去。除了自1981年以来实行的"临时"紧急状态外，穆巴拉克还颁布了新的永久性法律，赋予政府更大的权力来镇压反对派。据估计，埃及各级警察和安全部队的人数超过150万，每60名埃及公民中就有一名安保人员。反对派在这种压倒性的力量面前还有什么机会？参加2011年起义的记者阿卜杜拉·哈桑回忆说："知道什么都不会真正改变，这让我感到非常沮丧。政治体系将继续被少数精英所垄断，他们利用这个体系为自己谋利。他们有一个巨大而无情的安全机构来维持现状，而埃及一半以上的人口则陷于贫困之中。很难有太大的希望。"[53]

人们可能偶尔会听到经验丰富的埃及侨民说，也许是以一种居高临下的方式说，埃及人通常是一个随和、宽容的民族——但不要把他们逼得太紧，否则将会出现爆炸性的结果。2011年新年伊始，埃及总统胡斯尼·穆巴拉克、他的妻子和儿子（继承人），以及他们的核心圈子满怀信心地展望未来。议会挤满了顺从的追随者，拟于9月举行的总统选举事宜已经安排好，以确保穆巴拉克以一贯的压倒性的得票率赢得第五个任期。人们对穆巴拉克政权和埃及总体状况怨声载道，但在埃及国内，没有任何迹象表明穆巴拉克不会继续执政，并由他的儿子贾迈勒抑或其冷酷无情的支持者、情报局头目奥马尔·苏莱曼中尉接替。然而，2011年1月革命爆发，这次革命的催化剂不是来自国内，而是来自非洲西北部。

自1987年以来，突尼斯一直由扎因·阿比丁·本·阿里（Zine El Abidine Ben Ali）总统领导的专制政权统治。它是一个相对稳定、相当繁荣的国家，政府牢牢地控制着局面。2010年12月17日，街头小贩穆罕默德·布亚齐兹（Mohamed Bouazizi）自焚，起因是他受到一名女警察的虐待，随后被剥夺了诉诸法律的权利，以此引发了一场民众革命。全国各地爆发了示威游行，并且规模不断扩大，人们对政治压迫和经济困难感到不满，因为突尼斯与埃及一样，并非所有社会阶层都从突尼斯的经济成就中受益。随后，政府解体，军队拒绝向示威者开火。2011年1月14日，本·阿里乘坐飞机及时逃离了突尼斯，在沙特阿拉伯避难。这对该地区其他国家来说，包括埃及在内，是一个令人振奋的消息。

具有讽刺意味的是，2011年1月25日是埃及的国家节日：国家警察日，由穆巴拉克在两年前宣布。表面上，它是为了纪念1952年英军袭击伊斯梅利亚警察局从而引发的黑色星期六暴乱中伤亡的英雄警察。但它也承认并表彰了当今警察在维护安全和稳定方面的作用，大多数人对这一点既嘲讽又恐惧。一位年轻的抗议者说："警察并不关心如何保护公民，他们只关心如何保护政权。"[54]因此，警察和安全部队在处理持不同政见者、镇压政治对手和压制反对派时，往往采取严厉而残酷的手段。他们认为保护全体公民毫无用处，甚至比无用更糟糕。国家警察日是一个对政权进行反击的节日。

尽管开罗的解放广场成了起义的漩涡，但在最初呼吁于1月25日举行的民众示威中并没有提到它。相反，抗议活动被安排在城市周围的不同地方以及埃及各省进行。这是反对派几次巧妙的行动中的第一次，这些行动使安全部队分散了兵力，不同地区的抗议活动又凝聚成了更大的运动。除了那些在网上回复帖子的人，许多原本无意参与的旁观者也加入其中。手机为人们进行联系和集会提供了便利。脸书上关于示威的帖子主要有4个要求：终止紧急状态法，解除内政部长职务，限制总统任期，以及采取消除贫困行动。1月25日原本是一个"反对酷刑、贫穷、腐败和失业的反抗日"。帖子中并没有涉及推翻政权的问题。事实上，人们起初的要求是"面包、自由以及人类尊严！"但是，很快就听到了一个高于一切的呼声："打倒穆巴拉克！"为了呼应突尼斯的革命，人们喊道："本·阿里，告诉穆巴拉克，'你的飞机在等你！'""穆巴拉克，沙特阿拉伯在等你！"

随着示威活动的发展，人们一致向开罗市中心的解放广场聚集，这里具有非常大的空间，可容纳大量的人。宽阔的街道和大型桥梁将其与城市的其他部分连接起来。许多政治和机构权力中心近在咫尺。埃及官僚主义的化身中央政府办公大楼就在广场边上。执政党国家民主党总部的大楼也在附近隐约可见。议会大厦仅几步之遥，内政部的办公室也在几个街区之内。尽管警方阻止人们进入取得了部分成功，但到1月25日夜幕降临时，也许有多达2万人——有人说有5万人——聚集在解放广场上。是什么让他们聚集于此？一位妇女说："我们希望像人一样生活。"除了要求推翻穆巴拉克的呼声外，人们一次又一次地听到这种情绪，这种对尊严的渴望，对长期被剥夺的合理人权的渴望。一股强大的力量被释放了出来。不同派别也参与组织和加入其中，这使得这股力量更加强大。例如在以前，如果穆兄会组织抗议活动，那么抗议活动的参与者仅限于穆兄会成员。在这次运动中，没有派系关系的个人也参与了进来。来自不同背景、持不同观点的人们直接而自由地进行互动。

当局决心不让这种情况继续下去。内政部长哈比卜·阿德利在1月25日接受国有报刊《金字塔报》采访时说，示威活动的组织者"浑然不觉"，并预言他们的努力将"不会产生任何影响"。他的话很有威胁性："安全部队可以应对任何人民面临的安全威胁。他们将对任何破坏财产或违反法律的行为严惩不贷。"午夜过后，政府下达了肃清广场的命令。警察用催泪瓦斯、橡皮子弹和暴力赶走了人群。到了早上，解放广场似乎又恢复了正常。政府如果认为这次可以像控制2003年的大规模示威一样稳定局面，那就大错特错了。

尽管政府试图阻止示威者进入广场，并逮捕和拘留了数百人，但示威者第二天还是回到了解放广场，他们比以往更加坚定，人数也越来越多。到第一周结束时，参与集会的人数估计高达25万人。在拥挤的广场上，人们的行为举止得体。来自任何背景的人都有权参与其中，这是一种强大的凝聚力的表现。当穆斯林祈祷时，基督徒站岗；同样地，当基督徒在星期日做弥撒时，穆斯林负责守夜。一些过去与政权有联系的知名人士也现身并表示支持。个人尊严得到了尊重。解放广场上的现场视频片段给全世界数百万高度关注埃及事件的观众留下了好印象。塔里尔解放广场成为革命的象征。

和以前一样，抗议者们呼吁尊严、言论自由以及经济和政治改革，但这次示威最重要的是要求穆巴拉克下台。政府再次以武力回应，但现在人数太多，人们的态度太坚决了。抗议者们从过去处理国家安全问题中吸取了深刻的教训，现在也更聪明了。他们戴着用醋和布做成的简易的防催泪瓦斯面罩；许多人穿上了衬垫和皮夹克，以保护他们免受警棍和橡皮子弹的伤害；他们知道用一块抹布塞进装甲车的尾气管就可以让它停下来。

当全世界的注意力都集中在解放广场的事态发展时，埃及的其他地区也发生了大规模示威游行。在哈立德·赛义德的故乡亚历山大城，大量人群在滨海大道上游行。在苏伊士，大多数没有特权的人对经济的担忧已接近绝望的地步，抗议者与安全部队的对峙从一开始就是暴力和致命的，双方展开了激烈战斗，造成人员伤亡和财产的损失。人们已经迈过了恐惧的门槛，现在已经准备好站起来加入战斗并迎接死亡。为了恢复对苏伊士的控制，政府从附近的伊斯梅利亚调兵增援，但伊斯梅利亚的局势失去了控制。曼苏拉和坦塔的大规模示威活动造成了人员伤亡。国家的安全部队已经捉襟见肘，人员疲惫不堪，以前经过尝试和验证的方法已经不起作用。

尽管如此，政府还是决心用武力镇压起义。如果说穆巴拉克还有机会挽救局势的话，那就是在1月26日至27日期间采取戏剧性的、有意义的行动，但这位日益陷入困境的总统却没有传来任何消息。有传言说，他的儿子们已经飞往欧洲，而苏珊娜·穆巴拉克正在与他们会合的路上。无论真假，这些故事都满足了示威者的期望。如果穆巴拉克的儿子们出国了又回到埃及，他们往后可能会后悔，这对他们父亲的处境毫无帮助。经过两天持续的、疲惫的和残酷的努力，政府给示威者们留下的印象是，政府有决心处理这一事件，除此之外，毫无其他印象。人们计划在1月28日星期五举行更大规模的示威活动。政府当然提前知道了这一安排，并采取了预防措施。27日晚上，互联网连接被切断，短信即时通信被禁用。到星期五晚间，移动电话服务也被中断。但是，抗议运动规模已经变得如此庞大，人们高度活跃，它的势头通过口口相传便能得以维持。

在那个星期五中午的祈祷结束后，当成千上万的人离开清真寺，埃及多地爆发了街头争斗。政府的反应是进一步加强残暴和致命的武力。警车被烧毁，几个警察局也被烧毁。一些人怀疑警察可能参与了对警察局的袭击，以此销毁有关记录，掩盖他们过去的罪行。当一群人接近内政部并打算摧毁它时，屋顶上的狙击手瞄准了人们的头部和胸部并将人们击毙，致使本次事件中的死亡人数远超800人。国家电视台大楼也遭到了袭击。安全部队除了实弹和橡皮子弹外，还大量使用了装甲车、催泪瓦斯、高压水枪、警棍和盾牌。从远处射来的霰弹枪子弹不太可能致命，但它们也造成了严重的伤害，其中包括失明，受伤的人不计其数。为了守住通往解放广场西侧的卡斯尔·奈尔大桥（Qasr al-Nil Bridge），由装甲车和消防车组成的庞大警察队伍整天都在拼命战斗，但在夜幕降临时，人群已经冲破了这座大桥。丑陋的国家民主党总部建在从埃及博物馆抢来的河边黄金地段上，现在被洗劫一空并被烧毁。那座高大的建筑在夜间燃烧起熊熊大火，象征着政权受到了不可挽回的损害。在"愤怒星期五"之后，已经没有回头路了。

星期五晚间，警察从解放广场周围撤出，开罗其他地区和埃及部分地区的警察也消失了。开罗监狱中的囚犯不是越狱逃出，就是被人故意释放出来并恢复自由之身。越狱者中有穆兄会的高级成员穆罕默德·穆尔西（Muhammad Morsi），他在前一天和他的许多同事一起被捕入狱。或许，安全部队的压力太大，以至于在暴乱发生前不得不撤走。但许多人认为这是政府的伎俩，目的是用无法无天的混乱局面来恐吓人们。此间确实发生了抢劫，人们普遍感到恐慌，但政府如果期望人民会反对示威者，那它就失算了。社区协会很快成立，他们负责保护人们的生命和财产安全，比警察做得更有效。警察留下的真空地带非但没有造成不安全感，反而为公众赋权开辟了新的空间。

星期六清晨，埃及军队的坦克和装甲运兵车挺进开罗市区，在关键地点占据了阵地。士兵们受到了人群的欢迎，他们高呼："军队和人民携手并进！"在埃及，男性普遍需要服兵役。组成队伍的大多数人都不情愿应征入伍，他们是同胞。军队已经加入了革命，或者说许多人相信如此。少数有想法的人想知道，军队是否会在这个过程中夺取已不受欢迎的政权。两个月后，迈克尔·纳比尔·萨那德（Maikel Nabil Sanad）表达了这一担忧，随后他因"侮辱军队"而被捕，并差点死在监狱里。他和另外大约2000人一起接受了军事审判。就目前而言，抗议者们认为他们与士兵们已经找到了共同点，士兵们表现出了体谅，表达了个人同情，没有扮演任何党派角色。军队现在是局势中的一个重要因素。

1月29日星期六晚上，穆巴拉克终于发表电视讲话。在简短的讲话中，他强调了自己多年来对国家的服务，为这次示威活动寻找普遍的原因："我曾经和你们一样年轻。"他暗示骚乱是恶意的外部力量所为。社会秩序必须得到恢复。他宣布自己已要求内阁辞职，并将任命一个新的政府，但坚称他将完成任期，并死在埃及。他唯一真正的让步是宣布他不会参与2011年9月的总统选举。解放广场的人群立即大声拒绝，但反对派中出现了一个小小的裂痕。许多人仍然决心让穆巴拉克立即下台，但其他人则赞成让他带着虚假的尊严和平地离开。穆巴拉克至少提供了一种微小的可能性，他可能会主持有序的权力交接，他30年的统治将以一种政治家的风度结束。然而，他很快抛弃了这样的机会。

穆巴拉克还采取了他近30年来一直回避的措施，任命了一位副总统。然而，他的选择只是增加了众人要求他下台的决心，因为奥马尔·苏莱曼是臭名昭著的国家情报局负责人，很难被视为改革者。这只是穆巴拉克长期以来设想的一种退路。尽管苏莱曼的任命隐含着将贾迈勒·穆巴拉克排除在总统名单之外——几天后，苏莱曼明确指出了这一事实——但这丝毫没有安抚抗议者的情绪。前空军司令艾哈迈德·沙菲克（Ahmed Shafiq）取代总理艾哈迈德·纳齐夫（Ahmed Nazif）也没有改善穆巴拉克的处境，因为人们认为沙菲克只是另一个保守派的成员。1月31日进行的内阁改组同样不能令人信

2011 年 2 月，要求胡斯尼·穆巴拉克政权下台的示威者挤满了开罗的解放广场
（谢里夫·阿萨夫摄）

服。内政部的哈比卜·阿兹利被替换，但其他大部分人的面孔都没有变化。

　　穆巴拉克应对的方法是控制和镇压，而不是创造性地适应不断变化的现实。2月2日，骑手们骑着马和骆驼冲进人群，用棍子抽打人们，然后他们又被人们从坐骑上拉下来轮流殴打。国家民主党组织的一次大型示威活动不断向解放广场靠近。示威队伍由国家民主党的特工人员、便衣警察、雇佣的打手和受雇的示威者组成。其中也有真正支持总统的人，无论是出于信念还是自身利益。穆巴拉克有自己的支持者，但当局剥夺了其支持者和反对者的权力，使他们难以真正意义上表达自己的观点。亲近穆巴拉克的部队奉命集结将示威者赶出解放广场，试图控制这片曾经象征革命的地方。反对派部队则坚守阵地，街头的战斗也在激烈进行。当天结束时，政府的最新策略已经失败。这个结果通过电视向全世界转播，摧毁了穆巴拉克政府在国际社会仅存的信誉。

　　在接下来的几天里，该政权做出的努力孱弱无力。副总统苏莱曼在2月3日宣布他不会参加下一轮的总统选举，但这并没有给人们留下什么印象。他在2月6日大力宣传的"与反对派对话"是一场闹剧。穆巴拉克所剩的唯一资源可能是军队。陆军和海军将领自然是他的支持者，因为穆巴拉克是他们中的一员，他亲自选任了这些将领。穆罕默德·侯赛因·坦塔维（Muhammad Husein Tantawi）将军曾担任他的国防部长和武装部队指挥官近20年。许多人认为，如果1995年的暗杀成功，坦塔维会接替穆巴拉克。然而，军队最高司令部愈加焦躁不安，已经表现出主动性。随着穆巴拉克的衰落，军队作为埃及最终的权力来源，是唯一仍然存在的机构性力量。它是否应该尝试使用致命的武力来让垂死的总统起死回生？即使士兵们被命令向他们的同胞开火，他们会这样做吗？突尼斯军队没有这样做。如果士兵拒绝服从命令，整个埃及军队的结构可能会崩溃。穆巴拉克已经威胁到了军事机构的生存。此外，他试图为自己的儿子建立继承权而不是将权力转交给将军，已经签署了自己的政治死刑令。

胡斯尼·穆巴拉克总统辞职前几小时的最后一
次电视讲话（奥马尔·阿蒂亚摄）

2月10日（星期四），军事领导人向胡斯尼·穆巴拉克明确表示，他不能再继续执政。由20多名高级军官组成的武装部队最高委员会在没有总统的情况下召开会议，暗示穆巴拉克的辞职迫在眉睫。在儿子贾迈勒和妻子苏珊娜的鼓动下，这位陷入困境的总统试图进行最后一搏。当晚，他在电视上发表告别演说，重申了要完成任期的意图，令观众们感到震惊。但这并没有用，穆巴拉克的权威和合法性已然耗尽。2月11日下午6点，已从政治舞台上消失的副总统苏莱曼宣布：胡斯尼·穆巴拉克在执政29年4个月后辞去了埃及总统的职务。在一个月之前，没有人料想到会是这样的结果。

第二十一章
革命后记

2011年2月底，随着人们对于革命的兴奋感逐渐消失，解放广场事件的一名参与者展望了未来。他说："革命是容易的一步。而与之相比，接下来的路漫长而艰难。现在，组织公民参与社会、政治和经济重建的真正工作开始了。"事实证明，这些话比他预想的更真实。

穆巴拉克被他以为由自己控制的埃及人民所拒绝，被他以为对自己绝对忠诚的军队所抛弃，他注定不会在和平中退休，回到他在沙姆沙伊赫的庄园。在他辞职后的几天内，整个穆巴拉克家族的资产被冻结。2月28日，穆巴拉克和他的家人被禁止离开埃及。一个月后，他们被软禁在沙姆沙尹赫。4月13日，他的儿子阿拉和贾迈勒被关进监狱。穆巴拉克也被拘留审问，但因心脏病发作被送进了医院。5月24日，他和儿子们因腐败和在抗议活动中杀害示威者而接受审判。胡斯尼·穆巴拉克和他的儿子们的审讯过程一波三折并持续了一段时间，随后他们被逮捕、审判、定罪，最终获得了自由。那时，曾是埃及无可争议的主人的胡斯尼·穆巴拉克在很大程度上已经不重要了。

苏珊娜·穆巴拉克在被拘留时晕倒住院，病情好转后可能被转移到了开罗的女子监狱。她的命运经历了一些波折，但她成功地避免了牢狱之灾，不过她被迫向国家交出约300万美元。虽然关于穆巴拉克家族财富的估算众说纷纭，但人们普遍认为这只是其中的一小部分。无处不在、永不衰老的穆巴拉克画像很快就消失了，其中大部分被烧毁。穆巴拉克的名字也从成千上万的学校、图书馆、街道、慈善组织和其他许多机构中被删除。开罗市中心的穆巴拉克地铁站更名为烈士站。

4月16日，国家民主党解散。随后展开了对前政权重要成员的调查和司法程序。哈比卜·阿德利被判腐败罪，并被判处12年监禁。关于他指挥部队向示威者开枪的指控尚未有定论，这有可能让他面临死刑。最终，他的所有定罪被推翻，他获得了自由。除此之外，还有其他备受瞩目的审判，那些没有逃离埃及的前高管因挪用公款、贪污和浪费公共资金而被逮捕、审判，并被判刑。被定罪者包括一位前总理和几位高级内阁部长。但清查工作只进行到了这里。军队的财务交易被认为影响了埃及近一半的经济，但仍然是不透明的。

穆巴拉克辞职后，人们普遍认为革命已经成功。然而，没有临时文职政府来监督未来的道路。权力或多或少地被有序移交给了武装部队最高委员会，其负责人穆罕默德·坦塔维将军成为事实上的国家元首。军队掌握了权力。2月13日，军队中止了宪法，解散了议会，并宣布将举行新的议会选举。艾哈迈德·沙菲克继续担任总理，直到3月3日被埃萨姆·沙拉夫（Essam Sharaf）取代。沙拉夫是一位平民，曾短暂担任过交通部长，但后来成为穆巴拉克的强烈批评者。虽然总理表面上负责政府的日常运作，但毫无疑问，权力掌握在最高军事委员会手中。紧急状态仍然存在。最高委员会的内部运作在很大程度上是秘密的。一些人心中的疑问是，军方愿意在多大程度上放弃它在埃及长期以来施加的权力和影响。虽然革命将穆巴拉克赶下了台，但作为旧政权的基本特征，军方机构仍然完好无损，坦塔维拥有全部的总统权力。

武装部队最高委员会宣布，它计划尽快将权力移交给民选政府。它任命了一个司法小组负责起草1971年宪法的修正案，以确保议会选举的自由和公平。在随后于2011年3月19日举行的公民投票中，参与投票的选民（占适龄选民的41%）以压倒性优势批准了这些修正内容。最高委员会宣布，议会选举可能最早于9月举行，最迟于年底举行。新议会将监督新宪法的起草工作，随后将举行总统选举。因此，新议会的组成对于埃及的未来至关重要。

穆巴拉克的倒台并不意味着埃及问题的结束。现有问题变得更加棘手，而新问题又出现了。2010年底，埃及整体经济状况相当不错，至少从国内生产总值和国际收支平衡等指标来看是如此。国家吸引了外国直接投资，资本涌入了埃及的金融市场。外国援助仍在继续，不过埃及对外国援助的依赖程度有所降低。苏伊士运河的收入不错，旅游业创新高。然而，这一系列蓬勃发展所带来的利益并未平等地惠及所有人，贫困正在加剧。

随着2011年初革命的到来，埃及经济陷入了持续多年的困境之中。在资本逃离埃及金融市场的同时，外部投资几乎停止了。近年逐渐减少的外国援助急剧上升，以确保埃及能够履行其国际收支义务。对埃及经济至关重要的旅游业受到了严重的影响。这种影响是持久性的，与以往下滑之后又复苏不尽相同。在革命前的10年间，旅游业雇用了全国12%的劳动力，并间接惠及了更多的人。旅游业收入占全国GDP的10%或更多。2000年，有超过550万名游客入境；到2010年，有近1500万名。2011年后，这个数字急剧下降，2016年的入境游客不到550万。无数的家庭很难找到勉强维持生计的办法，更不用说支付医药和教育等方面的费用了。

随着穆巴拉克的下台，曾为革命注入活力的共同目标感也随之消散。人们对于如何继续前进没有达成共识。这是意料之中的，因为各派别都各自设想了埃及应该有什么样的政府和领导人，宗教派别间的激烈争斗也强势反弹。许多基督徒加入了之前的抗议活动，为革命提供了一个重要的团结力量，不过体制内的教会对事态的发展感到担忧，他们担心反教活动会在政权被推翻后重新出现。2012年去世的教皇谢努达三世从未反对过穆巴拉克。科普特人和穆斯林之间的冲突早在3月就开始了。新闻报道里科普特人在解放广场上围着祈祷的穆斯林形成保护圈的感人画面也逐渐被基督教堂遭受袭击事件的报道所取代。2011年5月初，埃及发生了一次特别恶性的袭击，造成

15人死亡，200多人受伤。这起以及其他数起教堂袭击事件被归咎于萨拉菲激进主义者身上。科普特人指责警方反应迟钝，偏袒穆斯林。双方冲突持续不断，紧张的局势进一步加剧。2011年10月，阿斯旺的一座教堂被毁，随后，科普特人举行了大规模抗议。抗议者聚集在马斯佩罗电视大楼，这是尼罗河东岸的一个著名建筑，离解放广场北边不远。这次抗议活动的不同之处在于，它不是针对一般事件，而是专门针对管理埃及的军事委员会。警察作出了回应，暴力地用装甲车碾压平民。一条诽谤性的推特消息说电视中心受到了基督徒的攻击，穆斯林应前去保卫电视中心；之后，科普特人和穆斯林之间爆发了整夜的战斗。这次斗争中有24人死亡，200多人受伤。

随着2011年接近尾声，埃及的民主之路将顺利进行的希望也在减少。新一届人民议会的选举于2011年11月28日至2012年1月11日进行。伊斯兰教徒在投票中取得了压倒性的胜利。穆兄会的自由与正义党获得了47%的席位，萨拉菲斯特努尔党赢得了24%的席位。新华夫脱党和埃及人集团党加起来仅获得了14%的席位。伊斯兰教徒牢牢地控制着人民议会。但在2012年6月14日，由穆巴拉克任命的法官组成的埃及最高宪法法院在武装部队最高委员会的批准下裁定选举违宪，并下令解散人民议会。

2012年5月23日至6月17日，埃及共和国成立近60年来第一次真正民主的总统选举分两轮进行。在最后一轮选举中突围的两位候选人让人难以抉择：穆罕默德·穆尔西是穆兄会的高级成员，而艾哈迈德·沙菲克是穆巴拉克在辞职前不久任命的总理，他将穆巴拉克称为"榜样"。对于自由派、温和派和世俗主义者来说，这是最糟糕的结果：一位是仅仅模样不同的穆巴拉克，另一位是穆兄会成员。选举结果相当接近：穆尔西获得51.73%的支持，沙菲克获得48.27%的支持。穆尔西胜出，并于2012年6月30日上任。

巩固革命成果的重担落在了60岁的工程师和前教授穆罕默德·穆尔西身上。尽管民众对于穆尔西当选的看法是两极化的，但他其实本可以不局限于他在穆兄会中的权力基础，而是拉拢其他的政治派别。大多数人应该都会赞同他的提议，并与他合作。穆尔西宣布他将成为为所有埃及人谋利益的总统，并宣布首任的两位副总统中将有一位女性和一位基督徒。但他没有兑现这一早期的包容性承诺。穆尔西的副总统由一名穆斯林男子担任，其他任命则显示了党派上的偏好。他任命了几位伊斯兰教信徒担任省长，这引起了穆兄会圈子以外的人的广泛不满。特别有争议的任命是让阿德尔·卡亚特（Adel al-Khayat）担任卢克索省长。卡亚特是极端伊斯兰组织的成员，这个恐怖组织在20世纪90年代以埃及的旅游业为攻击目标，于1997年在卢克索西岸制造了戴尔·巴哈里屠杀事件。无论埃及的总统及其党派在执政初期有什么好的初衷，他们总是起初承诺将在埃及实现更大程度的民主，却又迅速着手压制反对派。穆罕默德·穆尔西和他的继任者也不例外。

但穆尔西不得不与另一个权力中心抗衡，这个权力中心为军方。军方自2011年2月起直接管理国家，并认为自己在埃及的行政权力中拥有专有利益。甚至在总统选举完成之前，武装部队最高委员会就修改了临时宪法，剥夺了总统的大部分主要权力。如果穆尔西要成为一位成功的总统，他必须从军方手中夺回总统权力。他采取的第一步行动是间接的，但也不乏挑衅意味。2012年7月8日，他下令重新召开被解散的人民议会，并称这是"人民的意愿"。这显然不是军方的意愿，军方作出回应，威胁要进行干预以捍卫埃及的"合法性、宪法和法律"。在这种情况下，埃及最高宪法法院在两天后迅速否定了穆尔西的决定，但这已经是针对军方的一次挑战了。一些人担心，穆尔西试图恢复人民议会只是另一种增加穆兄会政治权力的尝试。这位新当选的总统正在谨慎地试探。

穆尔西开始着手组建政府。他出人意料地任命前土木工程师希沙姆·坎迪尔（Hisham Qandil）为总理，坎迪尔的前一个职位是水力资源和灌溉部的负责人。在接下来的几天里，坎迪尔组建了一个内阁。内阁组成人员一部分是技术官僚，一部分是从穆兄会和其他伊斯兰派别领导层中选出的政治家。国防部长的任命并非由坎迪尔决定，而是由武装部队最高委员会决定。该委员会一如既往地由武装部门负责人穆罕默德·侯赛因·坦塔维元帅领导，他被公认是埃及最有权力的人。但几天后，穆尔西解雇了坦塔维，并命令他辞去参谋长的职务。穆尔西用鲜为人知的军事情报负责人阿卜杜勒·法塔赫·塞西（Abd al-Fattah al-Sisi）将军取代了他。他还解雇了武装部队参谋长萨米·阿南（Sami Anan），他是军队中权力第二大的人。穆尔西的动作远不止这些。他还取消了军方对总统府的限制，并宣称自己拥有新的立法和行政权力。

穆尔西可能受到了土耳其的雷杰普·塔伊普·埃尔多安（Recep Tayyip Erdogan）的启发，后者驯服了土耳其强大的军事机构。穆尔西希望埃及的军队也能被这样驯服。他确实采取了一些果断的行动，但埃及军方的潜在力量及其发挥政治作用的决心仍然是巨大的。如果穆尔西不想在军方的反击下束手无策，他需要得到民众的支持。在开始时，大多数埃及人认为他出任总统是一个积极的信号；在几个月内，他的支持率急剧下降，并形成了一股反对势力。问题的部分原因是穆尔西未能兑现他对政府包容性的承诺。人们对穆兄会扩大权力的担忧也随之增加。

然而，在更根本的层面上，穆尔西任职总统期间并没有成功有效地治理埃及。国内的犯罪率明显上升，曾经在埃及很少发生的绑架勒索事件，现在变得司空见惯。穆尔西承诺要重振埃及经济，情况却变得更糟。旅游业继续下滑，投资枯竭，通货膨胀急剧上升，穷人比以前过得更加困苦。埃镑兑美元的汇率急剧下滑，导致进口商品更加昂贵。燃料短缺和停电变得更加频繁。后来有人说，这些事情是由军队和富有的内部人士策划的，目的是增加公众对穆尔西的愤怒，人们越来越认为穆尔西是一个无能又刚愎自用的总统。人们说："我们给了穆尔西驾驶执照，但他甚至不知道如何开车。"[55]穆尔西在穆兄会中的核心支持仍然稳固，但一些伊斯兰派别开始对他感到失望。几十年来，穆兄会一直艰苦地在政治体系的边缘或政治体系下而非中心工作，他们已经习惯了。

穆尔西并没有试图扩大他的民众支持基础，而是去争取更多的权力。由于法院的不利裁决和其他阻挠策略，他于2012年11月22日宣布，在新议会选出之前，他的行为不受法律挑战；与此同时，他拥有不受限的权利以保护革命成果不受敌人的侵犯。负责撰写宪法的第二届制宪会议（第一届制宪会议被宣布违宪）的工作将不受阻碍地进行。穆尔西不再按民主规则行事。民众反应剧烈，这标志着总统和他的支持者之间永久地分道扬镳。10多万人走上街头抗议。解放广场看起来又像2011年1月底时的样子。还有其他不祥的相似之处：抗议者坚持要求提前选举。也有一些人要求穆尔西下台。穆尔西的支持者与其反对派之间的暴力冲突一直持续到12月。

第二届制宪会议的程序是有争议的，但其因没有法律上的障碍，所以迅速地完成了工作。埃及选民于12月15日和22日举行的全民公决中通过了宪法，在33%适龄选民的投票中，63%的人投了赞成票。批评者和弃权者抱怨说，新宪法有利于伊斯兰主义者，在保护妇女和科普特人的权利方面做得太少，同时限制了言论自由，并允许对平民进行军事审判。甚至一些萨拉菲斯特派的教徒也找到了不满的理由，他们认为新宪法在建立伊斯兰教法方面走得还不够远。穆罕默德·穆尔西在12月26日宣布新宪法成为法律，当时他可能认为自己已经完成了控制国家的最重要目标；事实上，事态已经对他不利。

2013年，针对穆尔西的抗议活动以及他的支持者和反对者之间的冲突有所增加。"反抗"（Tamarod）运动发起于4月，目的是"以和平的方式终结穆兄会及其代表穆罕默德·穆尔西的权力"。该运动组织了抗议活动，并收集了要求提前选举的人们的签名。到6月底，该运动声称已经收集了超过2200万个签名。这是一个无法核实的数字，但反对穆尔西的呼声确在稳步上升。

"反抗"运动通常被描述为一个草根运动，它得到了民众的广泛支持。但据说它也得到了军队和安全部门的鼓励和帮助。尽管运动谈到了和平过渡和自由选举，但它显然乐于让军队参与实现这一目标。然而，"政变"一词是禁忌，因为美国政府是不会对一个不稳定的政府继续提供援助的。因此，抗议者们小心翼翼地说："是革命，不是政变。"这些话很可能来自武装部队最高委员会。人们再次听到了"军队和人民携手并进"这样的呼声。一些抗议者对过于依赖军队的倾向表示担忧，因为军队是旧政权的中流砥柱。他们提醒道，革命应该由人民来完成，而不是由军队来完成。但他们的声音在喧嚣中被淹没了。

越来越多的异议在2013年6月30日的大型示威活动中达到高潮，当天是穆尔西就职周年纪念日，开罗和埃及其他城市的数百万人走上街头，要求总统辞职。军方后来表示，有1400万至2400万埃及人动员起来反对穆尔西。这些数字不一定是真实的，但抗议活动规模确实很大。解放广场上再次挤满了高呼"穆尔西下台"的人群。7月1日，军方采取了行动，命令穆尔西在48小时内与抗议者达成协议。穆尔西无视最后通牒，军队于7月3日将其拘留。国防部长兼武装部队最高委员会主席阿卜杜勒·法塔赫·塞西将军在电视上向埃及国民发表讲话。他宣称："埃及人民要求我们重新发挥军队在国家中的作用，军队不会对这样的呼声视而不见。"在塞西身后支持他的有诺贝尔奖获得者、著名自由主义者穆罕默德·巴拉迪（Mohamed ElBaradei），反叛运动领导人马哈茂德·巴德尔（Mahmoud Badr）和穆罕默德·阿卜杜勒·阿齐兹（Mohamed Abdel Aziz），著名的萨拉菲派加拉·莫拉（Galal Morra），努尔党的巴萨姆·扎尔卡（Bassam al-Zarqa）、谢赫·阿扎尔·艾哈迈德·塔伊布（Sheikh al-Azhar Ahmad Tayyib），以及科普特教皇塔瓦德罗斯二世（Tawadros II）。塞西宣布解除埃及第一位民选总统的职务，并暂时中止宪法。之后将会进行新的选举。第二天，塞西任命阿德利·曼苏尔（Adly Mansour）为代理总统，现在，塞西和武装部队最高委员会已经完全掌握了权力。

新政权立刻树立起权威。安全部队和支持穆尔西的示威者之间立即发生了暴力冲突。7月8日，共和国卫队总部的静坐活动被武力驱散，造成数十人死亡，400多人受伤。7月27日，安全部队与穆尔西的支持者发生了另一次重大冲突。政府报告称有82人死亡，299人受伤，但战地医院的医生说死亡人数至少有200人，受伤人数有4500人。小型暴力事件几乎每天都在发生。8月14日，发生了"拉巴大屠杀（Rab'a Massacre）"，政府对亲穆尔西的支持者们建立的两个营地采取了武力行动，支持者们发誓在穆尔西恢复执政之前不会离开。这些营地被摧毁，人员伤亡严重，场面骇人。埃及卫生部报告的死亡人数为638人，受伤人数为3994人。穆兄会称，仅一个地点的死亡人数就达到了2600人。人权观察组织估计，至少有1000人遇害。

与此同时，安全部队在埃及各地积极行动，新抗议法进一步增加了他们的权力，人们将此法称为通往监狱的"快车道"。在废黜穆尔西的政变发生后一年内，埃及经济和社会权利中心报告称，有4.1万人因刑事犯罪被逮捕、指控或起诉。穆尔西的支持者们并非唯一目标。政权对各个政治领域的抗议活动和异议表达进行了严厉的镇压。艾哈迈德·马赫是2011年1月解放广场示威活动和2013年3月"内衣抗议"活动的主要参与者。2013年12月22日，他因参加未经内政部批准的抗议活动而与其他两名反对派领导人一起被判处3年监禁。进监狱对马赫来说并不是什么新鲜事，但这次他服满了3年刑期，然后在警察的严密监视下度过了一段观察期。其他革命者也因言辞或行动出格而被关进了监狱。对穆兄会来说，这就像以前一样，情况甚至更糟糕。2014年3月24日，529名穆兄会成员被判处死刑。在穆尔西下台后，精确的数字不得而知，但数以万计的穆兄会成员被监禁。

2014年5月26日至28日，总统选举如期进行，但遭到了穆兄会的抵制，阿卜杜勒·法塔赫·塞西获得近97%的选票而获胜。塞西的纳赛尔派对手，即在2012年第一轮总统选举中赢得了21.5%选票的哈姆丁·萨巴希（Hamdeen Sabbahi），以略高于3%的得票率名列第二。塞西于2014年6月8日宣誓就任总统。大而丑陋的混凝土墙堵在了通往解放广场的几条主要街道上，消除了人们在广场举行更多示威活动的可能性。广场派驻了一支长驻军，军队配备有用以驱散人群的重型装甲车，随时准备对持异见的示威活动采取行动。位于广场中央的萨达特地铁站仍然牢牢关闭。政府仔细处理所有异议，有时根据情况采取强制措施。

塞西承诺只连任两届，他在2018年的选举中轻松赢得了第二个任期。他唯一的实质性对手是前军事参谋长萨米·阿南，但阿南在选举前两个月被捕入狱。埃及不成文但实际生效的宪法已经重新调整为纳赛尔、萨达特和穆巴拉克时代的模样。

在高层的政治泡沫下，自1952年以来埃及所有领导人面临的同样的基本问题——经济、人口、环境问题——比以往任何时候都更加紧迫。埃及整体经济状况有所改善，但迅速增长的人口对经济发展造成了阻碍。在20世纪初，埃及总人口约为1000万。到1952年君主制结束时，人口已经增长到2200多万。2000年，人口接近6800万，每10个月增加100万。10年后，人口超过了8000万。胡斯尼·穆巴拉克在1991年承认："人口过剩阻碍了发展。它影响了数百万埃及家庭的生活水平，限制了政府为公民增加服务的能力。"与该地区其他一些国家相比，埃及的出生率并不是特别高，而且有迹象表明，计划生育方案应该产生了微弱的影响。但近期出生率的激增可能反映出了相反的发展趋势，计划生育上还有很多工作要落实。同时，要维持和提高生活水平，经济必须加快增长，并惠及社会各个阶层。

大都市开罗的人口增长最为明显，其人口已达1600万或更多，城市的基础设施十分紧张，这些基础设施最初设计的可容纳人口要少得多。在过去的30年里，开罗的交通流量增长惊人，其规模足以让许多大城市陷入绝对瘫痪。然而，交通仍然在顺利运作，部分原因是埃及人拥有了不起的合作精神，另外，政府投入了大量的交通警察和充足的劳动力来解决停车等问题。主要高速公路的建设正在改善（也有人说是恶化）交通拥堵状况。由法国人建造并于1987年开通的开罗地

20世纪末常见的开罗交通堵塞景象
（雅洛斯瓦夫·多布罗沃尔斯基摄）

铁线路正在逐步延伸。在20世纪80年代和90年代，一个美英合资财团的新工程及时取代了该市陈旧的污水处理系统。然而，开罗指数式的人口增长并没有带来城市化的一些常见弊病。例如，对于一个大城市来说，开罗的犯罪率即使最近有所上升，也仍然是非常低的。虽然面临着某些压力，但埃及社会强大的凝聚力还没有被撕裂。

　　埃及与世界其他国家的经济关系发生了相当惊人的逆转，却没有引起什么评论。在纳赛尔时代，埃及不再是一个粮食净生产国，而成为一个粮食净进口国。这个曾经不仅为本国也为他国提供粮食的国家再也无法养活自己了。到萨达特总统任期结束时，埃及的粮食进口量超过了一半。即便有美国的援助，埃及每年也要花费约20亿美元进口粮食。萨法加红海港口高耸的谷物升降机充分显示了埃及对进口粮食的依赖。在过去的20年里，国内粮食生产情况虽有所改善，但远未达到自给自足的程度。在阿斯旺修建高坝所增加的可耕地被城市化进程占用的土地所抵消。在开罗西南部，人们每天都能看到世界上最丰饶的农业用地在密密麻麻的公寓楼下逐渐消失，着实让人痛心。这些建筑有时是用这些土地上的泥土制成的砖头砌成的。这些建筑旁边的田地上直到最后一刻还被用于耕种，但很快就会遭受同样的命运。这种建筑的开发其实最好是在沙漠中进行，但在尼罗河沿岸的许多地方，人们会看到沙漠边缘进行着昂贵的开垦项目，而靠近河流的肥沃土壤却被新建筑的混凝土所覆盖。

　　随着埃及人口的持续增长，这个国家面临着其最重要的资源限制——尼罗河水的限制。埃及消耗了大量的尼罗河水，却没有为尼罗河作出任何贡献，而上游国家的人口增长甚至比埃及更快，他们不可避免地将更多的水占为己有，并对河流施加越来越多的控制。直到最近，埃及依旧是尼罗河流域唯一重要的农业国家，因此，它实际上拥有河流的全部水资源。在19世纪末和20世纪初，根据英国水利工程师在英国占领埃及早期阶段的精心计算，埃及对确保获得足够尼罗河水的需求变得更加敏感。上游缺乏水力控制意味着埃及继续无障碍地接受河流的全部流量。此外，英帝国对几乎整个尼罗河流域的统治保证了对该河控制政策的统一，这最终对埃及有利。尼罗河流域国家在20世纪50年代和60年代成为独立国家后，更为复杂的外交局势出现了。

埃及和苏丹于1959年签订的《尼罗河水协议》对尼罗河水的分配起到了至关重要的作用。该协议是基于阿斯旺大坝的平均自然流量来商定的，也就是每年840亿立方米[①]。1959年的协议为埃及分配了555亿立方米的水；苏丹分到了185亿立方米的水；另外100亿立方米是高坝后方水库的蒸发和渗出预计会占用的量。这对苏丹来说是非常能接受的，因为苏丹在该协议中的分配量远高于1929年协议中的分配量，当时给它的水还不到5%。这对埃及也是有利的，因为苏丹受阻于经济和政治问题以及不断恶化的农业基础设施，从未使用其全部分配量，所以剩下的水作为免费礼物流向了埃及的下游。特别是在高坝建成以后，埃及领导人表现得仿佛水资源是取之不尽、用之不竭的。萨达特曾扬言将尼罗河水引向耶路撒冷作为善举，但许多埃及人对此深恶痛绝。

即使在高坝建成时，也有许多工程师警告说，随着灌溉、水电生产以及个人和工业用水需求的不断增加，埃及的用水量会超出它的水利能力。最迟到1980年，埃及的人均水资源将低得惊人。20世纪末的评估预计，到2025年，埃及每人每年的可再生淡水量将低于1000立方米。如果人均用水量低于这个水平，该国就会被认定为水资源匮乏。与此同时，尼罗河上游已经发生了重大变化。苏丹在未来几年可能会使用更多的水，而在第四瀑布附近建造的巨大的梅罗埃大坝（Meroë Dam）使其对尼罗河的水流有了更多的控制。其他被排除在1959年协议之外的沿岸国家也都要求分享流经其境内或源自其境内的水。作为提供了大部分埃及尼罗河水的国家，埃塞俄比亚计划在青尼罗河上建造巨大的埃塞俄比亚复兴大坝（Grand Ethiopian Renaissance Dam）

[①] 虽然尼罗河是世界上最长的河流，但它的水量比其他流域面积相似的河流小得多。这主要是因为它的大部分河道穿过沙漠，没有支流或降雨补充。相比之下，亚马孙河的年自然流量为5.518万亿立方米，密西西比河的年自然流量为5620亿立方米。

以争取更多的水资源，这引起了埃及的重视。

然而，埃及继续对尼罗河施加更大的负担。托什卡项目（Toshka Project）于1997年动工，计划于2020年完工，是埃及自高坝以来最大的工程。这将埃及每年分配到的555亿立方米水中的约10%从纳赛尔湖转入西部沙漠，直到哈尔加和达赫拉绿洲，通过灌溉150万费丹的土地创造出第二个尼罗河谷。除了增加农业生产，新河谷还计划为数百万埃及人提供住房，缓解过度拥挤的尼罗河谷的压力。对托什卡项目的批评声中包括对于是否有足够的水这个问题的怀疑。但埃及政府坚信，埃及目前分配到的水量可以提供足够的水。托什卡项目的成功以及埃及整体水利能力的维持，将取决于精心的管理、有利的气候条件以及精明的外交手段。

21世纪的埃及面临着几千年来命途多舛中的一些最大挑战。这个国家将如何应对这些挑战是难以预见的，但埃及人民一次又一次地证明了他们的坚韧和能力。当人们站在穆卡塔姆丘陵之顶——即异教徒哈里发哈基姆曾经独自骑驴夜行的地方——并看向广阔的城市、银带般的尼罗河、金字塔和远处的沙漠，会不由自主地觉得这片土地上仍然充斥着"玛阿特"，自奥西里斯时代以来便建立的秩序将延续下去。

致　谢

　　这些年，我以多种形式从事埃及史研究，与诸多学者合作并成为朋友，他们的研究几乎涵盖埃及史的方方面面，我从中受益匪浅。这段经历极大地丰富了本书的内容，我对此甚为感激。我尤其要向已故的开罗美国大学出版社主任马克·林茨表示感谢，起初是他建议我撰写此书，在我拒绝后又一再坚持。我要感谢前副主任尼尔·赫维森鼓励我接受这个任务。我还要感谢约翰·拉福、穆罕默德·威廉姆斯、安吉拉·汤姆森、玛格丽特·朗杰、尼尔·朗杰、吉尔·卡米尔、拉里·勒皮昂卡、阿布达拉·哈森、朱利安·汤姆森、阿瑟·戈尔德施米特、罗纳德·齐特科普夫、马克·沃尔特斯以及嘎巴拉·嘎巴拉等就手稿的整体或部分内容给予了宝贵的读者评论和指正。雅罗斯瓦夫·多布罗沃尔斯基和迈克尔·琼斯为本书的图片作出了重大贡献，罗伯特·文森特和约翰·费尼也作出了重要贡献，我必须铭记于心。西肯塔基大学及时而慷慨地资助了我一套摄影设备，这使我能够完成大部分摄影作品的拍摄。我也必须向我寄宿的埃及家庭表示由衷的感谢，巴巴·阿哈默德、哈比巴、阿卜杜、阿姆娜等所有人都允许我和他们一起居住在位于开罗北部苏丹卡特巴陵墓旁的房子里，我正是在那里撰写了本书的大部分内容。这样篇幅的史书里难免存在缺点，但我得到了如此宝贵的帮助和支持，实难再找借口为自己开脱。

注 释

1 Barry J. Kemp, *Ancient Egypt: Anatomy of a Civilization* （London: Routledge, 1991）, 14.

2 Jason Thompson, *Wonderful Things: A History of Egyptology, vol. 3, From 1914 to the Twenty-first Century* （Cairo: The American University in Cairo Press, 2018）, 236–237.

3 Jaromir Malek, *In the Shadow of the Pyramids: Egypt during the Old Kingdom* （Norman: University of Oklahoma Press, 1986）, 87.

4 Miriam Lichtheim, *Ancient Egyptian Literature,* 3 vols. （Berkeley: University of California Press, 1973–1980）, vol. 1, 189.

5 Malek, 40–42.

6 Malek, 118.

7 John A. Wilson, *The Culture of Ancient Egypt* （Chicago: University of Chicago Press, 1971）, 107.

8 Stela of Irtisen, The Louvre.

9 Lichtheim, vol. 2, 176–177.

10 Herodotus, *The Histories,* trans. Aubrey de Sélincourt （Harmondsworth: Penguin, 1972）, 188.

11 Flavius Josephus, *Contra Apionem*. Translation by the author.

12 Wilson, 107.

13 John H. Taylor, "The Third Intermediate Period," in Ian Shaw, ed., *The Oxford History of Ancient Egypt* （Oxford: Oxford University Press, 2000）, 337.

14 Herodotus, *The Histories,* trans. Walter Blanco, ed. Walter Blanco and Jennifer Tolbert Roberts （New York: W.W. Norton, 1992）, 85–86.

15 Garth Fowden, *The Egyptian Hermes: A Historical Approach to the Late Pagan Mind* （Princeton: Princeton University Press, 1986）, 21–22.

16 Alan K. Bowman, *Egypt after the Pharaohs* （Berkeley: University of California Press, 1986）, 169.

17 Polybius, *The Histories of Polybius,* trans. Evelyn S. Shuckburgh, 2 vols. （London: Macmillan, 1989）, vol. 1, 453.

18 Polybius, vol. 2, 405–406.

19 Bowman, 218.

20 From Kircher, *Oedipus Aegyptiacus,* quoted in Francis A. Yates, *Giordano Bruno and the Hermetic Tradition* （London: Routledge and Kegan Paul, 1964）, 417–418.

21 Lionel Casson, *Ships and Seafaring in Ancient Times* （London: British Museum Press, 1994）, 123–124.

22 Eusebius of Caesarea, *History of the Church.* Translation by the author.

23 Tim Vivian, "St. Antony the Great and the Monastery of St. Antony at the Red Sea, ca. A.D. 251 to 1232/1233," in Elizabeth S. Bolman, ed., *Monastic Visions: Wall Paintings in the Monastery of St. Antony at the Red Sea* （Cairo: American Research Center in Egypt, 2002）, 7.

24 Pierre Chuvin, *A Chronicle of the Last Pagans,* trans. B.A. Archer （Cambridge, Massachusetts: Harvard University Press, 1990）, 68.

25 André Raymond, *Cairo: City of History,* trans. Willard Wood （Cairo: The

American University in Cairo Press, 2001）, 10.

26 Stefan C. Reif, *A Jewish Archive from Old Cairo* （Richmond, Surrey: Curzon, 2000）, 187.

27 Raymond, 74.

28 Francesco Gabrieli, *Arab Historians of the Crusades* （Berkeley: University of California Press, 1969）, 260.

29 Gabrieli, 297–298.

30 Bernard Lewis, *Islam from the Prophet Muhammad to the Capture of Constantinople,* 2 vols. （New York: Oxford University Press, 1987）, vol. 1, 84–85.

31 Peter M. Holt, *The Age of the Crusades* （London: Longman, 1986）, 124.

32 Holt, 126.

33 André Raymond, *The Glory of Cairo: An Illustrated History* （Cairo: The American University in Cairo Press, 2002）, 269.

34 H.R. Trevor-Roper, *Historical Essays* （London: Macmillan, 1957）, 24–25.

35 Ibn Battuta, *Travels in Asia and Africa 1325–1354* （London: Routledge & Kegan Paul, 1929）, 50.

36 Sir John Maundeville [pseud.], *The Voiage and Travaile of Sir John Maundevile, K^t* （London: J. Woodman, D. Lyon, and C. Davis, 1725）, 63–64.

37 Robert L. Tignor, ed., *Napoleon in Egypt: Al-Jabarti's Chronicle of the French Occupation, 1798*, trans. Shmuel Moreh （Princeton: Markus Wiener, 1993）, 36.

38 Afaf Lutfi al-Sayyid Marsot, *Egypt in the Reign of Muhammad Ali* （Cambridge: Cambridge University Press, 1984）, 83.

39 Edward William Lane, *Description of Egypt,* ed. Jason Thompson （Cairo: The American University in Cairo Press, 2001）, 105. 412 Notes.

40 Samuel W. Baker, *Ismailia: A Narrative of the Expedition to Central Africa for the Suppression of the Slave Trade,* 2 vols. （London: Macmillan, 1874）, vol. 1, 22.

41 Florence Nightingale, *Letters from Egypt: A Journey on the Nile 1849–1850*, ed. Anthony Sattin （London: Parkway, 1987）, 19.

42 William Makepeace Thackeray, *Notes of a Journey from Cornhill to Grand Cairo, by way of Lisbon, Athens, Constantinople, and Jerusalem: Performed in the Steamers of the Peninsular and Oriental Company* （London: Chapman and Hall, 1846）, 278–279.

43 Lucie Duff Gordon, *Letters from Egypt,* ed. Sarah Searight （London: Virago Press, 1986）, 335.

44 Evelyn Baring, Earl of Cromer, *Modern Egypt,* 2 vols. （New York: Macmillan, 1908）, vol. 1, 567.

45 Ronald Storrs, *The Memoirs of Sir Ronald Storrs* （New York: G.P. Putnam's Sons, 1937）, 88.

46 Abbas Hilmy II, *The Last Khedive of Egypt: Memoirs of Abbas Hilmi II,* trans. and ed. Amira Sonbol （Cairo: The American University in Cairo Press, 2006）, 97.

47 Hassan Hassan, *In the House of Muhammad Ali: A Family Album, 1805–1952* （Cairo: The American University in Cairo Press, 2000）, 128.

48 Ahmed Y. Zohny, *The Politics, Economies, and Dynamics of Development Administration in Contemporary Egypt* （Schriesheim/Heidelberg: Books on African Studies, 1988）, 59.

49 Moustafa Ahmed, ed., *Egypt in the 20th Century: Chronology of Events* （London: MegaZette Press, 2003）, 458.

50 Anthony McDermott, *Egypt: From Nasser to Mubarak, A Flawed Revolution* （London: Croom Helm, 1988）, 56.

51 Mary Anne Weaver, "Pharaohs-in-Waiting," *Atlantic Monthly* （October 2003）.

52 Interview with a Cairo taxi driver, BBC News Hour, 3 August 2007.

53 "This Is the Beginning," 27 January 2011, http://reutersinstitute.politics. ox.ac.uk/rijs-review/beginning.

54 Noha El-Hennawy, "The Making of a Police State: From the Battle of Ismailiya to Khaled Saeed," Egypt Independent, 27 January 2011, http://www. egyptindependent.com/making-police-state-battle-ismailiyakhaled-saeed/.

55 Wafaa El Saddik, *Protecting Pharaoh's Treasures: My Life in Egyptology* （Cairo: The American University in Cairo Press, 2017）, xiii.

推荐阅读书目

Baines, John, and Jaromir Malek. *Atlas of Ancient Egypt* （rev. ed.）. Cairo: The American University in Cairo Press, 2002.

Bolman, Betsy （ed.）. *Monastic Visions: Wall Paintings in the Monastery of St. Antony at the Red Sea*. Cairo: American Research Center in Egypt, 2002.

Bowman, Alan K. *Egypt after the Pharaohs*. Berkeley: University of California Press, 1986.

Doxiadis, Euphrosyne. *The Mysterious Fayum Portraits: Faces from Ancient Egypt*. Cairo: The American University in Cairo Press, 2000.

Fahmy, Khaled. *All the Pasha's Men: Mehmed Ali, His Army and the Making of Modern Egypt*. Cambridge: Cambridge University Press, 1997.

Goldschmidt, Arthur, Jr. *Modern Egypt: The Formation of a NationState* （rev. ed.）. Boulder: Westview Press, 2004.

Hewison, R. Neil. *The Fayoum: History and Guide* （3rd ed.）. Cairo: The American University in Cairo Press, 2001.

Hölbl, Günther. *A History of the Ptolemaic Empire*. Translated by Tina Saavedra. London: Routledge, 2001.

Holt, P.M. *The Age of the Crusades: The Near East from the Eleventh Century to 1517.* London: Longman, 1986.

──*Egypt and the Fertile Crescent 1516–1922: A Political History.* Ithaca: Cornell University Press, 1986.

Hunter, Robert F. *Egypt under the Khedives, 1805–1879.* Pittsburgh: University of Pittsburgh Press, 1984.

Kamil, Jill. *Christianity in the Land of the Pharaohs.* Cairo: The American University in Cairo Press, 2002.

Lehner, Mark. *The Complete Pyramids.* London: Thames and Hudson, 1997.

Lewis, Naphtali. *Life in Egypt under Roman Rule.* Oxford: Oxford University Press, 1983.

Malek, Jaromir. *In the Shadow of the Pyramids: Egypt during the Old Kingdom.* Norman: University of Oklahoma Press, 1986.

Midant-Reynes, Béatrix. *The Prehistory of Egypt: From the First Egyptians to the First Pharaohs.* Translated by Ian Shaw. Oxford: Blackwell, 2000.

Petry, Carl F. （ed.）. *The Cambridge History of Egypt.* 2 vols. Cambridge: Cambridge University Press, 1998.

Reif, Stefan C. *A Jewish Archive from Old Cairo.* Richmond, Surrey: Curzon Press, 2000.

Sampsell, Bonnie M. *A Traveler's Guide to the Geology of Egypt.* Cairo: The American University in Cairo Press, 2003.

Shaw, Ian （ed.）. *The Oxford History of Ancient Egypt.* Oxford: Oxford University Press, 2000.

Tignor, Robert L. *Modernization and British Colonial Rule in Egypt, 1882–1914.* Princeton: Princeton University Press, 1966.

Trigger, B.G., B.K. Kemp, D. O'Connor, and A.B. Lloyd. *Ancient Egypt: A Social History.* Cambridge: Cambridge University Press, 1983.

Vatikiotis, P.J. *The History of Egypt* （3rd ed.）. Baltimore: Johns Hopkins

Press, 1985.

Winter, Michael. *Egyptian Society under Ottoman Rule 1517–1798.* London: Routledge, 1992.

图片来源

Bevan, Edwyn. *A History of Egypt under the Ptolemaic Dynasty.* London: Methuen & Co., 1927.

Colvin, Auckland. *The Making of Modern Egypt*（2nd ed.）. New York: E.P. Dutton, 1906.

Coste, Pascal. *Architecture arabe.* Paris: Firmin Didot Frères, 1839.

Frith, Francis. *Lower Egypt, Thebes, and the Pyramids.* London: W. Mackenzie, 1862?

de Guerville, A.B. *New Egypt.* New York: E.P. Dutton, 1906.

Hassan, Hassan. *In the House of Muhammad Ali: A Family Album, 1805–1952.* Cairo: The American University in Cairo Press, 2000.

Hay, Robert. *Illustrations of Cairo.* London: Tilt and Bogue, 1840.

Lane, Edward William. *An Account of the Manners and Customs of the Modern Egyptians*（3rd ed.）. London: C. Knight, 1842.

Lepsius, Richard. *Denkmäler aus Aegypten und Aethiopien.* Berlin: Nicolaische Buchhandlung, 1849–1856.

Nicol, Norman D. *Sylloge of Islamic Coins in the Ashmolean: Volume 6, The Egyptian Dynasties.* Oxford: Ashmolean Museum, 2007.

Penfifield, Frederic Courtland. *Present-Day Egypt* （rev. ed.）. New York: Century Co., 1903.

Roberts, David. *Egypt and Nubia: from drawings made on the spot.* London: F.G. Moon, 1846 –1849.